济航

重庆市实验中学校
教育科研成果集

JI HANG—CHONGQING SHI SHIYAN ZHONGXUEXIAO
JIAOYU KEYAN CHENGGUO JI

主 编◎曾永江

编委会◎谭　勇　贺祠亮　蒋玉辉
　　　　杨永健　刘秀君　饶　琳
　　　　李琪　刘　欣　马林刚
　　　　于小梅

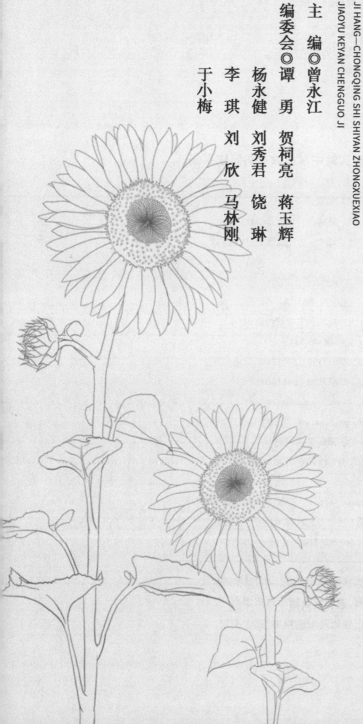

重庆大学出版社

图书在版编目(CIP)数据

济航:重庆市实验中学校教育科研成果集/曾永江

主编. -- 重庆:重庆大学出版社,2021.8

ISBN 978-7-5689-2647-8

Ⅰ.①济… Ⅱ.①曾… Ⅲ.①高中—教育研究—研究

成果—汇编—重庆 Ⅳ.①G632.0

中国版本图书馆 CIP 数据核字(2021)第 153459 号

济航——重庆市实验中学校教育科研成果集

主 编 曾永江

策划编辑:陈一柳

责任编辑:文 鹏 黄菊香 版式设计:陈一柳

责任校对:谢 芳 责任印制:赵 晟

*

重庆大学出版社出版发行

出版人:饶帮华

社址:重庆市沙坪坝区大学城西路 21 号

邮编:401331

电话:(023) 88617190 88617185(中小学)

传真:(023) 88617186 88617166

网址:http://www.cqup.com.cn

邮箱:fxk@ cqup.com.cn(营销中心)

全国新华书店经销

重庆市正前方彩色印刷有限公司印刷

*

开本:787mm×1092mm 1/16 印张:20.25 字数:444 千

2021 年 8 月第 1 版 2021 年 8 月第 1 次印刷

ISBN 978-7-5689-2647-8 定价:65.00 元

编委会

主　编　曾永江

编委会　谭　勇　贺祠亮　蒋玉辉

　　　　杨永健　刘秀君　饶　琳

　　　　李　琪　刘　欣　马林刚

　　　　于小梅

序 言

巍巍云篆山下,悠悠长江之滨,有一颗璀璨的明珠——重庆市实验中学校。巴蜀文化,底蕴深厚,培育秀异杏坛文翁;百年历史,名校吐芳,催开多彩教育之花。忆往昔,百年岁月峥嵘;看今朝,耕耘硕果累累。

重庆市实验中学校(重庆市巴县中学)创建于1907年,是原四川省首批重点中学,重庆直辖后首批重点中学。2011年11月22日,经重庆市教委批准,学校正式更名为重庆市实验中学校。

学校以"让每一个学生适应时代发展"为办学理念,以"人文立魂、科技树人"为办学特色,以"尊重、责任、自主、创新"为管理理念,致力于培养具有运动爱好和强健体魄,具有良好心理品质和健全人格,具有中华优秀传统美德和现代科技素养,具有创新精神和终身学习习惯,能适应学习型社会需要的具有国际视野、中国情怀的现代化人才。

种好改革创新"试验田",当好科学发展"排头兵"。针对新时代教育形势的变化,学校经过多年的办学实践,通过重构多元校本特色课程,探索课堂教学改革、加强学生综合素质培养与评价等途径,培育学生应具备的适应终身发展和社会发展需要的品格和关键能力。

在多元特色课程建设上,学校以关注学生的全面发展为落脚点,提出学生发展应具备的"五个最基本要素"——强健体魄、健全人格、人文素养、科学精神和终身学习习惯。基于这"五个最基本要素",学校在落实国家课程、地方课程的基础上,构建了"六个一"校本课程体系,即:体魄锻炼课程——养成一项体育运动爱好;文学艺术课程——培养一项文学艺术喜好;科技创新课程——拥有一项创造发明"专利";特长培养课程——每期参加一个学生社团(协会);人格成长课程——每期参加一项志愿者活动;实践探究课程——每年完成一项研究性学习课题。学校实行网上选课、大课走班,共开设了60余门选修课和众多学生社团,学生根据兴趣爱好,以职业生涯规划测试为参考,自主选课。"六个一"特色课程的实施,使得在学校学习的学生除了高初中毕业证之外,还将拥有六张通向未来的基本素质证书,即培养一种运动爱好、培养一种创新习惯、培养一种责任意识、培养一种兴趣特长、培养一种研究能力、培养一种审美情趣。

育人目标是基础,课程改革是前提,教育要真正落到实处,还需要将课程理念运用到教学中,在学科教学的各个环节进行课堂教学改革。学校致力于打破以往单纯由教师主导课堂的模式,着力打造"四四互动问题探究式"生本课堂。"四四互动问题探究式"生本课堂的核心思想为疑为主轴、学为根本、练为主线、自主学习、问题贯穿、师生互动。"四四互动问题探究式"生本课堂包含了对学生的课堂学习提出读书(阅读)、发言(对话)、动笔(练习)、思维(质疑)的四项要求,对教师的课堂教学设计提出环节上清晰、内容上充实、学法上规律、艺术上巧构四项标准要求。在境界上提出追求有效教学境界、高效教学境界、艺术化教学境界的要求。在课堂的"互动"上,提出学生"主"动、教师"带"动、师生"互"动,特别强调学生"生疑释疑,动手实践;课堂全程,问题贯穿"。

学校以"用优秀传统文化作学生生命底色"为德育教育理念,积极开展"三我教育","三我"即"自我正信、人我礼义、物我和谐"。学校通过挖掘并整合中华优秀传统文化资源,对学生施以系统而持续的教育,使学生形成正确的自我意识、人我认知、物我定位,"三我教育"的本质在于教会人处理好三种关系:与自我、他人、世界(环境、自然、社会)的关系,培养学生适应终身发展和社会发展需要的必备品格和关键能力。"三我教育"以制度建设、活动建设、环境建设等为保障,让学生通过主题班会、社团活动、研学旅行、对接高校基地等途径予以落实。

学校坚持科研兴教、科研兴校、科研育名师、科研促发展的科研工作思路。近六年来,学校 项科研成果被重庆市人民政府评为中小学教学成果一等奖;多项科研成果被重庆市教委、重庆市教育科学研究院评为一、二等奖;学校教师主持全国教育科学规划办课题一项(已结题);主持重庆市教委、市教育科学规划办、市科委等市级课题23项(已结题8项);公开出版教育专著7部;公开发表论文400余篇。近三年来,学校5名教师被评为正高级教师、一名教师被评为特级教师。

今天,教育改革的步伐大步向前,素质教育的理念深入人心,核心素养的命题亟待我们科学破解。我们重庆实验人勇立潮头,继往开来,始终坚持钻研在第一线,始终奋斗在第一线。我们以发展学生核心素养为基点,从德育管理和学科教学两大领域进行探索,以论文和课题两种形式总结教育教学经验。我们不断地学习、领悟核心素养这一命题的独特价值,不断地反思、理清培养学生适应时代发展的必备品格和关键能力的思路,力争在新的历史起点上寻求教育改革的新突破。

本书选择近两年来我校部分教师科研成果汇集成册,贻笑大方之处还望同行予以批评指正为谢!

重庆实验好文雅,文江学海思济航。

有感于此,乃为之序。

编　者

2020 年 6 月

目 录

科技教育特色学校基地建设的方略研究

曾永江

[**摘要**]科技教育特色学校建设是一项复杂工程,建设和利用好科技教育基地是科技教育在实施层面的中心环节。在建设中,要坚持探究性与创新性并重、时代性与特色性并重原则,坚持普及与特色并行、校内与校外合作的建设方式。充分挖掘基地的科教功能,从而发挥科技教育基地的科教效用。

[**关键词**]科技教育;特色学校;基地建设

《国家中长期教育改革和发展规划纲要(2010—2020 年)》的发展任务中提出高中阶段教育应"探索发现和培养创新人才的途径""推动普通高中多样化发展""鼓励普通高中办出特色"。可见,鼓励特色办学、培养学生的创新精神和实践能力、促进学生的全面而有个性地发展,将是今后中国高中教育改革和发展的方向。

科技教育特色学校建设是一项复杂工程,科技教育基地建设是科技教育特色学校建设的基础,如何建好和用好科技教育基地是科技教育在实施层面的中心环节。我校承担的"科技教育特色学校建设研究"课题,是全国教育科学"十一五"规划 2009 年度教育部规划课题。本文在课题研究的基础上,总结出中学科技教育特色学校基地建设的新方略。

一、建设原则:探究性与创新性并重、时代性与特色性并重

1. 探究性与创新性并重

关于科学本质的探讨,建构主义的观点有重大影响,它认为科学本质上是一种科学探究活动,"科学的本质不在于已经认识的真理而在于探索真理"。因此,科技教育基地建设在注重科技馆乐趣性的同时,不能停留在简单的玩乐和新鲜刺激上,还应该具有探究性。当学生接近它时,被其外形所吸引,被其功能和原理所感染,进而产生体验、思考、探索、创造、质疑的动机,从而发挥科技教育基地育人的价值。

科技教育基地建设也需要创新理念,在科技馆的设计上、规划上要具有独特的视角,让人一进入科技馆就会被其浓浓的创新氛围所吸引。在科技馆内除展览基础设施设备外,还应该把教师、学生的创新成果吸纳进去,让学生知道创新就在我们身边。科技教育基地建设还要给学生提供创新的场所和条件,当学生参观、体验后有创新的火花迸发时能及时得到实施,让每一颗创新的种子能及时得到浇灌。

2.时代性与特色性并重

科技教育基地建设应紧跟时代科技的发展,甚至超越时代科技的发展。如果我们不及时更新,很容易给学生留下陈旧落后的印象,甚至对激发学生的科技兴趣和探究欲望产生消极影响。科教建设还要有前瞻意识,向世界科技前沿看齐。

科技教育基地建设包罗万象,有限的财力、物力、人力,决定了想做到面面俱到几乎是不可能的。但是"特色学校就是个性化的学校",学校可以根据已有的办学条件和区域环境特点,建设特色化的科技教育基地,然后通过区域内科教资源共建共享、优势互补,从而既减小学校科技教育基地建设的压力,也增加了区域内科教资源的丰富性。

二、建设方式:普及与特色并行、校内与校外合作

1.校内科技教育基地建设:专业支持呈特色,强化基础行科普

科技教育基地必须具有一定规模的专门用于开展青少年科技教育活动的场所。科技教育特色基地建设是建立在专业化基础上的,没有专业性就不可能有科技教育特色化。要建成特色化、专业性的科技教育基地,仅靠学校的力量是不够的。因此学校一方面寻求专业机构的支持和指导,建成专业性与特色化兼备的校内科技教育基地,另一方面发挥自身潜能,加强校内科技教育基地的科普功能。

(1)寻求专业支持,建设特色化的校内科技教育基地。在市区科委、科协的帮助下,学校与高校、科研院所建立了联系,帮助在校内设立科技展室。如:依托中国科技辅导员协会,建立台式科技展厅;依托四川美术学院,建设陶艺制作室;依托重庆市农科所,建设大白鼠实验室。此外,我校还参加了重庆市科委重大科普建设项目,建设物联网实验室、无人机工作室等。

我校与重庆市天文科普协会合作,建设独具特色的天文场馆,包括天文台、天象厅、航天展厅等场馆,内有天文知识展板、天文壁画、航空航天模型、仿古天文仪器、模拟飞机、天文望远镜等科技展品。依托特色化的天文场馆,我校成立了天文爱好者协会,积极开展各类天文观测活动。

(2)发挥自身潜能,建设普及性的校内科技教育基地。首先,注重基地的体验探究,通过"有形体验"践行科技教育。我校从学科科技前沿、生活科技等方面来着手建设科技体验区,以此增加科技馆的探究性和体验性。学校建成理、化、生、地的数字化实验室,配备数字化传感器、数字化显微镜等设备,方便学生进行实验探究;建成通用技术室,方便学生开设通用技术实验课和学生社团活动;建成学校生态园,学生可以非常便利地观察到植物的生长状况,了解常见动物的生活习性,并在认识植物、动物的基础上,亲自栽种植物或喂养动物。另外,学校还建成各学科科普长廊,介绍重大的世界科技成果和科普知识,通过组织学生参观体验中外科技成就、企业科技文化,激发学生开发、设计科技展品的动力,并建成作品设计室、作品创作室、作品测试室,把学生的创新"金点子"成果化。

我校科技馆四楼互动式科技展厅建筑面积达 $800\ m^2$，展厅展出内容涉及地理学、热力学、空气动力学、声学、光学、电学、电磁学、数学、信息技术、生物学、化学等学科，集探究性、科学性、娱乐性、知识性和互动性于一体，是学生最喜欢去参观、互动与探索的地方。

其次，注重基地的环境塑造，通过"无形浸润"凝聚科教精神。第一，强化基础，建设"春风化雨，润物无声"的物质环境。我校主要从语言环境、文字图片环境、实物环境三个方面来打造科技教育物质环境。在语言环境上，我们通过校园广播电视台、科技讲座等有声环境和《济航科教报》、学校科教网站等无声语言环境来传播科学知识，弘扬科学精神。在文字图片环境上，我们设计了著名科学家介绍、科普知识长廊、科技发展走廊、科技壁画、学生创新作品文字图片展橱窗等区域来助力学生树立科学思想，为学校营造创新氛围。在实物环境上，我们推出了中国古代科技成就作品模型介绍和学生、教师科技创新作品展等，让学生感受科技史的传承，激发学生在传承中创新。

再次，传承历史，挖掘百年校史中的宝贵科学元素。每所学校在长期的办学过程中，都有不同于其他学校的历史，在历史的长河中必将积淀并衍生出属于自己的、深厚的学校文化，学校特色正是学校长期积累所形成的。我校组织教师进行校史研究，提炼校史中的科学元素，并通过读校史、思校友、铭校训、唱校歌、培校风等方式，力图使科技教育与百年校史相结合、科技教育与爱国爱校相结合，实现有人文历史底蕴的科技教育。

最后，理念为本，树立"至真至善，济航人生"的科教精神。办学理念是学校的灵魂，是办学的根本。它是关于学校整体发展的理性认识，决定着学校群体的教育行为，指导学校的办学方向，定位学校的品牌形象。在科学技术日新月异、突飞猛进的今天，我校坚持"让每一个学生适应时代发展"的办学理念，以理念为本来引领学校科技教育特色学校的创建。同时学校又通过树立"至真至善，济航人生"的科教精神，从而诠释办学理念，使之内化为全校师生的共同愿景，渗透到科技特色学校创建的具体工作中，浸润到师生的头脑里。

2. 校外科技教育基地开发：整合资源，强化合作

(1)整合区域自然资源，让学生在回归自然中践行科技创新。大自然是放飞梦想的广阔天地，走进自然、亲近自然，能启迪学生的心灵、丰富学生的科技知识、增强学生的想象力。在科技教育过程中，应充分利用学校周边的自然资源，建立常态性的校外自然资源科技教育基地，给学生提供发现问题、生成问题的场所。

我校利用临近长江的优势条件，建立了长江水资源、野生水生动物、生态环境考察基地；利用临近南温泉，而南温泉地质结构独特、地质资源丰富，以此为依托，建立了南温泉地质考察和地热利用研究基地；利用临近重庆圣灯山，而圣灯山以山地野生动物和野生植物闻名，以此为依托，建立了圣灯山野生动植物考察实训基地。在这些基地建设中，学校还专门成立了延续性的研究团队，如中英联合长江水资源研究考察团队、南温泉地热实验研究团队、圣灯山野生植物保护团队等。

(2)整合区域人文资源，让学生在人文情怀中领略科技魅力。每个地区都有其独特的风土人情和历史底蕴，在科技教育过程中，人文科技教育也是一个不可缺少的方面。历史上先

人的科技文化遗产在很多方面同样值得探究和学习。在校外科技教育基地开发方面,学校可以依托名胜古迹、民间传统工艺等建立人文科技教育基地。我校在校外人文科技教育基地建设中,充分利用了巴文化主题公园、丰盛古镇等名胜古迹,让学生在领略先人文化艺术的同时也去探究当时的科学技术状况,学习古人的技术素养和创新精神。

(3)校企合作,让学生在近距离中感受科技创新。科研企业是把科学技术转化为生产力成果,从而为社会服务的园地。在企业里,一个创新的想法从灵感到方案,到设计,到模型制作,到样品试验、测试,到产品推向市场等都有一套完备的体系。学生到科研企业参观和学习,不但可以获得创新的方法,还可从设计、工艺、流程、控制、管理、营销等方面学到很多知识,让学生认识到科学技术在改变我们生活方面所起到的神奇作用,认识到每一项新技术的出现都是科学家、技术工程师辛勤付出的结果。我校在此类基地的建设上,主要依托离校近、实用性强的科研企业单位,与长安铃木、宗申摩托、兆丰陶瓷合作,建立了三个实训基地。

(4)与高校、科研院所合作,让学生在"大手拉小手"中成长。高中教育属于基础性教育,在科研硬件上,实验设施设备方面不能完全满足学生的需要。加强与高校、科研院所的联合,建立校外参观和实践基地,让专家们带领学生走进高校实验室,把自己的研究成果、专业领域发展趋势向中学生做面对面的介绍,让中学生与大学生一起参与实验。

我校相继与重庆大学科学技术协会、巴南区科学技术协会签订了合作协议,学校组织学生到大学院校、科研机构考察学习,开阔了学生视野,让他们亲身感知到科学技术的无穷魅力。在生物中心,学生们目睹了生物医药、生物芯片威力;在现代化网络中心,学生们真正地感受到了网络的神奇;在国家重点实验室——传动实验室,学生们感受到了高精尖技术对国防建设的巨大作用。我校还与重庆大学、重庆理工大学、重庆工商大学等相关重点实验室达成合作计划,共同培养科技教育雏鹰计划学员。校外科技教育基地的建立开阔了学生视野,激发了学生对科学的兴趣,丰富了科技教育的内容和形式,较好地解决了中学科技教育资源匮乏的难题。

三、效用发挥:"五个成为"的科教功能

科技教育基地建设方面,还应注重挖掘基地的科教功能,从而充分发挥基地的科教效用。我校主要从以下五个方面努力发挥基地的科教效用。

1. 使科技教育基地成为校本科教课程的开发源

我校以科技教育基地为开发平台,开设选修课和社团(活动)、科普教材、精品课程,也形成了具有鲜明实验特色的"六个一"校本科教课程。学校从高一年级起就开设了包括"创新与技术""变废为宝""关注安全""低碳生活我做主""主题式创造""科普展览""专利写作""模型制作流程""创新方案设计"等30余门科技教育精品课程。

近年来,学校组建了课外科技兴趣小组、创造发明协会、机器人协会等科技社团50余个,共计3800多人次参加了各类科技活动小组,学生在社团活动中找到了兴趣爱好,找到了情趣相投的合作伙伴,发掘了自己的成长潜能。

2. 使科技教育基地成为学生科技学习的活动场

学校把教学活动、学生课外活动、研究性学习与场馆的运用有效地结合起来,更为广泛深入地吸引学生参与到科技活动中来。

(1)生态园。这里有生物科技协会的多种活动,如小白鼠实验室开展的"香烟白酒浸出液对 SD 大鼠身体健康影响的探究"项目研究,鸽子饲养小组的鸽子观察饲养活动,植物分类活动,常见作物栽培活动,无土栽培技术应用尝试。

(2)变废为宝工作室。结合学校"六个一"校本课程的实施,学生在工作室中动脑、动手将"垃圾"变为财富。

(3)糕点社。同学们在创造美味的同时,感受奇妙的物理变化和精确的化学反应。

(4)创造发明协会。譬如创造发明协会开辟了"奇思妙想""七嘴八舌""想到做到""深度撞击""真我风采""专家讲坛""参观考察""成果招标"等栏目。

(5)科技活动月。每年 11 月为科技活动月,学校会开展一系列活动,如"科技手抄报比赛""数学开心词典""数学智力动手""纸张承重""钢针浮水""污水处理比赛""化学大比拼""生物知识竞赛""叶脉书签制作""鱼骨画比赛""生物论文比赛""细胞模型制作""树叶粘贴比赛",以及"金点子创意比赛""废物利用制作比赛"等。

3. 使科技教育基地成为科教师资培养的平台

科技教育的核心要素在于有一支专业化的师资队伍。科技骨干教师是学校教师群体中的科技教育专门人才,其科技教育水平的高低,对学校科技教育师资队伍的强弱起着决定性作用。把学校作为科技骨干教师培养基地,是科技教育师资队伍打造工作的重中之重。

学校每年安排新教师参观科技馆,并安排科技教师做相应讲解。一方面提高教师自身的科技素养,培养科学的态度和树立科学研究的精神,丰富科学技术基本知识和提高实践创新能力;另一方面,培养教师科技教育意识,强调落实科技教育行动,使教师成为学生学科学、爱科学、用科学的启蒙者、解惑者和引导者。

学校组建了"1 + 1"创新工作室,把在科技社团活动中脱颖而出的科技教师纳入工作室,组成科技教师团队。"1 + 1"创新工作室现有科技辅导教师 30 余人,研究性学习指导教师 100 余人。在落实科技教育中,教师也不断成长,学校"1 + 1"创新工作室获得"2010 年重庆市杰出青年群体"称号。

学校还借助科普基地,引进校外人力资源,聘请了包括两院院士在内的 13 名专家(科研院所、高校、企业)为学校科技辅导员,培训科技教育师资队伍,指导科技馆场地的建设与应用,培养本校科技名师的能力。

4. 使科技教育基地成为科技创新的孵化器

学校科技教育基地应最大化地促进学生科技创新能力的培养,成为学生科技创新的孵化器。本人的研究课题"鹅卵石坝、河沙坝成因研究""炮制超级泡泡"等获得重庆市首届研究性学习成果一等奖,并作为示范案例被选入国家级教材在全国推广。

2010年制订学校"十二五"发展规划,提出以年度为单位实施"百项专利工程",自2010年启动"百项专利工程"到2014年12月,我校师生已获国家知识产权局颁发的专利证书289项,其中发明专利证书4项。近年来,我校师生获得全国科技奖项300余项,市级科技类竞赛奖项1 000余项,师生在公开期刊上发表科技论文150余篇。

5.使科普教育基地成为公众科普的主阵地

作为全市乃至全国的科技教育基地,向广大公众进行社会性、群众性和经常性科普教育是职责所在。我校科技馆每年接待2万人次左右,十年来接待人数累计近20万人次。多次接待了来自英国、美国、德国、加拿大、日本、韩国、希腊、新加坡等国参观团的参观,先后组织了中英联合天文观测、中英联合长江水质考察等活动。

高三阅读理解的"三讲""三评"

黎世新

一、问题的提出

高三年级的英语课堂大多以讲练为主,单项填空、完形填空历来是教师们分析、讲评的主要内容,而阅读理解的练后讲评或轻描淡写,或仅对答案而已,没有引起英语教师的足够重视。就笔者所知,产生此种现象的原因主要有以下几点:①部分教师过于强调英语阅读的自我构建,忽略了教师的指导和帮助作用;②部分教师认为生词是学生阅读中的主要障碍,查生词是学生自己的事,只要课后扫清了词汇障碍,阅读理解的种种问题就能迎刃而解;③自进入高三之后,学生的各种测试、课外阅读增多,部分教师片面认为讲评阅读理解试题费时、低效,影响教学进度。教师在阅读理解上的这种"冷"处理势必导致学生在做此类练习题时敷衍,甚至拖欠。阅读理解属客观试题,自觉性不强的学生常常只需几秒钟的时间就可填上 ABCD 选项来应付老师的检查,而且,高三年级的学生两极分化严重,部分中差生面对稍有难度的阅读就不知所措,如果教师在教学中不面向全体学生,那么中差生在阅读了难懂且又缺乏讲评的阅读理解后,不但此类文章的大意会成为一个个的"谜",而且,学生的阅读信心会逐渐丧失。《普通高中英语课程标准(实验)》(以下简称《课标》)强调,"高中英语课程的教学设计不但要符合学生的生理和心理特点,还要考虑不同学生的不同情况。只有尊重学生的差异并满足不同学生的不同需求,才能真正实现面向全体学生,为学生的终身发展奠定共同基础的目标"。因此,教师在阅读理解的评讲中不但要为中差生排忧解难,又要善于运用新课程理念"讲"出学生的努力方向,"评"出学习的自信心。

二、以学生为主体,讲出努力方向

1.讲文章梗概

讲,不再是教师的专利,文章大意的讲述应体现学生的主体性。建构主义认为,知识不是通过教师传授得到,而是学习者在一定的情境即社会文化背景下,借助其他人的帮助,利用必要的学习资料,通过意义建构的方式而获得。但学生在阅读意义的建构中,教师的督促和指导是必不可少的。笔者在阅读理解的讲评中常常采用个别发言和小组交流的方式进行文章大意的检查,教师的角色只是指导者、参与者和帮助者,不再是传统意义上的文章翻译者。这种做法不但可以督促学生认真完成课外阅读任务,还可以通过同学间的交流、合作更多地获取文章信息,增强阅读勇气。在个别学生的信息分享发言中,教师要根据文章的难易程度适当照顾差生,多给他们表现的机会,激发其学习积极性和主动性。只有在教师的肯定和不断激励下,学生才能坚持课外阅读,从而实现18万~30万词的英语阅读量。

在学生阅读大意的自我建构中,笔者常常根据阅读文章的体裁特点来帮助学生理解难度稍大的语篇,并引导学生掌握不同体裁文章的理解方法。记叙文常以新闻报道、通讯、回忆录、传记、故事、游记为主,以5Ws和1H问题为线索是理解全文最常见且有效的做法;科普说明文是常考的说明文体裁,通过查找主题句、列出表格和提纲可以较好地理解文章信息;在议论文的阅读中,学生可通过主题句的查找迅速理清作者的观点、立场和看法;而对于应用文的处理,只需根据题干联系文本直接获得答案。2011年重庆高考阅读理解C篇是说明文,介绍了两种最受欢迎的高科技地图Green Maps 和 Map Mashups,笔者在教学中采用列表并要求学生完成表格的方式帮助学生建构大意,取得了较好的效果。

Differences	Similarities
Green Maps:_____	Users add icons(图标):_____
Map Mashups:_____	

2. 讲解题技巧

学生在做阅读理解题时常出现能读懂文章但不能选对答案的现象,因此,读懂题干、选项和篇章就显得特别关键。首先,甄别选项与选项之间的不同。教师要指导学生细读选项,并养成良好的审慎习惯。审题时简化选项有利于把握关键词,如,2011年全国卷(一)第63题选项,A. The Story of Advertising B. The Value of Advertising Designs C. The Role of Newspaper Advertising D. The Development of Printing for Advertising,教师应指导学生甄别4个关键词,即 story、value、role、development,这样,学生就能综合文章信息做出正确判断。其次,体会题干与篇章之间的关系。题干对答案的选择具有明显的指向性,教师要经常指导学生特别留心 infer、conclude、imply、What does the author mean in the last two paragraphs 等词句,这对于学生快速找到答案起到很强的暗示作用。如,"It can be inferred /concluded from the passage that…"就需从宏观上把握语篇的意思;"Which of the following can describe Yeats' family?"则需重点阅读关于 Yeats' family 的相关语段。学生在做题时,不可主观臆断,应该在忠实原文的基础上做出选择。再次,把握选项与内容的细微差异。试题命制人常常通过更换修饰语、限定词来设置干扰项,用似是而非的表达偷换概念,增加选项的难度。如,China is casting a huge shadow on the United States that many Americans are struggling to learn Chinese…,选项 B:Chinese Gains its Popularity with Most Americans 就把原文中的"many"换成了"most",如果考生没有注意这一细微区别就易造成误选。

3. 讲解文章蕴含的文化意识

很多阅读文章的题材新颖,表达的主题丰富多彩。有催人泪下的亲情故事,有耐人寻味的人生哲理,有耳目一新的科技发明,有令人神往的异国风情……这些不但开阔了学生的视野,也让学生在紧张的高三学习中如沐冬日暖阳。教师在讲的过程中只需在学生对原文的理解基础上稍加引导,以简洁的语言点出文章所表达的深刻内涵和文化意识,当然,更多的通俗易懂、震撼人心的文章就只需和学生一道用心感受。很多阅读理解文章都选自原汁原味的国外读物,这无疑是拓宽学生文化视野的最好阅读资源,学生不能只为选项一读而过。《课标》指出,"要扩大学生接触异国文化的范围,帮助学生拓宽视野,使他们提高对中外文化异同的敏感性和鉴别能力,为发展他们的跨文化交际能力打下良好的基础"。

三、师生共评,评出学习信心

1. 学生自评

《课标》强调,"教师应使学生认识到自我评价对于学习能力发展的意义,学会自我评价的方法,并在学习中积极、有效地加以运用,不断提高学习的自主性"。高三学生已经具备一定的学习效果自评的意识和能力,因此,教师帮助制定恰当的评价标准对于提高学生的阅读技能就显得特别重要。在教学实践中,笔者依据《课标》关于阅读能力评价的要求,结合教学实际,帮助学生制定出阅读理解能力的自我评价标准,见下表。

自评内容	自评标准	自评情况	
		好	一般
阅读策略	能调整阅读速度和阅读方法,不猜测答案		
阅读态度	能在阅读过程中集中注意力,不因干扰而停止阅读,能一鼓作气完成所有阅读任务		
语言知识的掌握	能理解语言结构有一定难度的文段,能分清句子的语法结构,不因为生词而影响文章的阅读		
语篇能力	能理解语篇的主要信息和观点,对事实和证据进行评价和判断并得出结论,能把握各种体裁语篇的基本阅读技巧		
语用能力	能基本理解文段中一般文化信息		

通过阅读自评标准,学生就能在反思和调控自己的学习过程中改进阅读策略并提高阅读水平,而不只是根据分数来衡量水平的高低。英语阅读理解属客观试题测试,学生反映给老师的阅读状态是冷冰冰的 ABCD 选项,则老师对学生的阅读过程和策略等一概不知,只有学生最了解自己的阅读水平并做出比较客观的评价,才能及时有效地调控自己的学习过程。

2. 教师评学生

高三年级的阅读练习量大,教师要把握"讲练结合"的原则,不但要讲阅读的技巧,更应多找机会鼓励和肯定学生。在教学中,教师要认真记录学生的阅读成绩,及时总结并表扬成绩优异的学生,同时又充分肯定差生的进步,让他们获得阅读信心。爱因斯坦说过:"教育应使提供的东西让学生作为一种宝贵的礼物来享受,而不是作为一种艰苦的任务要他们负担。"教师要仔细观察并记录学生平时的阅读练习情况,如,阅读时间、阅读量、文章的理解程度、难句分析、生词的处理等,对学生在阅读过程中出现的问题进行及时的评价并提出恰当的建议。这要求教师定期检查学生的阅读以及自评情况,科学地规范阅读任务,对学生阅读技能的提高不做过高的要求和苛刻的评价。

3.评试题

众所周知,高考对于中学教学具有反拨作用。因此,对阅读理解试题的分析有利于把握阅读试题的命题特点,教师可以依据命题的基本原则恰当地筛选阅读材料,规范地命制阅读测试题,从而使师生在日常教学中少走弯路。评价阅读试题及阅读材料可从以下几方面着手。①题材和体裁的多样化。题材的选择应和高考的命题趋势保持一致,这样,也可鼓励学生在平常的阅读中广泛涉猎各种题材的文章,为其今后发展奠定基础。各种体裁文章的选择也可有利于测试不同的层面,如,议论文适合于考查学生的观点、态度,记叙文则适合于考查细节性信息。②语篇的长短恰当、语言地道。纵观历年高考阅读,语篇长度均在300词左右,选择过长或者过短的义章都不利于学生的有效学习。在平常的测试和练习中,所选择的文章尽可能摘自国外刊物,这样就能给学生提供地道的英文,并感知国外的文化信息。③生词量的控制合理。《课标》要求学生"读懂生词率不超过3%的传记、故事、记叙文、科普小品和有关社会文史知识等不同题材的材料",这充分说明阅读理解中既允许有生词出现,同时又对生词量做了一定限制。在教学中,教师不但要对阅读材料做出评价,更重要的是让学生学会评价。因此,在评价所做阅读理解质量的好坏时,教师可指导学生根据以上内容做出判断,从而帮助他们科学地选择适合自己的阅读材料。当学生的阅读分数普遍不理想时,教师不妨把原因归结在试题的难度上,不埋怨和责备学生,更不能挫伤学生的自信心和学习积极性。

四、结束语

毋庸置疑,学生阅读水平的提高离不开基础语言知识,也离不开限时、定量的阅读训练。同时,科学的阅读方法和正确的阅读态度起着举足轻重的作用,作为老师,应指导学生认真分析高考阅读理解的命题特点,让他们掌握一定的命题规律和解题思路,由此养成良好的阅读、解题习惯。只有在教师正确的指导和帮助下,学生才能在大量的阅读操练中少走乃至不走弯路;只有以顽强的学习意志力来战胜阅读中出现的种种困难,学生才能始终保持积极的学习态度。教师在阅读理解的讲评中,要坚持让学生多讲多自评,从而让学生在讲评的过程中增强学习自信心、及时发现学习中存在的不足并改进。此外,除了指导学生探讨正确阅读答案外,教师还要鼓励学生通过语篇了解、领会英语国家的文化,培养其世界意识并形成跨文化交际能力。

参考文献

［1］中华人民共和国教育部.普通高中英语课程标准(实验)［S］.北京:人民教育出版社,2003.

［2］陈心五.中小学课堂教学策略［M］.2版.北京:人民教育出版社,2007.

［3］刘庆思.从试卷设计看高考英语科对阅读理解能力的考查［J］.中小学英语教学与研究,2008(5):53-56.

班级工作中的心理方法例谈

易家志

心理学是一门实践性很强的学科,用心理方法指导班级工作,很有实效。

一、进行学法指导

心理学研究表明,人脑有"兴奋"和"抑制"两个过程。当大脑处于兴奋状态时,精力旺盛,记忆力强,学习效率高;当大脑处于抑制状态时,思维迟钝,精神萎靡,学习效果较差。兴奋和抑制状态是可以相互转换的,学习中,长时间连续学习会使大脑由兴奋状态转为抑制状态,据此,教师应指导学生合理安排学习时间,劳逸结合,科学学习。学习一段时间后,要休息一会儿,放松一下,让处于抑制状态的大脑又转入兴奋状态。同一学科长时间学习,大脑也容易转为抑制状态,因此,要进行学科调节、学习内容调节,最好文理搭配,记忆与理解搭配,这样学习才会取得高效率。

在学习中,遗忘是一件让学生烦心的事。德国心理学家艾宾浩斯对遗忘现象进行了系统的研究,绘制成一条遗忘规律曲线。曲线表明遗忘发展的规律:遗忘进程是不均衡的,在识记的最初遗忘很快,以后逐渐缓慢,到了一定时间,几乎就不再遗忘了,也就是说遗忘的发展是"先快后慢"。

我们可以从遗忘曲线中掌握遗忘规律并加以利用,从而提升自我记忆能力。教师应指导学生在学习新知识后及时复习,经常复习。首先是日复习,即第一次复习的最佳时间应该是 24 小时内,日复习环节可安排为回忆、复习梳理、完成作业、拓展提高、错题集整理及浏览。其次是周复习,即第二次复习,每到周末对一周所学内容进行一次复习,在记忆的内容未遗忘之前再次复习。最后是循环复习,就是每月复习、半期复习、期末复习循环往复地进行。

二、树立学习信心

树立学生自信心的方法很多,这里列举三种小方法:

方法一:引导成绩比较。引导学生不要盲目与别人横向比较,特别是不要与班上尖子生比较,如果这样比,会越比越没有信心。要与自己纵向比较,看看自己跟以前比有了哪些进步,自己有哪些优势,这样就会看到希望。

方法二:获得成功体验。帮助学生寻找一些力所能及的事情,或用一些比较简单的学习任务作为试点,努力获取成功。借此让学生获得一次次成功的体验,随着成功体验的积累,学生的自卑心理就会被自信所取代,这就是所谓"成功是成功之母"。

方法三:巧用心理暗示。所谓心理暗示,就是指人接受外界或他人的愿望、观念、情绪、判断或态度影响的心理特点。心理暗示有消极和积极两种,消极的心理暗示对学生的成长会带来不利影响,积极的心理暗示则会给学生带来愉悦和信心。教师用好积极的心理暗示这个法宝,掌握心理暗示的多种形式,把学生培养成为幸福、成功的人。首先是用优秀文化暗示。一本书、一句格言、一首小诗等,对人的成长影响最久远。其次是夸奖暗示。俗话说,好孩子是夸出来的,父母表扬、老师称赞、同学夸奖,对学生全方位的积极暗示无形中会激发求知欲、上进心,增强其战胜困难的勇气和力量。久而久之,学生就会成为一个自信豁达、有所作为的人,这就是"罗森塔尔效应"。最后是学生自我心理暗示。学生每天诵读励志格言,在书桌旁、床边写些激励自己的小纸条,如"我自信、我成功!""我会超过别人!"等都是不错的方法,鼓舞自己的斗志,增强心理力量,逐渐树立起自信心。

三、减轻学习压力

学习难免会遇到压力,适度的压力有利于学习,但压力过大,就会产生紧张、焦虑、烦恼等不良情绪。

首先,教给学生自我调节的心理方法。正确地自我评价,合理地制订目标,量力而行。科学合理地安排学习时间。适度体育运动,利用周末,到近郊旅游,休闲运动,给心情放个假,以健康的体魄来缓解压力。形成张弛有度的生活方式,及时调节情绪。心胸开阔,保持乐观的心态和积极的处世态度,以缓解和消除紧张情绪。自我宣泄:找好友倾诉、写日记、欣赏音乐、练习书法、绘画、闭目放松、深呼吸、吃块巧克力、玩小游戏等。

其次,进行个别心理疏导。学生的情况千差万别,个别心理辅导更有针对性。笔者有一个学生周某,由于自尊心强,对自身要求高,所以有一段时间学习压力大,心里紧张到寝食不安的地步,家长很着急。笔者找到他,进行单独指导,分析出现这种情况的原因,也分析他学习上的优势与潜力,指出他学习上的进步和发展,帮他树立自信心。经过几次谈话,周某的情况有了明显好转,饭吃得香了,觉睡得好了,成绩上升了,收到了预期的效果。

此外,游戏也是心理减压的一种有效手段,可以用一些小游戏减轻学生的心理压力。

四、营造人际关系

良好的人际关系是学生学习成功、生活愉快的基础。同学关系、师生关系、学生与父母的关系都很重要。

在营造和谐的师生关系时教师可以做以下尝试。

赏识学生。教师及时发现学生的闪光点,给予表扬,让学生产生愉悦的心理感受。课堂上,教师要善用欣赏的目光注视学生,用幽默风趣的语言调节气氛,利用课间、课外时间与学生聊天,拉近师生距离。

肢体语言。教师对学生课堂上的小问题,巧用眼神暗示,轻轻摇头或轻敲课桌等,避免当众的批评损伤学生自尊心,使师生之间产生隔阂。

心理换位。教师要常常站在学生的角度进行换位思考,想想学生的心理感受。特别是对后进生,要多给一些关爱,要多给一些温暖。在学生偶犯错误时,要宽容一点。心理学研究表明,宽容对心理健康和人格完善具有积极作用。宽容学生的错误,并不是软弱、妥协,而是给学生一个宽松的环境,使学生有反思的机会,感受到教师的期待,把外在的规范约束转化为学生的自我压力,进而变为改正错误的动力。学生得到老师的宽容,自然对老师亲近,宽容有助于建立和谐的师生关系。

五、解决学生问题

解决学生问题的方法和技巧很多,但笔者认为,从学生心理角度去分析、解决问题更有效、更省力。

学生做错事后,往往不承认,怎么办? 首先教师要消除学生的心里担忧,松思想包袱,给"梯子"让其下台阶。其次要找准问题的原因。调查时要变换问话方式:"这事是不是你干的?"改变为"我知道你干这件事自有你的原因,你能说给老师听听吗?"需要注意的是,学生中的问题,绝大部分是心理问题,多数与道德无关。不要随便给学生贴道德标签,这就要求教师不断追问,找准学生问题的心理结点。比如,学生心理需求没得到满足、心情不好、身体状况欠佳等,都会引发学生的其他问题。最后是解决问题。解决问题不是简单地处理学生,而是找到有利于学生改错的办法,给学生以后的行为指明方向。

总而言之,在班级工作中,教师要经常察言观色,弄清学生的心理活动、内心需求,善用心理方法把工作做到学生的心里去。

观察叶绿体和线粒体实验方法改进的探讨

卞伯云

人教版生物学必修 1 中的实验"用高倍显微镜观察叶绿体和细胞质的流动",是一个观察验证性实验。制作临时装片和高倍显微镜的使用学生并不陌生,多数能观察到叶绿体,甚至观察到叶绿体在流动。但线粒体的观察就不太容易了,一方面是线粒体本身形态更微小,染色要求高,另一方面观察时的干扰因素比较多,看到了又不敢确定,学生情绪上容易产生疲怠感。如何让学生看到真实的线粒体,坚持对科学知识的不断追求,就此笔者对该实验进行了如下的改进。

一、引进多功能数码显微镜

传统的方法,学生用普通光学显微镜需安放、对光、调焦、观察等复杂的步骤,常常由于学生个人操作不当或视力不同而导致全组实验失败,究其原因很大程度是显微镜的使用不当。"工欲善其事,必先利其器",经多方查找,我们选中了 Acox 的一款多功能显微镜,只需要将制好的装片放在载物台上,通过移动前后左右螺旋,调整好标本的位置,调节好粗细准焦螺旋,根据需要调整物镜 130、360、640、1280 的放大倍数,直接在液晶显示屏上就可观察效果,不需电脑就可以直接拍照、录像、存储。对观察对象可以度量其大小,有箭头指示其具体位置便于学生观察讨论,也可以用 VGA 接口或 HDMI 接口转接到电脑或高清电视上。实验中不管是观察叶绿体还是线粒体都能有很好的效果,尤其是线粒体的观察,蓝绿色的颗粒非常明显,有的还在移动,录下的视频可供学生课后观察和判断。

二、叶绿体的观察

教材建议用新鲜藓类、黑藻或菠菜叶。若用黑藻作材料,往往要一直培养,费时费力。由于不同地区时令性植物不同,我们选用了多种叶,如莴笋、瓢儿菜、蚕豆叶、葱叶(重庆地区一年四季都有)、牛皮菜等进行观察,发现用这种显微镜观察,绝大多数植物的叶绿体都极易看到。一些乡村学校完全可以选用适时蔬菜来观察,甚至让学生自带保持生活状态的材料即可。而对一些小型植物如水绵或黑藻,还可先在体视显微镜下先看其外观,再用光学显微镜放大部分观察其微观结构,这样既可达到实验目的,还可增加学生对植物的认识。用蚕豆叶观察时,不仅可观察到叶绿体,学生更感兴趣的是气孔(图

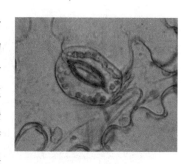

图1 蚕豆叶下表皮示保卫
细胞(含叶绿体)及气孔

1），老师由此增加气孔和保卫细胞的知识，为以后学习蒸腾作用打下基础。

三、线粒体的观察

1. 染液的配制

教材建议将 0.5 g 健那绿溶解于 50 mL 生理盐水中，加温到 30～40 ℃，使其溶解。经查阅资料表明，这样的配制方法会有些问题，一方面是因为健那绿溶解度本身就低，有一大部分不能溶解造成浪费（健那绿太贵），另一方面染线粒体也不用很高的浓度，关键是要保持细胞的活性，尽可能减少健那绿颗粒和细菌对实验带来的干扰。我们的做法是首先将生理盐水改为复合生理盐水，即称 0.85 g NaCl、0.25 g KCl、0.03 g CaCl$_2$ 溶于 100 mL 蒸馏水中，这样更有利于维持细胞的生命活力。分别称取 10 mg、100 mg、200 mg、500 mg 健那绿溶于 50 mL 复合生理盐水中，加热，过滤，再分别用这四种浓度的染液对同一材料染色，发现加 10 mg 的染液确实浓度有点不够，而加 500 mg 的又显得过浓，而中间的两种浓度对实验效果更好。对加 200 mg 健那绿的原液，由于需要，笔者又对其进行了等体积的生理盐水的稀释，发现其效果也不错，说明 0.4% 左右的浓度对线粒体的染色都会有较好的效果。

2. 材料的选择

教材建议用人口腔上皮细胞，取材方便，效果很好。难点在于学生取材的技巧上，有的学生取材方法不对，取到的是一大块皮，看到的是"一块肉"，有的根本没取到，有的取到了又不认识。在显微镜屏幕上或电视屏幕上学生对口腔上皮细胞有了感性认识后再到自己的视野中寻找就要容易得多（图2）。很多资料也介绍用洋葱做这个实验，我们用洋葱做的效果比用口腔上皮细胞更好，一方面是洋葱细胞活性比较强，代谢比较旺盛，线粒体数量多，易观察。另一方面是取材时从洋葱内部（之前不切开）取无色透明内表皮，少有细菌干扰，在相邻的多个细胞中可以寻找线粒体的分布规律，多数围绕在液泡周围，根据其分布（相似形态又分布在细胞外的多为细菌）和排列判断是细菌还是线粒体（图3），在视频录像中还可以看到线粒体在流动。在相同放大倍数视野下可看到线粒体比叶绿体小得多。

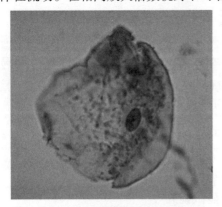 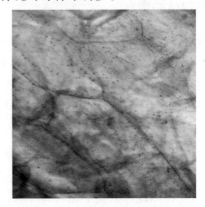

图2　人口腔上皮细胞示线粒体　　　　图3　洋葱表皮细胞示线粒体

酵母菌是单细胞的真核生物，其线粒体也应该好观察，笔者用干酵母在恒温箱中培养了

5 天后染色观察发现,在进行出芽生殖的酵母菌圆形的一端,有很大一部分都是蓝绿色的,是一个大型线粒体吗? 笔者不能肯定,有待证明。但在许多单个的酵母菌中,也可看到中间被染成非常明显的蓝绿色(图4)。

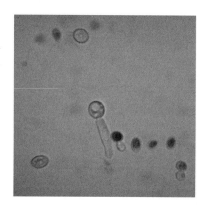

图4 酵母菌示线粒体

新课程提倡创新实验,拓展思路,发展科学探究能力,本实验对实验仪器、实验方法和实验材料的改进,意在使学生逐步形成提出问题和解决问题的能力。当然,笔者在探讨中也发现一些不足之处,如数码显微镜的使用与普通显微镜的使用在方法上有很大不同,它没有目镜,自带光源不需对光等,而考试仍是针对传统的光学显微镜出题,学生就会受到一些影响,希望在高新技术不断发展的今天,不能因为考试阻碍了学生的发展。

参考文献

肖义军,俞如旺.用高倍镜观察线粒体实验的建议[J].生物学教学,2011,36(2):60.

"激情"语文　智慧人生

李　培

　　翻阅着一本本带着墨香的教育教学书刊,聆听着一位位智者明朗而鲜活的声音,我的内心一次次涌动着企盼……我常常被教师们的创造性所感动:孙双金的情智语文,窦桂梅的主题教学,王崧舟、周益民的诗意语文、诗化语文,薛法根的简约、典雅教学智慧……我钟情迷恋滋润我成长的语文园地,一直在追寻美好的语文生活,我将激情一次次融入我的语文课堂。

　　激情,作为一种强烈的、短暂的、爆发性的情绪状态,是激励人奋发向上、克服困难、取得成功的情绪动力。它具有强烈的冲动性和感染性。积极的激情常常是调动人身心的巨大潜力。作为一名教师,我认为激情是老师情感素质的内涵之一,而"激情"语文则带着师生思想的沉淀和情感的升华,像喷薄而出的岩浆,又像汩汩淌出的清泉,是师生内心生长的一种力量,它可以使沉闷的课堂充满勃勃的生机,它可以让学生的思维迸发出耀眼的光芒。"激情"语文——我课堂上一道永恒的风景。

一、激情导入，铺垫情感

　　导入,是课堂教学的切入点,更是课堂教学的兴奋点。它如同桥梁,联系着旧课和新课;它如同序幕,预示着后面的高潮和结局;它如同路标,引领着学生的思维和方向。它更像一块磁石,深深地吸引着学生的注意。在语文教学中,语文教师要善于利用教材和与教材相关的情感因素,激情导入,以情导情,激起学生内心的情感波澜,让学生畅然步入状态,引发学生有效的自我学习期待。教学《阿长与山海经》一文时,我没有从介绍鲁迅的原名、籍贯、生平、在文学上的地位导入,也没有从有趣的童年生活入手,而是独辟蹊径:上课伊始,当清脆悦耳的上课铃声结束后,我和同学们相互问好、待学生坐定,我转身在黑板上板书了六个字——"恋爱中的鲁迅",顿时,教室里热闹了,"鲁迅也会恋爱""鲁迅也要恋爱""鲁迅也懂恋爱"成为同学们议论的话题,我顺势充满激情地讲述:"是啊,鲁迅在世人心目中是一位金刚怒目的战士,殊不知他也有孩子气的一面,他绝不是那个冷峻的斗士,他和常人一样多喜易嗔,极富柔情,甚至特别孩子气,他与妻子许广平的恋爱就这样开始了……"当我深情地讲完这段故事时,我从孩子们眼里流露出的兴奋与喜悦中知道:他们情感的火把点燃了。我们知道,母爱是一个永恒的主题,而"母亲"更是一个有温度的字眼。每年"三八节"或者"母亲节"到来之际,我都会以"献给母亲的歌"为话题,和学生一起再一次融入"母爱"这种人类最美好的情感中,同唱一首献给母亲的歌。作文教学中,我曾有过这样的导入:上课的铃声结束后,我在屏幕上展示孟郊的《游子吟》,当我饱含深情地朗诵完这首古诗时,教室里便回荡着著名歌唱家阎维文演唱的歌曲《母亲》:"你入学的新书包,有人给你拿……"伴随着优美的旋律和他深情的演唱,屏幕上出现这样一组画面:一位母亲牵着女儿的小手走进校园;一位母亲守护着躺在病床上的儿子;一位母亲端着热气腾腾的馄饨送到儿子的手中……此时孩子们脸上溢满了感激之情,心中充满了感念,我知道他们情感的波澜掀起了。我饱含深情地叙述:"是啊!当大手握着小手的时候,就有了爱的传递,自然就有了爱的记忆:那一句句叮咛、一针针缝补、一阵阵担忧,成为我们今生最美丽的收藏,感动着你,也感动着我,请同学们拿起笔来,把你心中的那份感动、那份感激、那份最美丽的收藏表达出来。"在多年的教学中,我体会到:激情导入重在"身教"。教师举手投足要激情四射:激昂的情绪,饱满的精神,奕奕的眼神,灿烂的微笑,声情并茂。

二、激情朗读,品悟情感

　　语文课本是由一篇篇文质兼美的范文组成的,每一篇文章都包含着丰富的思想感情和人文内涵,蕴藏着自然之美、语言之美、人文之美、人生之美。这些美文无时无刻不在向我们传达着一种美的信息。在课堂里,我除了自己充满深情、激情地朗读外,更是热情地鼓励、真诚地启发、耐心地等待学生,让学生用恰当的语调、语速、语气来表达他们对作品中人物、角色、场景的爱恨情仇,抒发各自的喜怒哀乐,使学生敢读想读、乐读会读,使琅琅书声成为课堂最美的旋律。教学《沁园春·雪》一文,我将教师的朗读和学生的朗读结合起来,让师生共享朗读教学的资源,师生共同演奏着和谐的教学乐章。当全班同学齐声诵读题目、写作时间及作者毛泽东后,我便充满激情地朗读词前三句:"北国风光,千里冰封,万里雪飘。"全体男生朗读"望长城内外,惟余莽莽",女生朗读"大河上下,顿失滔滔",全班齐诵"山舞银蛇,原驰蜡象,欲与天公试比高"。我接着朗诵:"须晴日,看红装素裹,分外妖娆"。当我朗读刚结束,全班同学齐诵"江山如此多娇,引无数英雄竞折腰"。"惜秦皇汉武,略输文采"和"唐宗宋祖,稍逊风骚"两句则分别由全体男生和全体女生朗读,然后全班同学齐读三句"一代天骄,成吉思汗,只识弯弓射大雕"。我接着朗读"俱往矣,数风流人物",全班同学齐诵"还看今朝"。最后,师生再次齐诵"数风流人物,还看今朝"。七年级上册的《行道树》是一篇优美的散文,为了让学生走进行道树的内心深处,理解"奉献是一种牺牲,也是一种快乐"这一主题,教学时,我主要通过朗读,让学生感受行道树的喜怒哀乐,并为之动情。当上课的预备铃声拉响后,我将班里十二名同学分成两列,分别成一个纵队站在方队的过道上,扮成两列行道树。上课铃声拉响,教室里便传出了:"我们是一列树,立在城市的飞尘里……当夜来的时候,整个城市里都是繁弦急管,都是红灯绿酒。而我们在寂静里……我们就负责把光明迎来。"当两列"行道树"的自白结束以后,座位上的全体同学站起身来,齐声朗读:"这时,或许有一个早起的孩子走过来,贪婪地呼吸着鲜洁的空气,这就是我们最自豪的时刻了。是的,或许所有的人早已习惯于污浊了,但我们仍然固执地制造着不被珍惜的清新……立在城市的飞尘里,我们是一列忧愁而又快乐的树。"伴随着同学们的朗读,我知道:行道树——无私奉献者的形象,奉献者的襟怀,奉献者的崇高精神,如一轮朝阳,在学生心灵的天空冉冉升起。教学中,我总是让激情朗读走进我的课堂,甚至将激情朗读变换成激情演读,有时在课文教学的起始阶段,较多地运用在课堂教学的"中部",有时也安排在课堂教学的收束之处,让课堂教学在美好的朗读中拉下帷幕,留给师生以无尽的意味。

三、激情奖励,点燃情感

作为一名教师,我总认为,奖励是一种策略,奖励更是一种艺术。在我的语文课堂里,我总会选择不同的时间、不同的场景,以不同的方式,让奖励走进我的语文课堂,让奖励充满韵味与激情,也正因为如此,我的语文课堂一次次活跃、一次次激动、一次次歌唱、一次次欢笑、一次次兴奋。还记得 2009 年 12 月 31 日,我给学生上 2009 年最后一堂语文课的情景:伴随着清脆的上课音乐声,我手托一个彩色的纸箱,纸箱上面放着一本精美的台历和一个鲜红色的礼品盒,当我走进教室、走上讲台的那一刹那间,教室里沸腾了,欢呼声和欢笑声响成一片。我充满激情地告诉全班同学:"新年的钟声即将敲响,站在新年的起跑线上,似乎看见冬天裸露的枝条上,萌发了春天的新芽,似乎看见凛冽的寒风中,高扬着温暖的希望。此时此刻,牛年就要过去了,虎年即将来临。在此,我首先要送给全班同学一件特殊的礼物,那就是一副对联'金牛昂首高歌去,玉虎迎春敛福来'。"我将这副对联板书在黑板上,引领全班同学齐声朗诵这副对联,分析这副对联蕴含的语文知识。希望同学们将这份礼物珍藏在心底,成为 2009 年最美丽的收藏。我从全班同学眼里流露出的兴奋与期盼中知道:他们情感的火把点燃了。当第一位同学从彩色的纸箱里摸出一个黄澄澄的橘子时,全班同学笑成一片,几乎异口同声地说:"这是阿爸送给你的福橘!"就这样,我的激情奖励开始了。2010 年春节期间,我收到班里许多同学发给我的短信,他们把我送给他们的礼物,又送给了我。还记得有这样一条短信:"老师,还记得吗?'金牛昂首高歌去,玉虎迎春敛福来。'今天,我要把它送给您。无论礼物是轻是重,让思念伴我永远;无论距离是近是远,让记忆彼此相连;无论联系是多是少,让祝福永不改变。"读着一条条热情洋溢的短信,一种幸福和自豪溢满了我的心房。多年来,我总是在我的语文课堂上让奖励彰显艺术的美感:一枚书签、一张贺卡、一片树叶、一盒牛奶、一个苹果、一本好书、一本台历、一本相册、一支钢笔……乃至一个棒棒糖,它们寄寓的是教师的信任、赞赏与祝福,见证的是学生成长的勋章。

四、激情总结,升华情感

俗话说:"编筐编篓,重在收口。"今天,伴随着课程改革的强劲东风,课堂总结赋予教育生活新的意义和生命新的价值,已成为学生的情感需求。在总结中不断激发学生学习的热情,让语文学习融入学生的成长,让语文课堂成为浸润学生心灵的殿堂,让学生真正理解"学语文,就是学人生"的内涵。记得学完七年级下册第三单元后,我结合这个单元的主题"走进名人",做了这样充满激情的总结:同学们,走进名人的世界,犹如走进群星灿烂的夜空,那一幅幅写满英雄胆识、不凡智慧、执着追求、无私奉献的人生画卷向我们徐徐展开。他,在情况紧急的生死关头,走到游行队伍的前头,昂首挺胸、长须飘飘,他明知自己凶多吉少,还大骂特务,他坚定地告诉人们:"前脚跨出大门,后脚就不准备再跨进大门。"当他指挥的音乐盛会,获得全场经久不息的掌声时,他却全然不知,满脸木讷,让所有的观众看到的是他高大的背影,直到一个女孩拉着他的手向观众答谢时,他才缓缓地转过身来。学完范仲淹的《岳阳楼记》,伴随着全班同学充满激情的朗读"先天下之忧而忧,后天下之乐而乐",我巧妙地将拓展与总结结合起来,满含深情地说:"是啊!在我们中华民族的历史上,像范仲淹这样忧国忧民的仁人志士,举不胜举。是谁?三过家门而不入,为老百姓担忧;是谁?出使匈奴被扣留,牧羊的时候,几十年仍手持汉朝的旌节;又是谁?忧国忧民,抱着一块石头,自投汨罗江,以身殉国……今天,读《岳阳楼记》这篇散文,画意、诗情、志向融为一体,不但给予我们美的享受,而且先生那种博大的胸怀、崇高的思想境界给人一种昂扬向上的力量,读先生的文章,我们也好像站在岳阳楼上,那浩瀚无涯的洞庭湖水,让我们感受到恢宏的气势,也赋予我们一种责任。让我们点燃精神的圣火,去照亮时代天空的一角,做一个当代的范仲淹吧!是啊!这些名人就像一颗颗闪亮的星星,点亮我们的心灵。让我们把他们的精神,当作一块砺石,来磨炼我们的意志,引领我们的人生之路。"

著名教育家、特级教师于漪曾说:"激情是语文教师必备的素质。"充满激情的语文课堂,是唤醒、释放与引导学生激情的主阵地,更是实现语文在强烈的情感共鸣和审美愉悦中,让学生得到知的丰富、美的陶冶、情的升华的需要。语文教师应充分挖掘语文教材中许多典范的文本,利用语文课堂留给教师再创造的无限空间,凭借自己的情绪色彩去感染学生,用自己血肉之躯迸射的一股激情去演绎语文课堂。如今,已过天命之年的我,仍坚守那份激情。每当清脆悦耳的上课铃声响起,我总是面带微笑、充满激情地走进教室,走上讲台:引领学生去欣赏《黄河颂》的壮美与豪迈、去倾听《雷电颂》激越澎湃、撼动人心的抒情独白;去注视《大雁归来》栖息农场的动人情景;去体会《爸爸的花儿落了》那深沉的父爱;去感悟《老王》彰显的人性光辉……用"激情"语文,演绎精彩的智慧人生。

英语常见感叹词的用法

李　原

感叹词是用来表达说话时的喜怒哀乐等情感的词,虽然它们不构成句子成分,但在意义上与句子密不可分。在英语中,感叹词的数量不多,但在日常用语中出现的频率却非常高,是最富于表现力的词语之一,用途甚广。学习和掌握这些感叹词,对于提高英语交际能力和表达能力,有着十分重要的作用。现将英语中经常出现的感叹词的用法归纳举例如下。

一、ah 意思是"啊""呀""噢""唔",表示赞同、惊愕、怜悯、遗憾、蔑视、厌恶、苦痛等。例如:

Ah, here it is. 啊,在这儿。

Ah! You are both good-natured. 啊,你们俩都是好脾气。

Ah, what a good sleep! 啊,睡得真香呀!

Ah, that's right. 噢,那就对了。

Ah, it's lovely. 啊,真可爱!

Ah, John, please come in. 唔,是约翰,请进。

二、aha 意思是"啊哈""哎呀",表示喜悦、惊奇、满意、高兴、嘲弄等。例如:

Aha, I know. 啊哈,我知道了。

Aha, Tom said so. 啊哈,汤姆是这么说的呀。

Aha, there's my meal. 啊哈,有我的一顿饭了。

Aha, yes. 啊哈,是啊。

Aha, now I understand! 啊哈,现在我明白了!

Aha, so it's you hiding there! 啊哈,原来是你躲在那儿!

三、bravo 意思是"好啊""妙啊""好样的",表示赞美、称赞等,也常用于向演员、演奏者等喝彩。例如:

Bravo! A strike! 好! 好球!

Bravo! Well done! 好! 干得好!

Bravo! We won the finals. 好样的! 我们决赛胜了。

"Bravo, Tom! You're right." Emily said. 艾米丽说:"好样的,汤姆! 你是对的。"

Long live China! Bravo, China! 中国万岁! 为中国喝彩!

四、dear 意思是"哎呀",表示焦虑、伤心等。dear 有时与 oh 一起使用。例如:

Oh, dear! I've lost my watch. 哎呀! 我的手表丢了。

Oh, dear! What shall I do? 哎呀！我该怎么办呢？

Dear! I'm sorry to hear that! 哎呀！听到这事我很难过！

五、eh 意思是"嗯""什么"或"是吗""对吗"，多用声调，表示惊奇、疑问、没听清对方的话，或征求对方同意等。例如：

Eh? What did you say? 嗯？你刚才说什么？

Cannot you tell her who I am, eh, John? 约翰，你就不能告诉她我是谁吗，呃？

That's a good book, eh? 那本书很不错，是吗？

You passed the test, eh? 你通过考试了，是吗？

Let's talk all about it outside, eh? 让我们到外面好好谈谈这事，嗯？

六、er 意思是"哦""呃""啊"，表示犹豫、沉吟、踌躇不决等，用于说话中的短暂停顿或话说不下去时。例如：

"Er, yes," he agrees. "哦，是的，"他表示同意。

Mr. Smith said："Er, can I have a bed?" 史密斯先生说："哦，我能有一张床吗？"

Er, and if so, how much will it take? 呃，如果是这样，那得花多少钱呀？

Er, excuse me, Jack, your tie is in my coffee. 哦，不好意思，杰克，你的领带掉到我的咖啡里了。

七、ha 意思是"哈"，表示惊讶、欢乐、愉快、胜利、得意、愠怒等。例如：

Ha! I've found you! 哈！我找到你了！

"Ha ha ha! Goodbye, Mr. Tiger!" cried the monkey. 猴子叫喊道："哈哈哈！再见，老虎先生！"

"Ha!" said John, "think I'd trust you?" "哈！"约翰说，"你以为我会相信你吗？"

"Ha, ha!" Mr. Green said, "I see through that." "哈，哈！"格林先生说道，"我全明白了。"

Ha ha ha, oh, what a joke! 哈哈哈，哦，真是个大笑话！

八、hello 或 hi 意思是"喂"，表示问候、唤起注意，或打电话时呼叫对方等。例如：

Hello, Mary! 喂，玛丽！

Hi, Bill! Where are you going? 喂，比尔！你这是要去哪里呀？

Hello, Mike, how are you today? 喂，迈克，你今天好吗？

Hello! You must be Mr. Dave White, right? 喂！你一定是戴夫·怀特先生，对吗？

Hello, who's speaking, please? 喂，请问是谁啊？（打电话用语）

九、hey 意思是"喂""嘿"，表示惊愕、疑问、喜悦、得意，或用于唤起对方注意。例如：

Hey! What's happening now? 嘿！出什么事了？

"Hey," said the policeman, "this looks suspicious." "嘿，"警察说，"这看起来很可疑。"

Hey, that's nice! 嘿！真妙！

Hey, that's great! 嘿，那真棒！

Hey! What did you say? 喂！你说什么？

Hey, you two! 嘿，你们两个！

Hey, what are you doing? 喂，你在干什么？

十、hurrah（hurray, hooray）意思是"好""好哇""万岁"，表示高兴、满意、鼓励等的欢呼声。例如：

Hurrah, we've won! 好哇，我们赢了！

"Hurrah!" they shouted as the team scored again. 当球队再次得分时，他们大呼："好哇！"

Hurrah, they was rescued! 好哇，他们得救了！

Hurrah! My brother is a hero! 万岁！我哥哥真是个英雄！

十一、hush 意思是"嘘"，表示让人别作声或别发出声响。例如：

Hush! The teacher is coming. 别出声！老师来了。

Hush! I can't hear what they are saying. 嘘！我听不见他们在说什么。

Hush, you will wake the child. 嘘，你会把孩子吵醒的。

Hush, boys, please be quiet! 嘘，男孩们，请安静点！

十二、mm 意思是"唔"，表示犹豫、疑问、同意、思考、满意等。例如：

You'd thought of that, had you? ——Mm. 你想到那件事了，是吗？——唔。

"Mm," the old woman groaned. "嗯哪，"老太太哼唧着。

A：No, you're different from her. 不，你跟她不同。

B：How's that? 怎么不同？

A：Mm, you see, you're beautiful. 唔，你清楚，你很漂亮。

十三、now 意思是"哦""喏""哎""喂"，表示责备、惊讶、不快、命令、请求等。例如：

Now, how can you say that? 喂，你怎么能那么说呀？

No nonsense, now! 得了，别胡说！

Now, listen to me! 好了，且听我说！

Move! Now! 哎，走吧！

Now, what do you mean by it? 哎，你这是什么意思？

Now, don't be angry. 行了，别生气了。

十四、oh 意思是"哦""啊""唉"，表示惊讶、恐惧、崇敬、赞美、高兴、渴望、痛苦、恳求等。例如：

Oh, it's you. 啊，是你。

Oh, yes, my pass. 哦，是的，我的通行证。

Oh, no! 啊，不！

Oh, what a picture! 啊，真是一幅非常好的画！

Oh, how horrible! 啊呀，多可怕呀！

Oh, do come. 唉，一定来吧！

Oh（that）it were not so! 但愿不是这样!

十五、ouch 意思是"哎哟""哎唷"，表示突然剧痛或疼痛。例如：

Ouch! That hurts! 哎唷! 疼啊!

Ouch! I've got a pain here. 哎哟! 我这里疼。

Ouch, you are hurting me. 哎哟,你弄疼我了。

The boy was barefoot and stones dug into his feet. "Ouch, ouch!" he cried. 男孩光着双脚走路,被石头扎中了。"哎唷! 哎唷!"他大喊起来。

十六、well 意思是"好""那么""哎呀""哟"，表示快慰、惊讶、无可奈何、同意、让步、期望等。例如：

Well, you have finished it at last! 哎呀,你终于完成了!

Well, I never heard so! 哟,我可从没听说过这样的事!

Well, I never expected to see you here! 哎呀,我真的没有想到会在这里见到你!

Well, that is over. 好啦,事情总算过去了。

Well, I must go now. 好了,我现在得走了。

Well, perhaps you are right. 嗯,可能你是对的。

Well, if you'd rather do that, do it. 那好吧,如果你要干那事就干吧。

Well, what（happened）next? 那么,后来又怎么样呢?

十七、what 意思是"什么"，表示惊讶、怀疑、气愤、喜欢或不喜欢等。例如：

What! No lunch? 什么! 不供应午饭?

What? You have lost my bike! 什么? 你把我的自行车丢了!

What, there are no books in the schoolbag? 什么,书包里没有书?

十八、why 意思是"啊""呃""嗨""什么"，表示惊讶、不耐烦、赞成、异议、犹豫等。例如：

Why, she is nearly forty. 啊,她快四十了。

Why, what are you doing here? 哎呀,你在这儿干吗呢?

Why, don't be silly! 嗨,别犯傻了!

Why, I am wrong? 什么,我错了?

Why, what's the harm? 嗨,这又有什么害处?

Why, yes, I think so. 呃,对的,我是这样想的。

十九、wow 意思是"呀""哇"，表示惊讶、钦佩、赞美、欢乐、失望等。例如：

Wow, what a good idea! 哇,多好的主意呀!

Wow! Can I try it? 哇! 我能试试吗?

Wow! Look at that big tree! 哇! 快看那棵大树。

Wow, you are expert on it. 哇,你才是真正的行家呢。

Wow! How does she jump so high? 哇! 她怎么跳得这么高呀?

Wow, am I so out of time or the time goes too fast? 哇,是我太过时了,还是时代变化太快了?

参考文献

[1] 薄冰,王福祯.薄冰英语惯用法词典[M].北京:商务印书馆国际有限公司,2009.

[2] 蔡文萦,赵琏,陈作卿,等.最新高级英汉词典[M].北京:商务印书馆国际有限公司,2003.

[3] 浩瀚,钟乐平.举一反三巧学英语口语[M].北京:国防工业出版社,2006.

[4] 浩瀚,钟乐平.举一反三巧学英语语法[M].北京:国防工业出版社,2006.

[5] 蒋跃,蔡进.感叹词 well, oh 和 ah 的用法[J].英语自学,1995(5):18-19.

[6] 陆谷孙.英汉大词典(缩印本)[M].上海:上海译文出版社,1993.

[7] 沈洁,刘洪泉.英语中的高频感叹词及其使用方法[J].考试周刊,2007(23):66-67.

[8] 王福祯,王芳,许鸿.英语词语用法详解词典[M].北京:商务印书馆,2014.

[9] 小西友七.英汉多功能学习词典[M].朱泱,译.北京:商务印书馆,2009.

[10] 张晓玲,陈元琴.对英语感叹词的几点探讨[J].湖北大学成人教育学院学报,2002,20(6):44-46.

新高考背景下普通高中学生职业生涯规划指导校本教材的开发

余长敏

要对普通高中学生进行职业生涯规划指导,就要指导学生科学地进行选科、选课、选考、选专业、选职业等,这就需要针对普通高中学生的职业生涯规划指导教材。但是,目前,我国国家层面没有一套统一的普通高中学生职业生涯规划指导教材,普通高中教师对学生的职业生涯规划指导也没有任何借鉴和参考,大多数家长和学生对普通高中学生职业生涯规划很陌生,也不重视。那么,开发普通高中学生职业生涯规划指导校本教材就非常必要,且刻不容缓。

一、普通高中学生职业生涯规划指导校本教材开发的价值

开发一套适合自己学校实际情况的普通高中学生职业生涯规划指导教材,能为自己学校的普通高中学生提供职业生涯方面的知识和指导,让学生在职业生涯发展道路上少走很多弯路。

普通高中学生通过对职业生涯规划指导教材的系统学习,可以全面了解自己,了解职业的相关知识,从而为自己的职业生涯规划奠定基础,可以了解高中各个学科所对应的专业、行业,了解大学院校及其科系、专业和多元升学渠道,提升自主发展的动力。

普通高中学生职业生涯规划指导教材能为自己学校的普通高中教师实施学生职业生涯指导提供借鉴、参考,提高教师实施学生职业生涯指导的专业能力。

教师有了普通高中学生职业生涯规划指导教材,就知道普通高中学生职业生涯规划指导的步骤。教师首先应知道怎样对学生进行"认识自我,发现自我""规划自己的职业""选好自己的课程""填好自己的高考志愿"等的指导。这样,教师就会有目标、有计划、有步骤、科学地对学生进行职业生涯规划指导。

二、普通高中学生职业生涯规划指导校本教材开发的实践

1. 开发出适合自己学校的生涯规划的测评体系

开发出针对本校普通高中学生生涯规划的学生测评体系,设计测评,以测评为切入点,提升学生自主发展的动力,测评体系主要包括以下几个方面:

（1）本校高中学生职业生涯现状调查问卷。

（2）自我了解调查问卷：人格类型测试量表、兴趣测试量表、能力测试量表、价值观测试量表。

（3）关于职业的调查问卷：职业（行业）知识调查问卷、专业知识调查问卷。

（4）关于生涯规划的调查问卷：职业倾向调查问卷（霍兰德职业倾向调查问卷）等。

2.开发出高中各个学科与对应的专业、行业的资讯体系

详细介绍各个学科的社会价值，各个学科对应的专业、行业，各高校各专业对学科的要求，国家新高考的相关政策等，并为学生提供相关咨询服务，形成高中各学科与对应专业、行业的资讯体系，为学生初步选择职业方向和高考选修课程提供相应的服务。

3.开发大学院校及其科系、专业和多元升学的咨询体系

详细介绍我国大学院校的设置情况，重点介绍重点院校及本地区院校的培养目标、课程设置、入学条件等；详细介绍大学自主招生、多元升学渠道（留学、高考、自招等），为学生职业定向和高考填报志愿提供服务。

4.通过收集资料、查阅相关文献等，确定课程教材基本体系

基本可以按这样的体系编排教材：第一章，自我探索篇；第二章，生涯规划篇；第三章，选课指导篇；第四章，了解新高考篇。

5.着手编写校本教材

具体的章节可以根据自己学校的实际情况设置，大致可以这样设置：

第一章，自我探索篇——认识自我，发现自我。

第一节：探索自我爱好——兴趣。

第二节：探索自我特点——性格。

第三节：探索自我所长——能力。

第四节：探索自我所求——价值观。

第二章，生涯规划篇——规划职业，选择未来。

第一节：什么是职业？

第二节：职业扫描。

第三节：专业面面观。

第四节：我的职业梦。

第三章，选课指导篇——选好课程，夯实学业。

第一节：高考学科与专业。

第二节：高考学科与行业。

第三节：选择我的课程。

第四章，了解新高考篇——赢在高考，把握人生。

第一节：把握新高考之变。

第二节:大学知多少(院校与专业)。

第三节:探寻升学路径(多元升学渠道)。

第四节:学会填报志愿。

每一小节的内容模块包括:(1)问题导入;(2)知识导航;(3)活动与分享;(4)思考与讨论;(5)相关链接。

(1)"问题导入"是由具体的个案(事例)引出本章节要探讨的问题。(2)"知识导航"就是详细介绍本章节涉及的相关的职业生涯规划指导的知识。如,第四章第一节的"知识导航"就可以讲"普通高中高考模式与高考成绩组成的变化""如何理解学业水平等级考试""高校招生录取机制的变化与综合素质评价""考试内容改革与命题方式的调整""志愿填报方式的调整与合并录取批次""春季高考考试内容和形式的变化"六个方面的内容。(3)"活动与分享"就是设计一个与本章节内容有关的学生活动,然后学生将自己活动的情况或感受与班级同学分享。如,第四章第一节的"活动与分享"就可以设计"为自己设计一份高三学习计划方案"的活动。(4)"思考与讨论"就是根据本章节内容设计相应的练习题,让学生巩固已学的知识。(5)"相关链接"就是链接与本章节内容有关的资讯、相关政策、法规等。如,第四章第一节就可以链接重庆市教育委员会《关于印发重庆市深化教育考试招生制度改革实施方案的通知》(渝教招发〔2016〕10 号)。

6. 校本教材四个章节的五个模块分别构建起系统的测评、资讯、咨询体系

(1)第一章构建起本校学生生涯规划的测评体系:通过一系列的问卷调查和活动让学生全面了解自己的兴趣、性格、能力和价值观等,为自己的选科和初步确定职业方向奠定基础。

(2)第二、三章构建起学科与对应的专业、行业的资讯体系:帮助和指导学生收集职业的相关信息,了解当今中国的职业分类和现实世界的各行各业、新型职业、未来职业等;帮助学生了解高考学科与相关专业的联系、高考学科与相关行业的联系,然后根据自己的兴趣、能力、价值观等对高考选修课程做出较为恰当的选择;帮助学生了解适合自己的职业的工作情况、职业要求、入职条件、必需的技能技巧等,然后根据自己的志趣、特长、能力初步订立事业上的目标。

(3)第四章构建起大学院校及其科系、专业和多元升学的咨询体系:帮助和指导学生了解国内外大学院校及其系科和专业设置,并根据选定的适合自己的未来职业方向和范围深入了解适合自己的院校及其适合自己的科系与专业的培养目标、课程设置、入学条件等,选择报考适合自己学历水平的院校,为上大学做准备。

总之,开发普通高中学生职业生涯规划指导校本教材,可以让学生经过系统的职业生涯规划知识的学习,帮助和指导学生根据自己的志趣、特长、能力等订立事业上的目标,进而针对自己事业上的目标制订高考选修课程、升学和就业的生涯计划,逐步实现学生事业上的目标,让学生在职业生涯发展道路上少走很多弯路。同时,这样的教材也能为本校普通高中教师实施学生职业生涯指导提供借鉴、参考,提高教师实施学生职业生涯指导的专业能力。

参考文献

[1] 中华人民共和国教育部.国家中长期教育改革和发展规划纲要(2010—2020年)[M].北京:人民出版社,2010.

[2] 霍益萍.高中:基础+选择——也谈高中教育的定位与选择[J].中国教育报,2012(6):145-146.

[3] 习近平.决胜全面建成小康社会 夺取新时代中国特色社会主义伟大胜利——在中国共产党第十九次全国代表大会上的报告[EB/OL].中国政府网,2017-10-27.

加强中学生社团管理的思考

蒋玉辉

一、加强中学生社团管理的必要性

个体在单独或集体活动中从事学习工作所取得的效果是否一样？美国著名社会心理学家 F. H. 奥尔波特在其 1924 年出版的代表作《社会心理学》中指出，"把他人存在促进个体活动效率的现象命名为社会促进，把他人存在引起的个体活动效率降低的现象称为社会抑制"。集体活动的开展有利于减少个人孤独产生的心理疲劳，增加兴奋度，对处在青春期的中学生来说，特别需要得到他人的评价和关注，集体活动可以提高竞争意识，提高个人活动效率。然而，社会心理现象极其复杂，当个人在完成困难、生疏、强度大的任务时，他人在场或与他们共同作业会产生紧张焦虑的情绪，不利于任务完成。这启示我们，应当树立大课程观，整合各种教育资源，重构学校课程。

2017 年 9 月，教育部出台的《中小学综合实践活动课程指导纲要》指出，综合实践活动课程在贯彻党的教育方针、落实立德树人、培养学生核心素养领域具有重要功能，特别指出，学生在高中阶段应该通过参加社团活动等实现价值体认。近年来，中学生社团在活动的主体性、发展的自主性、管理的规范性、影响的广泛性等方面有了新的形式和特点，作为延伸课堂教学内容和开展综合实践活动的平台，各校在以学生社团的方式组织学生活动、开设特色化校本课程方面有了新的举措。社会组织的功能发挥与环境的交织作用总是密不可分的，以人为主要工作对象的学校教育应时刻关注社会的发展。当前，各校应探索新时代中学生社团的管理方式，特别注意根据学生个体差异，合理设计学生社团活动内容，把学生的眼界引向课本之外的社会，尽量减少他人和集体对个体的抑制作用，使学生在主动参与社团活动中获得适应未来所需的核心素养和关键能力。

二、加强中学生社团管理的重要性

1. 有利于推进教育管理民主化，达到"学生自治"的理想教育管理状态

调查学生参与的社团活动不失为近距离了解学生的一条重要途径，可以发现学校日常教育管理的盲点和不足，让我们重新审视"我们的教育到底离学生有多远"。如学生通过参加学生自律协会，有机会亲自监督或直接介入学校的管理，提高自己对学校教育管理的责任感和认同感，也促使学校的管理更以学生为本。

学生在学校不仅要求获得知识,更重要的是获得独立人格的尊重。学生以主人翁的身份参与学生社团活动,不仅增长了知识、培养了才干,也从另一个角度推进了学校的管理。管理的最高境界是价值认同,如果学生在社团活动中都能"找到事情做"、找准自己的角色定位,并能恰当地处理好自己与他人的关系,就离"自我教育、自我管理"的目标不远了。

现代社会管理提倡公民意识的觉醒,通过每位公民的有序有效参与实现组织功能的完善。学校是引领社会风尚的重要机构,在培养现代公民的过程中,需要特别留意教育方法的取舍,"公民意识"的觉醒不能依靠"灌输"完成,内生动力的激发始终在个体生命历程中发挥着重要作用。

2. 有利于以组织化的形式扩大对青少年的有效覆盖,完善教育功能

早期的学生社团活动少有"以社团的名义"进行的,更多的是以课外活动或临时的松散的小组活动进行的。在新课改背景下是否将学生社团纳入正式组织加以管理,在新课改背景下是否有这样的现实需要,还是有必要思考和研究的问题。

正式组织"有明确的目标、任务、结构、职能以及由此而决定的成员间的责权关系,对个人具有某种程度的强制性"。中学学生社团的成立虽然带有自发性,但又是基于学校教育教学的目标在老师指导下成立的,鉴于中学教育管理的对象多数是未成年人这一特殊群体,老师的指导作用尤为重要。如果这种"指导"带有组织强制管理色彩,那么中学学生社团就符合正式组织的某些特质。

"正式组织的活动以成本和效率为主要标准。非正式组织主要以感情和融洽的关系为标准。"近年来,在青少年科技创新大赛和奥赛中取得优异成绩的学生莫不是学校以社团的形式"专业训练的",如生物科技协会、机器人协会、环保类社团、创造发明协会等培养了大量社团骨干。仅以学生社团是非正式组织而松散管理是失之偏颇的。

"宅男宅女"现象让人反思,"如果没有网络、没有通信,他们还宅得下去吗"?基于社会性而存在的人们,组织的吸引力还是相当大的。学生自己选择参加适合自己的社团,可以使其真正依附于一定的组织,在组织中找到身边的榜样,接受同伴群体的影响,群体互动、相互引导,有利于培养青少年学生相互尊重、相互接受、相互交往的能力,这对独生子女来说无疑是终身受用的。

3. 有利于探索新的教育评价方式

学校教育的成功之处到底是什么?用分数论成败、以高徒成就名师不仅功利,而且好操作的评价方式,就当真值得骄傲?对中学生特别是高中生而言,校园生活对学生的影响到底有多大?我们一时难以作定量评估。不过,几乎每一个成年人回忆起中学时代时,怀念总是那么动情。

"指望教育做它所不能做的事,或者要求教育单独解决我们时代的基本问题,是不合理的。"但是,这不能成为"教育不作为"的理由。教育的问题不能都归责为"社会大环境不好"。如何让教育回归本来的面貌,能否"超越量化取向"?学校要反思,除了分数,还能让

学生获得什么？

让学生自己组建喜爱的学生组织，让学生体会到"主人的感觉"，让学生度过青春岁月一段难忘的时光，少一些专断绝对的指导，也许每个人不一定都能成为"真知灼见、深谋远虑的思想家"，但至少他们曾经快乐地过人生中的一段重要时光，这是不违背教育的"初心"的。学校的任务不仅是在知识与能力方面对学生的成长有所作为，"学校的任务尤其要培养学生的性格和态度"。新课改想要达到的师生人人探究、乐于探究、自主学习、合作学习的场景在社团活动中是很容易见到的。不管教育评价的标准有多少，"人心向背"始终是我们教育工作者要面对的。

三、中学生社团管理的关键路径

1. 加强对中学生需求的研究，让学生社团更"贴近"学生

对知识的获取、对职业生涯的规划、对个性的张扬、对独立人格的追求使中学生的需求不仅现实而且理想化。他们希望摆脱成人的"监护"，宁愿受父母的不理解，也不愿意受同伴的冷落，期待通过有所作为来获得家长、老师、同学的认同，有时甚至通过标新立异等方式引起别人的注意。

代际冲突是人类发展中的必然现象，在社会急剧变迁的今天表现得更加激烈。处于青春期的中学生容易产生逆反心理，"听多了大道理"，对正面的宣传教育反而不信任。学校管理者不能沉迷于"自以为很美""自以为很真"的教育陷阱中。可是，无论我们怎么努力，都很难了解学生的真实需求，这是教育的痛苦。学生的自主管理效果如何呢？克莱顿·阿尔德弗的 ERG 需要理论认为，人有三种核心需要：生存、相互关系和成长发展。他还提出："多种需要可以同时存在；如果高层次需要不能得到满足，那么满足低层次需要的愿望会更强烈。"当代中学生早已不停留在基本的物质需求，他们期待获得亲善的友谊和老师、家长的认可。中学生参加自己喜爱的社团活动可以让人看到"另一番形象"，一些平时"看起来不那么优秀的学生"在本班教室之外，在社团活动中常给人惊喜的表现，同时，一些跨年级、班级的社团活动使他们收获友情。

2. 加强定向分类指导，让学生社团更"直面"学生

科学管理必须在了解对象的基础上用最适合的方法有针对性地去实施。中学学生社团虽然是学生自发组建的，但在实践中的重要意义不亚于课堂教学的作用和价值，特别是在挖掘学生潜能和提高综合素质方面。中学生尽管有热情、有干劲，但盲目蛮干时有发生，不同年龄阶段的学生组成的学生社团，其管理方式应该加以区别指导。要正确引导，使"民间组织"逐渐向"官方组织"过渡。

社团活动课程化是将学生社团工作纳入学校正式组织管理的重要选择。发挥不同学科教师的优势，开发社团课程资源，使学生社团的发展进入规范化阶段。教师和学生共同打造的学生社团不仅在知识上更能丰富学生的视野，学生在社团中更能找准自己的角色，学生的

差异性更能得到尊重,从而使学生参与社团的内驱力增强。学校将所有教师都发动起来,建立类型多样的学生社团,并从专业的角度加以指导,让学生的参与更加积极。学校将"生活化的琐碎"引入社团课程会起到意想不到的效果,近年来,我校学生在选择社团课程时,"糕点社"常被"秒杀"以至于选课系统崩溃。

3.加强团队精神培养,让学生社团更能"凝聚"学生

让·皮亚杰认为所有的生物包括人都是通过"同化"与"顺应"来适应环境的。学生在健康向上的社团文化氛围中通过环境的熏陶、渗透作用让自己内心充满阳光,这种教育效果是事半功倍的。"在学校里,以努力、纪律、竞争为基础进行的学习,往往比不上那些比较轻松活泼而非强制地教育青年与成人的方式。"这告诫我们要改进教育方式让受教育者走向生活、走向实践,在团队中学会表达、学会尊重、悦纳自己,对世俗保持和而不同的态度。

"在原始社会,一个人是通过共同生活的过程来教育自己的,而不是被别人所教育",团队生活是人类社会的主要状态,团队的协作互助是人类心灵的渴求。学生在社团活动中更能形成团队凝聚力,做有社会责任感的人。汶川地震后,我校社团部学生自发到步行街义卖报纸,半天时间筹集善款七千元,学生在活动中既锻炼了团队协作能力,又培养了爱心。这种体验比说教更能形成合力,拉近了学生之间的心理距离,使学生在团队生活中变得自信满满,更加有智慧。

4.关注"隐形团队"状况,让学生社团更"了解"学生

"不管我们怎么努力,我们始终和学生有距离。"有一部分学生尽管他们不会站在教育的对立面,但他们也不会融入正式的组织活动中来。他们有时会在一旁高谈阔论,有时却像一群"隐居的诗人",他们中不乏某一方面的高手,但不会在正式场合"显露",以至于被学校遗忘,不过,在另一些场合,他们却尽情展现自我。我校的"巴人风文学社"是全国百佳文学社,久负盛名。然而,该文学社并不能吸引全部文学爱好者,部分学生自发组建了另类的"欲晓文学社"。该社团成立之初具有一定的隐蔽性,学生有自创的社刊,内容很另类,第一期的手抄复印本很抢手。事实证明,该社团开展的活动及社刊在学生中影响很大,该社团部分成员还正式签约了郭敬明工作室。该社团成员自发到企业拉赞助用于社团发展,直到到学校开具相关证明时学校才知道这个社团的存在。"隐形团队"作为一种非正式的存在,其成员之间的心理距离更近,更"志趣相投"。这个团队使学校管理"无死角",能敏锐发现我们日常容易忽略的学生团体,拉近了管理者与学生间的距离。

当中学生的在校行动被以分钟定格时,学生需要"舒展的空间"。学生之所以要参与团队活动且又不愿暴露"心迹",和教育者的态度相关,最大的可能就是怕遭遇"打击"。学校积极的认可并给予学生适当的自主权,突出学生社团的自我主导地位,让学生获得"身份认同",可以使学生向主流文化圈靠拢,抵御消极、颓废事物的侵扰与诱惑。

5.加强人才队伍建设,让学生社团更"服务"学生

加强社团指导老师的培养是提升社团活动质量的保证。由于学生的"脑洞大开""需求

新锐"，学校教师的专业水平不一定能够对每一个社团起到实质的作用，然而，这不是放任自流的理由，可以发挥教师特别是青年教师在思想引领、活动策划方面的作用。实践证明，青年教师在指导学生社团的过程中所获得的"与学生打交道的能力"对其成长有重要帮助。校内的社团展示评比、校外多种类型的比赛既锻炼了学生，也培养了青年教师。学校对社团指导老师除了明确责任，还应在评优评职中对其"学生教育管理经历"充分认可。

社团学生骨干在学生中有亲和力和威信，有时学生骨干的管理更加"贴心"和"省力"，在学生骨干的组织下，让学生在社团活动中担任主角，感受到老师赋予的信任和所担当的责任，满足学生的"能量释放"、自我实现和个性化发展的需要，更能让参与的学生获得成就感，学生学习方式也会发生改变，学生和学生的相互激励迸发出的进取精神是教育工作者乐于看到的现象。

寻求外部资源是学生社团发展中不容置疑的选择。近年来，普通高中学校越来越重视对高中生职业生涯发展规划的指导，学生在不同类型的学生社团活动中可以体验管理、初步感知不同职业角色的工作。仅凭学校的指导老师难以完成各种社会角色的指引，建立校外实践基地，聘请各行业专业人才走进校园是学校教育不容置疑的选择，更能打开学生关注社会的视野、满足学生的成长需求。

参考文献

[1] 戴斌荣. F. H. 奥尔波特社会心理学思想评介[J]. 盐城师范学院学报(人文社会科学版),2008,28(3): 78-81.

[2] 周三多,陈传明,鲁明泓. 管理学:原理与方法(第三版)[M]. 上海:复旦大学出版社,1999.

[3] 联合国教科文组织国际教育发展委员会. 学会生存:教育世界的今天和明天[M]. 华东师范大学比较教育研究所,译. 北京:教育科学出版社,1996.

[4] 期蒂芬·P. 罗宾斯. 组织行为学(第七版)[M]. 孙健敏,李原,等译. 北京:中国人民大学出版社,1997.

四种人才，四种态度

——《短歌行》教学新尝试

顾晓华

在人教版高一语文必修 2 曹操名篇《短歌行》里，诗者曹操和王者曹操来了一个惊天地泣鬼神的完美结合。诗歌里，诗人由人生无常带来的深沉忧思和他欲招揽人才、统一天下的壮志豪情互为交融，情绪时而低沉时而高昂，或是表达倾慕，或是深情感恩，或是娓娓规劝，到诗歌的结尾处，又自比周公，以一种超越时代王者气概，在中国诗歌史上留下了千余年的不朽丰碑。一曲《短歌行》，就是一榜"招贤令"，令江湖闻风而动，它为何能撩动那些才华横溢但又恃才自傲的贤才内心的心弦，争先前来成就曹操的一代伟业？笔者反复咏诵，从曹操那古雅雄浑、流淌千年的絮语中感受到了他对四种人才的深深期许。

然而，本首诗歌的教学难点如下：

第一，诗歌中，诗人情绪的起伏变化不定，表现在诗歌的节奏起伏变化不定，如何让学生更好地把握这一特点？

第二，清代张玉谷说："此叹流光易逝，欲得贤才以早建王业之诗。"从全诗的角度看，哪些贤才属于诗人吐露心迹的对象？他们有什么特点？曹操对不同的贤才有何种不同的态度？

为让学生真正读懂这首伟大的诗歌，明确诗人曹操在诗歌中的反复致意，课堂教学中，笔者针对文本进行了深入解读，理清思路，把曹操叹咏的人才清晰地分解为四种类型，对应四种态度，并作了如下教学尝试。

一、有名气的人才——青衿

本首诗歌自然分为两段。第一段有两个层次。第一个层次是曹操借用杜康酒来表达人生苦短的忧叹之情，同时借以让听到的贤才们引起共鸣，能争取在短暂的人生中抓紧时间成就一番事业。情绪铺垫好后，接下来，诗文立即进入正题，他这样写道：

"青青子衿，悠悠我心。但为君故，沉吟至今。"

此句来自《诗经·郑风·子衿》中的一首爱情诗歌，写的是男女相悦，情感炽烈；巧的是借助一个妙龄少女之口，向中意的男子表达思恋；更为有意思的是接下来两句"纵我不往，子宁不嗣音"，用一种恋爱中的少女对男子的嗔怪——就算我没找你，你就不会主动一点呀？——别致地展示了曹操对贤才的一片真诚，其委婉与含蓄的表达带来情感上的细腻与丰富，难以言表，难以言喻，妙不可言。

师：《短歌行》即为招贤令。第一段中作者分别借用什么代指人才？用了什么手法？作者对待他们的态度分别是怎样的？

生：（据注释）青衿代指人才。

师：为什么青衿能代指人才？可以代表哪种类型的人才？请根据自己的理解为我们解释一下。

生：（据注释）"衿"是衣领，"青衿"是周代学子的服装，所以诗人用"青衿"作为有名气、有才学的人的代称。

师：那么用身体的一部分来代替整体，指代整个形象，这在表现手法上叫作什么？

生：（明确）借代。

师：对于有才学的"青衿"曹操持什么态度？是从哪句话表达出来的？

生：（明确）"但为君故，沉吟至今"表达了曹操对有名气、有才学的人才的倾慕（板书）。

二、隐居的人才——鸣鹿

紧接上句，诗文这样继续写道："呦呦鹿鸣，食野之苹。我有嘉宾，鼓瑟吹笙。"请注意这里——鹿生活、求食的地点——"野"，就是在野，或是隐居的，或是无名的，或是属于敌方阵营的，这里，曹操用比喻的手法，用在野外的鸣鹿比喻隐居的有才学的贤才，为这样的他们发出了最热烈的期盼和召唤，同时以"鼓瑟吹笙"的最高礼遇，表示对归顺人才的尊敬与欢迎，再次表达自己内心的谦虚和真诚。《诗经·小雅·鹿鸣》中接下来的句子是"吹笙鼓簧，承筐是将。人之好我，示我周行"，正如朱熹《诗集传》所说"先王因其饮食聚会，而制为燕（宴）飨之礼，以通上下之情"，周王如此礼贤下士，群臣、嘉宾们哪有不答应周王，将治国的方略一一陈述呢？——"示我周行"，这里，曹操继续抒发了一代政治家求贤若渴的愿望，诗歌的节奏也明快开朗起来了。

师："我有嘉宾，鼓瑟吹笙"描写的是曹操对人才的一种什么态度？

生：尊敬（欢迎）。

师：根据"呦呦鹿鸣，食野之苹"的诗句描写特点，这里又可以指代什么类型的人才？说说你的理由。

生：隐居的贤才。因为这里描写鹿生活、求食的地点"野"，就是在野，或是隐居的，或是无名的，或是属于敌方阵营的。

师：非常好！用的还是借代的手法吗？

生：（争论后明确）借喻，用在野外的鸣鹿比喻有才学的贤才。

师："这里"鹿"还有一个定语，这是个什么样的鹿？有着什么样的氛围？

生：呦呦"鸣"鹿，营造了一个安闲自在温馨的氛围，颇有君主融洽、宾主和顺的欢乐氛围。

三、归顺的人才——自述感激

第二段一开始，诗文对应第一段的第一层，用第二个忧叹表达对何时才能拥有贤才、何时才能建功立业的复杂心绪。然后诗文这样写道："越陌度阡，枉用相存。契阔谈䜩，心念旧恩。"这里，"枉"是枉驾、屈驾之意，"存"是探问、问候之意，"相"是作者曹操的自称，"越"和"度"是动词，穿越之意，"阡陌"是田间小道之意，"越陌度阡"，也就是经过了种种曲折的经历，前来投奔、归顺曹营的人，"契阔"是久别重逢，"䜩"通"宴"，即久别后重逢，欢乐畅谈之意。在这里，曹操真诚地感谢他们来"看望"自己，不仅没有自矜功伐的得意之情，反而异常恭敬，对这类曾经跟随其他阵营的"特殊"人才的归顺满怀感激，充分展现了一代雄主的博大胸襟。

师：请补写出"越陌度阡，枉用相存。契阔谈䜩，心念旧恩"的主语和宾语，重点解释"枉""存""相"的意思。

生："枉"是枉驾、屈驾之意，"存"是探问、问候之意，"相"是作者曹操的自称。

生：主语是越陌度阡的人，宾语是自己，这是曹操对前来看望他的人的自述感激之辞。

师：这里又可以指代什么类型的人才？曹操有什么态度？

生：已归顺的人才。

生：感激。

四、观望的人才——乌鹊

第二段的第二层次，曹操在《短歌行》中接着这样写道："月明星稀，乌鹊南飞。绕树三匝，何枝可依？"清人沈德潜在《古诗源》中说"'月明星稀'四句，喻客子无所依托"，这里，曹操借用在傍晚正欲找地方栖息的乌鹊，比喻正在寻找寄身之地、寻找可以献身成就一番事业的尚在犹豫、观望的贤才。曹操真诚地规劝他们，别再犹豫，赶紧到自己的阵营中来。试想，当那些"无枝可依"的处于漂泊凄凉境地的士子们一旦听闻这些召唤，怎么不会"为之动容，潸然泪下，心向往之"呢？

"周公吐哺，天下归心"，曹操在诗歌的结尾以周公自比，豪迈地宣告了自己强烈的求贤若渴以及使天下归心的迫切心情，展现了一代霸主的政治抱负和人格理想——统一天下，成就伟业！

师："绕树三匝，何枝可依"句中，乌鹊的动作行为有什么特点？这里又可以指代什么类型的人才？说说你的理由。

生："三匝"，意味着多次盘旋，不肯停栖，可以指代还没有归顺的人才，也就是那些处在观望状态的人才。

生：观望犹豫的人才。

生：还可以指代漂泊零落的人。

生：流离失所、无家可归的老百姓。

师：非常好，都有道理。那么用乌鹊指人，这是什么手法？

生：比喻。

师：对这类人，曹操的态度是什么？从哪里看出来的？

生："周公吐哺，天下归心"中，用了周公礼贤下士的典故，曹操自比周公，规劝人才归顺，表达一统天下，成就霸业的壮志豪情。

师：第一、二段中诗人分别作强烈"忧叹"，表现了诗人情绪的变化，而情绪的变化又是《短歌行》曲调的变化，以第二段为例描述。

抒情：忧叹——欣喜——自信
曲调：低沉——欢快——激昂

贤才，贤才，贤才，贤才！至此，我们突然发现，短短的一首诗文中，诗人用相对应的四个四字句，分别表达了对四种不同人才的真切延揽之意，我们依稀看见了一个即将结束群雄争霸的分裂局面，让天下归于一统的王者曹操缓缓向我们走来！

板书设计：

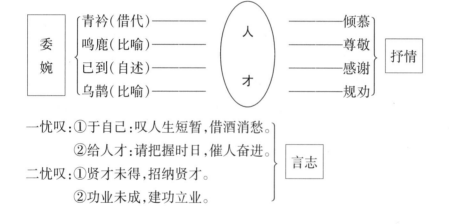

一忧叹：①于自己：叹人生短暂，借酒消愁。

②给人才：请把握时日，催人奋进。

二忧叹：①贤才未得，招纳贤才。

②功业未成，建功立业。

言志

岂当情歌弭志气

——《湘夫人》主题新鉴

程凤平

屈原的《湘夫人》是惊采绝艳之诗,对其主题的理解,普遍认为:"这是一首爱情绝唱"(人民教育出版社,2018 年版),《古诗鉴赏辞典》(中国妇女出版社,1988 年版)中吕晴飞也如是说。我认为这是一种历史性的误读,它不是爱情诗,而是一首感情强烈而深沉的政治抒情诗!

屈原出身高贵,是楚武王之子屈瑕的后代,自幼聪慧勤学,志存高远。在战国晚期沧海横流、风云激荡的年代,国弱即亡,策误即灭,所以革弊兴政、强楚抗秦是他毕生为之鞠躬尽瘁的宏愿。他 19 岁就组织乐平里青年抗击秦国入侵并大胜,第二年即被楚王召侍左右参理国事,直至主管内政、外交。对内选贤任能,革弊兴政;对外联齐抗秦,三次出使齐国,还奔波于赵、韩等诸侯国,政务繁重,鲜有儿女情长之闲暇。屈原廉而直,而此时楚国奸佞猖狂,弊政痼沉,楚王昏聩,他时常遭受解职、软禁、流放的沉重打击,始终处于政治风暴的中心,心塞情郁,忧心如焚,恐难有儿女闲情!屈原意志笃定,百折不挠,兴楚强国,为这伟大理想心无旁骛、穷且益坚,恐难分心缠绵柔情——伟大人物都有伟大理想而又矢志不渝,"虽九死其犹未悔"。所以,说它是爱情诗有悖情理,实在太勉强;当然,我们也不反对这种认识:屈原的诗都是政治抒情诗,情感太单一、太单调,我们让他的情感世界更丰富、饱满、细腻、缠绵些,当作爱情诗阅读会别有情味。但这是一厢情愿的事,原诗读出来的意味不是这么回事!

我们不去赘述历史典籍中关于湘君湘夫人身份性别的辩论,也不去追究帝子湘夫人等称谓之争,那本身就是对主题定位不准的犹疑,还是回到诗作,对文本细细品味。

诗人用浪漫笔法,构筑了一个神奇艳丽而又乖戾悖常的世界。诗人"与佳期","帝子降兮北渚",相约幽会。但"目眇眇兮"始终不见湘夫人现身:哪怕诗人焦急的"骋望""远望"也没见一丝身影;哪怕诗人痴心劳碌筑好美室香庭,请"九嶷缤兮并迎,灵之来兮如云",以空前盛大隆重的仪式列阵恭迎,尽显真诚恳挚,湘夫人仍未惠临。那幽会何时遂愿? 不知道,"时不可兮骤得",约而不至甚至永远不来,那还叫爱情? 让人三思不解。除非是单相思,或者是梦中的情人。

对,梦中情人! 诗人心心念念的情人——湘夫人乃是作者兴国强楚的伟大理想(美政思想)实现后的美好国度之象征,乃"梦幻情人"。依此品鉴,乖戾尽除,茅塞顿开,酣畅淋漓。

诗的首句"帝子降兮北渚","降",表面写神仙美女湘夫人从天而降与"我"期会,实写作者期待伟大理想的实现;所降之地遥远的"北渚"精奥深微,"渚"是水边浅滩,行船滩阻,趟涉淤陷,道阻且长,往必艰辛,寓示美政理想的实现艰难漫长,所以才会"目眇眇兮"——似见非见,似现非现。这其实是屈原推行革弊兴政步步弥艰的真实写照,故而"愁予"——使人忧愁。而且巧为后文各种反常现象和"时不可兮骤得"埋下伏笔,构思极其缜密。为了表达理想弥艰的沉重愁绪,诗人借景抒情,他创造了"袅袅兮秋风,洞庭波兮木叶下"这千古绝妙的意境。只有伟大的情怀、崇高的理想才能承受得了这秋风凄清、无边落木的深重悲怆,缠绵的儿女之情恐难以担得起这份沉重!两千多年的中国文学史也无任何诗人把爱情悲愁写到这份沉重上,这也决定它不是爱情诗的一个明证。就因为理想之路的坎坷、强楚之梦的艰难,才有这第一段结尾两句"鸟何萃兮苹中,罾何为兮木上"的反常意象,寓情于景:本该翱翔无垠天空的鸟却被禁于水草,本该下海捕鱼的网却被闲置于木上,这当然是暗寓作者屡屡被解职、软禁、流放的悲苦遭遇,是兴楚强国的美政之梦的不祥之兆。

承接此意,第二段首句"沅有芷兮澧有兰",表达自己理想的美好和信念的坚定。"芷、兰"是作者惯用的香花美草手法(香花美草,象征高洁品性、美好情操和人格、美好理想等),相信自己的政治理想如芷、兰般幽香美好,所以才有第二句执着的"思公子兮未敢言"。"未敢言"是面对现实的悲惨遭遇和为实现理想而忍辱负重,多做少言,默默前行。但是,毕竟打击是沉重的,让他痴痴呆呆神情"荒忽"(通"恍惚")凝视流水潺湲,也是他幽远深沉的思考。这种情思,在下一段进一步表现出来。

所以第三段一开始,作者就发出悲痛深沉而又无奈的疑问:"麋何食兮庭中?蛟何为兮水裔?"本该在原野自由奔驰的麋鹿却被囚于庭中,本该在浩渺大海畅游的蛟龙却被困于浅滩,这是为什么啊?苍天也无法回答!面对残酷的现实、沉重的打击,屈原意志消沉、心灰意冷了吗?没有,他听从理想的召唤"闻佳人兮召予",而更加积极地奋斗着、奔波着:"朝驰余马兮江皋,夕济兮西澨"。虽然,屡遭打击的心理阴影如影随形,但诗人意志坚定、追求恒定,生命与理想同在,生命不息追求不懈,"将腾驾兮偕逝"中"偕逝"用得太有力——理想即生命!然后,诗人再用他惯用的香花美草手法,极尽夸张铺陈地陈述他不辞辛劳积极地构筑美室香庭。美室香庭是美政理想和理想实现后的美好憧憬,细节在此不繁赘述。"筑室兮水中",水中筑室何其艰难,与第一句"降兮北渚"照应。但这并不影响诗人意志坚定地为实现美政理想而拼命奋斗,坚信理想终有实现的那一天,将遍请"九嶷缤兮并迎,灵之来兮如云"来迎接她的到来。屈原多次被解职、软禁,最长的一次流放达16年,九死一生,却愈挫愈勇,终身不移其志,这是何等的执着勇毅啊!不管多么忠贞炽热的爱情恐都难以匹配上这恢宏的气魄。读到此时,《湘夫人》与《离骚》难道不是异曲同题之妙?

最后一节,承接上节再写自己不辞辛劳和艰险"捐余袂兮江中,遗余褋兮澧浦",涉水采摘杜若,献给远道而来的湘夫人——我那美好的美政理想。屈原既浪漫,又坚定,残酷的生活更教会了他"现实"——理想越高越弥艰,理想越大越路远。"时不可兮骤得","聊逍遥兮容与"，从容自在地向理想进发，正是"路漫漫其修远兮，吾将上下而求索"。所以《湘夫人》是一首大气磅礴又幽怨沉重的政治抒情诗。

诗中的境界是诗人想象的，表达的情感是真切的，这是以虚写实之法。

"若瑟夫"的形象意义与教学价值

易家志

若瑟夫是法国"短篇小说巨匠"莫泊桑在小说《我的叔叔于勒》中塑造的一个小孩子。这篇小说成功塑造了菲利普、克拉丽丝、于勒等人物形象,在诸多人物之中,若瑟夫却常常被学生忽略,也常常被教师忽视,因为文章对他着墨不多,只有寥寥几笔。但这一人物在小说情节中起着穿针引线的作用,也暗含了作家的创作意图,具有重要的形象意义。教学中,利用这一人物形象进行多种设计,具有重要的教学价值。

一、若瑟夫的形象意义

1. 小说故事的叙述者

这篇小说的叙事采用了儿童视角,即站在若瑟夫这个小孩的角度来叙述故事。小说以"我"回忆往事的方式来讲述故事,显然是莫泊桑经过精心设计的。

首先,文章显得真实可信。文章以"我"的所见所闻所感来组织材料,掺杂成人世界的情感因素少,既保证了人物观察的客观性,增强了故事的合理性,又拉近了读者与作品的距离,容易引发共鸣,加深对作品的理解。

其次,能够节省笔墨。第一人称的有限视角只能表现"我"的所见所闻所感,"我"视野之外的内容,诸如"于勒当年是怎样糟蹋钱的?""于勒在美洲究竟做了什么买卖?"之类的问题都被巧妙省略了,这样就能集中笔墨对最能突出主题的关键情节与重要场景进行细腻描写。

再次,有利于故事情节的曲折变化。由于第一人称视角的有限性,若瑟夫视角之外的合理省略在小说的故事中创设了冲突、悬念等,让小说的情节跌宕起伏而又避免了多余的解释说明。

最后,有利于适当拉开读者与作品的距离。这样的叙事角度,为小说主题思想的展开留下空间,从而展现了小说主题的丰富意蕴。

2. 世间百态的见证者

小说中的若瑟夫作为叙事主体贯穿全文,文中其他人物的言行无一不是从"我"的眼里观察到的,对其他人物的感受与评价无一不是从"我"的角度表达出来的。

"我"见证了资本主义社会扭曲的人性。人与人之间异化为赤裸裸的金钱关系,唯利是图,利益至上,即便骨肉之间亦是如此。菲利普夫妇对于勒前后称呼和态度的巨大反差就是这种扭曲人性的一种生动体现。于勒发财时是"正直的人""有良心的人""有办法的人""好心人",一家人站在海边栈桥上期盼他早日归来;于勒穷困潦倒时却成了"流氓""讨饭的""贼",一家人像躲瘟神一样避之不及。

"我"也见证了小人物生活的心酸。全家人过着节衣缩食的日子。"家里样样都要节省,有人请吃饭是从来不敢答应的,以免回请;买日用品也是常常买减价的,买拍卖的底货;我姐姐的长袍是自己做的,买十五个铜子一米的花边,常常要在价钱上计较半天。"去哲尔赛岛的轮船上,母亲明明想吃牡蛎,但怕花钱,只好说"我怕伤胃",生活拮据到了何等地步!我们读到这里,怜悯之心油然而生。

3. 美好人性的寄托者

若瑟夫是一个纯真善良,富有同情心,有正义感,重视亲情的小男孩。小说中这样写道:"我看了看他的手,那是一只满是皱纹的水手的手。我又看了看他的脸,那是一张又老又穷苦的脸,满是愁容,狼狈不堪。"这显然是一个孩子带着同情之心来观察感受于勒叔叔穷苦衰老的样子,字里行间满是怜惜之情。虽近在咫尺,亲人却不敢相认,只能在心里默念:"这是我的叔叔,父亲的弟弟,我的亲叔叔。"这句话里流露出对父母行为的不理解、不认同,甚至有些不满。"我给了他十个铜子的小费",这是在冰冷的人际关系中,出现的最温情的画面——自然朴质、真诚善良。我们从这个镜头中看到了人性最美好的一面,犹如一丝光亮,照彻了全篇文章。这种行为既是若瑟夫的善心,也是作者对人性的美好希望。由此看出,作者在文中表达的不仅是揭露与批判、同情与悲悯,更有希望与呼唤——呼唤美好人性的回归!莫泊桑把未来的希望寄托在一个小孩子身上,不能不说这是小说的又一匠心独运。

二、若瑟夫的教学价值

"若瑟夫"这一人物形象在作品中如此重要,教学时可以充分利用,巧妙设计,实现人物形象的教学价值最大化。

1. 细节品读价值

若瑟夫给于勒十个铜子的小费,这一情节是小说中最温情的画面,这是刻画若瑟夫为数不多的一处细节。教学中可以抓住这个细节进行设计:

仔细品读课文第43自然段,请你联系作品内容,给这个细节拟写一个恰当的小标题,并说说拟写的理由。

这个拟写活动的教学价值:

①引导学生品读文本。体会细微情节的丰富意蕴,感受文章的细节描绘之美。

②体察人物的内心世界。感受在儿童身上未泯灭的闪光人性,感悟作者在若瑟夫身上寄托的理想与希望,强化对小说主题的深入理解。

③进行语言的学用训练。培养学生运用凝练语言表情达意的能力,将文本阅读、思维训练与语言表达巧妙结合。

学生对这个拟写活动很感兴趣,学习积极性高。在课堂交流展示中,笔者看到了不少让人称赞的小标题:

"温情的小费""未泯的亲情""纯洁的十个铜子""人性的救赎""闪光的人性""十个铜子的温度""十个铜子,一抹温情""甲板上的指尖温情""熟悉的陌生人""人性的光辉""指尖跃动的亲情""人性的乐章""赠予铜子,烛照人性""爱的给予""金色的铜子""这么近,那么远""铜臭间的馨香""沉重的情感负荷"等。

2. 问题探究价值

探究一:当若瑟夫见到了久盼的于勒叔叔时,为什么只在心里"默念",而不是"大声呼喊"? 请同学们探究其原因。

这个探究活动的教学价值:

①指导学生学习前后勾连的阅读方法。根据文章前部分的叙述可以看出,若瑟夫并没有见过叔叔于勒,关于叔叔的事情都不是亲历的,是由"据说"而知,因此若瑟夫出于人之常情不会莽撞地呼喊。同时,看到父亲脸色的煞白,母亲性情的暴怒,他岂敢违背父母意愿去呼喊"叔叔"的称谓? 一个小孩缺少这样的胆量。

②感受人物内心的矛盾与痛苦。亲人就在眼前却不敢相认,只好深埋于心。"默念"二字用语凝重,情感深沉,"这是我的叔叔"岂止是语言的默念,更是心灵折磨下痛苦的呻吟。反复的"默念"让一个小孩子过早地品尝人生百态蕴含的难咽滋味,这样的"默念"远比"呼喊"更具悲剧色彩,直击读者的内心,产生震撼人心的力量!

探究二:当若瑟夫见到了久盼的于勒叔叔时,为什么要在心里反复默念"这是我的叔叔,父亲的弟弟,我的亲叔叔"? 请同学们探究其原因。

这个探究活动的教学价值:

①体会同义反复的作用。同义反复,避免了同语反复在文字上的单调之感,让文字蕴含更丰富的内容,让文字产生变化之美;同义反复,也强调了于勒与自己血浓于水的亲情关系,这种关系不因父母的拒认而改变。

②感受若瑟夫的纯洁心灵。若瑟夫的内心一片冰清玉洁,没有成人世界的人性扭曲与异化。反复的默念,表达了他对父母行为的不理解、不赞同,这恰恰是作者的愿望在孩子身上的映照与表达。

③为后文情节埋下伏笔。正是这样反复的默念,若瑟夫心里不灭的亲情、良知等凝结成一股力量,这股力量使他不惧怕父母的唾骂,勇敢给了叔叔"十个铜子的小费",情节发展水到渠成。

3. 少年成长价值

这篇小说安排在部编新教材九年级上册第四单元,以"少年成长"为主题。阅读小说,我们发现能体现少年成长的元素并不多,只有若瑟夫给于勒叔叔十个铜子的小费和在心里默念这一情节能够体现,但不够充分。《教师教学用书》对这篇小说的主题价值只有两点阐述:

"对金钱社会扭曲人性的罪恶进行尖锐的批判","对小人物的心酸表示悲悯与同情"。对于文章蕴含的少年成长主题及教育价值并未提及与说明,许多教师也一般按照《教师教学用书》的理解进行备课上课,常常忽略了少年成长的主题要求,这不能不说是一个遗憾。

怎样才能充分地实现本单元的核心价值呢? 笔者在教学时补充了小说原文的开头和结尾两部分,并让学生进行比较,在比较中让学生体会少年成长的意义。

原文开头:

"一个白胡子的老头儿向我们要求布施。我的同学若瑟夫·达勿朗诗给了他一枚值五个金法郎的银币。我吃惊了。他向我说了这样一件故事:这个可怜的人使我记起了一个故事,现在我就可以告诉你;这件事我一直没有忘记过。你听我说吧。"

原文结尾:

"从此我就永远没有再见过我父亲的兄弟了! 这就是你会看见我有时候拿出一块值得一百铜子儿的银币施舍给流浪者的理由。"

依据原文的开头结尾可以设计以下问题:

①删去原文开头结尾有什么好处? 请思考回答。

删去原文开头和结尾,能使小说首尾简洁,情节线索清晰,不枝不蔓,主要人物关系表现得更清楚。这种做法继承了20世纪七八十年代的学术认识,其文章的主题重在批判、揭露。

②保留原文开头结尾又有什么好处? 请思考回答。

保留开头和结尾,能使小说以叙述人的角度述说,故事套故事,增加可信度,保持原著的风貌。保留开头和结尾,突出了对若瑟夫身上人性美的赞颂,突出了本单元"少年成长"的主题。

这个比较活动的教学价值:

①全面感受人物闪光的人性。原文结尾处写道"有时候拿出一块值得一百铜子儿的银币施舍给流浪者",表明成年若瑟夫仍然充满爱心,富有同情心,没有失掉美好的心灵,这正是少年健康成长的"品性"在成年人身上的显现。在若瑟夫身上体现了作者的良苦用心,赞扬了像若瑟夫这样成长的孩子。

②引导青少年健康成长。这篇小说原文开头写的是儿童若瑟夫,结尾写的是成年若瑟夫,首尾的呼应中展现了若瑟夫生命成长的轨迹。这个轨迹中变化的是年龄,不变的是美好纯洁的心灵。若瑟夫的生命轨迹对青少年学生有潜在的示范作用:暗示了要像若瑟夫一样保持独立判断力,坚守美好心灵与亲情,将美好真挚的情感保留到成年,直至终生。这种负载于优美文字之中的成长价值观,比教师空洞的说教更容易被青少年学生所接受,因此,充分挖掘作品中的成长价值并对学生进行潜移默化的指导、引导是一名教师的责任担当。

③体现单元教学主题。从若瑟夫的成长历程中吸收生命价值的营养元素,完成青少年学生成长价值的自我建构,从而实现本单元的核心教学价值,圆满完成"少年成长"的主题教育。

参考文献

[1] 崔雪梅,段岩霞.浅谈小说阅读教学的"另类"视角:以《我的叔叔于勒》为例[J].中学语文教学,2014 (3):15-19.

[2] 徐长林.应该理解若瑟夫"默念"话语的作用[J].语文教学探究,2013(6):25-27.

[3] 金戈.一个悲悯者的隐去:由《我的叔叔于勒》删节引发的思考[J].语文教学通讯(初中版),2005(9): 46-47.

[4] 人民教育出版社课程教材研究所中学语文课程教材研究开发中心.义务教育教科书教师教学用书.语 文七年级.下册[M].北京:人民教育出版社,2017.

整本书阅读之效在活动"套餐"中发酵

——《海底两万里》深度阅读指导

何文贤

初中生名著阅读课程化之后,阅读的目标不能够只停留在知晓大概、了解情节等浅阅读水平上,应该让学生带着"读前指导"燃起的兴趣火种,在"读中指导"和"读后指导"中,继续采用有趣味性的活动驱动方式,把名著阅读引向深入,使阅读真正发生,从而提高学生的阅读品位。这次,我们设计的《海底两万里》阅读"仿真旅行"活动套餐,指导学生阅读实践,深受学生喜欢,收到了较好的阅读效果。

一、"仿真旅行"活动前期准备

快读全书,初步感知内容。第一,运用检视阅读方法,先浏览目录,再随意翻阅自己感兴趣的章节,跳过书中那些多样的海底生物、繁杂的地理名词、专业的器械名称,以"一目十行"的扫读方式,略知全书大致内容,激发起阅读兴趣。第二,对重点之处进行圈点勾画及批注,在每个章节之后,让学生完成"精粹积累"阅读卡片和"我思我在"问题探讨,为后面各项活动做好必要的准备。

二、"仿真旅行"活动启动导言

一天晚上,刚刚初读完《海底两万里》的艾诗同学做了一个奇怪的梦。梦见当年失踪的"诺第留斯号"潜艇找到了,而且通过高科技手段,已经修复,停泊在当年阿龙纳斯教授搭乘启航的海域码头,成为青少年学生研学旅行教育基地。目前,环球旅行公司正打算以"诺第留斯号"教育基地为活动场地,筹划一次"重乘'诺第留斯号',再到汪洋大海游"的仿真旅行活动,艾诗自己还被该公司邀请担任"研学旅行教育活动"的首席金牌导游,全权负责策划"旅行活动"的有关事宜。一觉醒来,艾诗觉得这个梦挺有意思。第二天,艾诗按捺不住内心的激动,立即召集同学协助他开始处理"公司"交代的事情。下面请你按照艾诗的策划要求,完成有关任务。

三、"仿真旅行"活动实施推进

此阶段一共由三大环节构成,是名著整本书阅读最重要的过程,有承前启后的功用。其目的是在粗线条阅读的基础上进行定点阅读,把学生带到深入研读的环境之中,为"分享提升"做好充分准备。

（一）热身活动——梳理脉络

跳读作品上卷第3章、第5—6章,下卷第22—23章,结合地理学科的有关知识,参照下面地图,完成两项任务。

1. 熟悉航行海域

从下面提供的地域名称中选填出图中箭头及数字分别对应的地方。

红海、地中海海域、好望角、挪威附近海域、日本附近海域、合恩角。

① ＿＿＿＿＿,②＿＿＿＿＿,③＿＿＿＿＿,④＿＿＿＿＿,⑤＿＿＿＿＿,⑥＿＿＿＿＿;其中,
＿＿＿＿＿＿是这次海上航行没有到达的地方。

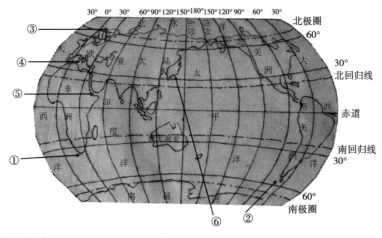

2. 制定航行线路

根据阿龙纳斯教授当年的海洋旅行航线,用文字梳理出本次旅行的线路,同时用箭头在图上标示出来,以便图文结合向"研学旅行"的青少年朋友作直观的介绍。

本环节中的两项活动任务,是由粗浅阅读向深入研读的过渡。一方面让学生在地球海陆分布平面图中再现环球海洋旅行所经过的海域(或地区)和大体线路,获得直观的空间感,感受人物在气势恢宏的浩瀚海洋中的不凡壮举;另一方面,使学生加深理解本部游记型科幻小说以游踪为线索展开情节的结构特点。

（二）体验活动——深入理解

1. 写作"潜艇"解说词

为了让青少年朋友在"仿真旅行"中也能够了解"诺第留斯号"潜艇的情况,请写一篇介绍"诺第留斯号"潜艇的解说词。内容要包含下列活动任务提出的几个方面。

（1）"诺第留斯号"潜艇整体外形、建造地点、部件来源和优点。

（2）潜艇几大部位的组成、主要舱室及其功能。

（3）潜艇的动力来源、控制潜艇航行的仪表、主要设施。

这一环节产生的学习效果:①训练了学生信息筛选、提取能力;②训练了学生的材料加

工改造能力;③训练了学生的思维理性和语言表达的准确性;④深入感受作者的奇特想象,唤醒了学生富于想象的思维体验。

2.撰写景点解说导游词

请你根据阿龙纳斯教授一行搭乘"诺第留斯号"潜艇环球海洋旅行经历所见到的海洋奇观、独特的生物等内容,以"环海游中的美丽画卷"为题,写一篇富有吸引力的景点解说导游词(至少包含三个画面),在"仿真旅行"活动中向青少年游客做介绍。

3.编写剧本

为了让仿真旅行活动中的青少年游客得到身临其境的体验,请选取自己喜欢的章节(最好能够选取连续的几章),仿照示例,编写成一个微型剧本,作为他们在活动现场表演的蓝本。改编之前,先认真阅读"剧本示例",了解剧本的构成要素、剧情内容及原作相关章节内容,不清楚的地方,可以请教他人。

(三)思辨活动——分析总结

1.点评人物形象

在前几项活动中,特别是改写剧本的过程中,大家对作品中的几个主要人物有了较为深入的理解,请以"我对人物××的立体化认识"为题,仿照示例,摘抄原作片段,对人物形象进行点评,希望能展示你独到的见解。

2.探究作品成就

问题:通过参加《海底两万里》名著阅读"仿真旅行"活动,你认为这部科幻小说吸引你的原因有哪些?

要求:回答此问时,既要概括成要点,又要结合具体内容进行分析。

产生的效果:学生能够从塑造人物、展开情节、揭示主题、奇特想象、描写景物等进行总结,并进行了适当分析。

"仿真旅行"活动实施推进这一阶段三大环节的各项活动,需要带领学生去跟踪"快读梳理"阶段留下的阅读足迹——翻阅"精粹积累"阅读卡片和"我思我在"问题探讨等读书笔记,捡拾初始阅读之时绽放出的成果之花,按照每项活动主题,把美丽的花朵归纳到不同的花篮之中,还需要驱动学生继续走进整部作品,针对性地选读原文重点,也可以参考"编者的话""导读引言""附录"等助读材料,去采撷有用的枝丫、绿叶,装饰出一个个枝繁叶茂、鲜花盛开的精美花篮。

总之,这次名著阅读,遵循名著阅读活动"语文进,语文出"的原则,带着语文的特质走进活动,走进阅读,让学生的阅读真实而扎实、精细而深入。以活动"套餐"为驱动主线,以书面表达呈现阅读成果为落脚点,构成了整本书深度阅读指导实践内容,从语言、思维、鉴赏、文化等方面培养学生的语文核心素养,让学生摘掉了走过场、凑热闹式的浅阅读面具,走出了为考而作的试题训练式的假阅读误区,真正进入了精细化的深度阅读佳境。

参考文献

来凤华.整本书阅读教学的实践策略[J].语文建设,2019(5):29-33.

是"山"还是"树"

——小议《与朱元思书》中两句的理解

梁培根

　　《与朱元思书》一文选入了八年级上册,在教学的过程中对其中有两句——"夹岸高山,皆生寒树,负势竞上,互相轩邈,争高直指,千百成峰""横柯上蔽,在昼犹昏;疏条交映,有时见日"的理解,我同教参上的理解有不同的认识,查了一些资料,讲法各异,但我认为都各有矛盾。本身这篇文章我们看到的就不是全貌,当时并没有印刷术,可能在誊抄的时候出现了一些疏漏,便发生了一些改变。现在就我自己的两点拙见提出来供同行们讨论。

　　其一,我认为"夹岸高山,皆生寒树"后面应该用句号,作为第二段的总起句,本身第二段就讲了山和树。紧接着的"负势竞上,互相轩邈"一句的主语应该是"山"。这里我是赞同教参上理解的"一座座山本身是静止的,这里却有了动感;山本无生命,却像有着无穷的争胜之心,有为下文的感叹埋下伏笔"。这样也写出了山的气势。

　　但是"争高直指,千百成峰"这一句我认为主语应该是"树"而不是"山"。为什么是"树",而不应该是"山"呢?首先"争高"应该是"争着向高处生长",如果说山争着向高处生长显得很牵强,本身第一句就讲了山上生长了密集的树木。加上"千百成峰"一句翻译成"形成千百座山峰",如果前面主语是"山",按教参的理解就翻译成"山争相向高处,形成了无数的山峰",这样语义前后就显得很不通顺,成了"山形成了无数山峰了"。(教参上本身就将这句话基本上算是省略了,没有翻译)如果主语是"树",语义上就好理解了,就可以翻译成"树木争着向高处生长,笔直地向上,直插入云天"。这样翻译就和"寒树"一词能更紧密地联系起来。"寒树"的解释是"树密而绿",树密了为了争夺阳光,自然要争着向高处生长,因为"密",树叶才能笔直地生长,这些都是自然常识。

　　综上所述,我觉得"夹岸高山,皆生寒树,负势竞上,互相轩邈,争高直指,千百成峰"这句的标点应变一下,成为这样"夹岸高山,皆生寒树。负势竞上,互相轩邈;争高直指,千百成峰"。这样形成总分的关系,翻译起来也就通顺多了,就可以明确为"江两岸的高山上,全都生长着密而绿的树。山峦凭借(高峻的)地势,争着向上,都在争着往高处、远处伸展。山上的树木争着向高处生长,笔直地向上,直插入云天。无数的树木形成了高高的山峰"。

　　其二,我认为"横柯上蔽,在昼犹昏;疏条交映,有时见日"这句话要么位置不应该放在文章的最后,要么就应该是前面两句话的解释要稍做调整。教参上也讲了,从语脉上看,作者书写理性思考后,似乎文章该戛然而止。但是却出现了在理解文章的时候,很多人给出了

"使结束感和持续构成一种张力,是最后几句的妙处"这种大学生才能理解的比较理论性的话语,我想初中生是很难理解的,当然有些认识也是很有道理的,比如"一如既往沉醉在美好多变的自然景色中"。

那么,我们在理解这句话的时候是不是可以看看整个第三段的内容呢?我的第一种观点是,这句话可以直接跟在第三段的"夹岸高山,皆生寒树"这句话的后面,就是来对寒树进行解释。也有观点认为放在最后是对"寒树"进行补注,如果是这样的话,就使得文章结构有问题。

我的第二种观点是,这句话就该是在最后,而文章到这里还没有结束,那么前面的"鸢飞戾天者,望峰息心;经纶世务者,窥谷忘反"这两句就不是什么感慨之语,就是作者在侧面描写这里的山水天下独绝。后面再继续写树,以及其他的景色。

总的来讲,这篇文章给我们描绘了一幅充满生机活力的山水图,我们在品味这篇美文时应多发挥自己的想象,通过文字去感受当时的美景。

语文——你可以 fashion 吗？

杨小静

一、时尚的界定

fashion 是个地地道道的舶来词,中文译为"时尚",是现代社会出现频率最高的词汇之一。时尚,按现代汉语双音节词的解释可以分成两个单音节词解释时,即时间、时下,尚,有崇尚,领先之意。时尚就是在一定"时间"里或长期的"时间"里人们"崇尚"的某些事物,也就是"为时尚早,长时崇尚",能够起倡导或示范的事物。追求时尚不仅是现代物质社会高度发达的体现,更是人们的一种精神追求。时代不一样,追求时尚的事物也不一样,但都与前沿、先锋、潮流、风气、推崇等词有关。从古至今,时尚一直流行于世。它存在于每个人的生活中,它常被众人挂在嘴边,我们甚至可以说,时尚影响着每个人以及人们生活的方方面面。当我们走进办公室,同事的眼光首先就落在了你的衣着上,这是很自然的事情,是下意识的动作,无关乎道德、修养、人品,并且会有一个瞬间的直观评判,好看不好看。好看不好看的标准是什么呢,其实就是时尚。当你走在大街上,茫茫人海,匆匆一瞥,总有人会让你眼前一亮,眼光多停留几秒钟,判断的标准是什么,还是时尚。时尚可能首先体现在外在,比如服饰、装饰、发型等,因为它最直接直观。当然时尚不仅停留在外在,内在也有时尚的烙印,说话、做事也会体现一个人的时尚倾向。广而泛之,社会生活的任何领域都有时尚的烙印,无论是人的穿着、建筑的特色或者前卫的言语、新奇的造型,甚至是科技领域都有自己领域的时尚。只是每个领域对时尚的具体内容的界定有所不同,每个人对时尚的把握和看法也有区别。

二、语文可以时尚吗?

语文可以时尚吗? 这个问题实际包含两个方面:语文教学的内容是否可以时尚,语文教学如何时尚。我们先来探讨第一个问题,语文教学的内容是否可以时尚。语文教学内容包括古今中外的部分经典名篇,包括文言文、诗歌、小说、散文、社科文等等。这些经典名篇中除了有当代的,还有古代的。经典和时尚挂钩吗? 经典是经过时间淘漉检验的;而时尚是具有时效性的、阶段性的、潮流性的。两者之间可以找到结合点吗? 可以统一吗? 有共通性、比较性吗? 经典可以引领潮流吗? 这一切问题亟须我们探讨解决。解决这些问题要先弄清楚语文的时尚点在哪里? 家国情怀过时吗? 热爱自然山水过时吗? 乐观旷达过时吗? 仁义礼智信过时吗? ……答案不言而喻。袁行霈说:"超越感的建立,依赖诗人高尚的人格,对宇宙、社会、人生的深刻理解,……屈原的《离骚》为什么至今仍能激动我们的人心? 就因为诗人在其中表现的高尚人格对我们有一种净比作用。"不过时意味着是时尚的,而且是永跟时代潮流的。由此可见:语文当然可以时尚。第二个问题:语文教学如何时尚?《高中语文课程标准》要求要让学生通过优秀文化的浸染,塑造热爱祖国和中华文明、献身人类进步事业的精神品格,形成健康美好的情感和奋发向上的人生态度;对于传统的经典作品,要注意引导学生用现代的观念,在历史的背景下去感受和思考。学习方式和教学、评价手段也应适应时代发展的需要。综合起来:语文当然可以时尚,且必须时尚。

三、语文如何时尚?

作为语文教师在语文教学中要教会学生用历史唯物主义和辩证唯物主义去观察、分析社会文化。比如,传统文化可以和现代潮流相结合,体现语文时尚。在《子路、曾皙、冉有、公西华侍坐》有"莫春者,春服既成,冠者五六人,童子六七人,浴乎沂,风乎舞雩,咏而归"句,这种天下大治、国泰民安的生活场景和习近平总书记的"让老百姓过上好日子"的提法是一脉相承的;在《寡人之于国也》中孟子提出的"不违农时,谷不可胜食也。数罟不入洿池,鱼鳖不可胜食也。斧斤以时入山林,材木不可胜用也"与国家的可持续发展有异曲同工之妙;庄子的追求自由,杜甫的家国情怀,苏轼的乐观旷达,王维的热爱山水……这些精神内核不正是现代人的追求吗? 不正是和时代的脉搏紧紧相连吗? 不正是最符合时代潮流的吗? 这种追求不是时尚是什么? 而且这种时尚贴合每一个人的精神追求,符合每一个人的内心向往。这种时尚大气磅礴,深沉内敛,利国利民,永不过时。语文教师要担负起培养学生思辨能力的重任,让学生在扑朔迷离的社会中明辨真伪、分清优劣,让学生对各种文化现象进行比较、鉴别,激发学生的思辨兴趣,提高思辨能力,从而吸取健康向上的文化精髓,摒除那些腐朽的文化思想。比如在《小狗包弟》中巴金对自我的反省可以促进学生的自我反思能力的提升,在鲁迅的《拿来主义》中可以培养学生的辨别能力,在《祥林嫂》中可以关照女性真正独立的问题。这些反思、辨别、观照的能力难道已经过时,不符合时代的潮流吗? 这难道不是语文的高级时尚吗? 这种时尚是具有共通性,甚至是属于全人类的。语文的这些时尚远比巴黎时装周的奇丽服饰来得更有意义价值,更具时代性、长远性、前瞻性。比美食节的饕餮人餐来得更有"营养",更有健康意义。当一个国家和民族都懂得把经典的文化永远传承并和时代相结合,赋予其新的历史使命的时候,这个民族是有根的,这个国家的人民是有归属感的。

四、今天语文时尚了吗?

"文化认同"或"文化心理结构"的提法注重文化心理而忽略了客观性的社会需求。事实上,如果仔细体察 20 世纪处于弱势却始终不屈的维护儒学价值的呼声,便可理解,儒家伦理之所以在近代社会转型后仍每每处于焦点话题乃是事有必至,理有固然,其"必然性"植根于现代化转型过程中"道德性"与"现代性"的分裂以及对克服此种分裂的要求。时尚是紧跟时代脉搏,是思想灵活、思维创新的体现。但时尚也不是故意标新立异,哗众取宠。时尚有肤浅和深沉之分,肤浅的时尚是仅限于吃穿住行,偏向于物质享受;深层次的时尚是在精神上跟上时代脉搏,有担当有情怀。现在学生很容易流于表面的追求时尚,不思考,不辨别,盲从,失掉自己的判断,为了时尚攀比、虚荣。比如为了一部时尚的手机而失掉做人的原则,语文老师不仅仅承担着教学的任务,更有对学生进行良好价值观引导的美育作用。引导学生把时尚的视角投入到更深层次,更高高度,让时尚积极健康的指导自己的人生,而不是被时尚绑架,从而沦为时尚的奴隶。时尚本身没有对错,对错的关键在人。语文,你可以 fashion 吗? 当然,真正时尚的语文是个人命运和民族担当的结合,能使古代经典焕发新时代的光彩。语文不是古板的代名词,老师不是迂腐的代言人,时尚不是年轻人的专利,是每一个人都有的权利,而语文老师恰如其分地把握时尚,教会学生正确的人生观价值观,并紧扣时代的脉搏,是有担当的体现,是时尚的典范。让语文成为真正时尚的引领者,语文,你可以 fashion 吗? ——当然!

参考文献

[1] 袁行霈.中国诗歌艺术研究[M].北京:北京大学出版社,2009.
[2] 陈来.传统与现代:人文主义的视界[M].北京:生活·读书·新知三联书店,2009.

初中语文"活动式"课程建设探究

李 平

根据《重庆市教育委员会关于继续实施农村中小学领雁工程的通知》(渝教基发〔2017〕21号)、《重庆市教育委员会关于申报第三期农村中小学领雁工程项目的通知》(渝教基发〔2017〕27号)等文件精神,经学校申报、区县推荐、专家评审、公示,确定我校的初中语文"活动式"课程创新基地为市级课程创新基地。

一、基地建设的基本情况

全善学校坐落于长江之滨,云篆山下。前身是原重庆市巴县中学初中部,1996年开始改制,经过一系列股权转让和变更,现具有独立的校舍、独立的法人资格、独立的师资、独立的财务管理、独立的办学行为,已是一所完全独立的民办初级中学校。学校师资力量雄厚,现有专任教师151人,其中语文教研组由28名教师组成(特级教师1人,中高级教师16人,市级骨干教师2人、区学科带头人和骨干教师9人),市区级优秀班主任4人,获得市区级各种荣誉称号共计75人次。教师团结协作,锐意进取,形成了"名师引领,教研联动,和谐共进,书香儒雅"的教研组特色和文化。教育科研氛围浓厚,成果显著,在全国核心刊物及省级以上刊物发表论文60余篇,获市区教育教学论文大赛奖60余人次。勇于探索课堂教学改革,积极参加市区级教学大赛,2人获市级赛课一等奖,5人获得市级赛课二、三等奖,9人获区级赛课一等奖。辅导学生参加各种竞赛,获市区级一、二、三等奖近500人次。

基地建设与姜家中学对接,姜家中学现有语文教师4人,均为本科学历,平均年龄45岁。其中高级教师1人,中级教师3人。虽然人数少,但他们都有很丰富的教学经验和很强的敬业精神,能够兢兢业业地做好本职工作,有一定的科研能力。两校一直以来属于巴南区第一教研共同体的学校,有着深厚的友谊,通过基地的建设,能够进一步推动两校教师的共同发展。

强大的师资队伍、浓厚的科研氛围、有力的后勤保障,是基地建设成功的基石。

二、基地课程建设的目标

1. 探索实施初中语文课堂"活动式"教学模式

"活动式"教学源于我国古代教育的"知行观"。荀子认为"行高于知""不闻不若闻之,闻之不若见之,见之不若知之,知之不若行之",陶行知指出"行是知之始"。我国传统教育一向注重活动是认知的前提,将实践看作能力发展的契机。活动越丰富越扎实,能力发展就越快越强。"活动式"教学就是要以活动为引发学习兴趣的契机,以活动为撬动能力发展的杠杆。语文课堂"活动式"教学是学校"四四互动问题探究式"卓越课堂教学改革的一个重要内容和支撑。

2.利用现代教育技术,开发语文辅助活动课程

基于学校"尚善"教育特色课程体系下,关注学生个体差异性的需要,充分利用现代教育技术手段,开发多层次、多类型、多规格的语文课外辅助性活动课程,完善初中语文"活动式"课程体系,让每一位学生都得到充分的个性发展。

3.开展语文活动,全面提升学生语文核心素养

语文素养是语文知识、语文能力、思想情感、语言积累、语感、思维品质、品德修养、审美情趣、个性品格、学习方向、学习习惯的有机整合。丰富的课内外的语文活动能使学生积累大量语言材料和言语经验,具有良好的语感,促进思维的发展与提升。

4.创建初中语文"活动式"课程创新基地

加大对语文学科建设的投入,培养一批语文学科名师,建设市区内有引领辐射作用的初中语文"活动式"课程创新基地。

三、课程建设的初步框架

1.初中语文课堂"活动式"教学模式的打造

高度重视和认真研究学科特点、知识属性、学习规律等,并以此为依据合理设计活动,使学生在活动中获得综合性的发展。

改变作业的形式和内容,采用项目式作业等活动性作业,让学生在作业中动起来,既培养一般能力,又培养学习能力。

2.初中语文课外辅助性活动课程的建设

为拓宽学生视野,提高学生语文学科核心素养,借助我校"尚善"校本课程平台,开设语文学科校本选修课程,重点打造以下课程。

"网络写作"课程:借着科技的力量,在网络里冲浪;让交流没有界限,以我手写我心。在网络写作的课堂上,在创新作文的比赛中,我们敞开心扉,我们感悟生活,我们在享受文字的快乐时,成就生命之美。这是一门利用现代教育技术手段,充分发掘学生写作潜力的创新课程。

"书法修炼"课程:让学生进一步了解书法艺术的基本知识,了解一定的欣赏要素,体会书法艺术的独特美感。针对参加者参差不齐的写字功底,坚持因人而异、因材施教的原则,重点指导学生练习硬笔书写,掌握硬笔书法的基本技能,能写一手工整、漂亮的硬笔字;对有一定毛笔书写基础的学生,针对其练习中存在的问题进行因势利导,逐渐提高其毛笔书写的

能力。同时,指导学生按照一定的章法尝试书法创作。

"古诗词品、唱、诵"课程:将古诗词的名家名篇作为课程的主要内容构架,将古诗词"品唱诵"作为教学的主要方法和手段,利用多媒体技术引导学生进行探究性学习体验活动,旨在使我们的学生在会读能诵、学吟习唱的过程中,形成以"培养'有文化的人'"为核心的校园文化。

"语言艺术"课程:语言是人类思维的外壳,是现代社会最重要的交流信息、传递情感的重要工具,是人的"第二张脸"。我们因热爱语言艺术而聚在一起,因喜欢语言表演而聚在一起。语言艺术课上,我们以声达意,以音传情。我们在练习中品味语言乐趣、在诵读中感受经典魅力、在表演中提升审美情趣。

"长江文化探究"课程:一起查找有关长江的历史文化的资料,了解长江几千年来的历史沧桑;一起去长江边采风,让滚滚的长江水、美丽的长江景成为你手下的永恒瞬间;一起去长江边用你手中的数码相机、DV 机拍摄下长江的风采;一起用歌声感受祖国的万里河山和中华五千年的文明史;一起诵读名篇名诗名句,去感悟长江之美,领略古今文人墨客对长江的赞美之情。

四、"活动式"课程的初步实施

编制语文活动单元教学设计案例。各年级教师分工合作,深入挖掘教材,结合地方特色和校园特色,编写成具有指导性和可操作性的教学设计案例,指导全校语文教师的活动探究单元的学习。

丰富活动内容。将学校的活动与语文课堂的活动进一步整合,如古诗词诵读比赛、"我与全善的故事"讲故事比赛、课本剧表演、汉字听写大赛等活动与语文课堂教学活动相结合。将语文的活动由课内拓展到课外,如课外名著的阅读,语文项目式学习的深入开展等。

初步确定我校的语文"活动式"课程设置以语文课堂为主阵地、以课外辅导活动课程为特色、以学校语文竞赛活动为平台的三位一体的课程体系。

参考文献

工洄."活动·探究"单元的顶层设计和教学实施[I].语文学习,2017(11):15-18.

应用网络技术改变中学作文教学传统模式的尝试

凌　利

教育不应局限于教室内。课堂教学多是一种单向性的授受模式。老师讲,学生听,传统的课堂已远远落后于目前学生的知识结构和知识需求。因此,教学的主阵地——课堂,就显得力不从心了。

作文教学更是如此。长期以来,中学作文教学如同陷入重围的孤军,左冲右突,却并没有撕开突破口。作文教学的效果不佳,问题何在? 为什么师生谈作文而色变? 为何那么多高中生、初中生"嘴不能说,手不会写"? 所有这些问题,都如一柄寒气森然的达摩克利斯之剑,高悬在作文教师的头顶,令人不寒而栗。毕竟"文章千古事",教不会学生写作文,语文教师罪莫大焉。

作文教学低效甚至无效的症结到底在哪里? 一是无源之水,难成江河。如今的中学生究其根本,读书太少,积累太少。学生说"我不会写",其实往往是没得写。二是作文教学方式单一,缺乏"写"的兴趣,没有"写"的冲动。

那么,要如何解决上述问题? 教育部科技发展中心主任李志民说:"互联网给我们提供了一个非常伟大的精神,这个精神就是合作共赢。"充分利用网络,开发出一套行之有效的作文教学方法,才是作文教学的出路所在。

今天,"上网"已是人们生活的常态,BBS 正成为人们现实生活之外重要的交流互动平台,学生群体已然成为 BBS 应用的主体,他们急于且愿意在此表达自己的看法,交流思想。基于此,我认为 BBS 的交互性正好成为作文教学的有益补充。对 BBS 在中学作文教学方面的应用,我做了一些思考和尝试,希望能为作文教学带来一丁点有益的启发。

一、BBS 网络平台的搭建

网络论坛作为作文课堂的延伸阵地,它最大的作用就是为学生自主交流学习搭建一个无障碍平台,以实现"网络互动"教学模式的展开。

为此,我搭建了两个网络论坛平台:一是"中学课程网-课程家园论坛";二是班级的 QQ 聊天室。

二、BBS 实现交流沟通的途径: 发布信息—参与活动—回复反馈

在网络论坛中发布各种学生感兴趣的话题、图片等,引导学生参与讨论,并用英语进行回复交流,以达到应用单词、句式,巩固课堂所学的目的。

用 QQ 或者电子邮件的方式让学生与国外的"聊友"进行沟通交流,以发挥英语在与外国朋友交流时的桥梁作用,也使学生更深入地了解外国的风土人情和生活方式。

三、BBS 教学互动活动具体实施过程与效果

教学实施过程由以下五个环节组成。

1. 创设新的学习形式

寒暑假时我都会给学生布置一个特殊的假期作业,在"中学课程网-课程家园论坛"发帖和回帖。发帖的内容可以是学习的内容,可以是国际国内新闻大事,也可以是学生喜欢的、关注的话题……内容不拘一格,只要合理合法即可。发帖的形式也多样,有精华帖、悬赏帖、交流帖、投票帖……形式五花八门。

2. 开展活动增强学习动能

形式只能新一次,学习是长效的过程,因此还需要一些活动和规则,以调动学生的参与热情。先由班上喜欢和熟悉网络的几个学生成立兴趣小组,给予他们论坛版主的权限,放手让他们来管理,引领大家讨论话题,起好带头人的作用。而后开展"论坛之星"评选活动,提供"诱人的奖品",获奖前提是你的帖子数和人气。

3. 质疑问难

论坛中有悬赏帖,我要求学生把做不起的题放到上面,悬赏金币,让别的同学来帮忙解决,同时,我也经常在论坛中提问和答疑。这样,课堂的时空限制被打破,真正做到随时随地学习。

4. 自主学习

教师向学生提供解决问题的线索(如推荐获取相关信息资料的网址),让学生在信息的获取加工中提升自主的学习能力(包括确定完成学习任务所需要的知识清单、获取有关信息与资料的能力、利用和评价有关信息与资料的能力等)。

5. 协作交流

一是让学生自己组合,就解决某一问题进行合作学习,上网搜索,他们之间通过相互讨论、交流,寻求解决问题的途径。二是把学生好的英语短文收集起来,发到论坛或博客上,让大家一起来评论、欣赏,相互学习,取长补短。

开辟网上论坛,将教学由课内延伸到课外,拓展学习空间,培养自主、交互的学习方式,使他们终身受益。通过以上活动的尝试,我想至少有如下收获:

①引导学生正确认识电脑和网络的用处和价值,而不只是用来玩游戏;

②教会学生简单的有关 BBS 的应用技巧;

③培养自主的、合作的、交互的学习精神;

④巩固课堂所学,并扩大了知识面,提高了阅读写作能力;

⑤让老师、家长从帖子中了解孩子的喜好、思想动态;

⑥论坛也在大家的努力下一天天发展壮大起来。

实践证明,BBS作文论坛激发了学生主动写作的内驱力,提高了学生的写作水平,是学生喜欢的一种作文表达方式。其原因有:①表达自由。学生在BBS论坛上发表的是自己的日记、读后感,没有命题作文的选材束缚,我手写我口,我手写我心,写的都是自己在班级、家庭、社会生活中的所见所闻所感,选材自由,表达同样自由,没有文体和语言表达的硬性要求,强调真实个性的语言表达。这种无压力状态写下的作文更有真情实感,把学生从挤牙膏式写作中解放出来,学生的作文有血有肉,更富有个性,更具有灵气。②互动交流。学生的作文只要发布到BBS论坛,读者不再是老师一个人,还有同伴和不曾谋面的网友。众多读者的阅读和回复,会让学生认识自己写作的价值,满足了学生内心深处的成就感和荣耀感,体验到了写作的快乐。当学生把写作当成自我表达的途径时,我认为这样的作文教学就应该是有效的。

参考文献

[1] 刘宇,张连军.欧盟基础教育信息化的现状与行动计划[J].中小学信息技术教育,2006(12):54-56.

[2] 韩玉珍.学海无涯"网"作舟[J].中小学信息技术教育,2006(12):36.

[3] 张成光.网络环境下学生自主学习模式的构建与实施[J].中小学信息技术教育,2006(7):34-36.

[4] 杜凤凯,韩维加.利用网络平台,搞好作文教学[J].语文天地(初中版),2014(1):44-45.

让语文课堂充满活力

张 英

著名的苏联教育家赞可夫曾说:"我们要努力使学习充满无拘无束的气氛,使儿童和教师在课堂上能够自由地呼吸,如果不能造就这样良好的教学氛围,那任何一种教学方法都不可能发挥作用。"是的,在语文教学中,我们要让语文课堂充满活力,在轻松愉悦的氛围中让学生感受到学习语文的乐趣,从而使学生主动获取语文知识。

一、走进学生,轻松愉悦

课堂上,我为了拉近与学生之间的心理距离,习惯于走下讲台,注重与学生之间的眼神交流,为课堂创造一个轻松和谐的氛围,使学生克服了畏难情绪,消除了胆怯心理。当我提问时,学生大都愿意积极主动地回答,避免课堂上出现尴尬的局面。

同时,老师可以随时观察学生听课、做笔记的情况。当学生有异常举动或开小差时,我会及时靠近那位同学,用严肃的目光审视他,或立即设问来让他回答,以引起他的警觉,让学生及时调整自己的听课状态。有时为了激励、表扬某个同学,我会很灵活运用自己的肢体语言,比如用手拍一下他的肩膀,或摸摸他的脑袋,这让学生倍感亲切,他听课的热情也更为高涨,听课的效率也会大大提高。

比如,我在讲《永不录用》这篇现代文阅读时,其中讲的是:"一名高中生已经进了 11 次网吧,他的班主任迫于学校的制度不得不开除他,毫无疑问,他恨死班主任了。但是,让他没想到的是他班主任以他主动休学的名义保留着他的学籍,还告诉那位同学的父亲到已联系好的镇中学去插班,高三一开学就回来,很显然,老师的良苦用心只有他父亲才知道,目的是让那位同学有所触动。于是,他憋着一口气读完高三并考上了大学。"我正在分析这篇文章时,班上一位坐在讲桌前面的后进生正趴在桌上听课,无精打采的,我边讲边走到他的身边,摸着他的脑袋,说:"你因课堂上看小说违纪的次数恐怕不止 11 次吧,按照我们的约定你应该坐最后一排,不过,我还是于心不忍呀,第二天我又让你回到了原位置上,你该懂事了,也明白老师的良苦用心了吧,那随后的路就看你自己怎么走了。"此时他的脸红通通的,这节课剩下的时间他听得很认真,回答问题也很积极。因此,我通过自己的肢体语言和亲切的话语,使他的内心受到了一丝触动。

二、贴近生活,生动有趣

语文是在广阔的生活天地里频繁运用的重要工具,语文是人类社会活动的提炼,如果我们老是把学生的思想封闭在四壁合围的教室里,把眼光死盯在篇幅有限的课本上,课堂就会变得枯燥乏味,学生就会把上课看作一种负担。因此,要让语文课生动有趣,我们的思想就要向广阔的生活开放,我们的眼光要向广阔的生活审视,让语文贴近社会生活,使学生通过语文来认识社会生活,在生活中学习语文,让语文立体式地呈现在学生的面前。

比如,我在评价某个作业时,出现了"快活族"与"慢活族"这两个新概念,为了帮助学生理解这两种不同的生存方式,我就说到了重庆和成都两地的区别。我到西岭雪山路过成都时,我看到这样一幅场景:在成都一环路上,一辆自行车和一辆小车发生了轻微的碰撞,双方都无大碍,看来是有惊无险,随后两位主人都掉头自个儿走了。讲到此处,全班都大吃一惊,我就问他们为什么感到吃惊,他们不约而同地说要是发生在重庆这两人难免怼两句嘴,我说对呀,成渝两地不同的地域文化孕育了不同的性格。成都人的德性是商业文明浸染的产物,休闲略带点时尚。而重庆是老码头,讲袍哥义气,又是山城,重庆人的性格是山城、码头文化和工业文明共同孕育而成的,有人这样评价:成都是喝茶的地方,重庆是喝酒的地方,学生听后恍然大悟。

在讲到对"幸福"的理解时,每个同学都各自的理解,我告诉学生:幸福指数与一个人的心态有关,还与一个人的能力息息相关。著名演员、导演徐静蕾说"幸福在于有能力拒绝",言外之意,能力也是幸福的一个因素,此时我问大家:"你们希望将来过得幸福现在该怎么做?"大家都说:"努力学习!"

三、知人论世,还原生活

我在语文课上,喜欢追"根"溯源,了解人物所处时代,还原人物生活,让同学在故事的享受中去领略语文的乐趣。

我在讲《再别康桥》时,这首诗表达了徐志摩对母校深切的眷恋,接近尾声时,我问同学们,诗中的"金柳、青荇、榆荫下的一潭"在我们看来不过是寻常的景物,但是在徐志摩的眼里为什么如此美丽,同学们不了解诗人的人生经历,就无法做出正确的回答,我告诉他们可用一个成语来概括,那就是"爱屋及乌",同学们对此还是感到茫然,我又问:你们是否看过《人间四月天》这部片子,有一部分同学回答看过,我说其中的原型就是诗人的一波三折的情感故事。于是我介绍了徐志摩与结发妻子张幼仪、一见钟情的林徽因以及北京上流社会的交际花陆小曼这三个女人之间的爱情纠葛。诗人留学剑桥大学时,结识了林徽因,他与林徽因在康桥度过了他人生中最美好的一段时光,所以,在诗人的眼里康桥的一切都是最美的,学生听罢就很容易理解诗中的意象了。

我讲苏轼的《赤壁赋》这一课时,为了给文言课堂带来一点活力,我就讲到了苏轼与他的好友即那位佛印和尚之间的经典对联"狗啃河上(和尚)骨,水流东坡诗(尸)"的故事,谈到了他与秦少游的"双手推开窗前月,一石击破水中天"的故事。我在讲陶渊明的《五柳先生传》这一课时,陶渊明为什么"嗜酒成性",除了因为本身喜欢饮酒之外,还有借酒浇心中块垒之意,为什么? 我就追根溯源,自古以来,酒与文人的关系异常密切。于是我把学生的思绪拉回到了陶渊明所生活的年代。他生活在东晋末年战乱频繁的环境里,不满黑暗的政治现实,有时不免借酒浇愁。在中国文学史上的"建安七子"和"竹林七贤"中的不少人都以好饮酒且富有文采而著称于世。大文人孔融经常宴请名士,还带头反对曹操的禁酒令;阮籍、阮咸的饮酒也毫不示弱,喝酒疯狂到什么地步? 喝酒不用酒杯,和朋友围坐在一个大酒缸周围,一起在酒缸里狂饮,这种长期以来形成的社会风气和文人积习,必然对陶渊明产生一定的影响,对此,学生听得津津有味。

学生在轻松愉悦的课堂氛围中,让课堂充满生机与活力,学生既获得了丰富的知识,又使身心得到健康的发展,可谓一箭双雕。

参考文献

[1] 李晓强.浅谈语文课堂的"活力"艺术[J].剑南文学,2010(3):180.

[2] 张末阳.让语文课堂焕发生命活力:对初中语文教学的反思与突破[J].中国科教创新导刊,2009(12):50.

核心素养下的初中语文教学与德育教育的渗透

——以人教版《壶口瀑布》为例

蒋雨诗

一、语文核心素养的基本概念

所谓的语文核心素养是指以培养学生能够终身受益的健全人格和学习习惯为理念,以培养学生听、说、读、写能力为重要目标,注重在教学过程中培养学生的语感、语文阅读能力、合作能力和探究能力。

从长远来说,语文核心素养不仅是学生在校学习期间需培养的一种素质,更是其未来走上社会、参与竞争所必须具备的一种能力,是保持学习状态、实现合理知识运用,并不断基于旧知识进行知识整合和创造的必备本领。

因此,初中语文教学过程中,要求教学工作要把语文的实际教学与学生的潜在能力很好地结合,善于发掘学生的优势,提高学生的听说读写能力。在学识修养方面要培养学生的品性优势,充分调动学生学习新知识、适应新环境的积极性,全方位提高学生的思维能力,培养学生更好的道德观念。这就是语文核心素养培养的理念。

二、初中语文教学与德育渗透

语文学科具有强烈的人文性特征,其人文性对学生的影响不仅体现在健全人格与正确人生观等个性塑造方面,还体现在爱国情怀和民族使命感这类正确世界观的构建上。教师在实际教学活动中应注重利用课文中积极向上的思想感情与人生哲理来引导学生有效提升自身的人文素养。我们在引导学生学习知识形成能力的同时,还需渗透德育,春风润物般地让学生逐渐形成良好的行为习惯、健全的人格和完善的人生观、世界观。

语文教育是具有生命性的教育,要求在我们教师的心目中,要处处关注学生、关注他们的生命成长。叶圣陶先生说过:"作为一个教师,只把功课教好还远远不够,最重要的是关心学生健康成长。"在教学上,坚持教文育人,要利用文质兼美的名家名篇,挖掘人文内涵和美学情趣,以美怡情,使学生的情操得到陶冶,思想得到净化,品格得到完善,从而使身心得到和谐发展,成为更纯洁、更善良的具有美好心灵的健全的人。

德育是初中教育的重要组成部分,在展开语文教学的过程中加强德育与课堂的高度融合,对培养学生养成有益于自身发展的良好品质和综合素质具有十分重要的作用。对初中生而言,德育的核心就是培养具备"爱"的品质,既包括狭义上的关爱家人、关爱同学,也包括广义上的爱祖国、爱社会、爱护环境、保护大自然等。

要想在教学过程中贯彻这种爱的教育文化和主题,最重要的应该是钻研教材、把握文本,寻找德育的渗透点。教师能否完美地进行德育渗透更多取决于对教材的钻研和解读程度的深浅。作为语文教师,要找准切入点,认真钻研每一类课文的特点,深入挖掘文本中的思想教育因素,做到有的放矢。

三、以《壶口瀑布》为例

语文课堂教学对字、词、句的学习是必不可少的,在对文章词句、篇章的反复咀嚼、揣摩中体会课文的思想内涵,引导学生去体会、感受,使学生的整个身心完全投入文章真挚的情感当中去,受到更深层的教育。在教学中,学生通过听、说、读、写能力的训练,培养良好的语感。这种教育如春风细雨般,不露声色,不着痕迹,悄悄地滋润学生心田。让学生在读中感,感中品,品中悟,从中受到中华美文的熏陶,培养学生热爱祖国语言文字的思想感情,从中吸收民族文化的智慧和人类优秀文化的营养,在潜移默化中提高文化品位和审美情趣。同时领略祖国的大好河山,增强民族自豪感,最终达到德育教育的目的。

《壶口瀑布》是人教版部编新教材八年级下册第五单元的一篇文章。这个单元的所选课文都是游记,作者通过记述游览见闻、描摹山水风光、吟咏人文胜迹来抒发情思。

《壶口瀑布》的作者是梁衡,全文描写了作者两次在壶口瀑布看到的景象,描绘了一个刚柔并济、多姿多彩的壶口瀑布,抒发了作者的人生感悟。

因此,教师在设计教学时,就可以把教学目标中情感、态度、价值观这个维度设定为理解作者借自然奇观所表达的对人生的思考和对民族精神的歌颂。

黄河是中华民族的象征,壶口瀑布又显示出中华民族所蕴蓄着的历尽艰难、宁压不弯、勇往直前的精神和无限的内在力量。因此,把握黄河壶口瀑布的特点与中华民族精神之间的联系,感悟作者丰富的情感,是阅读课文的难点。

课文在写景中抒情言志,意境雄浑,感情真挚。景物描写是作者思想感情的具体体现。课文中的言志主要有两种方法:一是把抒情巧妙地融合在具体的描写之中。作者是带着感情观赏瀑布的,因此,描写时也将这种感情一起表达出来,寓情丁景,情景相映。文章两次对壶口瀑布的描写充满了对它的磅礴气势和伟大力量的敬佩、赞叹之情,读者在阅读时能感受到作者跳动的脉搏。二是巧妙联想。作者由小小的壶口瀑布联想到黄河的博大宽厚和雄壮浑厚,再由黄河的性格联想到人历尽艰难、宁压不弯、勇往直前的精神,有力地渲染了作品的主题。

梁衡的《壶口瀑布》语言精美,教学时可引导学生多朗读,多揣摩。课前,教师可以让学生搜集有关壶口瀑布的材料和图片,初步了解壶口瀑布。然后,指导学生阅读第一次看瀑布的片段,注意文中运用的比喻手法所起到的作用以及当时作者的感受,体会瀑布的雄伟磅礴和浩荡声势。再重点读第二次看瀑布的文字,阅读时,要抓住关键语句细细品味,把握多姿多彩的壶口瀑布的特点,并了解课文运用多种方法,从多角度细腻描摹的写法。在此基础上思考:作者为什么花了大量的笔墨描写壶口瀑布?引导学生透过文字,体会文字背后作者的思想感情,进而展开引申、联想,理解壶口瀑布所象征的人生的态度及中华民族压而不服的民族精神。

四、结语

教学中的德育渗透,在当前更有其深远的现实意义。中学阶段,正是对学生进行德育教育的最佳时期,语文教学利用其优势,是塑造学生健康的人格,培养正确的世界观、人生观、价值观的主要渠道和重要手段。因此,我们教师一定要本着"教之道,德为先"的道理,在教学中把智育和德育有机地统一起来,发掘和运用德育资源,使学生从中感知、体验和接受各种美德,内化成为学生的思想意识和自觉行为,沁人心田,让我们真正肩负起教书育人的神圣使命,让中华美德世代相传,光照千秋。

参考文献

[1] 陈国军.核心素养下初中语文教学的创新实践[J].教学管理与教育研究,2017,2(13):55-56.

[2] 张宏.初中语文核心素养及其培养策略[J].黑龙江科学,2017,8(23):90-91.

如何让学生从被动阅读变主动阅读

孙万红

语文核心素养由语言、文化、思维和审美组成，从学科能力上看包括听、说、读、写的能力。新课标对语文学习的要求主要是"读"，即阅读理解能力的整体提升。好的词语、优美的句子、精巧的构思等，这些都离不开读，在读中去感悟、去品味，从而吸收和借鉴。

碎片化、快餐式、随意式的数字化阅读，是一种浅阅读，对深层次阅读而言，是一种弊端，使我们无法体验到一种享受、一种生活的态度、一种阅读的乐趣。如何让学生从浅阅读中摆脱出来从被动阅读变主动阅读？笔者在开展课外阅读教学实践中，由浅入深、步步引导，让学生从此爱上阅读。下面以名著《骆驼祥子》为例，简述课外名著阅读教学的方法。

一、重视课前激趣，开启阅读之旅

"兴趣是最好的老师"。阅读《骆驼祥子》之前，我从三个方面进行了引导。一是用精彩影片让学生获得视觉上的感知，二是巧用老舍的自序进行推荐，三是用书中的亮点"为祥子出一份病历报告"吸引学生，让大家为其诊断。

当学生有了阅读的初步兴趣之后，顺势引导阅读的方法：圈点勾画、比较阅读、批注、摘抄、笔记等，并启发学生；注重阅读的过程资料，整本书阅读之后，班级将举行读书笔记展。在这样激趣之下，带着对祥子爱情与婚姻的好奇、对祥子命运的关注、对老舍作品的期待，学生们开启了《骆驼祥子》的愉快阅读之旅。

二、精心设计活动，搭建展示平台

当学生在规定时间内阅读完整本书后，我们召开了科代表和小组长会，商量讨论设计出一场精彩的读书报告会，展示全班学生的阅读成果。听说搞活动，学生们兴趣浓厚，积极献言献策。有专题式演讲（走进作者、故事情节概括、主要人物分析、精彩句段赏析、重点问题探究等）、思维导图设计比赛、有奖知识竞赛、为祥子写小传等活动。在科代表的带领下，由学生自主设计具体活动方案，根据班级小组建设，老师将方案适当修改后印制了8份分别发到每个小组，给学生们一周的准备时间，《骆驼祥子》读书报告会精彩呈现。

三、利用颁奖典礼，感受阅读成就

为了让学生体会阅读的乐趣，提升自我价值感、成就感。根据读书报告会展示、思维导图的设计以及知识抢答赛的表现，全班学生小组讨论、设计，评选出了"最佳口才奖""最佳创意奖""最佳设计奖""最佳小读者"等奖项,颁奖典礼上,邀请班级家委会代表担任颁奖嘉宾,活动过程设有照相、摄像的志愿者(学生),完整记录了整个颁奖过程,学生们真正体会到阅读带给自己的愉悦享受。

四、活动影响深远,学生从此爱上读书

整本书阅读活动的推进,极大地提高了学生们的阅读兴趣。回顾整个活动过程,有学生这样总结道:"从来没有认认真真读完整本书,这次阅读,让我对祥子悲惨的命运感到难过,假如祥子还活着,希望他好运。"也有学生说道:"真羡慕那些上台侃侃而谈的同学,希望下一本名著我会读得细致深入,能够像他们那样好好展示。"家长们对读书活动赞不绝口,纷纷在家长群内发表看法,有的家长甚至发朋友圈以纪念孩子上台领奖的重要时刻。家长感叹说:"看着孩子每天回家至少能读上半小时课外书的样子,打心底为孩子阅读态度的转变感到高兴。"

通过引导,学生不愿读书或被动读书的状况得到极大转变。他们正照着课标上说的四个读书要求在发展:多读书(养成读书习惯)、读好书(具有阅读品味)、好读书(有浓厚的阅读兴趣)、读整本的书(拒绝碎片化信息)。

高尔基曾说:"读书,这个我们习以为常的平凡过程,实际上是人的心灵和上下古今一切民族的伟大智慧相结合的过程。"语文教学中,教师引导学生爱上读书,让书陶冶学生的性情、完善学生的人格、拓宽学生的视野、净化学生的心灵。

让阅读成为校园中一道亮丽的风景。

反思教师教学 发展学生素养

——以《函数的概念》为例

贺祠亮

函数是中学数学一个重要的基本概念,其相关知识及思想方法的地位和作用不言而喻,学好此概念是学好数学重要的一环,我在教学中体会到数学概念教学的重要性和难度。本人在执教完《函数的概念》后感触良多,悟出一些拙见,以达到抛砖引玉之效。

一、从教学目标上反思

本堂课的教学目标设计需有梯度、由浅入深,应有了解、理解、经历和体验目标。在实际教学中要逐一落实,体现低起点、缓坡度的课堂教学要求。首先通过丰富实例让学生了解函数是非空数集到非空数集的一个对应,了解构成函数的三要素;然后让学生在讨论中得出函数概念的本质,理解抽象的函数符号 $f(x)$ 的意义,$f(a)$(a 为常数)与 $f(x)$ 的区别与联系,通过例题的讲解,引导学生会求一些简单函数的定义域和函数值;并且让学生经历函数概念的形成过程、函数的剖析过程、函数定义域的求解过程以及求函数值的过程,渗透逻辑推理、提升学生的数学抽象思维能力。通过经历以上过程,学生体会到了函数是描述变量之间的依赖关系的重要数学模型,在此基础上学会了用集合与对应的语言来刻画函数,体会到对应关系在刻画函数概念中的作用,体验到函数思想。通过师生互动、生生互动,学生在民主、和谐的课堂氛围中感受到了数学的抽象性和 $f(x)$ 的简洁美。通过例题的讲解,学生的观察问题、分析问题、解决问题的能力得到了培养和提升。但由于内容的抽象性和学生的个体差异,学生对概念的理解程度各不相同,还可以在第二课时反复强化。

二、从教学设计上反思

本堂课我把教学过程设计为七个阶段:回忆旧知,引出困惑;创设情境,形成概念;质疑解惑,剖析概念;讨论研究,深化理解;即时训练,巩固新知;总结反思,提高认知;分层作业,自主探究。在实际的教学中,我层层递进、步步深入、环环紧扣完成教学任务。本堂课的引入我采用的是通信广播卫星的发射视频,让学生发现在卫星飞行期间,我们时刻关注着卫星离地面的距离随时间的变化,数学上可以用"函数"来描述这种运动变化中的数量关系。这样从身边熟悉的例子入手,便于引起学生的注意,集中学生的精力,调动学生学习的积极性。这种方法需要在今后类似概念课的教学中应继续发扬。

本堂课的特点是概念教学,根据学生的心理特征和认知规律,我采取问题式教学法:以问题串为主线,通过设置几个具体问题情景,发现问题中两个变量的关系,让学生归纳、概括出函数概念的本质,这刚好也符合建构主义的教学理论。新课程要求课堂教学的着力点是尊重学生的主体地位,发挥学生的主动精神,培养学生的创新能力,使学生真正成为学习的主体,结合本堂课的特点,我倡导的是探究式学法。让学生在探究问题的过程中,通过老师的引导归纳概括出函数的概念,通过问题的解决,达到熟练理解函数概念的目的,从而让学生由"被动学会"变成"主动会学"。由于此课题的难度性,学生在自主交流、合作探究和回答问题的过程中,还存在学生依赖老师的现象,师生之间、生生之间的思维碰撞可能会不够激烈,学生的数学表述能力还需提高,这些都需要在今后的每一节课中完善。

三、从突出之处反思

学生在预习之前可能一直都有疑问:我们已经定义过函数了,为什么又要重新定义函数?学生可能认为自己学得很好了,再学习函数的定义有重复之嫌。怎样处理这个问题,我认为是本堂课的一个亮点。

为激发起学生学习的兴趣,我引入三个问题:举出初中学过的一些函数、回忆初中函数的定义、利用初中函数的定义解决问题"$y-0(x \subset \mathbf{R})$是否为函数"。通过学生分组讨论后发现由于受认知能力的影响,利用初中所学函数知识很难回答这个问题,形成认知冲突,让学生带着悬念、带着认知冲突学习后面的知识,这样有利于激发学生的学习欲望。

为了让学生抽象概括出函数的概念,通过对三个实际问题的分析、自学,让学生认识到生活中充满着变量间的依赖关系,由于实际背景的建立,为学生理解函数概念打下了感性基础。在学习"实例一"时,我设计三个递进的问题来引导学生用集合与对应的语言来刻画函数关系。对后两个实例采取让学生先自学,老师再提问的方式来引导学生思考,通过对关键词的强调和引导,给学生思考、探索的空间,让学生发现、概括出它们的共同特征,进而引导学生从实际问题中抽象概括出函数的概念,培养学生的数学抽象、逻辑推理、数学建模等素养。教学中让学生体验数学发现和创造的历程,提高分析和解决问题的能力。本节课选自运动、自然界、经济生活中用三种不同方法表示的函数,既可以让学生感受到函数在许多方面的广泛应用,又可以使学生意识到对应关系不仅可以是明确的解析式呈现,也可以是形象直观的曲线和表格呈现,为下一节函数的表示方法埋下伏笔。观察、分析、比较、归纳、概括既培养了学生抽象思维的能力和创新意识,同时也体现了教师对学生学法的指导,为今后学习其他数学概念提供了模具和参考。

为了使学生正确理解函数的概念,教师首先让学生勾画出概念中的关键词,使学生加深理解函数的本质及构成函数的基本要素。对抽象的函数符号$f(x)$的理解也是本堂课的难点之一,教师应充分发挥学生的积极性,让学生发表意见,然后用一个生活化的例子来巩固对符号的理解:x好比是"原料",f好比是"机器",$f(x)$就好比是"成品",向机器f input(输入)一个原料x,就 output(输出)一个成品$f(x)$。这样学生理解起来就很容易了,同时也培养学生的数学应用意识,并以此培养学生数学语言与符号表达能力,让学生感受教学的抽象性符号 $f(x)$ 的简洁美。

四、从学生的表现反思

在本节课的教学中,以问题为导向,以学生的自主、合作、交流、探究作为活动的内容,总是创设恰当的问题情境,引导学生积极思考,大胆探索,最大限度地调动积极参与教学活动的积极性,在教学难点处适当放慢节奏,给学生充分的时间进行思考与讨论,适时地给予适当的思维点拨,必要时进行大面积提问,让学生做课堂的主人,充分发表自己的意见。这样既有利于化解难点、突出重点,也有利于充分发挥学生的主体作用,使课堂气氛更加活跃,让学生在生生互动、师生互动中掌握知识,提升能力。教学过程中既注重锻炼学生独立解决问题的能力,又注重对学生交流合作意识和创新意识的培养。通过本节课的教学,希望对学生的思维能力的培养、数学思想的建立、心理品质的优化起到良好的作用。

五、从矛盾之处反思

本堂课是函数的起始课,内容多较抽象难理解,在教学中我精选教学内容,把“区间”“同一函数判断”“函数定义域求法”等课题放在了第二节课,这样处理既突出了重点又为教学赢得时间,为学生理解函数的概念做好保证,但时间仍然显得紧张。回顾本节课,对“数学来源于生活又反作用于生活”体现不够,对函数概念的实际应用举例还不够(只是在作业中有所体现),若要举例势必影响讲解例题的时间,甚至例题习题可能没有时间去完成,这样的话本堂课就显得没有立足点了,因此很难取舍。我想这个矛盾只能在第二节课去解决。

总之,本堂课的教学过程更像是学生的体验过程,是教师和学生共同探求新知识的过程,是学生获取知识的过程,是函数概念的自我建构的过程。在反思中教学,在反思中创新,作为高考综合改革新时期下的数学教师,提高学生学习数学的兴趣,增强学生学好数学的自信心,养成学生良好的数学学习习惯,发展学生自主学习的能力,加强学生的核心素养始终是我今后教学孜孜不倦追求的目标。

对"数学试卷讲评有效性"的思考

杨永健

一、批阅试卷、统计分析

1. 认真批阅试卷

阅好试卷是讲评好试卷的前提。教师要通过批阅试卷,把握试卷的重、难点,了解试题覆盖的知识点,考查的能力要求,各题的难易情况等。只有这样才能把握学生答题情况,讲评时才能有的放矢,有针对性地加以剖析。

2. 及时批阅发放试卷

及时批阅发放试卷是讲评试卷的基础。学生完成一份试卷必定经历了从识记、理解到评价表达的复杂的思维过程,他们对自己的劳动成效的结果是非常关注的。教师不能因为工作任务繁重或者阅卷难度大而把试卷批阅发放和讲评试卷的最佳时间错过,试卷发放和讲评的最佳时间应在一天之内,时隔太久学生解题时产生的思维火花就会消失殆尽,不利于及时查漏补缺,影响对知识的掌握。因此,考试后应及时将考试结果和答案反馈给学生并及时评讲。

3. 准确分析试卷

分析试卷是讲评好试卷的保证。为了把握情况,在阅卷过程中要做好批改记录,做一份得分统计表。统计表可按照试卷结构来进行设计,分为选择题、填空题、解答题三大项,主要统计选择题和填空题。利用成绩册,不仅要做好分数统计(最高分、最低分、平均分及每题的得分率),还要及时记下错误率高的试题题号、学生出现的典型错误答案,弄清哪些题错得多,错在哪里,找出错误的原因,分析学生哪种能力需加强,学生需要什么帮助;记下解题思路清晰、方法灵活有创意、试卷解答规范的学生,并给予表扬来激励、鼓舞学生,发挥其榜样的示范作用。通过以上工作,能让老师做到"心中有数,目中有人"。

二、明确重点、确定策略

精心准备教案,明确讲评重点是讲评好试卷的关键。要通过对学生带有普遍性错误的试题的分析与综合,有针对性地对学生的思路进行整理和补充。应根据教学进度和学生答题的实际情况确定一两个重点,采用专题式的讲评模式,宜精讲不宜多讲。试卷讲评课不能面面俱到。讲评课的中心目标是要让学生知道错在哪里,为什么错,怎样做才能不再错。这就要求我们在设计讲评方法时,要避免头痛医头、脚痛医脚,只见树木、不见森林的毛病;要善于从学生的答案尤其是错误答案中分析原因;要让学生能举一反三,掌握日后继续学习的规律性方法。

试卷评讲时,要启发学生对问题尤其是错误率较高的问题进行思考和交流,师生共同寻找解题的切入口,共同探讨解题途径,在学生对一道试题真正弄懂、吃透的基础上,指导学生总结规律和解题技巧。因而,试卷讲评课尤其要注重选择恰当的讲评策略,我认为试卷讲评主要有以下策略。

1. 针对性和有效性策略

讲评课的教学内容要根据学生的测试情况来确定,要找准学生答题出现的失误点,防止类似错误的再次发生。在具体的操作中应注重"数学思想的培养"。例如:设集合 $A = \{x \mid x^2 + 4x = 0, x \in \mathbf{R}\}$,$B = \{x \mid x^2 + 2(a+1)x + a^2 - 1 = 0, x \in \mathbf{R}\}$,若 $B \subseteq A$,求实数 a 的取值范围。

这道题我发现学生做得很不好,其主要原因是没有考虑 $B = \varnothing$,通过此题的讲解,提高了学生分类讨论的能力。

同时还应注重"思维缜密性的培养"。例如,已知 $f(x)$ 为奇函数,且当 $x > 0$,$f(x) = \sin 2x + \cos x$. 当 $x \in \mathbf{R}$ 时,求 $f(x)$ 的解析式。

这道题学生很容易忽略对 $x = 0$ 的讨论,通过对易错易漏点的讲解,能培养学生良好的数学素养。

只有真正准确分析了学生知识与能力的不足,才能真正解决学生存在的问题。同时讲评过程要抓住有典型性和普遍性的问题,挖掘出错误的根源,理清思路,做到举一反三,触类旁通,切忌"眉毛胡子一把抓"。这样才能真正做到"针对性和有效性"。

2. 典型性策略

一套标准的数学试卷题目总共有 22 题,要想每道题都讲或者都引申,是明显办不到的,因此要充分发挥典型题目的载体功能,对学生进行数学基本思想、方法的渗透,对学生进行解题方法的指导和正确解题思维的指引等,使学生通过一堂高质量的试卷评讲发挥主观能动性,在轻松、愉快的氛围中接受知识、排除疑惑、得到提升。

3. 主导与主体相结合策略

苏霍姆林斯基曾说过:"在人的心灵深处,总有一种把自己当作发现者、研究者、探索者的固有需要。这种需要在儿童'精神世界'尤为重要。"因此,试卷讲评课不能缺少学生这个主体,切忌教师一言堂,注重主导与主体相结合策略。在讲评课上我们完全可以把合作性学习引入试卷评讲中,由同学交流解法,谈解题思路,并比较谁的解法更好,进行类比反思,大家在比较中反思各种方法的优劣,在与学生平等的对话中,使教学立足于全面提高学生素质,提升学生的核心素养。也能扩大讲评效果,充分体现教师的主导作用,提高课堂效率。一张试卷如同一座桥,一端连着教师,一端连着学生。通过这座桥,教师可以了解学生知识掌握的状况,发现教学中存在的问题;而学生则可以找到自己的疏漏之处和一些没掌握的知识。在讲评中采取主导与主体相结合,更容易发挥出这种桥梁作用。

4.情感激励策略

每次考试后,学生都渴望老师评讲,特别是肯定他们的进步或解题的闪光点。因此老师可以根据学生的能力,对达标的学生给予肯定或者对未达标学生给予激励,这些都可以在评讲过程中穿插进行。"这个问题我都讲过多少遍了,为什么又错？我看,如果我再讲十几遍,你还是做不来。"这些话一定不陌生吧,面对学生不理想的成绩,这是我们的口头禅。所谓激励的含义,主要是指激发人的动机,使人有一股内在的动力,朝所期望的目标前进的心理活动过程。数学本来就是学生害怕的学科,切忌挖苦、训斥、侮辱学生,应尽量保护学生学习的积极性。试卷讲评课要以赞扬、肯定为主基调,讲评课开始时对成绩好、进步快的学生提出表扬,鼓励其再接再厉;讲评过程中,应充分肯定学生的答卷优点,如卷面整洁、解题规范,如思路清晰、思维敏捷,如解法有独到之处等。要善于点燃学生智慧的火花,增强其信心,激发其潜能,增添其成功感。

三、考后巩固、反思提高

这一阶段是课堂讲评的延续。由于思维定式而造成的解答错误,学生的错解是否会在教师的讲评之后就"烟消云散"呢？一般而言,这种"化腐朽为神奇""立竿见影"的学生非常少见。比较实在的做法是错题重做,跟踪训练。这一阶段主要应做好以下几点:

(1)注意答题规范。答题规范总的要求是"条理清楚,逻辑严密,语言精练,书写规范"。试卷讲评完之后,可以让学生针对自己的试卷"规范"上的得与失,充分把握自己的"不规范"之处,提高学生对解题规范性的认识。

(2)关注后进生,进行个别辅导。因为课堂讲评是面向全体学生的,尽管教师讲评得很细,难免有个别学生掌握不了,所以要及时地对他们进行个别辅导。

(3)知识反思。大多数学生的毛病往往是课堂上记住了、弄懂了,课后又忘记了,下次练习或考试又犯同样的错误。所以试卷讲评完毕后,我们要安排学生错题重做,让学生重新审视自己的错题,真正理解解题的思路。同时,还要告诫学生不要把考过的试卷束之高阁或丢弃,而应督促学生在错题重做后面写出错误原因,建立起自己的错题档案,提高学习效率。

苏霍姆林斯基曾说过:"一个人到学校上学,不仅是为了取得一分知识的行囊,主要还是获得聪明,真正的学校应是一个积极思考的王国,必须让学生生活在思考的世界里。"因此,无论什么课堂,教师都要留给学生自己的空间,让他们自己思考、自己学习,培养他们的自学能力和自我解决问题的能力,全面提高学生的核心素养。

参考文献

[1] 殷长征.提高高三数学试卷讲评课有效性的策略[J].数学教学研究,2016,35(12):41-44.

[2] 邓昌滨."七性"引领 微课助力 高效讲评[J].中学数学教学参考(中旬),2016(5):47-49.

[3] 葛余常.试卷讲评的几个着力点[J].中学数学教学参考(中旬),2015(5):40-41.

[4] 王磊.如何上好初中数学试卷讲评课[J].新课程研究(下旬),2010(11):68-69.

[5] 于建华.浅谈评讲数学试卷的方法[J].中学数学研究(上半月),2002(2):11-12.

高中数学选修内容自主学习指导策略

马林刚

高中阶段的数学素养是指学生进行数学知识的学习、数学方法的积累、数学思维的运用,并以此为基础在现实情境中通过数学角度去思考问题、分析问题和解决问题,进而形成良好的数学能力、品质和习惯。在数学学习的过程中,通过教师的引领,学生进行自主学习,不断提高学习能力和学习水平是提高数学素养的一个重要途径。知识的学习、技能的形成、思想的升华不仅依赖于教师的讲授,更依赖于学生内化于心、领会体悟的过程。

学生在校学习只是学习的一个阶段,在倡导终身学习的今天,提高自主学习的能力不仅对学生在校学习有着现实意义,对学生将来的发展更有长远价值。学会学习、学会思考是教育的终极目标。高中数学教学内容中的部分知识可以采用自主学习的方式,辅以方法指导,学生就能高效地掌握知识点,达到比课堂教学效率更高的学习目的。本文就实行自主学习的内容选择原则、自主学习的形式及指导原则进行一些粗浅的讨论。

一、适合学生自主学习的选修内容原则

学生有一定的知识储备,教材内容可读性强,知识体系的难度不高,课程标准对知识进行了解、知道的内容。高中数学知识在现行教材由必修系列和选修系列组成。其中选修系列由选修一系列和选修二系列以及选修三、四系列组成。对于必修内容中的大部分知识都不太适宜使用自主学习的方式来处理,选修二系列中的统计以及线性回归及独立性检验可以考虑使用自主学习的方式处理,选修四系列的极坐标系及参数方程的基础知识也可以采用自主学习的方式处理。例如,独立性检验这部分内容,与其依靠老师讲解还不如放手让学生阅读教材,找出其中的要点,老师给定问题,学生按图索骥。

为什么要确立这样的原则?没有相当知识的储备,直接依靠自学,学生走弯路的时间太多,效率不高。而且高中数学的经典内容:函数、数列、三角函数、解三角形等本身有着较高的难度,课程标准提出学生对这些知识要求是掌握或者理解。如果只是自主学习,无法洞察其中的精髓,不能举一反三。课堂教学依然是数学教育的主阵地。进行大量的自主学习之前,在老师的引领下学习、练习、反思,逐渐学会学习、研究的方法是开展好自主学习的基础。在拥有了较强的文字理解能力、运算能力、推理能力后再安排合适的内容进行自主学习,符合心理学上发展区的教育教学思想。

二、自主学习的流程及指导原则

高中数学知识本身有着不同的特点,特别是选修系列的知识。基于知识本身的特点,学习这些知识需要不同的方法和手段。

通过教学实践,自主学习的流程及指导原则主要有以下几种:

①制订学习提纲,学生自主学习,练习反馈的流水线流程。当所需要了解的知识相对较为简单,只需要学生知道即可的内容,可以采取这种流程,练习采用教材的练习及习题即可。

②问题导向,学生自主学习,以解决问题为学习的方向和路径。有很多知识现阶段的要求不高,但是对于继续学习的意义却非常大。如极坐标与参数方程,可以采取本流程进行自主学习。老师提出问题,学生在学习的过程中也提出问题,在自主学习和老师的后续指导中解决问题,学习的目标指向是解决问题。

③学习→讨论→学习→总结的反刍式自主学习流程。高中阶段学习的有些知识是现阶段要求不高,但是教育的价值很大,如绝对值不等式的求解等问题,很多时候都可以归结为程序化的操作,能形成相应的解题原则。通过学生的自主学习、分组讨论,贡献不同的解法,再相互验证,共同提高,老师和学生一起总结。

此三种流程及指导原则有时也可以同时使用,针对学生的学习情况及时地调整自主学习指导的策略,做好预案,让自主学习在高效的轨道上前进。

三、自主学习指导的要点

1. 以学生为木,让学生成为自主学习的主人

学习是知识内化于心的过程,学习过程中总会遇到各种困难,即便是比较浅显的内容,也可能存在理解不清楚的情况。很多时候,老师都愿意重新回到老师讲、学生听的局面。事实上,所有的教学活动终极目标是放手,放手让学生自己去探索,在确立好自主学习的内容后,接下来就是学生体验、感受、学习、提高的过程,根据学生自主学习的问题做一些必要的调整或者指导,而不是越俎代庖、包办代替。让学生始终在襁褓中学习,不经历风雨不能使羽翼丰满。

2. 自主学习的反馈与检测、指导是必须的

学习数学不是看电影大片,也不是观看娱乐节目,学习数学是学习知识、提升技能的过程。学习的效果、理解问题的精准程度需要检测。学生在自主学习后,对知识的把握程度需要通过提问、练习、测验来进行检测。很多知识都是纸上得来终觉易,做起题来方觉难。知识的掌握有其自身的规律,恰当的练习能帮助学习理解知识、掌握要点。在数学的教学过程中,解题教学始终占据重要地位。自主学习也不例外。

3. 自主学习不能全盘代替教学活动

学生自主学习不是自由学习,是带有任务的学习,是在教师指导下的学习活动。自主学习不能全盘代替教学活动。放手让学生去看书、练习、讨论、总结不等于老师不参与。

在学生理解出现偏差、集体理解错误、练习结果出现大面积错误、推导过程不清晰等情况下,老师应该积极介入,引导学生分析问题,比对正确的思路,及时纠正,不能在偏离的路上越走越远。例如在学习线性回归的过程中,回归方程的系数 $b = \dfrac{\sum\limits_{i=1}^{n} x_i y_i - n\bar{x}\bar{y}}{\sum\limits_{i=1}^{n} x_i^2 - n\bar{x}^2} = \dfrac{\sum\limits_{i=1}^{n}(x_i - \bar{x})(y_i - \bar{y})}{\sum\limits_{i=1}^{n}(x_i - \bar{x})^2}$ 的相互等价的推导过程可以由老师带领学生一起推导,学生独立完成是有相当难度的。

在教师指导下对部分选修内容实施自主学习,不仅能提高学生学习知识的能力,同时在这些基本原则的指导下能让自主学习更加清晰,把学习落到实处。笔者通过一段时间的实践与摸索,有了一点粗浅的认识,不揣浅陋,期待和同行交流。

参考文献

[1] 刘艳妮. 高中生自主学习能力培养的研究与实践[D].济南:山东师范大学,2018.

[2] 刘锦. 初中生数学自主学习能力研究[D].新乡:河南师范大学,2017.

[3] 周莹. 高中生数学教材阅读策略研究[D].宁波:宁波大学,2017.

让知识融会贯通，培养学生核心素养

——以"圆的规划问题"复习课为例

张 俊

高中数学新课程标准要求高中数学课程以学生为本，落实立德树人的根本任务，培养和提高学生的数学核心素养。要求教师创设有利于学生数学核心素养的教学情境，引导学生把握数学内容的本质，启发学生思考；重视数学建模活动和数学探究活动，促进学生应用能力和创新意识的发展。本文以"圆的规划问题"复习课为例，探索在课堂上如何促进学生知识的融会贯通，培养学生核心素养。问题：已知圆 O 的方程为 $x^2 + y^2 = 1$，圆 O 上动点 $P(x, y)$，求 $3x + 4y$ 的取值范围。

选题分析：本题是圆的规划问题中的典型问题，学生较为熟悉，从本题出发，较为贴近学生思维发展区，容易引起学生的兴趣。同时本题的解法有多种，涵盖代数、几何、三角、向量、不等式、导数等，通过不同解法的探究，有助于学生把握此类问题的本质，促进学生知识的融会贯通。

（学生1）解法1：设 $3x + 4y = z$，则直线 $3x + 4y = z$ 和圆 O 有交点，则圆心 O 到直线的距离 $d = \dfrac{|z|}{5} \leqslant r = 1$，解得 $-5 \leqslant z \leqslant 5$。

点评：学生1选择的解法采用了数形结合的思想，将问题转化为直线和圆有公共点，从而求解.

得到解法1后，老师继续追问："有没有其他方法？"学生继续思考，于是得到解法2和3。

（学生2）解法2：设 $3x + 4y = z$，则直线 $3x + 4y = z$ 和圆 O 有交点，

$$联立 \begin{cases} 3x + 4y = z \\ x^2 + y^2 = 1 \end{cases} 得 25x^2 - 6zx + z^2 - 16 = 0,$$

$$此方程有解，则 \Delta = 36z^2 - 100(z^2 - 16) \geqslant 0$$

$$解得 -5 \leqslant z \leqslant 5.$$

（学生3）解法3：设 $x = \cos \alpha, y = \sin \alpha$，则 $3x + 4y = 3\sin \alpha + 4\cos \alpha = 5\sin(\alpha + \varphi) \in [-5, 5]$。

点评：学生2将问题转化后联立方程，转化为一元二次方程有根的问题，这是直线与圆锥曲线有公共点的一般方法；学生3选择三角换元，将双变量问题转化为同一变量 α 的三角

函数，利用三角函数的有界性求解，这也是求解最值、范围问题常见的方法。

老师继续引导大家思考："还有没有其他方法？"学生略有迷茫，老师适时让学生分组讨论，经过讨论，学生又给出了解法 4 和 5。

（小组 1）解法 4：由权方和不等式：$1 = x^2 + y^2 = \dfrac{(3x)^2}{9} + \dfrac{(4y)^2}{16} \geqslant \dfrac{(3x+4y)^2}{25}$，

从而 $-5 \leqslant 3x + 4y \leqslant 5$。

（小组 2）解法 5：构造向量 $\boldsymbol{a} = (x, y)$，$\boldsymbol{b} = (3, 4)$，则 $|\boldsymbol{a}| = 1$，$|\boldsymbol{b}| = 5$，由 $|\boldsymbol{a} \cdot \boldsymbol{b}| \leqslant |\boldsymbol{a}||\boldsymbol{b}|$ 得 $-5 \leqslant 3x + 4y \leqslant 5$。

点评：小组 1 的解法将问题转化为不等式求解，利用常用的权方和不等式得出结果，简捷明了；小组 2 则想到构造向量，利用向量数量积的性质（其实质即为柯西不等式）求出范围，别出心裁。

经过小组讨论，学生发现这一个熟悉的问题竟然可以有如此多的解法，收获很多。此时老师继续引导："既然可以用权方和不等式求范围，那用柯西不等式可以吗？用均值不等式可以吗？"学生继续思考。经过讨论和交流，学生成功利用柯西不等式得到解法 6。

（学生 4）解法 6：$1 = x^2 + y^2 = \dfrac{(3x)^2}{9} + \dfrac{(4y)^2}{16} = \dfrac{\left(\dfrac{(3x)^2}{9} + \dfrac{(4y)^2}{16}\right)(9+16)}{25} \geqslant \dfrac{(3x+4y)^2}{25}$，

从而 $-5 \leqslant 3x + 4y \leqslant 5$。

点评：解法 6 实质上是利用柯西不等式证明了权方和不等式，通过解法 6，能进一步巩固学生对两个不等式之间联系的认识。

如何利用均值不等式来求范围，学生在课堂上没有成功解出来，我给学生提供了思路：需要含有待定系数的均值不等式，并且需要构造一个齐次式（因为均值不等式本身是齐次的）。课后经过思考，学生 1 成功用均值不等式求出范围，由此得到解法 7。

（学生 1）解法 7：设 $(3x+4y)^2 = 9x^2 + 24xy + 16y^2 \leqslant Ax^2 + Ay^2 = A$

得到 $24xy \leqslant (A-9)x^2 + (A-16)y^2$

由均值不等式有 $(A-9)x^2 + (A-16)y^2 \geqslant 2\sqrt{(A-9)(A-16)}xy$

比较以上两式，令 $2\sqrt{(A-9)(A-16)}xy = 24xy$，解得 $A = 25$，从而 $-5 \leqslant 3x + 4y \leqslant 5$。

点评：解法 7 在第二堂课上由学生 1 上台展示，这既拓宽了学生的视野，也激发了学生 1 对学习数学的热情，提高了学生挑战难题的信心。

学生得到解法 6 后，有学生提出问题："老师，这类问题刚才我们用了几何、三角、不等式、向量、数形结合等知识来解，有没有纯代数的方法呢？"于是我给出解法 8。

（师）解法 8：$(3x+4y)^2 + (4x-3y)^2 = 25x^2 + 25y^2 = 25$，

由于 $(4x-3y)^2 \geqslant 0$，故 $-5 \leqslant 3x + 4y \leqslant 5$。

点评：老师在备课时需要准备得更加充分，以满足学生对知识的探求，解法 8 采用对称构造，方法简捷，但学生掌握起来会有一些困难，适合程度较好的学生了解。如果对学生的问题老师课上不能及时回答,可以将问题留作思考,课后继续研究。

问题的解法到这里已临近下课,师生一起总结后,老师又继续抛出问题:"既然是求范围,我们学过一个有力的工具——导数,请同学们课下思考,本题能否用导数的方法来解决呢?"通过问题将学生的思考延伸到课外,我将班级学生分为了几个兴趣小组,让他们课后自行查阅资料,在第二节课上给同学们展示他们的探究成果,于是在第二节课上,对于问题又有了解法9和10。

（学生5）解法9:当 $x=0$ 时, $y=\pm1$,此时 $3x+4y=\pm4$,

当 $x\neq0$ 时,设 $y=kx$,则 $x^2(1+k^2)=1$

$(3x+4y)^2=(3+4k)^2$, $x^2=\dfrac{(3+4k)^2}{1+k^2}=f(k)$

$$f(k)=\dfrac{-2(3k-4)(4k+3)}{(1+k^2)^2},$$

故 $f(k)\leqslant f\left(\dfrac{4}{3}\right)\leqslant25$,故 $-5\leqslant3x+4y\leqslant5$ 。

（学生6）解法10:构造函数 $L(x,y,\lambda)=3x+4y+\lambda(x^2+y^2-1)$

则由 $\begin{cases}\dfrac{\partial L}{\partial x}=0\\\dfrac{\partial L}{\partial y}=0\\x^2+y^2=1\end{cases}\Rightarrow\begin{cases}3+2x\lambda=0\\4+2y\lambda=0\\x^2+y^2=1\end{cases}$

解得 $\lambda=\pm\dfrac{5}{2}$, $x=\dfrac{-3}{2\lambda}$, $y=\dfrac{-4}{2\lambda}$, $3x+4y=\dfrac{-25}{2\lambda}=\pm5$ 为最值。

点评:解法9利用比值代换,将双变量问题转化为单变量问题,进而利用导数求解,这是处理多变量问题常用的技巧;解法10利用了大学的拉格朗日乘数法,通过构造拉格朗日函数,对拉格朗日函数求偏导数,进而求得最值点和最值,这是大学里处理多变量问题的方法,虽然方法略显超纲,但通过学生的自主学习得到这个方法,仍然是相当惊艳的,这说明学生在课下仍然在积极地思考和探索,实现了课程标准要求培养和提高学生的数学核心素养的目的。

通过学生对问题解法的探究,学生初步将所学的知识融为一体,使学生认识到数学是一个有机的整体,各个知识模块之间有千丝万缕的联系,达到了使学生带着问题学习,带着问题思考,带着问题下课,在思考中进步,在交流中提高,学会一道题,掌握一类题的方法,学会思考的目的。

刍议元认知策略视角下的高三英语复习

黎世新

一、引言

众所周知,记忆量大、测试频繁是高三英语复习的主要特点,学生需理清的语法、词汇、句型等语言知识浩如烟海。面对忙碌又对高三复习充满期待的学生,教师思考最多的是"讲什么"和"怎样讲",但很少从学生的角度思考应该"学什么""怎样学";学生在高三复习中被动而简单,测试后往往只关注分数,绝大多数学生忽略了试卷分析、知识总结和方法选择,这导致学生陷入错了又考、考了又错的恶性循环。长此以往,"教师很辛苦,学生很痛苦",教学成绩可想而知。

为了摆脱这种困境,笔者和备课组同仁尝试将元认知策略运用到高三英语复习。《普通高中英语课程标准(2017 年版)》(以下简称《课标》)将元认知策略定义为"学生为了提高英语学习效率,计划、监控、评价、反思和调整学习过程或学习结果的策略",并明确"指出教师要注意指导学生学会规划自己的学习,适时反思学习的效果,在学习过程中调控自己的情感,利用多种资源开展学习"(教育部,2017:40-4)。通过多年的学习,高三学生积累了一定的学习经验,对学习方法、目标等都有相对客观且较成熟的认识,如果教师在元认知策略的运用中给予切实可行的指导,学生的学习能力就会得到更大的提升。

二、元认知策略在高三复习课中的运用

(一)制订目标,合理规划

1. 制订计划,确保学习效率

高三复习之初,学生应根据教师的总体安排制订自己的个人复习计划,结合高一、高二在英语学科上的优势和不足来规划高三学习,从而采取切实可行的措施。但从平时的教学实践看,学生的学习计划常显空洞甚至是"口号式",他们制订计划的态度大多应付或敷衍,没有将自己切实预设为计划的主体实施者,这就需要教师从元认知策略角度加以指导。陈琦(2007:385)将计划策略定义为"根据认知活动的特定目标,在一项认知活动开始之前计划各种活动、预计结果、选择策略,想出各种解决问题的方法,并预估其有效性",我们坚持在每个单元或板块复习前指导学生根据自身情况做出计划、确定重点、预设难点、安排任务的先后及采取复习的方法等。

2.规划时间,实现自主安排

高三复习头绪多、时间紧,如何在有限时间达成最优学习效果是师生共同关注的话题。从多年的教学实践发现,学生缺乏主动规划的习惯,尤其在课后的任务安排和完成方面,他们只被动地完成教师布置的学习任务。因此,在课后、自习、周末、节假日,教师要有意识地少布置作业,把更多空间留给学生自我消化,并在接下来的课堂上抽问督查,如在试卷评讲后的下一节课里,我们常用课前几分钟抽查学生的掌握情况,这既有助于学生熟悉所学内容,又帮助学生形成良好的自我规划和主动学习的意识。此外,让每个学生熟知完成英语试卷不同板块所需的时间,并严格按照规定用时进行自我训练,这种定时作业能在一定程度上保证学生在考试中从容完成试卷任务,也能让学生在有限时间内高效规划学习任务。

3.统筹资源,筛选恰当资料

从一轮、二轮、语法、词汇复习资料到各种模拟试题,高三学生面对的资料五花八门,不恰当的资料不但浪费复习时间,而且严重影响复习效率。不同的学生在英语学习上有不同的难点和需求,从听力到阅读理解、从基础语法到书面表达等,每个学生就应根据自身的学习情况选择适合的学习用书,在此过程中,我们给予学生耐心分析并严把资料关;此外,指导学生整理、分类保存使用过的有价值的资料,这便于他们在复习时从眼花缭乱的资料中迅速提取自己所需要的,既节约时间,又确保重要资料的妥善保存。同时,我们鼓励学生在课余时间利用图书馆、网络了解社会热点、关注国内外大事,充分实现文化意识的提升。

(二)主动监控,及时改进

1.监控计划落实,确保有条不紊

"元认知是关于认知的认知,是一种非常高级的思维能力,它能检测我们认知过程的进度"(鲁子问,2009:197)。学生在制订计划后要恰当地运用元认知策略监控自己的进度落实,树立良好的自我监控意识,如运用"备忘录""课桌便签""学习日程"等方式不断提醒自己。此外,同桌、同伴之间"结对子"相互监督、帮助,确保计划的顺利实施,如提醒同伴是否记了当天的词汇、是否预习了下节课的语法等。其次,我们注重与学生沟通、交流,了解他们学习计划的制订情况并进行跟踪、鼓励,同时要求学生进行阶段性总结,及时评价自己前一段时间的复习效率,以便规划和调整以后的复习措施。

2.筛查薄弱环节,力求有的放矢

高三的英语复习是一个不断积累、不断修正、不断完善的学习过程,正视自己的不足、找准自己的努力方向就会到达成功的彼岸。如在平常练习中,当学生发现听力没听懂或者阅读没读懂时,就应该静下心来思考下一步该做什么。在教学中,我们观察到英语优生和后进生在处理学习障碍时的态度和方法有很大区别,优生积极主动,后进生畏惧闪躲,我们在教学中常常鼓励后进生并给他们指点方法,让他们大胆面对困难,不断审视自己的学习,譬如,当学生碰到没读懂的阅读时,我们鼓励他们自己克服困难,弄清读不懂是因为生词、长难句、

语法,还是因为文化背景知识等,以便他们在以后的学习中有的放矢。

(三)不断反思,适时调整

1. 整理错题本,总结得与失

《课标》要求学生应"经常对所学内容进行整理和归纳"(教育部,2017:41),在高三复习阶段,学生养成整理笔记的习惯十分重要,面对堆积如山的各科作业以及老师大量的习题讲解,借助笔记是学生战胜遗忘的重要方式之一。错题的整理尤为必要,我们注重指导并督促学生整理常常出错的习题,让他们在比较、分析中逐渐理解并掌握英语语言现象,同时反思、总结某一语言知识点方面的得失,并把学习体会简述在错题旁边,以便今后遇到类似试题时有章可循,从而不断增加经验储备。"学生通过错题分析,并与教师与同伴交流,能够了解和反思自己英语学习中的进步和不足,积极探索适合自己的英语学习方法,促进英语学习效率的提升"(李慧芳,2018)。

2. 借力小题分,弄清错与劣

随着阅卷系统功能的日渐强大,教师可准确、迅速地了解所有学生的测试详情,从而确定下一阶段教学的重点和目标。我们在教学实践中发现,每次测试后的"小题分"尤其受到师生的青睐,高三测试频繁,我们力求及时为学生提供每一次考试的班级小题分表,便于学生自我分析、自找差距,从而在学习中知彼知己,在对与错之间不断提升认知水平。如通过分析听力、阅读理解、完形填空的小题分数据,弄清失分的原因在于语言知识还是在于理解能力;通过分析整卷得分,弄清哪些失分源自智力因素哪些源自非智力因素;通过分析比较班级书面表达分数,弄清自己得分不高的原因是在于书写、语言还是内容等。我们还通过教师阅卷系统调出满分或者高分作文让学生欣赏,慢慢增强其对优秀作文从书写到内容的认同意识,从而明确努力方向。

3. 借鉴他山石,方法在身边

《礼记学记》:"独学而无友,则孤陋而寡闻,"教师应指导、鼓励学生之间多开展互助合作的讨论和学习交流。在高三的试题评讲课上,我们采取师生互评互讲、共同讨论的教学方法,在成绩分析时,安排优生或进步大的学生分享学习方法和经验,在这些过程中,英语后进生就可以学习到其他同学的习惯、态度和方法,从而在潜移默化中不断调整、不断形成适合自己的学习方法。在试卷评讲前,我们给学生提供"答案详解"让他们领悟正确答案、反思自己的得失,以此提高自己的认知能力。

三、效果及反思

通过元认知策略的指导和实践,学生在词汇、语法认知及试题各板块的应对上有了较清晰的认识,譬如:当看到听力试题中出现"man""woman""where""when"等时,就会对目标语言进行选择性倾听;在书面表达的训练后,能自我归纳感谢信、申请书、邀请函、通知等应用文的常用好词好句;等等。但要高效运用元认知策略,我们还需在以下几方面加以改进。

第一,教师要在课堂上给学生留出更多空间,彻底摈弃满堂灌的做法。让学生在课堂上讨论、提问、反思、总结,充分实现以学生为中心的课堂教学,为不同层次的学生提供自我消化的时间,从而满足不同学生的需求。

第二,教师要了解并善于运用元认知策略,并尝试将元认知策略与认知策略、情感策略、交际策略相融合,逐步形成适合学生的学习方法。虽然学生的认知能力千差万别,但如果科学运用恰当的学习策略,他们就能更出色地完成学习任务,让自己的学习能力得到进一步提升。虽然高三学习充满艰辛与挑战,但只要教师耐心指导、不断激励,学生就会更多关注自己的进步或退步,成为评价自己学习的真正主体。

参考文献

[1] 陈琦,刘儒德. 当代教育心理学[M]. 2版. 北京:北京师范大学出版社,2007.

[2] 陈心五. 中小学课堂教学策略[M]. 2版. 北京:人民教育出版社,2007.

[3] 中华人民共和国教育部. 普通高中英语课程标准(2017年版)[S]. 北京:人民教育出版社,2018.

[4] 李慧芳. 学科核心素养背景下的中学英语作业设计实例分析[J]. 中小学英语教学与研究,2018(3):67-72.

[5] 鲁子问. 英语教学论(中文版)[M]. 2版. 上海:华东师范大学出版社,2010.

基于学习能力提升的课前英语值日报告的小结

程崟欢

课前英语值日报告(Duty Report)是英语课前花少量时间,让学生自主上台完成报告的活动。英语值日报告可以有包罗万象的内容,但凡学生感兴趣的话题,大到天文地理、人文社科,小到身边发生的事情,都可以自主报告,因此也造就其形式的丰富多彩,它为值日生搭建了一个展示自我、练习口语的平台,还给班上其他学生提供了一个练习听力、增长见识的机会,通过这种方式,学生英语学习的主观能动性可被激发出来,学生英语学习的积极性可得到提高,故而对英语学习更加感兴趣。这是我们英语教师常常使用的一种导入正式课堂教学的方式。

然而,有时学生做值日报告不动脑筋、千篇一律、千人一面、缺乏创新,有时有认真的同学查了资料但是没有对资料进行再加工,词汇烦冗复杂以至于在班上听的同学根本就跟不上节奏,形成"众人皆醉值日生独醒"的尴尬场面,也有时由于课程时间紧迫,教师们干脆删减这个环节。而笔者认为基于学习能力提升的英语课前值日报告不可或缺。

一、"A Chinese Story A Day"英语课前值日报告模式

我们知道,党的十九大明确提出"要全面贯彻党的教育方针,落实立德树人根本任务,发展素质教育,推进教育公平,培养德智体美全面发展的社会主义建设者和接班人"。于此,《英语课程标准(2017年版)》明确提出了立足学生发展的学科核心素养育人观,英语学科核心素养主要包括语言能力、文化意识、思维品质和学习能力,而英语学习能力是指学生在英语学习过程中渐渐形成的主动学习、积极调试拓宽英语学习渠道和自我提升的意识、品质和潜能,涉及学生对英语学习的认识、态度、动机、方法、表现等,也涉及学生在学习过程中的自我管理和不断调适。

因此,笔者基于学生学习能力的提升而提出"A Chinese Story A Day"的值日报告模式,要求学生以小组为单位进行轮流,为了达到锻炼每个孩子的目的要求每次上台讲述故事的孩子在小组内循环,也就是每个孩子都要上台讲述一个Chinese story,可以是和中国有关的古诗,可以是介绍节日、城市、名胜古迹,也可以是介绍一个成语故事,或者一个习语,或者一首诗词,还可以是最近中国的新闻或者新鲜事。而在制作方面,可以是一个人从做到讲全部搞定,也可以组内分工,确定题材各自查找资料,专人组合制作成课件,然后一个人在讲台上讲,其他组员可以配合写黑板或者表演,形式不限。不仅给了每个孩子锻炼机会,也给了英语水平稍微弱一点的孩子以心理支持,让他有团队可以求助,有助于建立信任和安全感、满

足学生爱与被爱的需要,让他们有团体的归属感。在准备"A Chinese Story A Day"的值日报告的时候,学生不仅关注了中国传统文化,也锻炼了与人沟通、团队协作的能力。

二、选择"A Chinese Story A Day"英语课前值日报告的原因

之所以设定"A Chinese Story A Day"这样的主题,是因为自十八大以来,习近平总书记在多个场合强调中国传统文化,表达了对传统文化、传统思想价值体系的认同与尊崇,在2015年五四青年节与北京大学学子座谈会上,习近平总书记也多次提到核心价值观和文化自信。文化是一个国家、一个民族的灵魂,中华优秀传统文化是我们最深厚的文化软实力,也是中国特色社会主义植根的文化沃土。

一方面,弘扬中国优秀传统文化、提高文化自信是我们国家转型阶段的迫切任务。十八世纪,英国通过工业革命成为日不落帝国,铸就了数百年来英语成为全球通用语言不可撼动的地位,此后发展中国家要想快速发展,离不开使用英语向发达国家取经,然而随着我们国家经济飞速发展,各方面取得了长足进步,逐渐崛起的中国在世界上的影响力越来越大,汉语的地位也越来越高,全球出现汉语学习热,但是在短短的时间内依然无法撼动英语的霸主地位,因此现在学习英语的主要目的不再单单是以前的"学习西方先进技术"以便于"师夷长技以制夷",而在于对外宣传中国的文化、中国的思想,对外表明崛起之中国由于文化传承之缘故没有霸权主义、不是太平洋警察,使世界各国安心进入中国朋友圈,大家一起协同发展,取得共赢。

另一方面,近年来的高考题也在逐渐凸显中国优秀传统文化的分量。2017年、2018年的全国高考卷突出了对中华优秀传统文化的考查,例如,2017年全国Ⅰ卷作文题设置了考生教外国朋友学习汉语的情境,要求考生写封邮件告知外国朋友下次上课的计划,内容包括学习唐诗和了解唐朝的历史。2017年全国Ⅱ卷作文题要求考生给外教写封邮件邀请他参观中国剪纸艺术展。2018年全国Ⅰ卷作文题也不例外,设置了考生向外国朋友Terry介绍中国社交礼仪的情境。这些作文要求融入了我国优秀传统文化内容,其目的在于要求当前的高中生不仅要通过外语了解世界,形成正确的世界观,更为重要的是得注重传承与发扬我们自己民族的优秀文明成果,运用中国元素讲好中国故事,用英语将中国优秀传统文化传播出去,以此增强文化认同与文化自信。此外,2019年高考大纲英语学科也强调要体现中国文化元素讲好中国故事,英语试题将全面融入核心价值观、彰显文化自信,既考查英语知识,又传承文化精髓。

基于上述原因确定的"A Chinese Story A Day"值日报告,把学生的关注点引向了中国传统文化,发掘中国传统文化的各种美感,为中国优秀传统文化而自豪,也暗暗引导学生们学会用地道的英语思维、英语表达方式来讲述我们自己的故事,全面和正确地认识英语学习的重要意义。

三、"A Chinese Story A Day"英语课前值日报告小结与反思

在这一年多的实践中,学生选择的题材丰富多彩,涉及筷子、玉、扇子、中国结、五脊六

兽、唐装、汉服、旗袍、十二生肖、相声、六艺等极具有中国传统文化特色的事物,还有中国古代四大美女的故事、各种传统节日和风俗、二十四节气、舌尖上的中国、各种风味小吃(如过桥米线、扬州炒饭等),还有各类诗歌翻译从《诗经》到现代诗,各种名人介绍,各种传统乐器如古筝、古琴、竖琴、笛子、箫、埙、鼓等,新兴技术如歼-20、中国高铁、5G 等,题材包罗万象,学生做这个值日报告也花了一番工夫,不仅积极探索课外学习资源,还通过网络等多种信息渠道获取最新知识,并逐渐学会根据学习需要加以取舍。

在最初阶段,学生做这个值日报告也遇到了不少的困难。

有的学生缺乏自信,站在讲台上,胆怯,脚发抖,站不直,声音小。

还有很多学生学习习惯、学习品质有待提高。有的找到了中文资源,然后就拿到电脑上翻译完之后不假思索地照搬上屏幕,闹出各种笑话,如"Zhaojun out of plug"表示"昭君出塞","gold army"表示南宋"抗"金的那个"金军",还有各种语法错误,如主谓不一致,逗号连接两个简单句,时态错误,主被动不分、及物动词不及物动词不分,名词单复数不分,缺胳膊少腿的自创长难句;也有的同学自己在网上查的资料,不思索、不审核,以至于很多生单词不知道读音、语义,也就这样生搬硬套,拿到讲台上尬秀。还有的孩子语音语调不规范,听他们说英语真的就像听外语一样,一句都不懂,严重影响了语言的交际功能。

也有孩子的制作课件的水平不高,做出的课件不够美观,要么红红绿绿、黄黄白白的各种字体让观众一点都看不清楚,要么满屏花里胡哨的图片喧宾夺主,使正文不够清晰,要么字号太小,要么背景颜色太深,要么背景音乐太嘈杂。

然而面对这些困难,学生也学会勇敢接受挑战,反思、改善学习策略,使自己的综合能力得到提升。

胆怯的孩子在多次锻炼后再上台来,渐渐也能够面对众目睽睽,主动调控心态和情绪,明显比第一次显得落落大方。

只靠电脑翻译的学生也在最初阶段的课件被老师逐字修改之后,对学习策略加以调整,在习得不少传统文化的表达方式之余,也明白电脑翻译不可靠,得靠自己扎实的基本功去顺通句子、提高思维的严密性、关注语法细节、完善文段,同时明白中国特有优秀传统文化要讲给外国人听的时候,要注意中国人一听就懂的概念往往很多在英文中没有对应的词汇,所以讲的时候要解释,以免外国人听不懂,这样就能用英语进行有效的沟通和交流。只查资料不下功夫的学生,也在尬秀之后学会反思自己的学习策略,学会主动学习,学会使用各种工具书和 App 查词、查读音、查语义,甚至把复杂的单词处理成为现阶段大家都能理解的单词,也学会在课件中标注语义,方便同学理解,在自己的手稿里标注音标提示自己正确发音。语音语调不过关的孩子,每天在老师办公室读几分钟书,纠正最突出的语音问题,语音也得到较大改善,交流沟通水平得到提升。

在众多的"车祸现场"之后的课件,学生也相互帮助、相互学习,逐渐习得做出清爽美观、主题突出的 PPT 课件。

学生的成长过程,也是笔者的探索过程,经过这么一次教学相长的实践之后,在今后起始年级"A Chinese Story A Day"的值日报告中,笔者注意到 PPT 课件的制作小技巧、中国优秀传统文化的热门表达方式、翻译作文中的常见错误,以及学习策略、学习习惯的指导等方面,让最初吃螃蟹的同学能少一分挫折,收获更大的自信,得到更多的成就感。

参考文献

[1] 习近平在中国共产党第十九次全国代表大会上的报告[EB/OL].人民网-人民日报,2017-10-28.

[2] 中华人民共和国教育部.普通高中英语课程标准(2017 年版)[S].北京:人民教育出版社,2018.

[3] 程瑶,王子晖.十八大以来,习近平这样强调文化自信[EB/OL].新华网,2017-10-13.

[4] 2019 年高考考试大纲变化英语学科讲好中国故事[EB/OL].乐学网,2019-02-19.

[5] 梅德明,王蔷.普通高中英语课程标准(2017 年版)解读[M].北京:高等教育出版社,2018.

[6] 李俊和,李静纯,鲁子问,等.2017 年高考试题分析与教学策略[J].英语学习(教师版),2017(8X):38-54.

[7] 丁建勇.新时代高中英语教学要讲好中国故事[J].中小学英语教学与研究,2018(9):21-26.

[8] 杨亚敏.从文化品格角度解读 2017 年高考英语全国卷 I[J].教育现代化,2018(22):360-362.

[9] 王春燕.提高高中英语学困生学习能力的方法与途径[J].福建教育研究,2017(8):4-5.

[10] 于涵,陈康,高升.新高考外语科的功能定位与改革方向[J].课程·教材·教法,2018(6):21-33.

[11] 陈月华.中国文化在英语教学与高考中的日益重要性[J].高考,2018(2):126.

[12] 黄利军,刘素芳.2017 年高考英语全国卷 I 书面表达点评[J].招生考试之友,2018(1):39-41.

"语篇分析"在高中英语阅读教学中的运用

侯 杰

一、 我国英语阅读教学模式现状与分析

在众多语言专家和英语一线教师的教学实践和探索下,英语课堂教学模式取得了长足的进步和创新,但是就总体而言,英语课堂教学模式仍存在着诸多弊端。

1. 教学目标上,重知识传授,轻能力培养

传统的英语阅读课堂上,为片面追求教学进度和高考分数,教师们偏重语言知识的讲解,将教学重点仍然放在词汇和语法的学习上,模式如下:

生词讲解→短语学习→句子结构→段落翻译→语法精讲→阅读理解→巩固练习

这样的教学方法,忽略了学习策略和语言运用能力的培养,更无法促进学生情感态度、价值取向、文化交际等非智力因素的提高。

2. 教学方法上,重教师主导,轻学生自主

在我国教学理念相对落后的区域,由于对语言功能存在本质上的误区,英语阅读课堂仍然是一种"填鸭"型的教学模式。教师满堂灌输,学生被动接纳,学生对教师和教材依赖性逐渐增强,自主学习能力无法培养,最终可能导致学生的思维能力滞后。

二、语篇分析理论下的英语阅读课教学

1. 阅读的内涵

美国心理语言学家古德曼认为,阅读是读者通过心理和语言活动来理解作者的思想和观点的过程。在阅读过程中,读者根据已有的文化背景、生活知识去揣摩作者的写作意图和感情。从表面看是读者感知和理解书面文字所传达的内容,更深层意思上讲,阅读更是读者与作者双方的语言交际活动,是思维的摩擦,心灵的碰撞。

2. 语篇、语篇分析和阅读教学

语篇(discourse)是实际使用的语言单位,是一次交际过程中的一系列连续的话段或句子所构成的语言整体。黄国文(2001)认为:从功能的角度看,"语篇分析"研究的是交际中的语言,它涉及的是语言与它的使用情景(即语境)之间的关系。

从语言学家们对语篇的定义可以看出,语篇在语境中,具备了语义连贯、意义统一的重

要特征。Discourse Analysis 这一术语是美国结构主义语言学家 Z. S. 哈里斯（Z. S. Harris）1952 年发表于美国《语言》杂志的一篇题为"话语分析"的文章中首次使用的。

语篇分析包括对语篇的宏观分析和微观分析，教师需要引导学生对语篇的宏观和微观结构进行分析和学习。宏观结构分析是通过研究语篇的结构，整体上把握篇章大意和写作意图。微观结构分析研究句子的衔接、意群功能等细节，使学生更深刻地参透文章的内涵。

因此，阅读教学是对语篇分析为目的教学活动，英语阅读教学很大意义上就是语篇分析教学。

三、"语篇分析"在英语阅读课教学中的实施

作者以马博森提出的三个教学环节为指导思想，即"宏观导入""微观分析"以及"整体吸收"，将语篇分析阅读教学模式的操作分为四个阶段：

Pre-reading　　　　While-reading　　　　Post-reading　　　　Review and consolidation

以 *A night the earth didn't sleep*（NSEFC Book 1, Unit 4 The Earthquake）为教学案例，呈现语篇分析下英语阅读课模式的具体实施。

（一）阅读前，激活学生背景知识，引发情感共鸣

本文以自然灾难为话题，叙述了 1976 年 7 月 28 日发生在我国河北省的唐山市大地震，阅读前的导入阶段，为了引出学生共鸣，激活学生思维，作者设计以下教学流程：

Step 1：The teacher shows several pictures of natural disasters. Then ask the students to give their names.

（*Typhoon　volcano　sandstorm　flood　hurricane　earthquake*）

Step 2：The teacher presents four questions related to the topic as follows：

（1）Have you ever experienced the Wen chuan earthquake?

（2）Can you describe how terrible the earthquake is?

教学实践证明，通过以上教学流程，不仅让学生学习了有关地震的科普知识，而且通过展示地震灾区悲惨场面的图片，激活了爱国情感和价值观念（珍惜生命）。

（二）阅读中，重视语篇分析，形成整体意识

阅读中是语篇分析教学的重要阶段，该部分不仅要分析文章中的词汇呈现、句法衔接，还要引导学生通过观察标题和副标题，进行语篇分析，通过写摘要，找主题句，分析文章类型和叙述类型，对材料进行整体的理解。

Step 1：Fast reading

Students skim the text and answer the following questions：

1. In what order is the text written?

2. What is the style of the text?

Step 2：Read the text again and find the six elements of narration.

Time Place Characters Events Process End

这部分主要培养学生查找文章详细细节的能力,作者根据文章记叙特点提供了一组时间关键词,让学生完成对应时间内发生的重要事件。

Step 3:Reading for the main idea and the structure of the text.

该步骤主要考查和培养学生的语篇分析能力,包括篇章结构,段落大意,作者写作思路等。

(三)阅读后,归纳语言知识,分析文章语法衔接

该部分从语篇的微观分析出发,引导学生分析词汇和句型前后连接方式,语篇中的语法衔接方法,以及文章内部信息逻辑关系等。该部分应充分发挥学生的学习自主性,培养英语运用能力。

Step 1:查找相关词汇,并总结词汇衔接方式。

经常复现的词汇,同义词,反义词,逻辑关系连词,时间关联词,地点关联词。

该部分教学任务,不仅丰富了学生有关地震的词汇集,还将整个语篇紧密地联系起来,为复述文章甚至是写作打下了基础。

Step 2:根据以上词汇,复述文章。

(四)复习和巩固提高

教师通过设立开放性和研讨性问题,开发学生创造性思维和综合处理语言的能力,进而树立正确的价值观和情感取向,该部分的成功与否直接影响教学目的能否实现和教学效率的高低。根据文章叙述性题材特点,作者设计下述教学活动。

It's supposed that a terrible earthquake breaks out now. You have to leave your house. You have limited time to take only one thing. What will you take? Why?

以语篇分析为理论依据的四段型阅读教学法,不仅能提高学生的语言运用综合能力,还能促进学生道德品质、情感因素等发展。

四、总结反思和发展方向

语篇分析阅读教学模式着力培养学生的语言运用能力,教师要防止过分强调语篇教学,而忽视词汇、句法和语法等基础语言的学习,还要以充分考虑学生的实际学习情况等多方面的因素,扎扎实实地搞好教学工作,将语篇教学模式不断创新、发展,真正发挥出其育人成效,而不只是虚有其表。

参考文献

[1] A O HADLEY. Teaching Language in Context[M]. Boston:Heinle and Heinle Publishers,1986.

[2] M A K HALLIDAY, H H RUQAIYA. Cohesion in English[M]. London:Longman, 1976.

[3] 胡壮麟.语篇分析在教学中的应用[J].外语教学,2001(1):3-10.

[4] 人民教育出版社课程教材研究所英语课程研究开放中心.全日制普通高中课程标准实验教科书英语1必修[M].北京:人民教育出版社,2007.

核心素养下的高中词汇高效教学初探

张定明

随着新课标在全国各地落地开花,学科核心素养也提上议事日程。学科核心素养重点突出学科基础知识、基本技能、基本品质和基本经验的综合培养。具体到英语学科上,强调学生语言能力、文化意识和思维品质培养,满足各个层次各类学生的个性发展需求。

英语作为一门工具学科,在新时代既有新挑战也有新机遇。英语核心素养包括知识、技能和态度等多个维度。英语维度的培养,离不开英语词汇的积累和记忆。没有词汇量的积累,英语学科就会成为无水之鱼,词汇量的多少直接决定学生英语水平的高度和正常交流。

普通高中毕业要求达到英语课程的七级和八级,词汇量由初中的 1 600 个增到 3 300个,甚至达到 4 000 个左右,才能胜任高考和高校的进一步学习。而且,高中词汇更抽象,涉及意念、意图、态度和各个功能的高要求。

不难看出,新课程标准对高中学生在词汇上提出了更高的要求,对高中生不但要求词汇量的提高,对词汇功能、情感和态度上也做了要求,无疑是对高中生的挑战,也是情感的升华。那么高中生的英语词汇记忆和掌握的情况又是怎样的呢?

一、高中生英语词汇学习的困境

笔者作为一线英语教师,在高中教师词汇教学和高中生词汇学习上,有足够的一手资料也有足够的发言权。可以这么说,中国教师在词汇教学上历经多年的积累和探索,取得了可喜的成就。在 20 世纪 80 年代和 90 年代,死记硬背、反复抄写、听写单词是所有英语老师的三大法宝。人们戏称,英语学科就是"贝(背)多芬(分)"。单词更需要死记硬背和反复抄写,水滴石穿,功到自然成。单词记不住和听写不过关就是下的功夫不够。因此学生在单词记忆上反复抄写,反复一个一个字母拼读,记了忘,忘了又记,陷入一个恶性循环的怪圈,导致很多学生在英语学习花了工夫而收效甚微。进入 21 世纪,随着互联网的普及以及各种电子产品的普及,英语词汇学习开始迈上新的台阶。音节记忆、前缀后缀和词根的引入,让记忆单词慢慢走上正轨,但是缺乏系统化,流于碎片化的记忆,很多学生还是发挥"愚公移山"精神,日日夜夜地死记硬背单词,结果记忆英语单词成为不少高中生挥之不去的梦魇!让很多学生雪上加霜的是新课标要求掌握 3 300 个单词,比课改前增加了 1 000 多个。他们转而求助于市面上词汇记忆书籍,可是让他们伤心和失望的是不少打着巧记单词的书籍仅仅是唬人的噱头,根本没有什么记忆诀窍,就是给出单词词义和用法。要不就是僵硬的无厘头的编造谐音,或者就是词根的简单推出,不讲解其词根的来源,这无疑更增添了学生的记忆负担！更多的学生还是回到死记硬背的老路上,反复抄写,一个一个字母拼读。中国学生在词汇记忆和学习花的时间和功夫不可谓不多,但是收效甚微,乃至很多学生放弃英语,在今后的各种英语考试中,交出极不满意的答卷!

究其原因,很长一段时间内,中国学生在正式学习英语单词几年前就先以汉语拼音的方式接触了英文 26 个字母。这样,无数的中国人误以为英语单词就是汉语拼音。这种先入为主,直接导致中国学生记忆单词一个字母一个字母的机械记忆。这种方式就如同我们记汉字一个笔画一个笔画的记忆。但是我们知道汉字的构成也是有逻辑的,即所谓的偏旁部首!其实,英语单词记忆也是有逻辑的! 而我们的学生对英语单词所能掌握的信息就是一个空洞的读音,与单词所表达的意思和情感完全扯不上关系! 那么我们有没有办法打破这个瓶颈呢,让高中生对单词记忆不再畏惧呢?

二、核心素养下的高效词汇记忆

如何打破高中生背完单词马上就忘的尴尬现状呢? 互联网的普及和深入,各种全新教育理论的扎根,随着越来越多的英语教育工作者的不断探索,这种历史顽疾是完全可以攻克的。笔者经过多年的教学和摸索,大量阅读国内外词汇学书籍,总结出一套适合中国高中生记忆单词的高效教学模式,取得了一定的效果。我们应该明白英语单词不是简单的字母组合,英语单词的构成如同汉字一样,是有一定规律可循的。单词的构成是有逻辑的,而不只是空洞的读音。我们记忆单词时,不能只是一味强调空洞地大声读,做无意义的重复,而要找到单词的根、单词的源和单词的智慧,单词是有生命的! 理解是记忆之母,重复是记忆之父。先理解,后重复,方能事半功倍!

(一)用好谐音,记忆扎根

中国人是非常有语言天赋的,我们可以依靠我们伟大的母语来记忆单词。笔者在教学中发现某些单词完全可以通过谐音记忆,既诙谐又有效! 如 fee[fiː],其读音和其汉语意思"费"相映衬,完美匹配! ambition[æmˈbɪʃən],其读音很像"俺必胜",这听起来铿锵有力,不由想到其单词意义"野心,雄心"。pest[pest],其读音多像"拍死它",害虫就该"拍死它"!

(二)记忆之路,词源典故

众所周知,任何一门语言都是有词源典故的。我们只有了解了"愚公移山"的故事,才能理解这个成语的真正意义,才能更好地运用。汉语中的"秦晋之好""退避三舍"以及"约法三章"等都有其固有的典故和背景。对初学汉语的外国人来说,只有熟读中国历史,才能理解、掌握和运用这些成语。同样,英语词汇的构成也有其独有的词源典故。salary(n. 工资,薪水)。其实 salary 源于 salt(盐)。据说,古罗马时期,食盐作为紧缺物资,古罗马的官员一个月工作完之后会领取一袋盐,老百姓就会用各种物资来兑换盐,慢慢地 salary 就演变为"工资"的意思。psychology(心理学),该单词词源为:维纳斯嫉妒一个岛主女儿普赛克,指使儿子丘比特让普赛克爱上丑男子。结果,丘比特爱上了普赛克,维纳斯百般阻挠,在众神帮助下,有情人终成眷属。从此普赛克在西方成了人的灵魂的化身,被封为"心理之神"。在英语中,psyche 指灵魂、精神。此外,还有 psycho(精神分析)、psychoanalyst(精神分析学)、psychology(心理学)。

(三)词根词缀,词汇翻倍

汉语词汇有很多偏旁部首,只要掌握了一些常见偏旁部首,我们多半可以推断出其意义,如三点水"氵",那么含有三点水的汉字多半和水有关系,如汤、汉、浅和汗。英语也有词根词缀。我们只要知道100个左右的词根词缀就能轻松记住4 000个左右的词汇。一般情况下,前缀改变意义。笔者总结出一套口诀供大家借鉴:加强语气动词化,否定前缀不要怕;里外前后和上下,之间来回一直穿,一二三多共分天下。后缀一般改变词性,一般为名词后缀,形容词后缀和动词后缀。如 press 压,加上不同前缀和后缀,词汇就能翻倍。de-前缀:下。depress 往下压,意为"使某人情绪低落",depression 是 depress 名词形式,意为"压抑,抑郁症"。com-前缀:共同,一起。compress 压在一起,意为"压缩",与此同时还可以想象一下我们上传多个文件用的"压缩包"。不难看出,我们只要掌握一定的基本单词,加上表意的不同前缀和表词性的不同后缀,记忆单词就会显得轻松许多!

(四)学点音变,记忆减半

汉字和英语造字时不同的游戏规则让中国人畏惧了英语单词很多年。汉字长于表意,拙于表音;英语单词恰恰相反,长于表音,拙于表意。英语单词不管长短,拿来即读,并且八九不离十。但是英语单词在表音的同时也有表意的功能。任何一门语言都是由易到难,由简到繁。汉字发展规律就是把不同汉字经过压缩即写小构成新的汉字。那么英语单词发展规律就是通过音变来构成新的英语单词。所谓音变,就是元音和某些非常类似的辅音,口型可以基本不变,音质也最为接近和相同,那么在没有印刷术和电子书写的时代,人们语言传播基本依靠"口"来传播,相似的音经常被混淆,久而久之,单词版本开始变多,单词数量开始增加。音变有点相当于汉字的多音字和方言。笔者总结出一个英语音变规律:元音以及元音字母组合可以发生音变;辅音音变规律为 b-p-m-f,g-k-h,t-d-s,v-w-f,z-c-s 等,是不是有点相当于汉语拼音的声母表呢?下面举例说明,blood n. 血;bleed v. 流血;bled 为 bleed 的过去式和过去分词形式。full a. 满的;饱的;fool n. 傻瓜。中国人有一种说法吃饱了就是吃傻的意思,两种语言是不是有点异曲同工之妙呢?领导[lǐng dǎo]在四川、重庆一带多读为[lǐng tǎo],t 和 d 读音口型一致。在英语里面 lend 的过去式和过去分词形式为 lent。president n. 总统,校长,总裁。其实这个单词就是三个部分构成,pre-前缀:前;sid-词根:坐(源自简单单词 sit 的 t-d 音变),-ent 后缀:人。president 即坐在前面的人,当然就是"校长,总统,总裁";而 resident 中 re-前缀:返回,重复,"回家坐到的人"就是"居民,老百姓"。再举一例:frost n. 霜;treat v. 对待 frustrate v. 挫败,使受挫折。该单词中 frust-就是 frost 的音变,而trate-就是 treat 的音变,用霜"frost"去对待"treat"某人,即"使受挫折"啊!

（五）感同身受，情感渗透

根据笔者观察，很多中国学生记忆单词如同"小和尚念经"，注意力不集中，没有情感，不管单词本身的情感，就是一个调。根据测试，只有对单词输入情感，喜怒哀乐，渗透我们的情感，这样才能感同身受，记忆才会长久。我们读到 happy 一定要"高兴"，读到 sigh 一定要"叹气"，读到 tremble（谐音"穿薄"）一定要联想到衣服穿得很少全身"发抖"，读到 disgusting（dis-否定前缀，gust-源自 guest 客人的音变）一定要联想到不好的客人有"恶心"的感觉。这种方法适用表情感类的词汇。

（六）单词串讲，势不可挡

在我们记忆词汇的过程中总是会发现有些单词不管是读音还是拼写都很相似，有的单词含有其他单词，有的单词词根一样。对这些单词，我们可以把这些单词串在一起，变成故事，变成有意义的记忆。如 raise，praise，prize，price，precious 和 appreciate 这组单词，我们可以串讲为：我成绩提高（raise）了，父母表扬（praise）了我，而且还给我奖金（prize），我拿着奖金（prize）去买礼物首先要看价格（price），通过我自己奖金（prize）买的礼物肯定很珍贵（precious，preci-源自 price 的音变），那么我肯定要欣赏并且珍惜（appreciate）它。再如下面这组单词 inspect，expect，aspect，prospect，respect，suspect，我们可以看到它们词根为 spect-看，加上不同前缀构成不同意义的英语单词，我们可以串讲为：总统要到一个普通学校视察（inspect in-前缀：里面），校长满心期待（expect ex-前缀：外），总统视察了学校的每一个方面（aspect a-前缀：表一），总统对学校的远景（prospect pro-前缀：往前）做出了指示，校长反复看着总统表示尊重（respect re-前缀：反复），这个新闻报道后，其他重点中学对该普通学校往下看表示怀疑（suspect su-前缀：下）。处于青春期的孩子，思维活跃，在平时教学中我们鼓励孩子参与其中，让单词记忆势不可当。

三、总结语

英语学习，词汇是基石，是建成高楼大厦的砖和瓦。中学英语教学大纲提出，普通高级中学的英语教学目的是在全面提高听、说、读、写能力的基础上，侧重培养阅读能力。早期研究人员的研究已经表明，"词汇量"是影响阅读效率的最直接因素。新课标对高中生词汇有了更高的要求，不仅在量上，更在质上。我们应该让单词记忆成为英语学习的重中之重，相信大家在英语学习会更上一层楼！

参考文献

［1］甘玉国. 中小学英语教材衔接现状的调查［D］. 长春：东北师范大学，2008.

［2］吴晓威. 任务型教学法在高中英语阅读教学中的应用［D］. 长春：东北师范大学，2009.

［3］李小冰. 漫谈源于希腊神话的英语词汇及其典故［J］. 郑州经济管理干部学院学报，2001(4)：73-74.

［4］曾丽琼. 我国基础教育《国家英语课标》的理论及内容研究［D］. 成都：西华大学，2009.

认识中文母语负迁移，提升英语思维品质

李翠凤

随着社会生活的信息化和经济的全球化，英语的重要性日益突出。英语教师在教学中常常会借助中文母语，完全脱离母语的英语教学是不存在的。然而，越来越多的语言学家和外语教师指出母语对二语习得阻碍太强，有的甚至提出了目标语言唯一性原则。如果英语教师在教学中能够拿捏母语运用的度，学生便可以更加准确地运用英语，养成英语思维品质。

一、母语在初中英语教学中的应用现状分析

从英语语言知识来看，首先在语音教学中，众多教学都在寻找中英文发音的共同点，探索契合语音教学的策略。其次，单词是英语学习的基本单位，各个版本的教材后面，单词表都是利用了母语的中英对照。再次，英语教师在日常听写中，除了单词以外，也听写短语，以此来提升学生对固定搭配的掌握。最后，在作文练习中，句子中译英也是常用教学方式。在很多省市的中考题目中，也包含句子翻译。

母语在运用频度上有以下规律。第一，年级越高，母语运用越多。随着初三英语复习，在语法复习课和讲评课中，教师大多采用中文组织教学。第二，教师年龄越大，母语运用越多。很多老教师在英语教学中，很难改变传统的中文组织教学。第三，在偏远地区和农村学校的英语教学中，利用中文的频度更大，有的甚至是采用地方语言教学。

二、认识母语在初中英语教学中的负迁移

"迁移"，是心理学术语，指在一种情境中获得的技能、知识或态度对另一种情境中技能、知识的获得或态度的形成的影响。负迁移指两种学习之间相互干扰、阻碍。当母语与目标语的某些特点产生差异时，学习者往往借助母语的一些规则，这样就会产生负迁移现象。

（一）发音偏差

在语音教学中，众多老师都在寻找中英文发音的共同点，探索契合语音教学的策略。在利用中文母语便利的同时，也带来一些负迁移。

元音方面。中文里面的单韵母与英语中的单元音类似，但如果依靠母语发音，学生很难辨别长音与短音。如 seat 与 sit，如果分不清长短音，学生很难分别出是名词还是动词。

辅音方面。习惯于依赖母语，英文辅音便不能分辨爆破音、摩擦音、破擦音等，口语便偏向中式英语，无法发出地道的英语。遇到不完全爆破时，可能导致误解，如 foot 与 food。

(二)词语混用

词语搭配方面。每一种语言在词语搭配都有各自的方式与习惯。"看"在英文中可以翻译为 watch、read、see，但需要用语不同的搭配中，watch TV 看电视，read a book 看书，see a doctor 看医生。由于母语的关系，学生采取直译的方式就会出错。

词汇选用方面。在初中英语教学中，学生在词汇选用方面不够丰富，难以体现表达要点。如"喜欢"，学生往往只会用到 like 一词。但事实上，英语中 like、love、adore、be crazy about 等都表示喜欢，但表达的喜欢程度有所不同。

(三)句型结构混乱

英语表达中习惯于把谈论重点放在前面，而中国人讲话习惯把重点放在后面。这就造成学生在写句子时常常语序混乱。如我很喜欢这个城市，学生易翻译为 I very like this city. 再如，填空题 I didn't take enough money with me. I could buy only two pears and gave them to him, _____ my son liked eating fruit very much. 学生按照母语思维，很多填 but，实际上，英语已将让步状语放到后面。

(四)母语为中介的表达障碍

学生在语言输出时，常常需要依赖母语为中介进行思维转换，造成表达不及时或者文化差异，尤其表现在英语口语交际和写作中。比如，在考试的书面表达题目，很多学生需要用中文组句，再翻译为英文。一方面导致"中式英语"表达；另一方面导致时间紧张，无法完成作文。在口语交际过程中，更是普遍存在这一现象。

(五)文化意象缺失或错位

文化意象不仅存在于文学著作翻译领域，在初中英语教学中，文化意象还体现在深层的思维和文化中。如在汉民族文化中，"狗"总是一个受到鄙视、诅咒的对象，与"狗"有关的词语几乎都带有贬义，诸如狗急跳墙、狗血喷头、狗眼看人低、狗仗人势等。但在西方文化里，狗却是"人之良友"，"地位"要高得多。如果我们谈论某人碰到好运时，说 You are a lucky man，便少了了 You are a lucky dog 的文化意象。

另外，文化意象的错位也属于母语负迁移。这主要表现为作为喻体的意象上的差异。这种情况在成语、谚语反映得尤为突出。中文中说"挥金如土"，英文中却说 to spend money like water。

三、探索减轻母语负迁移、提升英语思维品质的方法

通过认识，不难发现，中文母语阻碍了英语思维品质的形成与提升。那么在初中英语教学中，教师可以用哪些方法来减轻母语负迁移，从而提升英语思维品质呢？

(一)创造真实语境

1. 英语组织课堂

用英语组织课堂教学,为学生创造英文环境。在教师进入教室的那一刻,教师应尽可能地使用英语,教师在课堂上的话语是学习者输入的重要来源。这个过程需要由易到难,循序渐进。在初一阶段,可以多次选择母语的帮助,但慢慢地,就应减少母语辅助。

2. 取缔母语翻译

遇到生词时,教师不应直接抛出中文翻译,可以运用已学知识来辅助,用英语解释英语。如 housework 可解释为 something you need to do around your house, such as doing some washing。再如,学生最初学习 light 意为"灯",后在文本中可翻译为"轻",便可举例帮助理解,如 My box is light, but yours is heavy。

另一种取代母语翻译的方式是采取直观手段,如实物、图片、肢体等。在名词讲解时,教师可以采用实物辅助,在动作短语讲解时,教师可以采取肢体语言辅助。

3. 语用型教学设计

要想学生在英语课堂上多运用英语,教师需要选取语用型教学设计,创造真实的语言情境,让学生真实地去运用英语。比如,初一教学 What's your name? Where are you from? What's your mother's telephone number? 就可以创造出一个语言环境,如小明在英国街头迷路了,路人希望帮助他,这样就需要用到目标语言。

4. 日常英语交流

同时,教师也不能忽视课后的日常英语交流。假设一个英语教师在学校遇到学生都说英语,那么学生在遇到老师时,自然会选择使用英语进行对话。而且,日常交流可以涉及生活的方方面面,教师在日常使用英文可以帮助学生在真实的语言环境下去运用英语。

5. 加强原声训练

在试听资源如此丰富的今天,学生光嚼课本学习英语就显得明显营养不良,课本所提供的语言环境是非常有限的。当然,原声资源的选择需要根据学生的情况,浅显易懂,贴近学生的思维。教师可以给学生推荐有趣的卡通电影、英文歌曲等,让学生在原声中能熟悉正确的发音,体验语调、重读弱读。

(二)夯实基础知识

语言知识,如语音、词汇、语法,是语言学习的基础,只有扎扎实实掌握了知识,才能去丰富语言运用的各种基本技能,从而提升语言思维。因为思维能力的培养总是建立在丰富的基础知识之上,基础知识是教学中的侧重点。基础知识越丰富,越易碰撞出思维的火花。

(三)加强中英对比

母语对二语习得既有正迁移,也有负迁移。教师应该做到的就是引导学生初步认识到语言的共性和特性减轻学生对第二语言的恐惧感和神秘感。首先,应对比中文与英文的词性特征,明确词在句中的准确运用。其次,应对比中文与英文句式的差异,避免中式英语直译。最后,应对比中国与欧美国家的文化,让学生在英语表达中自然流露文化习得。

母语是我们最根本的交际方式和最基本的文化体现。母语在二语习得中产生的负迁移并不可能在短时间内减少,英语思维的培养也不是一朝一夕能够完善的。所以,教师们在教学中还需要重视每一个细节,重视学生基础的掌握,让语言的学习与思维的能力结合在一起。

参考文献

[1] 侯毅霞.英语学习中的母语负迁移现象及其教学对策[J].法制与社会,2010(11):229-231.

[2] 谢天振.翻译研究新视野[M].青岛:青岛出版社,2003.

[3] 韦昀.借助英语影片,提升初中生英语思维品质[J].校园英语,2017(50):218.

[4] 张永.对初中生英语思维能力的探讨与培养[J].中学课程辅导·教学研究,2010(23):97-98.

[5] 王尧.了解英汉语义翻译的差异,提高英语书面表达的准确性[J].科技创新导报,2009(13):158.

春风化雨，育人为本

——聚焦学科核心素养实现英语课堂育人功能

王煜川

教育的本质是育人，即发展学生的能力、培养学生的情操，培育出全面发展的人。而英语作为一门工具性的语言学科，要充分挖掘其育人价值，可以从语言能力、思维品质、文化意识和学习能力四个方面着力；深度解读教材的目标定位，针对文本特点设计教学，重视过程性学习评价，从而使学生锻炼听说读写能力，提高思辨能力，获得交流体验，享受人文熏陶。下面从四个方面阐述如何围绕核心素养实现英语课堂的育人功能。

一、提高语言能力，知识育人

语言能力是一个含义很广的概念。它既包括听、说、读、写等语言技能，也包括对语言知识的理解和运用能力。培养学生的语言能力是英语课堂最基础的目标，也是实现英语课堂育人功能的第一步。只有学生的语言能力达标，学生才能在英语课堂上锻炼思维品质，形成文化意识，提高学习能力。

（一）细化《课程标准》①，设置语言能力目标

要通过语言能力的培养实现英语课堂知识育人的功能，应先对课程标准进行细化，分别确定各个年度的教学目标、不同年级的教学目标，再细化到学期、单元以及课时。最终根据具体学情，设置每节课课堂教学的语言能力目标。

语言能力目标的设置要以《课程标准》为依据，根据教材内容和学生年级特征以及具体情况确定单元和课时内容与目标。每堂课的课时语言教学目标要与整个单元的目标相匹配，以一个单元为一个主题进行单元总目标设计，在单元总的教学设计过程中，紧紧围绕思想品格培养目标，将语言能力、思维品质、学习能力的培养有机融合。另外，在目标设定的过程中要把握好学习要求的"度"，遵循学生语言学习的规律，目标设置要循序渐进。

（二）围绕语言实际应用，注重语言运用能力的培养

语言能力的最终培养目标，是让学生可以做到将语言学以致用，也就是学生熟练运用语言进行交流是语言能力的最终体现。因此利用英语课堂提高学生的语言能力要做到始终围

---

① 本文《课程标准》指《普通高中英语课程标准（2017年版）》。

绕实际应用,培养学生的语言实际运用能力。这一点可以从以下两个方面来实现。

首先在词汇学习上,要注重搭配。提供生活化的语境和丰富的搭配示例,突破词汇重难点。如在学习重点词汇 available 时,笔者设计了订房间、上网查找信息、面试等多个不同的生活化语境,提供了丰富的词汇搭配语境,让学生深刻掌握词汇的语意和用法。具体句例如下:

①Are there any single rooms available?

②The information is freely available on the Internet.

③The manager is available now.

④Since 1978, the amount of money available to buy books has fallen by 17%.

⑤Mr. Li is on holiday and is not available for comment.

其次在语法教学方面,注重把握学习的重点。培养学生对语法的整体概念、规则意识和运用能力。

二、提升思维品质，智慧育人

思维品质包括逻辑性思维、质疑性思维和创造性思维等。在英语课堂中利用语言知识、阅读和写作的教学可以分别实现这三种思维能力的培养。

(一)利用语言知识教学,发展学生的逻辑思维能力

这一方面主要体现在语法教学上。笔者通过语法教学,引导学生对语法规则进行梳理、归纳,引导学生注意从句中连词的正确选用,都能够有效地锻炼学生的逻辑思维能力。

(二)利用阅读教学,发展学生的质疑性和创造性思维能力

在学生进行阅读的过程中,需要学生对文本进行归纳总结,并且推断文本中陌生词汇的词义,需要学生获取信息、分析信息、利用信息,并抓准作者的写作意图进行价值判断。这个过程中就可以实现对学生的质疑性思维能力的培养。

在阅读教学中笔者会通过 brainstorm(头脑风暴)激发学生的创造性思维,通过 mind map(思维导图)以"图"导读,以"思"促阅,通过情境的创设培养学生的创造性思维能力。

(三)利用写作教学,发展学生的创造性思维能力

写作,是语言活动中的输出活动,对学生的创造性思维有 定要求。因此,在写作教学过程中也可以有效培养学生的创造性思维能力。

首先,在选取写作话题时,笔者会给学生提供多个可供选择的写作话题,让学生从中自主挑选一个话题,在 3 分钟内以"头脑风暴"和画"蛛网图"的形式来组织内容、寻找词块;也可以组织学生对所有话题进行评价,评选出最具个性的话题、最好写的话题、最难写的话题、最普通的话题,并说出理由。

其次,在写作过程中引导学生先列写作提纲或画出写作思维导图,从而锻炼学生的思维能力。

最后,在作品展评环节,可以从学生作文中挑选一些具有代表性的句子,让全班学生围

绕这些句子展开互评以及二次思考和交流,从而让写作教学促进学生思维能力发展。

三、塑造文化品格，文化育人

高中英语课程标准指出,"文化"主要指英语国家的历史、地理、风土人情、传统习俗、生活方式、文学艺术、行为规范和价值观念等。因此,为实现英语课堂文化育人的功能,我会带领学生欣赏外国文学作品,提高学生的文学艺术修养。比如:海明威的文学巨著"*The old man and the sea*"是英语文学中的典范,非常适合提升学生文学品位和欣赏水平。小说开头写道:He was an old man who fished alone in a skiff in the Gulf Stream and he had gone eighty-four days now without taking a fish . 一个孤独苍老、瘦弱憔悴的老人形象跃然纸上。此外,没有一位读者不会为这段精彩的语言文字打动心扉:"But man is not made for defeat," he said. "A man can be destroyed but not defeated."(人并不全是为了失败而活的,一个人可以被消灭,但永远不可以被打垮。)多么富有哲理的语言啊!

在这些英语篇章中,优美的语言、深邃的哲理,让学生沉浸在美好的英语世界中。此类语言拓展活动,更是英语学科育人价值最好的实施途径。此外,在教辅中也有大量可利用的文学素材,如马克·吐温的《汤姆·索亚历险记》、柯南·道尔的《福尔摩斯探案集》片段。通过对这些作品的鉴赏,帮助学生领悟英语文学作品的内涵。

四、培养学习能力，过程育人

新教育提倡学生是 life-long learner。而 life-long learner 有终身学习的任务。学习不只是为了考试,更重要的是发展提升能力的过程,在过程中掌握学习方法和途径,从而达到终身学习的目标。因此,在英语课堂中还要注意对学生学习能力的培养,实现过程育人。

要培养学生的学习能力,首先要培养学生的兴趣与良好的学习习惯。其次要注重学习方法的传授。在我的教学中,低年级学生笔者会注重培养其兴趣和习惯,如模仿、朗读、背诵、视听说、记笔记、写周记等。高年级学生则注重写作策略的传授和技能的培养。以记笔记为例,从指定记什么到自由记录,回家整理,学生慢慢学会整理知识,抓住重点,这个方法无论在他的学习还是工作中都将使他受益终身。笔者通过培养学生的学习兴趣和习惯,传授学生学习技巧和方法,提高了学生的学习能力,实现了英语课堂培养终身学习者的育人功能。

五、小结

育人是教育的本质目的。而学科育人的理念应该建立在核心素养的落实上。英语课堂要实现育人的目的,只有创建多元文化互动课堂,丰富学生的人文体验,促进学生思维发展,帮助学生走向学习自主,才能最终为学生的终身发展服务。

参考文献

[1] 辛涛,姜宇,王烨辉.基于学生核心素养的课程体系建构[J].北京师范大学学报(社会科学版),2014

(1):5-11.

[2] 褚宏启,张咏梅,田一.我国学生的核心素养及其培育[J].中小学管理,2015(9):4-7.

[3] 常珊珊,李家清.课程改革深化背景下的核心素养体系构建[J].课程·教材·教法,2015(9):29-35.

高中英语写作教学中的合作学习

朱晓芸

一、研究背景

笔者教学于某重点中学,所在班级学生的英语写作现状如下:①写作的兴趣不大。②没有正确的写作策略。③词汇和语法运用存在一定问题。④对高考作文评分标准认识模糊。这不仅影响学生的写作成绩,也会使他们失去对英语学习的兴趣和信心,因此亟待改进。这种现象也普遍存在于当今高中英语教学中。

《普通高中英语课程标准(2017 年版)》中明确提出"普通高中英语课程倡导指向学科核心素养的英语学习活动观和自主学习、合作学习、探究学习等学习方式"。因此,一种以合作能力和自主学习能力的培养为目的的写作教学方式被提出,即合作学习。

二、合作学习的定义

合作学习的中心词就是合作,即学生通过小组的形式,互相合作,完成一定的学习任务的课堂教学组织形式。

合作学习是一种以学生为中心的教学模式。它不仅实现了学生对知识的自我构建和有效吸收,而且满足了学生对精神层面的社交、自尊和自我实现的需求,同时与群体中其他成员形成良好的正向相互依赖关系。因此,合作学习的理论内涵非常丰富。

三、高中英语写作合作学习基本要素和步骤

1. 基本要素

1)科学分组

科学分组就是将班级的学生分配成一定数量的小组,最重要的就是"异质混合"。首先,各小组的学生总体成绩保持基本一致;其次,分组时可以把性格不同的学生混合起来;最后,男生和女生的合作也要考虑在内。

2)正相互依赖

正相互依赖即小组内部各成员之间形成积极的依赖互助关系,为了达成共同的目标,每个小组成员必须分工明确、各司其职。

3）面对面交互性促进

面对面交互性促进是指小组成员为了完成学习目标，相互鼓励、相互促进的一种沟通合作关系。小组成员通过资源共享，给其他成员提供有效的帮助。

4）个人责任

小组的合作成功与否，与每个小组成员的个人责任紧密相关。每个小组成员在每次活动中都有着自己的分工和角色，每个小组成员都应该明确自己有着不可缺少的责任和义务。

5）小组合作能力

小组成员要拥有良好社交技巧和合作能力：小组中的组长要发挥领导才能，引导各成员参与学习，认真完成自己的任务。

6）小组评价

小组进行定期的小组自评。一是积极评价，主要奖励本次活动中表现积极的小组成员，让他们分享自己的经验；二是分析问题，找出不足并分析。

总之，科学分组是合作学习的前提，正相互依赖和面对面交互性促进是合作学习的基础，个人责任与小组合作能力的结合是推动力，小组评价是合作学习的关键。

2. 基本步骤

1）提供素材和划分小组

教师结合高考作文要求，提供丰富多样的写作素材，然后按照科学分组的原则，对班级进行分组。

2）小组讨论，拟出提纲

在教师给出素材后，各小组就围绕写作主题展开讨论：挖掘主题思想，联想相关素材，列出有关词汇、句式等，最重要的初期成果就是形成写作提纲。

3）独立写作，完成初稿

在形成了小组内部提纲之后，每位小组成员要结合自己的思考来完成作文的初稿。初稿是合作的补充和升华，使每位学生的创造性得以体现。

4）教师引导，组内互评

完成初稿后，学生先学习高考作文评分标准，然后以小组为单位，每位小组成员交叉批改彼此的作文初稿，最后将初稿交回本人，自我订正。

5）完成终稿，展示成果

在学生完成终稿后，每个小组选出较优秀的作文，通过朗读或投影等方式，向全班同学进行展示。教师做总结点评。

6）活动反思，课后巩固

小组成员在结束后都应该完成小组互评表格的填写，分析此次小组活动的问题；每位学生应通过此次活动，对自己的作文进行修改，向优秀的写作范例学习。

四、结论

第一,合作学习对高中学生的英语写作有积极的促进作用。首先,合作学习充分调动了学生的学习热情和提高了学习兴趣,这是学生能够提高学习水平的前提和基础。其次,合作学习契合了"以学生为中心"的教学思想,有效地进行师生角色的转换,实现学生学习的自主性和主体性。最后,合作学习的情感目标是培养学生的合作互助能力,这是一种非常重要的社交能力,在保证学生的学习进步的同时,使学生的团队合作等能力得到提高。

第二,合作学习也对教师和学生提出了一些挑战。首先,教师要充分意识到自己的角色转换,课堂的主角是学生,教师不是权威者和主导者。另外,学生习惯于传统教学之后,对于合作学习的不适应,或者自主学习能力的缺乏,也是他们面临的挑战。这些都需要教师在不断实践合作学习的过程中,和学生沟通、交流并解决问题,最终达到理想的学习状态。

参考文献

[1] 王坦.合作学习导论[M].北京:教育科学出版社,1994.

[2] 王坦.合作学习:原理与策略[M].北京:学苑出版社,2001.

[3] 文秋芳.英语学习策略论[M].上海:上海外语教育出版社,1996.

[4] 中华人民共和国教育部.普通高中英语课程标准(2017 年版)[S].北京:人民教育出版社,2018.

[5] 付伶俐.浅谈小组合作学习在英语教学中的具体运用[J].中学英语教学与研究,2010(10):37-39.

[6] 呼凌.新课程背景下的高中英语写作教学[J].中学英语(教师版),2010(9):34-37.

[7] 罗发辉.合作学习在高中英语写作教学中的实施[J].山东师范大学外国语学院学报(基础英语教育),2010(4):59-65.

[8] 秦敏.高中英语教学中合作学习的研究[J].中学生英语(高中版),2010(1-2):61-63.

[9] 王坦.论合作学习的基本理念[J].教育研究,2002(2):68-15.

组织学生社团活动，提升学生地理核心素养

吕　鸿

随着新课程标准的实施和地理核心素养的逐步落实，怎么提高学生的地理实践力、区域认知和综合思维能力，帮助学生形成科学的人地协调观，是作为一名地理教师必须面对和深入思考的问题。

《普通高中地理课程标准（2017年版）》中明确指出，学科核心素养是地理学科育人价值的集中体现，是学生通过学科学习而逐步形成的正确价值观念、必备品格和关键能力。地理学科核心素养主要包括人地协调观、综合思维、区域认知和地理实践力，它们是相互联系的有机整体。人地协调观指人们对人类与地理环境之间关系秉持的正确的价值观；综合思维指人们运用综合的观点认识地理环境的思维方式和能力；区域认知指人们运用空间-区域的观点认识地理环境的思维方式和能力；地理实践力指人们在考察、实验和调查等地理实践活动中所具备的意志品质和行动能力。考察、实验、调查等是地理学科重要的研究方法，也是地理课程重要的学习方式。

地理核心素养是可以在学生地理学习和日常生活中得到培养和发展的地理方面最关键、最必要的素养。在课堂教学之外积极开展课外学生活动，也是培养学生核心素养的重要途径。

结合我校校本课程的开发，地理组在组织、指导学生社团"地理长江社"的活动中积极探索培养学生地理核心素养的途径，取得了显著成效。

"地理长江社"是在老师的指导下，在高一年级学生中成立的学生社团。我们利用学校周边的资源，开展了（学校附近）长江沿岸考察、鱼洞污水处理厂参观、（鱼洞）重庆长江石文化艺术博物馆的参观、学校周边地区地理沙盘制作、学校科技馆地质地貌模型识别等一系列实践活动，每一次活动的开展，我们都引导学生按以下步骤来进行。

一、制订活动方案——培养综合思维

在开展每一次实践活动前，先让社团学生讨论确定活动主题，再自愿进行小组划分，每个小组进行分工，查找与活动项目相关的资料，然后汇总并讨论活动计划，最后形成活动方案。在这一过程中，学生会用到所学地理知识、原理，广泛收集当地自然、人文资料，考虑活动用品，规划活动过程，预设活动内容，合理分配人员等，以保证活动的有效实施。学生通过在这一过程中的不断体验，提高了综合思维能力。

二、实施实践活动——培养地理实践力

学生在野外考察、室内参观、沙盘制作等活动中，相互帮助、协作，克服各种困难，在真实情景中观察、感悟、理解地理环境及其与人类活动的关系，完成实践活动，这不仅让学生学会了地理实践活动的技能和方法，更让学生体会了实践活动中表现出来的科学精神和意志品质，增强了实践活动的行动能力。

三、活动中问题的提出与思考——培养区域认知与综合思维能力

在活动中，学生观察到不同地区有不同的现象，也提出了很多问题，如为什么长江大桥两岸堆积物有明显的差异、鹅卵石为什么有这么多颜色、污水处理厂为什么建在这里、江中的货船（在某一段江水中）为什么不在中心航行等。指导老师在解答疑问时并不直接给出答案，而是引导学生观察这些现象出现的周边环境差异，分析某些问题产生的特定条件，尽量让学生自己去思考、去讨论、去解答，锻炼学生区域认知和综合思维能力。

四、活动后的体会收获——培养人地协调观

每次活动后，要求社团学生提交活动休会、活动感悟、活动总结或者相关小论文。比如《我的人地协调发展》《论长江整治和发展》《人与自然》《浅谈长江鱼洞堤防》《小石头记》等小论文，体现了学生通过活动取得的收获，同时还反映了学生对资源利用、环境保护、可持续发展等问题的思考，增强了学生的社会责任感，对培养人地协调观起到了积极的作用。

利用身边资源，开展多元化的地理实践活动，不仅有助于提升学生的行动意识和行动能力，而且能让学生在真实情景中观察和领悟地理环境及其与人类活动的关系，增强学生的社会责任感，提高他们的地理核心素养。

中学地理实践活动可行性探索

向川江

地理实践力是地理学科的核心素养之一,既是内化为意志和思想的隐性素质,又是外显为能够应对现实问题的行动能力,其重要性显而易见。

地理实践力的获得离不开地理实践活动的开展。中学阶段,地理实践活动虽踌躇满志,却步履蹒跚。究其原因,主要是课业负担重、手机管理难、安全隐患多,以及很容易与学校宏观计划撞车。对此,我们因时因地制宜整合各种资源,经过长期探索磨合,已建立三大地理实践活动途径,策划了一系列成熟有效的地理实践活动方案并得以实施,与课堂教学相得益彰。

一、挖掘学校计划中适合地理实践活动的土壤

我校计划中春秋学期分别有野外拉练和校本课程。

1. 野外拉练

地理教师可规划拉练路线,有重合也没关系,地理无处不在。事先,地理教师打开徒步软件,把拉练路线走一遍,独具慧眼地去发现地理考察点,拍照并在软件地图上做好标注,在记录本上简单绘制线路图和写出地理考察地点的景观以及设置相应的地理问题。比如2017年4月6日看似平淡无奇的"巴滨路拉练",我们也发掘出两大考察段和点,一是观察漫长的护河堤坝,请问该工程对地理环境有什么影响? 在此应教会学生化大为小分解问题,分别对人文和自然两大地理环境的正负面影响进行解析。二是阳春湿地公园位于河流的什么部位? 属于何种湿地类型? 其生态功能是什么? 观察市民到此一游的主要活动是什么? 该活动对湿地有哪些危害? 地理教师回去后将这些问题制成PPT投影给文科班学生,让学生做好出发前的准备。拉练时地理教师跟随所任班级与学生一起交流探讨。

2. 校本课程

借学校"六个一校本课程开发"这个平台,我们成立了"济航地理社",开发有地理沙盘堆塑、参观重庆长江石文化艺术博物馆、人造旋风、军事与地理等项目,举两个例子。一个是鱼洞—龙洲湾地理沙盘堆塑,实施如下:①到市国土部门购买等高线地形图;②框出鱼洞至龙洲湾方圆十来平方千米的范围;③确定控制点,如丘包山顶、地貌转折处、河道弯曲点等;④沙盘的托盘用木板制作成 120 cm×80 cm 大小,并计算出沙盘的水平和垂直比例尺;⑤准备好堆塑材料(锯木面和沙: 水: 乳白胶 = 7:1:2);⑥划分区块,分组到户,并打格定点;⑦地

貌粗坯,按比例,先堆塑控制点,再填充连接,构成连绵起伏的地表曲面;⑧地貌修饰,用尺子、铅笔、小刀、小铲等工具对粗坯进行测量、勾画、挖填、抹平等精确修补完善;⑨典型建筑,如桥梁、轻轨、学校等,用泡沫和木工房的小木块做好后安装到位。我校"长江水污染治理创新技术"作品荣获"全国环境科技创新大赛"银奖,地理沙盘是其组成部分。另一个是人造旋风,方法如下:太阳辐射最强的盛夏午后,在校园内选取周边有草地的水泥地面,在草地里浇水和放置冰块,在水泥地面放置几张小纸片,为保持实验区的局地大气环境不受干扰需要清理周围的闲杂人员,然后学生静静地守候在附近进行观察和拍摄。不一会儿,纸片就旋转着飞扬起来,人造旋风即告成功。该实验的原理是热力环流,即浇水和放置冰块的草地是冷源,形成相对的高气压,水泥地面在强烈的太阳辐射作用下升温很快是热源,形成相对的低气压,高低压之间产生水平气压梯度力而推动空气由草地向水泥地运动,同时在地转偏向力作用下旋转起来,小纸片也随之翩翩起舞。

二、地理教师带队组织学生周末徒步野外考察

这类活动我校是非常支持的。我们地理组有不少户外运动爱好者,万水千山脚下过,地理考察心中留。我们借此已选出好几条野外考察线路。我校常年坚持的一条经典线路是"南温泉地理综合考察",出于安全及教学效果考虑,师生比例最好控制在1:10,以沿花溪河谷山间小道徒步方式进行。沿途地理考察地点及相应内容如下:①梯坎,褶皱构造形态及地层化石观察,启发提问,指出该处的背斜的处于哪个部位? 岩层为什么不连续? 请找出岩层中的化石(介形类化石),观察其形态特征,说出这些化石形成的大致地质年代。②小泉,酸碱土壤及指示植物观察,启发提问,山坡上生长着哪两种典型植被(柏树和马尾松)? 用pH试纸检测其下土壤有何差异(呈碱性或酸性)? 两种土层下的成土母质分别是什么岩石类型(砂岩和石灰岩)?③五湖占雨,观湖水清浊可预测天气晴雨,极易激发学生的求知欲,是分析地下水与湖水补给关系的绝佳考察地点,其原理为湖水是以山坡地下水补给为主,当高处山顶迎来湿润的气流,空气湿度增大而使地下水流量增大,冲刷作用增强,含沙量增大,补给的湖水就变浑浊,预示着即将下雨。南温泉承载的地理教育信息极为丰富,信手拈来,不再赘述。

三、利用寒暑假鼓励学生带着地理问题去旅游

教师先选好旅游目的地再推荐给家长,家长带孩子旅游,比如暑假可以推荐黔江小南海国家地质公园,展示《黔江县志》的文字叙述:"清咸丰六年(1856年)五月,地大震,后坝乡山崩,溪口遂被埋塞。厥后,盛夏雨水,溪涨不通,潴为大泽,延裹20余里。"抛出问题给学生:①那里的山体曲线与重庆周边有何区别? 为什么? ②小南海是怎么形成的? 看到证据了吗? 请拍照。③为防止坝体崩塌,湖水下泻危害下游,人们采取了什么措施? 请拍照。最后把答案以文字搭配照片的形式编辑好后传给我再载入公众号。

我们注册了一个内部使用的公众号叫"济航地理社",每次地理实践活动的文字和图片、师生的实践活动作品如作业及图片等都会上传供大家参考点赞和留言评论,因为这些活动

都允许学生使用手机,所以也避开了常规教学的忌讳。在学生的作品后面是师生的点赞和评语,这对他们参与地理实践活动有很大的激励作用。

以上是我们通过三大途径策划并成功开展的一些较为经典的地理实践活动案例,弥补了常规教学的不足,给学生提供了一个广阔鲜活的地理学习平台,有利于学生身心健康发展,促进其地理核心素养的形成,越来越受到学生的喜爱。我们还将继续探索和思考,不断改进完善已形成的实践方案,并积极开发新渠道、新形态丰富其内涵。

参考文献

韦志榕,朱翔.普通高中地理课程标准(2017 年版)解读[M].北京:高等教育出版社,2018.

地理教学中培养学生提问能力的策略探究

刘永昌

疑问是思维的火花,思维应从问题开始。在现代高科技社会,创新型人才必须具备新问题的提出、解决的能力。实施以培养创新精神和实践能力的素质教育,关键是改变教师的教学方式和学生的学习方式,要求学生自主地、探究地学习,逐步养成善于质疑、乐于探索、努力求知的态度,在课堂教学中能提出问题、研究问题、解决问题。然而在现行的课堂上,"问"大多数表现为教师提问,学生答问,考虑较多的是教师如何设问更为巧妙,而较少考虑如何让学生提问。

一、学生提问能力的现实表现

地理是与日常生活密切相关的学科,是较容易让学生产生问题的学科。然而笔者在高中地理教学实践中,却发现学生提问能力并不一定随年级的增长而增长。在工作中,教师们也会感到高中生的好奇心相比其幼儿时期好像"萎缩"了很多,班上问问题的永远是那几个爱问的人,学生变得不好问。"好问"的表现少了,很多教师也就越发感到学生不"勤学"了。在"好问"的几个学生身上也体现出提的问题以不会解题、没弄懂知识为主,只有少数问题会体现出学生迸发出的智慧火花。

二、造成学生提问能力弱的归因分析

学生提问能力弱的外因与从小到大所受的教育有关。教师奉行灌输式的教育方式,学生被动接受,完全谈不上让学生提出有意义的问题;在素质教育变革的今天,分组讨论和问题探究式的教学方法在地理教学中比较受教师们推崇。在课堂设计环节,教师也是更多地关注自身提问的水平和技巧,对学生质疑精神的培养、提问能力的提高缺乏关注,更谈不上在教学过程中给学生预留提问的时间和空间,以及对学生的提问辅以专业的指导。

学生提问能力弱的内因与高中生的行为心理特点有关。高中生不轻易表露心迹,在这样的心理特点下,学生对提问顾虑较多。有的学生怕所提问题过于简单,被老师看不起;有的怕提出问题时表述不清,被同学嘲笑;有的怕问题超前,老师难以回答,造成尴尬;还有的从来没有受过怎样提出问题的训练,顾虑重重,存疑在心口难开。

三、通过"三支持"系统培养和提升学生有意提问能力

(一)情感支持——让学生从情感上突破羞于提问的障碍

有人对中学师生关系做了比较研究,"学生首先重视教师对学生的态度,要求教师是学生的朋友,然后才是知识的传授者"。相关的研究也表明,"高中生将对学生一视同仁排在教师优秀特质的首位"。因此,教师应摈弃传统观念中的"师道尊严",建立民主、平等、和谐的师生关系。教师必须做到无论学生提出多么"低级"的问题也要面带微笑,鼓励并表扬学生的这个举动,也必须严肃地对待这个"低级"问题,用具体的教育行为呵护学生的"质疑之苗"。同时,教师更要保护学生的自尊心、自信心和积极性,对其他学生嘲笑的举动应给予制止。

(二)技术支持——让学生在模拟中领悟多角度的提问方法

对"存疑在心口难开"的学生,很多情况下教师都会认为是学生归纳概括能力不好,语文功底有限。的确,这可能存在学生语言能力不强的情况,但这样的情况更多的是思维模糊、思考切入点不准的表象。由于缺乏思维的准度,学生不知道从哪方面问起,所以不能把心里的疑问用语句表达出来。对于老是问出"低级"问题的学生,思维是单层次的,他们往往缺乏思维的深度。对于大多数学生,更缺乏的是思维的宽度。在教学中能够对一个现象从多角度发现问题、提出质疑的学生屈指可数。

进入高中阶段,学生的认知迅速发展,认知活动的自觉性明显增强,辩证思维迅速发展。很多教师在面对高一新生时,就不自觉地认为学生已经具备了上述能力,认为学生随着年龄的增长提问能力应该达到一定水平。而教师没注意到上面提到的认知活动自觉性、辩证思维正是高中通过学习行为才得以发展提升的事实,也就忽略了有意识地培养学生的提问能力。

在高一教学中,我们可以用开展"地理学科班会""提问技巧专题晚自习"的形式,利用"专用"时间向学生清楚地解释提问的意义、具体要求、分类。通过有意地引导,学生知道了质疑是主动思维的火花塞,是积极学习的发动机。

(1)在思想认识层面,教师可以给学生介绍布卢姆的理论,提问按照其目标的不同可以分为两种类型:一类是低层次的提问,主要包括知识型提问、理解型提问和应用型提问;第二类是高层次的提问,涵盖了分析型提问、论述型提问以及综合型提问。低层次的提问可以帮助他们巩固学习的基础,而高层次的提问可以帮助他们培养创造性思维。

(2)在思维操作层面,教师可以通过例子让学生认识到提问的方法(包含地理思维方法),如观察法、因果法、对比法、类比法、逆推法、变换条件法、分析综合法、判断推理法、猜想法、寻找缺点或异常等。学生提问的途径更是多种多样:能对生活现象提问;能结合新旧知识的联系提问;能在同学、老师所提的问题、方案中提问;能在对知识的梳理中提问;能在对实验材料的选择、实验方案的制订、实验现象的观察、实验数据的处理、实验结果与预期的分析等进行质疑的过程中提问;能对教材、参考书或作业本内容提问;能对解题方法提问;等

等。学生掌握了提问的方式、方法,就拥有了培育"质疑之树"的"肥料"与"工具",才能让质疑的精神由内在条件发育、壮大。

(三)环节支持——让学生在地理学习中提升提问能力

地理是研究人地关系的学科,有大量的直观景象触动学生的思维,产生问题。现代技术手段的应用也是学生获得信息的途径。在教学中教师如果最大限度地挖掘各类素材,为学生提供丰富的感知环境,充分调动学生的所有感官学习,学生的问题会层出不穷。这个过程不断持续,学生的提问水平也会长足发展。

(1)在预习环节抛砖引玉。在预习阶段,教师可以给学生准备"思维启动单"。在单子上,教师可以有指向性地提几个问题,一方面让学生有侧重地看书,另一方面可以为学生的提问做示范。"思维启动单"上不可或缺的是让学生就预习的内容提2～3个问题。在单子上可以提供给学生相关微课视频、网络素材,辅助学生提出有价值的问题。在课前,科代表对问题加以汇总,教师对学生提出的问题进行合并,根据学生的问题进行课堂设计。

(2)在上课环节交互激励。在上课时,教师让学生展示提出的问题,让学生思考回答,这样真正做到让学生带着问题进课堂,展开的互助式学习也是有的放矢的。教师在听取了学生的问题,通过课堂学习解决问题后,留出几分钟时间,鼓励学生在这段时间中展开头脑风暴就课堂学习过程再生成新的问题,带着新问题离开课堂。

(3)在课后环节交流启迪。根据在课堂上形成的新生问题,每个学生形成自己的"思维加速册"——册子上要明确写出每次自己的新生问题。教师对提问的质量要求可以比预习时高,随着时间的推移,高年级的提问质量也要比低年级的高。"思维加速册"上的问题,在课后由学生加以解决,每星期由组长汇总一次。教师根据教学时间安排,可以安排"问题交流会",展示学生的"思维加速册"。

(4)在评价环节提升热情。提问是思维的体现,提问水平的高低更能反映思维的深度、广度。在每学期末教师可以评出"星级思考者"对学生加以鼓励肯定。星级名单的出现来源于三个方面:学生自我的评价、同学间的评价、教师对学生的评价。这样的评价能让学生加深对自我的认识,促进学生间的相互学习,从而使学生获得成功的喜悦。如此一来,在地理学习中让尽量多的学生成为"想问""敢问""善问"的"星级思考者"将不再是难事。

参考文献

[1] 沈祖樾,曹中平.当前中学师生心目中好教师形象的比较研究[J].社会心理学,1998(2):24-32.

[2] 刘晓明.学生心目中理想教师优质特质的研究[J].现代中小学教育,2005(7):53-57.

[3] 郑和钧,邓京华.高中生心理学[M].杭州:浙江教育出版社,1998.

高中地理教学中融入学科思维的必要性

周兴华

新课程的重要特征之一就是学科思维的综合与渗透,它主要是指将一门学科与其他门学科进行有机整合,在不违背原有学科知识体系的基础上,使学生们能够更加全面性、系统性、有效性地理解所讲授的知识内容,能够使学生的学习质量和学习效果得以提升。本文对高中地理教学中融入学科思维的必要性进行了深层次的探讨和分析,具有十分积极的现实意义。

一、融入学科思维,有助于为地理探究性学习创设"真实"的情境

为了能够使学生们发现高中地理教学活动中的深切内涵以及魅力所在,高中地理教师可以创设一个具有趣味性、快乐性、合理性的情境。同时,这个情境要具备一定的"真实性",为了能够使这一"真实性"得以全方位展现出来,就应该将学科思维融入高中地理教学活动中。有时,要特别突出历史学科思维,因为虽然历史已经过去,但是它在漫漫时间长河中是真实存在的,在整个情境下,以高中地理知识体系为核心内容,其背景是历史活动,教师要积极地创设一个探究性学习的教学情境,能够让学生身临其境,对知识内容进行感受,进而深入理解与掌握相关的内容。例如,高中地理教师在对"季风,洋流"相关内容进行讲述的过程中,也将历史学科思维积极地融入其中,在整个高中地理教学课堂情境之下,可以设置几个世纪前"航海时代"的情境,并让学生自行在网上搜索相关资料,如书籍、视频等。这样一来,能够让学生更加深入地挖掘相关知识内容的含义,提升自身的地理学习积极性和主观能动性,对学生以后的学习来说是非常有帮助的,具有积极意义。这同时也需要高中地理教师在日常实际教学活动中不断提升自身综合素养和专业技能水平,将更高的重视程度放置在学科思维上,提高学生的学习效果和学习效率,使整个高中地理教育活动呈现高效化、科学化、有效化。

二、融入学科思维,有助于强化细节的体验

高中地理这门课程具有一些独有的特点,分别是逻辑性、复杂性、难以理解等。高中地理教师要想使学生对所学知识进行更加全面性、系统性、有效性的理解以及掌握,就应该注重学科思维的融入,使学生的细节体验得以强化,帮助学生不仅能够理解一些枯燥、乏味的概念、定义等,还可以运用感性思维去认知一些细节知识内容。因为如果只运用死记硬背的学习模式,是不能对所学知识内容进行深入的理解的,这时可以将历史学科思维融入其中,

因为历史学一直强调"论从史出",而且"无论说什么样的言论,都要有一定的证据",这样能够将一些优质的素材以及思维传递给学生们。例如,高中地理教师在对"南北回归线"相关内容进行讲授的过程中,可以将历史学科融入其中,如以秦代疆域"南至北向户"这一素材为核心出发点,从"北向户"这一奇特的地理方位细节出发,从而全方位探究南北回归线附近的日出情况。这样一来,学生不仅学习到了高中地理相关知识内容,还能与历史学科思维进行融合,保障学生学习质量以及学习效果,使他们能够在以后的高中地理学习道路上呈现出更为优胜的态势。

三、融入学科思维,有助于赋予地理探究性学习实践的价值

将学科思维积极地融入高中地理教学活动中,培养学生自主探究学习能力,当面对一些生活实际的问题时,学生可以积极地运用学科知识进行解决。但是由于很多高中地理教师并没有认识到学科思维的重要意义及内涵,仍然采用传统的教学理念以及教学模式,不注重培养学生们发现问题、探究问题、解决问题的综合能力。同时,整个教学课堂时间有限,常常不能发挥出最高效的价值,这时就可以将学科思维融入其中,帮助学生利用好高中地理所学的知识内容。高中地理教师可以让学生组成学习讨论小组,在教师提出问题之后,对其进行深层次的探讨以及分析,并且每一个学习小组都要派出一位代表来回答教师所提出问题,这样一来,学生的团队协作意识以及沟通表达能力也会得到进一步增强,使学生认识到高中地理学科知识与生活实际的紧密性,增强自身探究性学习的能力。要想使学科思维更好更快地融入高中地理教学活动中,不是一朝一夕就能完成的,需要高中地理教师在日常实际教学活动中,注重挖掘学科思维的重要含义,更加高效、科学、有效地运用到高中地理教学活动中去,从而使高中地理教学效果与教学质量得到进一步提升。

四、结束语

通过对上面内容进行深层次探讨与分析,我们不难看出,将学科思维融入高中地理教学活动中有着十分积极的重要意义,能够使学生们认识到高中地理教学活动的重要意义以及深刻内涵,并且全身心地投入其中,提升自身的高中地理学习兴趣和学习热情,能够让逻辑性强的高中地理教学活动呈现科学化,能够让学生们对复杂的知识内容进行简单化的理解。

参考文献

[1] 陆晓莉.加强学科思维渗透推动地理探究学习:以历史思维在高中地理探究性学习中的渗透为例[J].中学教学参考,2017(25):94-95.

[2] 袁红梅.高中地理与其他学科间的渗透教学[J].少年儿童研究,2012(10X):43-44.

[3] 邢志飞.高中地理教学中学生学科思维的培养[J].中学教学参考,2017(4):124.

地理研究性学习教学实施中的问题和对策研究

许景仙

研究性学习作为我国基础教育课程改革的新举措,可同时促进初高中地理教学改革。地理研究性学习是地理教学中的一种课程形态,它是指学生在教师的指导下,从自然现象、社会现象和自然生活中选择和确定研究专题,并在研究过程中主动地获取知识、应用知识、解决问题的学习活动。

我国的研究性学习的发展还处在探索阶段,在探索的过程中或多或少受到了西方研究性学习理论的影响,中西方教育理论是一致的,都强调了学生这一教学主体地位,而不是课程实施过程中以教师为主体的核心地位。在知识的传达中,不仅限于知识本身的传达,更注重对学生综合素质的全方位培养。"教材内容的组织应多样、生动,有利于学生探究,并提出观察、实验、操作、调查、讨论的建议。"

研究性学习作为一种学习方式,依赖于学生的自主探究,培养学生的学习能动性,这种学习方式能使学生更好地适应未来创新型社会发展的需求。它作为基础教育改革的内容之一,也要求在中学地理教学中鼓励这种学习方式的开展。然而在目前由于我国地理研究性学习起步较晚,加上现行"应试"教育的压力依然很大,教师和学生的理论知识与实践经验不够,使得地理研究性学习的推行存在诸多弊端,影响研究性学习在我国教学实践开展中的落实情况,归结起来可能存在以下几个方面的问题。

一、实施氛围和条件的欠缺

虽然现在国家大力倡导素质教育,但以"应试"作为考核和衡量学生标准的大背景始终未改变,体现在实际教学中,教师和学生逐渐形成读书学习的功利性和适用性心理,以获取较高成绩作为衡量教育有效性的主要标准。在以这种权衡利益得失的价值取向上来组织教学活动,教学实践是否涉及考试标准和考试内容,往往成为教学双方的追求,研究性学习方式在这种大环境中并不受欢迎。

二、教师自身素质的欠缺

相较于传统教学模式,研究性学习对教师教学理念和教学手段的变更提出了新的要求和挑战。教师除了揣摩熟悉教材、研究教学方法、预测考试动向等,还需要转变观念,从知识架构到教学行为都发生改变。许多教师对教育新理念理解不到位,只注重考试有关内容,而不在乎学生是否把地理学科知识运用在社会实践中,轻视教材和学校之外的多形式教学资源,对自己研究能力不做要求,以至于对怎样指导学生开展科学研究并没有理论和实践经验。研究性学习对教师素质的要求颇为严格,许多中学教师的研究性学习教育教法素养有待提高。

三、班级人数过多的障碍

受长期以来中国人口状况的影响,以及我国义务教育普及率的提高和高等学校的扩招,教育的强烈需求和现有教育资源储备条件不匹配,我国中学阶段各班级学生人数普遍较多。这就造成在教学活动中出现教师对学生个体关注不够、师生间的互动时间较少等现象。研究性学习方式更适用于开展小组讨论和小班授课,目前在我国教育环境大背景下的班级教学规模通常比较大,教学内容繁重冗杂,不可能让所有学生都参与全部探究过程。

四、课时不足的矛盾

课时一般是按照教学任务的安排设定的,而教学内容繁多,传统的教学任务并没有改革。研究性学习是重过程性的学习,有些教学内容在教学传达过程中,如果采用研究性教学方式,比传统教学方式更耗时,所以课时不足是开展研究性学习教学的突出问题。此外,研究性学习的评定机制还有待完善,以此来促进家长和学生的认同。学生将面临的中考高考的冲突势必成为研究性学习教学实施的阻碍。

五、教师工作量的考核

教师作为教学过程的引导者,从研究性内容素材的收集和分类、思辨问题的选择设计、学习效果评价系统的制定等都需花费大量的精力和时间,但地理课时安排并不多,许多学校的地理教师资源配备不足导致工作量很大,而研究性学习教学考核工作量的评价机制不完善,这就是许多教师在有限的时间精力上选用传统授课方法的重要原因。

目前在课堂上实施研究性学习,客观上存在很多困难,例如:学科教学中的研究性学习主要立足于本学科内的有关问题,虽然也可以跨学科研究但存在局限性;教学活动主要在课堂上实施,虽然有些学习途径需要走出课堂,但往往会受到各种条件的制约;虽然研究的形式多样化,但大多围绕教学大纲的知识展开,在注重结果的同时加入了对过程的关注。在研究性学习的实施过程中,面临着诸多问题和障碍,为促使研究性学习的顺利推进,需要在以下几个方面多做工作。

1.树立正确的新型的教育理念,构建开放的学习氛围和环境

这个环境包括"硬"环境和"软"环境。前者包括研究性学习过程中涉及使用的硬件物质条件,如研究经费、研究工具、仪器设备等。在研究性学习过程中,各个阶段的实施都需要借助一定的物质媒介,如果物质条件达不到研究实施要求,研究性学习也很难顺利推进。后者主要是指研究性学习涉及的人们的意识观念,有没有重视这种教学模式,这方面尤为重要。如果学校各级管理人员和社会各界认同并支持研究性学习,不仅直接在人、财、物等方面提供支持,在课时计算上、政策上予以倾斜、优待,为师生提供更多的学习机会,为创造优

良的研究性学习环境提供保障。研究性学习的实施过程,既是转变新教法、建设一门新课程的过程,更是教育工作者、学生、家长及全社会更新教育观念的过程。

2.提升教师素养,提高研究性教学的水平

教师在教学过程中起着主要的引领作用,直接关系着教学过程的走向。教师的素质直接决定着研究性教学的成效,研究性教学旨在培养学生的实践创新能力,这就对教师在教育观念、知识储备、教学技巧上都有很高的要求。具体包括以下几个方面:先进的教育观念;知识储备不仅仅限于本学科范围;接受并吸收新知识的能力;掌控教学、处理突发教学状况的能力;熟练运用现代教学手段的能力;熟练的科研能力等。这就使推进研究性教学实施的前提是必须提高教师的素养,可以通过教师培训学习的方式加深广大教师对研究性学习的理解,掌握科学的教学方法,如如何指导学生探究、如何设置选题、如何收集分类信息等等。

3.改革传统的评价方式和配套的人事制度

我国自科举制度以来,教育也随之带着不可忽视的功利色彩和目的性。"十年寒窗苦读,一朝苦尽甘来",读书不再是简单的自我认知,而是"跃龙门"。而现在的教育业同样面临着这些问题,老师、家长、学生围着高考的指挥棒,目的过于明确,考虑的重点是考试考什么,而不是学生学什么,分数成了衡量学生的决定性指标,使得大环境对研究性学习方式充满了怀疑。只有通过评价制度的改革,以教育管理体制为统筹,自上而下地为研究性学习的推动创设环境基础。

4.注意教学方法的运用和研究内容的取舍

在研究性学习中,根据学习内容采用灵活多样的教学方法,有利于提高研究学习的效率,在实践中根据选题类型选择研究方法有助于研究性学习的顺利推进,如有大量感性经验时,讲述法往往在呈现效果时更为恰当。在研究性学习教学过程中,需要花费很多时间,而教师课时有限,在完成教学任务的要求下,需要对学习内容进行筛选,不必对所有的内容都进行研究性学习。

虽然研究性学习的内容可以采用学生自主选题、自主研究的方式,但能力养成初期更多的是需要教师进行一步步的引导。在客观的教学大环境下,对教学工作者而言,研究性学习教学可谓"路漫漫其修远兮",但通过不断的探索和尝试,最终定会在地理课堂上生根发芽,成为素质教育的有力推动者。

参考文献

[1] 钟启泉,崔允漷,张华.为了中华民族的复兴 为了每位学生的发展:基础教育课程改革纲要(试行)解读[M].上海:华东师范大学出版社,2001.

[2] 中华人民共和国教育部.教育部关于印发《基础教育课程改革纲要(试行)》的通知.[EB/OL].中华人民共和国教育部政府门户网站,2001-06-08.

有效开展高中地理实践活动的策略探究

刘　清

《普通高中地理课程标准(2017 年版)》明确提出:"地理课程旨在使学生具备人地协调观、综合思维、区域认知、地理实践力等地理学科核心素养。"地理实践力指人们在考察、实验、调查等地理实践活动所具备的意志品质和行动能力。地理实践力有助于提升人们的行动意识和行动能力,更好地在真实情境中观察和感悟地理环境及其与人类活动的关系,增强社会责任感。

传统的地理教学模式,教师教知识和原理,学生背知识和原理,缺少将知识和原理运用到真实生活情境的环节。在几次国际地理奥林匹克大赛上,我国的参赛队员在地理基础知识和原理部分都表现突出,但是在地理实践环节却表现欠佳。能够在层层选拔中脱颖而出参加国际地理奥林匹克大赛的地理高手们尚且如此,可以想见我们的学生的地理实践能力确实让人堪忧。高中是学生对事物的认识由感性认识上升到理性认识的重要阶段。在高中地理教学中提高学生地理实践力刻不容缓,而有效开展高中地理实践活动是提高中学生地理实践力的重要途径。

地理实践活动是基于学生的直接经验,紧密联系学生的生活和人类的生产活动的过程。学生不但可以加深对地理基础知识、原理的理解与迁移,同时对地理实验能力、观察与观测能力、考察与调查能力、制作与绘图能力和地理问题分析与决策能力等层面的地理实践能力的培养具有重要的意义,也是检测学生地理实践能力的重要途径和方法。

地理实践活动形式多样,按照不同的分类依据可以划分为不同的类型。按照开展的场地不同,地理实践活动可以分为课堂地理实践活动和课外地理实践活动。按照活动内容不同,地理实践活动可以分为地理实验活动、观察与观测活动、社会考察与调查活动、地理制作活动、探索研究活动。下面,笔者对地理实践活动的不同类型提出不同的开展策略。

在高中地理教学中有效开展地理实验活动,首先需要教师树立地理实验是十分必要的意识。地理实验活动可以让学生直观地看到事物发生发展的过程,体验动手动脑探究的乐趣。然后需要教师提高自身的实验能力。教师本身要有过硬的实验能力才能指导学生的实验活动。其次需要教师针对学生的认知特点选择适合的地理实验。教师所选择的实验内容要对学生有启发性,同时又不能太难。再次需要教师鼓励学生积极参与。学生是实验的主体,只有学生积极参与,他们才能得到最大的收获。最后需要教师引导学生反思实验。教师要常启迪学生思考实验让自己获得了什么样的启示,导致自己实验失败的原因有哪些。

地理观察与观测是学生获得地理感性知识的最重要的方式。有效开展地理观察与观测活动,首先需要教师找准观察的目标和任务,不然观察就变成漫无目的地闲逛。其次教师需要引导学生们准备好观察工具。再次教师需要教会学生必要的观察方法,如综合观察、重点观察、对比观察等。最后教师要在学生的观察过程中不断给予学生反馈,帮助学生树立长期观察的信心。

开展社会考察与调查活动之前,教师需要先明确考察、调查的内容,制订好考察、调查的方案。在选择考察内容和制订考察方案的时候,教师需要根据时间、经费、场地、学生情况等因素综合分析。学生身边的地理考察资源会是不错的选择。在考察过程中,教师要注意引导学生观察、思考、记录。考察与调查活动结束之后,一定要让学生写报告或者总结并在课堂上进行交流。

地理制作活动既可培养学生的动手能力,也可以加强学生对抽象知识的理解,还可以增强学生的学习地理的兴趣。地理制作既可以在课堂上开展,又可以在课堂之外开展,开展地理制作活动的时间和场地十分自由。教师可以选取一些简单有趣的地理制作任务,以开展比赛的形式,让学生分组去完成制作任务,最后在课堂上展示优秀作品。

探索研究活动的开展需要学生具有扎实的相关地理知识。所以教师在选择探索研究课题的时候一定要考虑学生现有的知识水平,选取贴近学生生活、学习情况的社会热点问题作为探究课题。在探究过程中教师要注重探究方法的引导。综合分析法是地理问题分析最重要的方法。综合分析既包括平时所说的要素上的综合,也包括时间上的综合和区域上的综合。

人才的培养需要适应时代要求,而时代正在改变对人才的要求。我们所处的时代需要具备地理实践力的人才。开展地理实践活动是培养地理实践力最重要的方式。在高中这个承上启下的特殊教育阶段,如何高效地开展中学地理实践活动将会成为高中地理教师很长一段时间内需要不断思考总结的问题。

浅谈初中地理小组合作探究

李 凤

一、产生小组合作探究的背景

(一)内涵

小组合作探究在世界上很多国家的教学效果很显著,因此国内也在学习和采用。小组合作探究被称为近几十年来最重要和最成功的教学改革。

对于小组合作探究,国内外的研究比较多,美国斯莱文教授认为:"合作学习是指使学生在小组中从事学习活动,并依据他们整个小组的成绩获取奖励或认可的课堂教学技术。"我国的杨宝忠教授认为:"合作教学是以合作学习小组为基本形式,系统地利用教学中动态因素之间的互动,促进学生的学习,并以团体成绩为评价标准,共同达到教学目标的教学活动。"美国肯塔基大学教授嘎斯基认为:"从本质上讲,合作学习是一种教学形式,它要求学生在一些2~6人组成的异质小组中一起从事学习活动,共同完成教师分配的学习任务。"结合国内外的研究和笔者自身的教学实践,小组合作探究即在课堂教学中,根据指定的学习目标,学生以小组合作的形式(一般4~6人),通过小组成绩评价促进全组互动,最终完成教学任务。

(二)发展历程

国外对于小组合作探究的研究和实践历史悠久,拥有一大批关于小组合作探究的专家,同时也提出了多个实施策略和多种评价方法。小组合作探究教学实效显著,受到各国教育界的推崇,并成为主流的教学理论与策略。在美国,调查显示,绝大部分的教师经常采用小组合作探究教学形式,并且其他的国家如日本、英国、德国等国的学校也在广泛运用。

我国对于小组合作探究的研究比较晚,大约在 20 世纪 80 年代末引入。小组合作探究引入后,在国内教育界引起了巨大反响,许多省市学校都纷纷探究实践小组合作探究。

(三)学科优势

目前我国基础教育阶段,虽然大力倡导素质教育,但是应试教育还是主流,成绩和升学率仍然是学校、老师、家长、学生关注的焦点,像语文、数学、英语等主科开展小组合作探究容易受到多方面的影响和制约。而初中地理不升学,没有升学压力,因此可以很好地进行小组合作探究,进行一些大胆的尝试和探究。同时,由于某些学科特性,并不是所有学科内容都可以进行小组合作探究。小组合作探究的内容必须要有探究价值,而且是一个人无法完成的,需要小组共同协作才能达到比较好的效果。初中地理综合性强,涉及面广,与我们日常生活息息相关,并且蕴含庞大的知识量,而很多问题又没有唯一答案。这种学科的先天独特优势为小组合作探究的实践提供了广阔的空间,有利于小组合作探究的不断深化和拓展。

二、小组合作探究的形式

根据笔者自身的教学实践,结合初中地理的学科特性,现列举几种常用且效果突出的形式。

(一)小组讨论式

湘教版初中地理注重以学生为主,充分发挥学生的能动性,有很多内容活动可以进行学生小组讨论。同时随着新课改的深化,课堂教学中越来越重视学生能力的发挥,越来越多教师在课堂中运用小组讨论法。小组讨论法即学生以小组的形式,围绕某一知识点,进行小组探究、讨论,从而获得知识。小组讨论在小组合作探究中运用最为广泛,其操作简单,成效比较显著。如湘教版七年级下册第八章第三节《俄罗斯》第一板块"面积最大的国家"的气候部分,俄罗斯西伯利亚地区比东欧平原冬季更寒冷的原因分析。此部分是本节的难点,教材以结论形式展示,但是新课标要求学生能分析和归纳出原因。学生通过一个人独立思考是很难综合分析完成的,因此可以进行小组讨论,通过讨论激发起学生对初一前面已经学过的知识和对俄罗斯纬度地形等方面的综合分析,从而综合归纳出俄罗斯西伯利亚地区比东欧平原冬季更寒冷的原因。小组讨论能把教学内容难度降低,化难为易,同时也能充分发挥学生的能动性,激发学生的潜能,提高学生成就感,从而提高学生学习地理的兴趣。

(二)小组互助式

在初中地理教学中,由于学生一个人的能力有限,因此小组互助运用得非常多。地图是地理的生命,在初中地理中有大量的地图。在课堂教学中,很多时候需要结合多幅地图进行观察分析,而学生一个人完成起来非常繁复,因此以小组形式或同桌形式相互帮助,这样可以达到事半功倍的效果。如湘教版八年级上册第二章第二节《中国的气候》,这一节地图较多,有1月气温分布图、温度带图、年降水量图、干湿地区图、季风区和非季风区图等,这些图需要结合且对比综合来看,并且还需要前面所学的中国的地形图等。因此以小组或同桌合作互助的形式,可以进行高效的课堂学习。

(三)小组竞赛式

重庆主城地区初中地理不参加中考,因此学生对地理并不重视,课下不会花时间对课堂内容进行记忆消化,教师也不会布置太多的作业,因此高效的课堂显得特别重要。要让学生在有限的课堂时间里掌握教学内容,同时也要保证课堂不枯燥沉闷,开展小组竞赛非常有用。在初中地理中,不仅要求学生能找地图、看地图、简单分析地图,而且还需要学生能掌握一些重要的地图,将重要的地理事物落实到地图上。比如,七大洲四大洋、中国的山脉、中国的河流等内容,这些内容比较单一,记忆量大,单单是教师讲解,学生感觉非常枯燥,且很难消化记忆。如湘教版八年级上册第一章第二节《中国的行政区划》中34个省级行政单位要求能准确地填写,单靠教师讲解远远不够,因此在课堂上可以进行小组拼图竞赛,分为组内和组外两种形式,先是组内成员进行比拼,反复熟悉34个省级行政单位的位置,后是以小组形式齐心协力共同拼图,与其他组比比看哪个小组拼得最快,这样课堂不枯燥的同时,学生也能在游戏竞赛中记忆34个省级行政单位。

(四)小组辩论式

初中地理(特别是人文地理部分)有些知识内容不是绝对的,并没有唯一答案,具有两面性和可辩性。新课标中加重了对人文地理部分的要求,不再像过去只是教师简单讲讲,学生了解了即可,还注重加强对学生情感态度价值观的教育和培养。在课堂教学中进行小组辩论,可以加强学生对这一部分内容更好更深入地了解,同时也能潜移默化地培养学生正确的情感态度价值观。如人口增长过快或过慢、农村人口向城市迁移问题、世界文化遗产保护与经济发展问题等,这些内容单靠教师讲解尤显不足,通过小组合作查阅准备资料,进行小组辩论,学生既可以学习到更多的知识,也能提高表达能力、辩论能力,还能培养正确的价值观。

(五)小组角色扮演式

初中地理中有很多内容在课堂上可以进行角色扮演,这样既可以提高学生的兴趣,丰富地理课堂,同时也可以深化学生对教学内容的了解和认识。如湘教版七年级下册第八章第六节《巴西》亚马逊热带雨林问题,可站在不同角色(当地居民、世界环保组织官员、政府官员、开发商、地理学家等)的角度进行角色扮演,各抒己见,深化理解。

三、开展小组合作探究的意义

虽然笔者的教龄不长,各方面经验尤显不足,为了更深入地了解认识小组合作探究的影响,笔者将所教的7个班划分为两种教学模式,有3个班采用传统教学模式,另4个班采用小组合作探究模式。根据一学年的教学实践和学生调查问卷,笔者发现两种模式班级地理课堂表现和效果完全不同,小组合作探究班对地理学习的兴趣和主动性更强,更愿意进行小组合作共同探究解决问题,同时也更能分析运用地图,多渠道地收集相关知识,而且切身实践发现,小组合作探究班上课的效率更高,学生与教师之间的互动更友好,课堂更轻松愉悦。

新课改倡导以学生为主,充分发挥学生的能动性,学习生活中的地理,学习对终身发展有用的地理,因此不管前路多么坎坷,都应该大力倡导小组合作探究。

参考文献

[1] George M. Jacobs,Michael A. Power,Loh Wan Inn. 合作学习的教师指南[M]. 杨宁,卢杨,译. 北京:中国轻工业出版社,2005.

[2] 乔治·雅克布斯,等. 共同学习的原理与技巧[M]. 林立,马容,译. 北京:中央民族大学出版社,1998.

[3] 钟志贤,徐洪建. 建构主义教学思想揽要[J]. 中国电化教育,2000(2):17-19.

妙增"酶的特性"实验　促进科学思维生根

王小婷

生物作为一门实验与理论相结合的学科,其科学思想更应该在教师的教学和学生的学习中根深蒂固。然而在生物的一线教学中往往忽略了生物学科的理科属性,让学生理解与记忆每一个生物发现探究的过程与结论,甚至出现了文科式默写背诵的情况。这种强行记忆的学习方式并不利于学生发现和探索生命的奥秘,也不利于学生科学思维的产生和培养。

以"降低反应活化能的酶"为例,教材编者精心编排,充分考虑了科学探究发现的整个过程,从酶的发现,到酶本质的探索,再到影响酶活性的条件探究,充分调动学生的科学探究能力与理性思维。本文在此背景下将结合高考原题来加强实验原则设计,改编试题示例以突破实验细节思考,巧变定性感知而凸显实验定量探究,以求能一定程度改观知识本位的传输,加强本质知识的学习,达到实验推断理论知识、知识融贯于试题和应用中的目的。

一、高考原题引领　加强实验原则设计

在高中阶段的探究性实验中,实验原则主要有以下三方面:对照原则、等量性原则和单一性变量原则。学生们只要在实验设计时把握好这三个原则,相应的问题也就变得相对简单。首先来说对照原则,一个实验通常分为实验组和对照组。实验组指的是通过实验变量处理的 A 组;对照组则是指不通过实验变量处理的 B 组,相关变量对 A、B 两组的影响是同等的情况下,试验之后两组之间的差别就被认为是来自实验变量影响的结果。实验组必须要在对照组的对照下才能证明实验变量对实验的影响是正确的,理论推理是有依据的。其次等量原则说的是在实验组和对照组中各个试剂处理条件除了实验变量有所不同以外,其他条件均应该一致。最后单一性变量原则是在强调设计实验的严密性问题,相较于对照组而言,一组实验只允许一个变量不同。

如 2009 年高考全国卷 Ⅱ 第 32 题,请用所给的实验材料和用具,设计实验来验证哺乳动物的蔗糖酶和淀粉酶的催化作用具有专一性。要求完成实验设计、补充实验步骤、预测实验结果、得出结论,并回答问题。

实验材料和用具:适宜浓度的蔗糖酶、唾液淀粉酶、蔗糖、淀粉制成的 4 种溶液,斐林试剂、37 ℃恒温水浴锅、沸水浴锅。

若"＋"代表加入适量的溶液,"－"代表不加溶液,甲、乙等代表试管标号,请用这些符号完成下表实验设计。

表1 验证哺乳动物的蔗糖酶和淀粉酶的催化作用具有专一性(2009高考全国卷Ⅱ第32题)

试管溶液	蔗糖溶液	淀粉溶液	蔗糖酶溶液	唾液淀粉酶溶液
甲	+	-	+	-
乙	+	-	-	+
丙				
丁				

在本题中明确告知学生是验证酶的专一性实验设计,那么秉着对照原则,甲是验证蔗糖酶的专一性实验组,那么对照组乙就是等量的蔗糖酶溶液和等量的非蔗糖溶液;又根据单一变量原则可知,对照组乙中不适合用唾液淀粉酶溶液,其一是因为试验已有蔗糖酶,其二是因为淀粉和酶是两种物质,必须确保实验在相对相等的条件下进行。同理可得淀粉酶的专一性实验。只要对实验三原则理解应用,那么高中生物实验的设计方案就会变得容易很多。

二、改编试题示例 突破实验细节思考

对上面的例子改变一下,如在探究淀粉酶对淀粉和蔗糖的催化作用时,实验人员设置了如下方案,下列叙述正确的是( )。

表2 探究淀粉酶对淀粉和蔗糖的催化作用

试管编号	①	②	③	④	⑤	⑥
2 mL 3%的淀粉溶液	+	+	+	-	-	-
2 mL 3%的蔗糖溶液	-	-	-	+	+	+
1 mL 2%的淀粉酶溶液	+	+	+	+	+	+
温度(℃)	40	60	80	40	60	80
2 mL 斐林试剂	+	+	+	+	+	+
砖红色颜色深浅	+ +	+ + +	+	-	-	-

注:"+"表示有;"-"表示无;"+"的多少表示颜色的深浅。

学生们在面对这样的题目时往往会产生迷茫的感觉,不知从何处着手分析问题。我们谨遵实验三原则问题就会迎刃而解。在前面我们已经知道在验证酶的专一性实验中,实验组是淀粉溶液+淀粉酶溶液;对照组是蔗糖溶液+淀粉酶溶液,那么本题中的①和④(②和⑤,③和⑥)对比就验证了淀粉酶的专一性。而①和⑤、⑥的比较不能说明,因为多了一个温度的变量,不符合单一变量原则。根据单一变量原则,我们又可以通过比较①、②、③组实验得出淀粉酶的最适温度是在60℃。本题看似复杂,只要学生们熟练掌握了对照原则、单一变量原则,问题就会变得清晰很多。本题中变量有两个,一个是温度(40℃,60℃和80℃),还有一个是底物的种类(3%的淀粉溶液和3%的蔗糖溶液)。而因变量只有一个,就是砖红

色颜色的深浅。

三、巧变定性感知　凸显实验定量探究

通过对试题改编后,我们比较①、②、③组实验得出淀粉酶的最适温度是在 60 ℃,这是一个定性的实验,它告诉我们淀粉酶的最适温度相较于 40 ℃和 80 ℃时,60 ℃是最适的一个温度。那么究竟是 60 ℃多一点还是少一点我们无从所知。定性的一个模糊概念并不适合于严格的科学态度和精神。定量探究会使学生更加理解和体会生物学科作为一门理科的逻辑所在,也能使学生认识到科学的严谨性与规范性。

那如何定量分析呢? 我们在上述试验中将温度梯度设计得更为紧密,首先预设55 ℃、60 ℃和65 ℃三组实验,通过观察砖红颜色的深浅来判断究竟淀粉酶的最适温度在哪一个温度附近。假设仍在 60 ℃,然后我们再缩小温度梯度为每一摄氏度的区别,再分别在 56 ℃、57 ℃、58 ℃、59 ℃、60 ℃、61 ℃、62 ℃、63 ℃和64 ℃温度下进行实验,观察砖红色颜色的深浅来判定淀粉酶的最适温度。

定性是给一个大致方向,定量是具体到一个点上。科学的研究离不开定性,更要通过定量来最终敲定。定性为定量指引方向,定量将定性具体化。指导学生从定性到定量的实验操作,他们能更加理解酶的最适温度探究过程,也能更加体会生物学科的奥秘。

应用因果逻辑模型，提升学科核心素养

——2018 年生物全国卷因果类考题剖析

钟　虎

因果逻辑是逻辑思维的基础，逻辑思维能力是科学思维的基础，是分析问题、解决问题（科学探究）的关键能力，是形成科学观念的重要前提，是践行社会责任的行动指南。剖析 2018 年生物全国卷因果类考题，建构因果逻辑类考题模型，有利于提升学生的生物学科核心素养，为以后的高考学生助力。

一、通过高考试题实现对逻辑思维能力的考查是教育改革与发展的要求

①"掌握适应时代发展需要的基础知识和基本技能，丰富人文积淀，发展理性思维，不断提升人文素养和科学素养"——《普通高中课程方案（2017 年版）》。

②"生物学学科核心素养包括生命观念理性思维、科学探究和社会责任"——《普通高中生物课程标准（2017 版）》。

③"根据普通高等学校对新生文化素质要求，依据中华人民共和国教育部 2003 年颁布的《普通高中课程方案（实验）》《普通高中生物课程标准（实验）》"，将理解能力、实验与探究能力、获取信息能力和综合运用能力，确定为考核目标——《2018 年生物考试大纲与考试说明》。

④"依据高校人才选拔要求和国家课程标准，科学设计命题内容，增强基础性、综合性，着重考查学生独立思考和运用所学知识分析问题、解决问题的能力"——《国务院关于深化考试招生制度改革的实施意见》。

二、因果逻辑思维的模型及变式

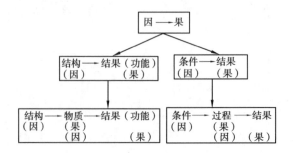

三、因果逻辑模型的分类及特点

①因果逻辑模型按考查的因果复杂程度可分一元因果、二元因果两种类型。一元因果的特点是只涉及一次因果逻辑;二元因果通常表现出"前果后因"的特点,即第一次逻辑关系的结果为第二次逻辑关系的原因。

②因果逻辑模型在表述顺序上通常可分为"先因后果"(正序)与"先果后因"(倒序)两种类型。

③因果逻辑模型在问题设置时常表现为"知因问果""依果觅因""知因果求原理"三种类型。

四、因果逻辑类高考试题解题策略步骤

应用因果逻辑模型解答有关高考题的策略可以分成四步:读题时明辨"因果信息";析题时建构"因果模型";答题时依循"模型模型";验题时厘清"因果逻辑"。

【例 1】2018 年全国卷Ⅲ 30 题(2):通常细胞内具有正常生物学功能的蛋白质需要有正确的氨基酸序列和_____ 结构。

第一步:读题时明辨"因果信息"。题中的"果(功能)"是正常生物学功能的蛋白质,"因(结构)"是正确的氨基酸序列和_____ 结构。

第二步:析题时建构"因果模型"。依据读题所得信息,该题在表述时为典型先果后因(倒序),设问方式为依果觅因,由此我们可以建构出该题的"因果模型"为一元因果模型:结构(因) $\xrightarrow{\text{决定}}$ 功能(果)。

第三步:答题时依循"模型模型"。通过建构模型,我们已经知道蛋白质的结构决定功能,功能正常的蛋白质必须要有正确的结构,蛋白质的结构包括平面结构和空间结构,氨基酸的序列为蛋白质的一级(平面)结构,因此该题的正确答案为:空间结构。

第四步:验题时厘清"因果逻辑"。答题完成后,该题的完整因果逻辑为:因为细胞内蛋白质具有正确的(氨基酸序列和空间结构)结构,所以细胞内蛋白质生理功能正常。

【例 2】2018 年全国卷Ⅲ 30 题(2):某些物理或化学因素可以导致蛋白质变性,通常,变性的蛋白质易被蛋白酶水解,原因是_____。

第一步:读题时明辨"因果信息"。题中的"果(结果)"是易被蛋白酶水解,"因(条件)"是蛋白质变性。

第二步:析题时建构"因果模型"。依据读题所得信息,该题在表述时为先因后果(正序),设问方式为知因果求原理,该题的"因果模型"为二元因果模型:条件(因)——过程——结果(果)。

第三步:答题时依循"模型模型"。分析模型中的条件(蛋白质变性),我们可知,蛋白质变性主要改变的是蛋白质的空间结构,而蛋白质的一级结构(氨基酸脱水缩合形成肽键生成多肽)没有改变;因此未变性蛋白质具有空间结构与一级结构,变性蛋白质只具有一级结构,

因此二者被水解的难易度应该是由空间结构的有无(自变量)引起的。分析模型中的结果(蛋白质被蛋白酶水解),我们可知,蛋白酶分解蛋白质的产物是多肽或氨基酸,其作用对象为肽键,蛋白质水解的难易程度与肽键有关。综合分析可得出答案为:变性的蛋白质空间结构改变(肽键暴露),肽键易与蛋白酶接触,蛋白质容易被水解。

第四步:验题时厘清"因果逻辑"。该题的完整因果逻辑为:某些物理或化学因素可以导致蛋白质变性,因为变性蛋白质的空间结构改变,所以蛋白质的肽键暴露;因为肽键暴露,所以蛋白酶易与之结合,使变性蛋白质易被水解。

五、因果逻辑模型综合运用典例剖析

【典例】(2018 年全国卷 I　32 题)为探究不同因素对尿量的影响,某同学用麻醉后的实验兔进行不同的实验,实验内容如下:

a.记录实验兔的尿量(单位:滴/分钟);

b.耳缘静脉注射垂体提取液 0.5 mL,记录尿量;

c.待尿量恢复后,耳缘静脉注射 20% 葡萄糖溶液 15 mL,记录尿量,取尿液做尿糖定性实验。

回答下列问题:

(1)该同学发现,与 a 相比,b 处理后实验兔尿量减少,其主要原因是**垂体提取物中含有抗利尿激素,促进了肾小管和集合管重吸收水**。

【模型分类】①二元因果;

②先果后因(倒序);

③知因果求原理。

【解题策略】(下划线斜体字为题目要求作答内容,双删除线为隐藏内容)

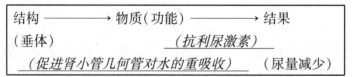

(2)题第一空 c 处理后,肾小管腔内液体的渗透压会升高,实验兔的尿量会**增加**。

【模型分类】①二元因果;

②先因后果(正序);

③知因问果。

【解题策略】(下划线斜体字为题日要求作答内容,双删除线为隐藏内容)

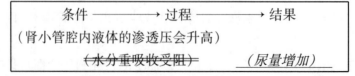

(3)题第二空:取尿液加入斐林试剂做尿糖定性实验出现砖红色,说明尿液中含有**葡萄糖**。

【模型分类】①二元因果;

②先果后因(倒序);

③依果觅因。

【解题策略】(下划线斜体字为题目要求作答内容,双删除线为隐藏内容)

```
条件 ——————→ 过程 ——————→ 结果
[尿液含(葡萄糖)]   ~~葡萄糖是还原性糖~~
~~斐林试剂检测还原性糖~~   (转红色沉淀)
```

(4)若某实验兔出现腹泻、尿量减少现象,尿量减少的主要原因是血浆渗透压升高,刺激了存在于**下丘脑**的渗透压感受器,从而引起尿量减少。

【模型分类】①二元因果;

②先果后因(倒序);

③知因果求原理。

【解题策略】(下划线斜体字为题目要求作答内容,双删除线为隐藏内容)

```
条件 ——————→ 过程 ——————→ 结果
(血浆渗透压升高)   刺激下丘脑渗透压感受器
~~抗利尿激素合成分泌~~   (尿量减少)
```

六、应用因果逻辑模型,提升学生学科核心素养

逻辑思维能力考查是生物高考试卷的必然趋势,在全国卷试题中的分布范围、分值比例呈逐年上升的态势。以建构模型的方式来分析、思考、练习,不仅可以快速提升学生考试成绩,还能培育学生的生物学科素养。

(1)应用因果逻辑模型,能够促进学生形成生命观念。因果逻辑模型的建构过程是学生形成结构与功能观的过程;因果逻辑模型的运用过程是运用生命观认识生物的多样性、统一性、独特性和复杂性的过程,是形成科学的自然观和世界观,并以此指导探究生命规律,解决实际问题的过程。

(2)应用因果逻辑模型,有利于培养学生科学思维。基于高考试题的模型与建模过程,是科学与熟练地运用归纳与概括、演绎与推理等思维方法的过程,是体现尊重事实与证据,崇尚严谨的科学态度的过程;因果逻辑模型的运用过程是秉承科学态度、运用科学方法,认识事物、解决实际问题、阐释生命现象的过程。

(3)应用因果逻辑模型,有利于培养学生科学探究能力与社会责任感。因果逻辑模型的建构与应用过程是学生针对特定的因果事例,进行观察、分析、探究、表达、交流的探究过程,是一个充满好奇心与求知欲的过程,是运用生物学知识与方法解决生产生活实际问题的过程,是高效培养学生科学探究能力与社会责任感的过程。

生物教学"有效性"浅探

陈　晔

课堂教学是学校教育的主要形式,在新课程背景下如何提高课堂教学的有效性是摆在广大教师面前的一个现实而严峻的问题。新的课程教学理念告诉我们,所谓"有效",主要是指教师通过在一段时间教学之后,学生所获得的具体的进步或发展。也就是说,学生有无进步或发展是教学有没有效益的唯一指标。通俗地说就是要以较少的投入,取得尽可能大的教学效果,让学生无论在知识还是在能力上都要有较大的收获。在这里笔者把自己的一点体会和大家分享一下。

一、"有效"的前提——充分的课前准备

素质教育要求我们不仅要让学生学到知识,还要让学生在能力和情感上有所提高和收获。这就是新课标提出的"三维目标"。因此仅仅把握好了教材内容的重点、难点,弄清了知识的内涵、外延是远远不够的,还要深入挖掘教材,找到情感教学的立足点,提出贴切而有效的情感目标。比如:在"植物对水分的吸收和利用"一节,笔者就确立了培养学生的节水意识为情感目标;在"遗传的基本规律"一节,以孟德尔种植八年豌豆而总结出了遗传的两个基本规律为例,告诉学生任何一个科学规律的发现都是科学家们以严谨求实的科学态度,通过长期的艰苦工作才得出的,从而帮助学生树立严谨求实的科学态度和吃苦耐劳的科学作风。而如何通过教学来提高学生各方面的能力也是课前需要考虑的。比如:在"细胞的结构""光合作用"部分通过让学生读图和对教材的阅读来提高学生的读图能力和图文转换能力;通过让学生总结一节课学习到了什么来培养学生的综合能力;通过让学生对简单知识的自学和分析来提高学生的自学和分析能力。

除了根据教材确立"三维目标"的具体内容,笔者认为课前还应该考虑不同层次的学生需要来选择相应的练习,让学生在做练习的过程中真正觉得自己学有所获。

二、"有效"的关键——优化的教学过程

课堂教学的过程是提高课堂教学有效性的实施和核心阶段。一个高效的课堂教学需要些什么条件呢?

1.多种教学资源的合理利用

对于教师来说教材是最主要的教学资源,深入阅读教材,确立具体的"三维目标"是第一

步。此外,教学模型、多媒体演示课件、挂图、演示试验装置等都是很好的教学资源。但是,要把它们用好、用对地方才能提高教学效率,不然,就会得不偿失。怎样才能合理地利用各种教学资源呢?

有的教师觉得现在的多媒体课件用起来很方便,动画演示很生动,甚至不用板书,就将传统的教学资源废弃了,教学模型、挂图、演示实验装置等一概不用,板书也一字不写,一节课上下来看上去效率很高,实际上却不一定有效。

笔者觉得传统的好东西我们是不能丢弃的,而是要把现在先进的东西和传统的东西加以融合,对相应的知识做到对症下药,才能真正地做到"有效"。比如:在教授细胞结构的知识,对于各种细胞器的形态,用立体模型来教学就比较好,既直观又能让学生充分理解细胞质基质和细胞器的位置关系;而讲述光合作用的过程、基因表达的过程、呼吸作用的过程的时候,教材上的图形都是静止不动的,学生很难理解,如果用多媒体做成动画演示给学生看,效果就比用图片好多了,更让学生了解了这些过程中各个阶段各个反应场所之间的联系;在讲述渗透作用的原理的时候,很多教师也用了多媒体演示,可是有学生就提出了,多媒体是教师做的,事实究竟是不是这样呢? 我记得我以前的生物老师用猪膀胱膜做了半透膜来演示这个渗透试验,让全班同学惊讶不已,而且记忆深刻,与此类似的"酶高效性、专一性"的演示试验,我觉得都是很有必要做的,而不仅仅是用电脑做的动画来演示。

由此可见,合理地利用不同的教学资源对于提高课堂教学的有效性来说十分重要。

2. 语言艺术的恰当运用

在教学过程中,教师主要是通过语言和学生交流、沟通并传授知识。教师的表达如果准确、生动、凝练,那么学生接受知识就更为容易而有效。

学习生物学,必须通过生命现象,进一步认识生物的生命活动规律,掌握生物学概念和理论,以便应用它来指导实践。这是中学生物学教学过程的中心环节。而在这个过程中教师就需要指导学生对概念进行分析、理解。这就要求教师的语言除了具有准确性之外,还应有规范化,教学语言要干净利落,重要语句不冗长,简洁概括。特别是在概念教学中每个字都要十分准确,关键字是什么,都要学生去认真理解。比如,"由于DNA分子中发生碱基对的增添、缺失或替换,而引起的基因结构的改变,就叫作基因突变"。在这个概念中的这几个关键字可以帮助学生理解概念并分析试题,知道基因突变不光是有碱基对的增添还有缺失、替换,基因突变是指基因结构的改变而不一定会造成生物性状的改变。

此外在教学中,笔者会选择一些俗语,既通俗易懂,也能提高学生的学习兴趣。比如:在讲食物链的时候,用"大鱼吃小鱼,小鱼吃虾米,虾米吃泥巴""螳螂捕蝉,黄雀在后"来举例;说遗传变异的时候,用"种瓜得瓜,种豆得豆""龙生龙,凤生凤,老鼠生儿会打洞""一母生九子,连母十个样"来做引入;在教温度对植物生理的影响的时候,引用了"人间四月芳菲尽,山寺桃花始盛开"。每当这个时候,全班的学生都会活跃起来,积极来分析这些实例。

3. 课堂提问的有效设置

课堂提问既可以调动学生的思维,又可以了解学生课堂学习的情况,是教师常用的一种教学手段。不过，提问也是有学问的，应避免以"对不对""是不是"为结尾的封闭式提问。

笔者认为提问要有针对性，对于一些简单的问题，可以直接从教材找到的不用以问题的形式提出，只要在学生看书预习的时候强调让他们重点阅读即可，而且设计问题的时候要注意多设计一些开放性且有现实意义的问题。比如，请评价植物、动物、真菌、细菌、病毒在生态系统中充当的成分？分析施肥过多对植物的影响？

此外，在课堂上提出的问题不能太多，要做到少而精，少而有效。这样不仅能让学生得到"鱼"，还能知道如何去"渔"，真正让学生学会去思考、去分析。

4. 有效的评价提升学习信心

除了设计好的问题情境，我们要更注重学生的回答和对回答的评价。学生对问题的回答是他对所学知识的反馈和他思考的成果。首先，无论对错，如果是学生积极思考了的，都应该鼓励，但不能只是单纯地说"不错""很好"等。比如，你对食物链中各个营养等级之间的能量传递率的应用掌握得很好，也能够灵活运用，就比只是说"很好"的效果要好，让学生觉得教师确实是在称赞他而不是在敷衍他，对其错误的地方要指出并给出修改意见。这样的过程能够提升学生的学习信心和学习兴趣。有人说"兴趣是最好的老师"，一旦学生对某个学科有了足够的兴趣，他就会主动去探索、去学习，对他学习能力的提高有很大的帮助。

5. 规范的板书巩固教学效果

最近听了一位优秀教师的课，课后发现她的学生几乎每个都有一个笔记本，而且笔记都做得十分规范。根据这位教师的介绍，学生从高二开始就被要求要记好笔记，一年下来学生的笔记有了一大本，而到了高三复习就不需要再费时去做笔记，以前的笔记就好比是一本珍贵的复习资料。在笔记里有学生学过的知识的重点、难点，有各个知识点之间的比较联系，帮助学生整理出了知识体系也培养了学生思维的组织性和有序性。这就要求教师首先要设计好板书，规范系统的板书不仅是一节课上对知识脉络的梳理，更为重要的是在课后为学生的复习和自学提供了一幅蓝图。

三、"有效"的保障——课后的总结和反思

只有对自己每一节课认真地总结得失，学会反思，才能有提高，才能在以后的教学中更好地提高课堂教学的有效性。有一位老教师曾说过"上课是一门有遗憾的艺术，每上完一节课都会觉得自己这里或者那里有不足，都会想如果让我重新来一次一定会更好"。因此，课后的总结、反思是以后课堂更有效的保障。

笔者刚参加工作的时候，上课总觉得时间太长，学生学得没劲。为什么呢？自己的总结是：没什么教学经验，说来说去就是教材上的几个知识点，没有有趣的实例，没有有效的提问，不能带动学生的学习情绪。该怎么办呢？笔者通过积极地听学校的老教师的课，吸取他们的教学经验，结合自身的特点，在不断的教学、总结、反思中改进自己的教学。现在，笔者

已经是比较受学生喜爱的教师了。学生在课堂上学得快乐,还能了解许多关于生物的有趣的事情。笔者也觉得自己现在的课堂越来越精彩,如果和最初的课堂相比较的话真是可以说是"判若两课"。

对教师来说,不断地追求"有效课堂教学"是一个永恒的课题,每个人都有自己的独到见解。在笔者看来,围绕"三维目标",以培养学生学习兴趣并促进自主探究学习为主,做好课前的准备和课后的总结、反思,在课堂教学过程中教师和学生有效沟通、及时反馈,辅以有效的教学资源,在提高课堂教学的有效性的同时,相信能够让学生在情感、能力等方面都会有很大的收获。

参考文献

[1] 高慎英,刘良华. 有效教学论[M].广州:广东教育出版社,2004.

[2] 周美珍,高明乾,高本刚. 中学生物学教学法[M].上海:华东师范大学出版社,1992.

高中物理核心素养高效课堂的构建分析

肖 浅

高中物理是集理论性、逻辑性以及计算能力为一体的综合型学科,学生学习起来会有一定的难度。高中阶段,物理学科是一门极其重要的学科,相比于初中阶段的物理,高中物理难度更大,综合性更强,需要学生学习时投入的精力也越多。高中物理核心素养高效课堂的构建,能够帮助学生快速适应高中物理的学习模式,并从学习中获得各项能力的提升。本文将对其进行详细论述,并提出一些高中物理核心素养高效课堂的优化策略。

一、高中物理核心素养高效课堂概述

高中物理核心素养主要包含四部分内容,即物理观念、科学思维、实验探究和科学态度与责任。而开设核心素养高效课堂的目的便是着重按照这四部分内容为学生制订学习计划,让学生在感受到知识魅力的同时,还能够获得综合能力的快速提升。

二、高中物理核心素养高效课堂教学现状

(一)教师教学观念较为落后

教师的教学理念决定着教学的方向和课堂教学的效果。随着时代的不断发展,生源质量也产生了质的变化,新时代的学生对于知识的理解与渴望较之前的学生有很大的变化,而对于课堂的要求也越来越高,如果教师一味地按照自己的旧风格、旧方法来讲课,那么课堂效果将越来越差。所以,现在的高中物理教师应当做出改变,在教学理念上做出调整和适当改变,才能够顺应新的教学形式,课堂效果才会有所改善。

(二)传统教学手段和教学模式仍然处于主要地位

沿用传统的教学手段和教学模式是影响教学质量的主要原因之一。作为教改的重点学科之一,高中物理理应在教学过程中进行适度调整,让教学过程更加现代化、科学化,但就目前来看,仍存在一部分教师沿用自己多年教学经历所总结下来的教学经验,如教学方法、教学理论等,但从实际的教学效果上讲,教学质量并未有明显突破。学生在长期的传统教育模式下进行学习,已经产生了疲倦的心理,这样既不利于物理教学工作的继续开展,也不利于核心素养高效课堂的快速构建。

三、高中物理核心素养高效课堂教学策略

（一）改变传统教学观念

随着社会向着多元化不断发展，市场对人才的要求已经有了诸多改变。在教育领域，对于人才的培养方法和模式也应该做出相应的改变，因此，传统教学观念已经不适用于现代教学实践工作。在高中物理核心素养高效课堂理念的实践应用过程中，参与其中的各位教师也应当在思想上和教学方法上做出一些改变，以满足教学的多方面需要。对教师而言，如果不能通过学习等办法来更新自己的教学方法，让教学理念得到进一步优化，那么教师将会逐渐被淘汰。身为教师，在教学之前要了解并学习现代教育方法，逐渐将自己的授课风格和模式进行转化，使之更加先进，更能够满足学生的学习需要。

（二）综合学生学习特点设立多元化课堂教学

作为重点学科来说，高中物理课堂教学需要具有其独特的授课风格和特色。学生在刚刚接触高中物理这门学科时，难免会出现厌烦、消极等心理。教师应当适时做出改变，让学生能够重拾信心。因而教师在实际的教学工作中应当精心设计课堂环节，让每一个环节都能得到适度优化，让课堂环节更加充实合理，学生才能够尽情地投入课堂学习之中。对高中物理来说，为打造核心素养高效课堂，教师应当精心设计课前、课上、课后环节，让每位学生都能够参与各个环节。例如：在课前，教师将一些关于课程内容相关的名人事迹，或是科学家的故事、定理的发现及演变史等讲述给学生；在课上，教师除了要将教学大纲上规定的内容教授给学生之外，还应当做一定的拓展，如一些物理现象有关的知识、原理等；在课后，教师应当给学生布置一些任务，让学生在课下自行查找相关知识点，自行连接知识脉络，让学习更加系统、科学。

（三）构建以合作模式为主体的课堂教学形式

传统教学模式是以教师为课堂中心而展开教学的，这种授课模式下，弊端十分明显。新课标教学要求教师应当在授课时转移教学重心，让学生回归课堂主体，让教师在一旁辅助学生进行学习，在实践中进行探索，让学生自行感受知识的魅力。这就给教师提出了更高要求，在授课时要准确把握好度，既不可过多地给学生讲一些复杂烦琐的内容，让学生感到厌倦，同时还要给学生足够的引导，让学生在明白知识点之后能够进行自主挖掘探索，最终有所收获。核心素质高效课堂的模式应当以合作形式为主，让学生在合作交流的过程中，对知识更好地理解把握，同时能够互相交流心得体会和不同的做题方法；合作的过程还能够培养学生的合作意识和团队意识，这也正与构建核心素养高效课堂的宗旨相契合。

四、结语

综上所述，高中物理核心素养高效课堂的设置，是为了响应新课程标准对高中教学工作提出的更高要求，同时也是为了顺应现代教育形式的表现。高中阶段对每一位学生来说都

是学习生涯的重要时期,此时,教学不只帮助学生丰富知识,还能对其综合能力和核心素养造成一定影响,尤其是物理这门学科,更应当受到师生的共同重视。物理教学工作中,还存在许多问题和不足,需要各位教师在实践中做出改变,从而对教学工作加以完善。

参考文献

[1] 何柱杰.高中物理核心素养的内涵与培养途径[J].新课程(教师版),2018(6):197.

[2] 于玉和.高中物理核心素养视域下的试题创新策略[J].物理教师,2019(6):80-83.

构建"民主谐趣、开放创新"的初中物理课堂文化

郭　强

目前,很多初中物理课堂上,学生缺乏学习的兴趣和热情、备感学习负担过重,教学效率低下,让老师感到头疼,学生感到费力。这在某种程度上说是缺乏优秀课堂文化所导致的,迫切需要有系统的初中物理课堂文化作支撑,来激活有生命力的初中物理课堂,让课堂教学取得事半功倍的效果。

初中物理课堂文化角度多样、内容繁多,本文从物理学科任务——培养学生探索创新的物理素养出发,单方面论述构建"民主谐趣、开放创新"的初中物理课堂文化对推动物理教学培养学生物理素养的"润滑"作用。兴趣是学生参与活动的原动力,学生喜爱物理课堂,才会积极参与课堂活动,才会培养科学思维,才会提高学生探索创新等物理素养。

一、民主谐趣——自由平等,民主和谐,兴趣盎然,妙趣横生

唐朝韩愈在《师说》里说:"弟子不必不如师,师不必贤于弟子。"意思是说:老师不一定(样样都)比学生贤能,学生不一定(永远)不如老师。

通过调查访问学生,我们总结了他们喜欢的老师的样子。老师要放低自己的身段,不要太严厉,勿"一言堂",多让学生发表意见,老师最好要向学生表现好的地方学习,尽力放大学生的优点。老师要多一些幽默和童真童趣,做到师生无距离感,课堂上畅所欲言。

李世坤和王印霞的文章《课堂上创设民主气氛的"二十四字"诀》,二十四字分别是"笑脸相迎、恰当评语、知错就改、宽宏大量、关注个别、学会倾听",这是老师的思维方式和价值观念体现在课堂中的教学行为,有利于创设民主和谐的课堂氛围。

西南大学教育学部教授彭泽平写过一篇文章,题目是《好的课堂在于精神生命的涌动》。他指出,"好的课堂应当是师生能够平等交往、高质互动的真实的课堂,是师生能够充分展现个性魅力与智慧、演绎生命价值并最终实现共同发展的课堂"。好的课堂首先要有民主和谐的氛围,这是课堂精神生命涌动的前提。

在课堂中如何创造"民主谐趣"的课堂氛围呢? 我从下面几方面进行了尝试。

(一)宽容鼓励——让学生放心你的课堂

1.掌声微笑

刚上课时,出现一个想睡觉又未认真完成作业的孩子张某。五一节回来,学生上课疲惫不堪,下午第一节课,师生问好后,我说:还想打瞌睡的同学继续站一下,张某就站着不坐了。

我又统计,五一节没怎么认真完成作业的同学请举手,张某又举手了。我面带微笑,马上号召全体同学送给张某掌声,并评价道:"我们都应该学习张某同学光明磊落、实事求是的态度",进而原谅了他,还请他坐下。这是对张同学学习生活中的小缺点的宽容,更是对求真务实作风的肯定和赞许,有利于激发全体同学实在地为人和学习。

2. 谢谢提问

我在讲评课里,一般都是先把所有的答案公布一遍,然后让学生提问,提问的原则是由易到难,有学生提出特别简单的问题,我会说"谢谢你提出了一个简单的问题!",目的是激发学生有疑必问的精神,营造"提简单问题不是笨和丢脸"的宽松愉悦氛围。

3. 谢谢错误

我在课堂里时常提问,很多问题是需要学生动脑思考才能解决的,学生主动回答问题时,有时会出现明显的知识和观点上的错误,每当这时,我总会送上一句:"谢谢你提供了一个错误的答案!"学生乐滋滋地坐下了,认真思考着自己的错误,在弄明白了后会露出会心的笑容。这样可以激发学生大胆发表自己的观点,弘扬和营造不怕错误、敢于交流的精神和氛围。

4. 变化永恒

我在课堂里从不歧视那些成绩差、调皮的孩子,也从不偏心那些成绩优异、戴着光环的孩子,我会给他们讲生活中好多后进生变成祖国栋梁之材的故事,也会给他们讲好学生最终一事无成的故事,让他们明白,好和差都不是绝对的,时常会发生变化,这取决于你对生活的态度。所以我特意让他们知道"这个世界上永恒不变的就是变化!",用来激励他们把握好自己的现在和未来。

(二)愉快记忆——让学生回味你的课堂

记忆是学生学习过程中必不可少的一环,记忆的方法很多,有联想记忆法、理解记忆法、谐音记忆法、口诀记忆法和图表记忆法等,如果能合理利用这些方法愉快地记忆,就会取得事半功倍的效果,让学生回味无穷。

1. 联想口诀记忆

在学习眼睛和眼镜一节的内容时,我编了"近近近近,远远远远"的八字口诀帮助理解记忆。"近近近近"的第一个近字表示近视眼、第二近字表示只能看清近处的物体、第三个近字表示如果看远处的物体则成像比较近、第四个近字表示应戴凹透镜进行矫正(凹字上下两横靠得比较近);同理"远远远远"的第一个远字表示远视眼、第二远字表示只能看清远处的物体、第三个远字表示如果看近处的物体则成像比较远、第四个远字表示应戴凸透镜进行矫正(凸字上下两横离得比较远)。学生理解了这个知识点后对我的总结有很深的感触,直称"妙!妙!妙!",从而提高了学生的学习效率和兴趣。

2. 联想比喻记忆

在伏安法测小灯泡的电阻或功率实验中,当小灯泡断路,则电压表的示数就接近电源电压,学生对此难以理解。我除了用欧姆定律和串联分压等原理给学生推理讲授以外,还用了一种拟人的方法给学生讲解。我把电阻很大的电压表比喻为"一个亿万富翁",把阻值较小的滑动变阻器比喻为"一个有10块钱的人",把几乎无电阻的导线和电流表比喻为"一个没有钱的人",这时候,"一个亿万富翁"遇到了"一个有10块钱的人"和"一个没有钱的人",对"亿万富翁"来讲,"有10块钱的人"和"没有钱的人"都一样,都相当于没有钱,所以此时的滑动变阻器和电流表都相当于导线,电压表自然就测的是电源的电压了。学生理解了,以后遇到这类问题会异口同声地说"亿万富翁遇到了10块钱,10块钱相当于没有钱",在理解学习的同时,加之联想比喻,增添了学习的效率和兴趣。

3.谐音拟人记忆

在学磁体的磁感线的方向时,我们知道,磁体周围的磁感线是从磁体的北极出发,回到磁体的南极,内部则相反。我形象地把"磁体周围的磁感线"比喻为"大多数人",北极的"北"谐音"白"天,南极谐音"蓝",蓝颜色较深,比喻为"晚上",所以大多数人都是白天出来,晚上回去,只有少数人(上夜班的人,比喻内部的磁感线)晚上出来,白天回去。这样,学生对磁体的磁感线的方向记忆就容易多了,也增添了课堂的乐趣。

4.谐音趣味记忆

在学到雾的形成属于液化现象时,在学生理解的基础上,归纳"雾都是液化形成的",谐音重庆人人皆知的一档节目"雾都夜话",学生兴趣盎然、记忆深刻。但是我特别提醒学生要注意理解,雾散去属于汽化现象,要自己多动脑解决问题,不能死记硬背、机械学习。

(三)课前表扬——让学生喜欢你的课堂

上课前,对学生作业做一些总结是必要的,这也是发扬正能量、激励后进生的重要时刻。开始上课,最好多谈学生的优点,对学生缺点点到为止,实在需要纠正的问题直接拿出处理措施即可。

1.作业赏析

总结学生的作业,一定要把做得最好的,即做题方法最好的、做题习惯最好的学生给予特别表扬,展示给全班同学看,表扬学生勾画关键词、画图建模分析、在图上标已知量、有分析过程和轨迹、有解决问题的步骤等,表扬学生认真执着的态度,刻苦钻研、精益求精的精神。这既给予了被表扬同学的成就感和信心,又给予了其他同学榜样示范作用,能起到立竿见影、事半功倍的教育效果。

我经常表扬作业出色的一个学生杨某,她特别喜欢上我的物理课,且表现得一次比一次认真、优秀,她可能觉得要是有一次表现不好就对不起老师的期望吧!我后来安慰她说:"作业、考试出错是正常的,考试没有获得高分也是正常的,只要尽力就行,以后一定会获得好成绩的。"所以她也能接受打击,对我一直很信任和钦佩,整个物理学习,她是顺畅的,累并快乐着。毕业后,她在微信里对我说:"我最想感谢的人是你!"我想这就是表扬和欣赏带来的磁性魅力吧!

2. 执着精神

有时候,看到学生的作业做得特别认真,我想学生一定花了很多时间来完成作业吧,我就统计了一下同学们晚上回家做作业的时间,有时统计到少数学生要做到晚上 12 点甚至凌晨一两点钟,这时候我心里很不好受。我担心学生的健康,担心他们睡眠不足,因此我是不支持这种损害学生健康的做法的。但是又不能对学生说得太直白,于是我首先表扬了学生拥有挑灯夜读、刻苦钻研的精神,吃得苦中苦、方为人上人,有这些执着钻研、刻苦追求的精神将来一定能成大器,号召全体同学向他们学习并送给他们掌声。但是我又对他们讲"你们也要学会调整自己、合理安排作息时间、平时提高学习效率等,争取做到学习、休息两不误",回过头来我就反思教师应改变教学方法,布置适量的学习任务,为了孩子的身心健康,认真备课上课,减负提质才是最好的。

3. 积极复习

每节课的前五分钟我一般用来抽问,考查学生的基础知识是否掌握好,掌握差的同学要"过关"。我一走进教室,就看见部分同学专心地看书,我心里就特别高兴,我知道他们在准备面对我的提问而复习。一上课,我就先表扬这部分认真复习的孩子,而且对他们的付出给予一定的关爱,即他们要是回答得不好,也可以适当地理解倾斜一下。这样,让他们的努力付出得到承认,也让其他同学受到影响,形成良好的学习风气。

4. 雷锋班级

上课前,我一走进教室,看到全体学生静息得很好或都在认真看书,那就表扬全班同学风气好,如果看到有义务擦黑板、整理讲台、帮助科代表发作业的同学,就会表扬这些"活雷锋"乐于助人、乐于奉献,对他人有价值,在班上弘扬正能量,影响其他同学加入"活雷锋"行列,为课堂快速进入状态营造氛围。

(四)特殊奖励——让学生铭记你的课堂

在我上初中的时候,老师给予的两份特别的奖励让我记忆犹新,一份是班主任陈老师教我们唱了一首歌《同桌的你》,每次唱起这首歌都能想起班主任。另一份是化学王老师放寒假时送了我两本资料书,我一直铭记和感恩。由此,我觉得老师给予学生特别的奖励,或许会影响他一生。

1. 音乐会

我工作以来,多次以唱歌来奖励学生,方式多样,如我给学生唱歌、我教学生唱歌、组织学生开展班级音乐会等,但奖励得先有约定,有时是激励学生月考考好,有时是激励学生公开课表现好,达到约定条件立马兑现,有的时候也承诺给学生朗诵诗词来奖励。这些奖励,让师生增进了解,拉近了师生的距离,让学生放松心情,让学生难忘,让学生喜爱这位老师和这门学科。

2. 青春身影

奖励学生要不断变化才好,给学生看老师年轻或读书时的照片不失为一个好方法,边给学生看照片边给学生讲讲自己的过去,让学生看看老师年轻和读书时的模样,对他们是一种激励,更拉近了师生间的距离,使学生信服老师。

3. 成长故事

对学生来讲老师有神秘的一面,学生很想知道老师的经历。老师把自己的成长故事讲给学生听,满足了学生对老师的好奇感,同时这些优秀的经历会潜移默化地影响学生,激发学生进行生涯规划或树立远大理想的热情,让学生更钦佩和信服老师,更有利于课堂教学活动的开展。

4. 物质奖励

奖励再次变换形式,个别孩子在乎物质奖励,偶尔满足一下这些孩子的意愿也是很好的,同时表现一下老师的"大方"和对同学们无私的爱,达到承诺的条件后,奖励学生每人一个鸡腿或每人一顿饭甚至每人十元钱,开展这种奖励具有轰动效应,会让学生记忆很久,师生关系也就更融洽,对开展课堂教学活动大有裨益。当然,这种奖励是不值得提倡的,毕竟物质奖励不是最妥的。

奖励的形式还很多,有的老师发奖券给学生,回家由家长奖励;有的由老师组织抽奖等形式发奖。只要能激励学生积极上进或润泽师生间的关系,让课堂更融洽,都是好的。

总之,这些课堂行为孕育了"民主谐趣"的课堂文化,有了宽松、愉悦的课堂氛围,才会有课堂上学生生命的涌动。创新是物理素养的重要方面,创新是学生生命涌动的结果,让学生在民主、开放的课堂里,尽情展现生命的智慧之光,是物理课堂追求的至高境界。

二、开放创新——激活思维,科学推理,大胆想象,质疑创新

课堂中,民主和谐是开放创新的前提,师生在平等、民主、愉快、和谐的氛围中进行学习活动,思维的火花就会不断迸发,问题开放,创新的火苗就会在课堂里熠熠闪光。下面列举几个小小的课堂实例,帮助我们看见学生生命的涌动,在开放活动中培养学生的创新素养。

(一)进阶提高——寻找 1 J 的功

在上《功》一节新课时,在学习了是否做功、功的计算环节后,设计一个开放实验——寻找 1 J 的功,所用的器材有电子秤、米尺、鸡蛋、芒果、瓶橙汁,还可以用自己身边的器材,学生分组实验后,小组展示五花八门,有一个小组的展示十分精彩(见图 1),学生拿出自己的眼镜,测出质量 20 g,他说:"把这个 20 g 的眼镜在水平桌面上匀速拖动 5 m 即做功 1 J。"同学们笑了,他马上反应过来是自己错了,说:"把这个 20 g 的眼镜竖直匀速举高 5 m 即做功 1 J。"同学们又笑了,他马上又改了,说:"把这个 20 g 的眼镜竖直匀速举高 1 m,举 5 次即做功 1 J。"同学们爆发了热烈的掌声和欢笑。

这种在民主和谐的氛围中,利用开放问题激发学生的思维,让学生在动手体验中感知做功的大小,在一次又一次的犯错、改错中获得成功,起到了同伴影响、共同成长的作用,培养了学生的科学思维、创新和合作交流等素养。

  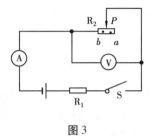

图1　　　　　　　　　　　图2　　　　　　　　　　图3

（二）合力提升——安全用电措施

在上完"生活用电"一章内容后,我让学生总结生活中的安全用电措施,这个开放的问题激发了学生的兴趣,积极开动脑筋搜索,原来从不发言的同学都举手发言了,一共说出了33种安全用电的措施(见图2),有部分措施超出了课本内容,看着满满一黑板的措施,强烈的成就感增添了学生无限的学习乐趣!这种开放的问题,在和谐分享中,既实现了复习本章知识的目的,又促进了学生新的知识增长,有力地提高了学生用电安全等素养。

（三）碰撞升华——电学变化量问题

在讲到如图3所示的电学变化量问题时,问题如下:闭合开关 S,滑片 P 从 a 点滑至 b 点,电压表示数变化量? U 与电流表示数变化量? I 之比等于多少?在轻松愉快的氛围中,学生展开思维想象的翅膀,得出三种可能答案:一是滑动变阻器变化前的电阻 $R_{2(a)}$,二是滑动变阻器变化后的电阻 $R_{2(b)}$,三是滑动变阻器变化的电阻 R_2,经过相互辩驳、严密推导,最终确定三个答案都是错的,正确的答案等于 R_1 的阻值。

没有民主和谐的课堂氛围,就不会发现这么多可能的答案,只有在放心愉悦的课堂里,才会有更多的思维碰撞,不断排除错误答案,最终获得正确结果,加深了学生对问题的认识,在交流中培养了学生的尝试、质疑、科学思维等素养。

综上所述,物理课堂文化,是物理课堂教学高速运行的"润滑剂",是催化物理课堂教与学共进双赢的"动力源",是实现物理高效课堂的"内驱力",构建"民主谐趣、开放创新"的文化只是初中物理课堂文化的一个重要方面,还有构建"实验探究、严谨务实""物理观念、生活至善""尊重规律、自主发展"和"物理学史、人文精神"等物理课堂文化有待我们去进一步探索和总结。构建初中物理课堂文化,我们任重道远,一直在路上!

参考文献

[1]潘光文.课堂文化的批判与建设[D].重庆:西南大学,2009.

[2]解世雄.物理文化与教育[M].北京:科学出版社,2009.

[3]吴加澍.核心素养视域下的物理教学[EB/OL].百度文库,2016-09-29.

[4]郭玉英.用核心素养引领中学物理教学[EB/OL].三峡教育网,2016-12-17.

[5]曹选成.新课程背景下的课堂文化建设[EB/OL].百度文库,2013-06-01.

化学课堂,让学生动起来

廖　琪

新课改理念的本质是学生是学习的主体,教师起主导作用,学生的学在整个过程中起关键作用,教师的教是为了学生的学。鉴于此,为了更好体现教学过程中学生的主体作用,为了更好贯彻启发式教学原则,为了更好锻炼学生的表达、书写和动手等能力,为了在新高考中能够搏出一片天地,近几年,我在化学教学中,大胆地做了让学生做学习主人的尝试,主要体现在以下几个方面。

一、课前让学生大声朗读

古语曰:读书百遍,其义自见。说明读书的好处,多读书的好处,读好书的好处,好书多读的好处。教学所用之书都是好书,是国家根据需要编出的教材,再者化学学科需要记忆的知识较多,就更需要多朗读。每堂课前五分钟,我让化学课代表组织全班同学大声朗读上节课所学内容,包括主要概念、重要知识点和主要方程式等,在读的过程中进行消化、理解和记忆。这样在班上就形成了良好的读书氛围。一段时间后,很多同学的胆子大了,语言表达能力提高了,知识掌握得更牢固了,学习自信心也足了。与传统复习提问的开课方式比较,大声朗读可以激活学生思维,可以活跃课堂氛围,可以温故知新,达到事半功倍之效。

二、化学实验让学生上台动手演示

在实验教学中,一些简单的安全的演示实验,在老师的指导下,可以让学生上台动手操作,观察、描述实验现象,得出实验结论。这样做可以培养学生的动手能力、观察能力、表达能力和归纳能力。对于一些简单的设计实验,我一般采取以下做法:首先讲述实验原理,先请操作者上台,向同学们讲清设计思路,并板书在黑板上,其次当堂演示验证,操作者从老师准备好的仪器和药品中,选取实验所需,在讲台上完成组装、实验、拆卸等操作,验证实验是否可行;最后同学们评价,操作完毕,由班上部分同学对其设计原理、操作过程、实验现象和结论进行评议,并总结实验成败因素,提出改进方案,达到全班同学共同受益的教学效果。

三、课堂上主要内容让台上台下学生动手写,强化记忆

"一切智慧的根源都在于记忆",不记则思不启。对于新学知识的记忆技巧,有专家告诫我们:本堂课的问题,要当堂解决,不要依靠作业,不要积压问题。所以一节课所学知识,应促使学生当堂课记住和掌握为最佳。对此,我采用课堂上让学生上讲台写的方法,促进学生

记忆,强化过手的能力。那么学生上讲台写些什么呢? 一写板书的标题,二写所学主要内容。那么老师就要对板书做精心设计,好的板书应该突出重点,应该规范严谨,应该承前启后,应该前后照应。结合所写内容要教给学生记忆的方法,如尝试记忆法、顺口溜记忆法、谐音记忆法、口诀记忆法、理解记忆法等,并留给学生记忆的时间。所以,在课堂中,对学生已经吃透的化学概念、定义、定理以及化学方程式可以指定学生到黑板指定的位置书写。这样可以及时反馈信息、纠正错误。老师也可以擦掉学生需要记忆内容,保留题目和主线,然后叫学生填上所需记忆内容,达到强化记忆的目的。实践证明,这种方法使学生增强了记忆的目的性和紧迫感,注意力特别集中,大大提高了记忆效率。

四、授课内容结束让学生台上台下归纳总结

通过学生的课前朗读,教师的引导和讲授,学生的板书和记忆,一节课的重点内容已经呈现在黑板上和同学们的脑海里,利用下课前三分钟时间,叫同学台上台下归纳并讲出这节课的重要知识点和他们的收获,达到梳理知识、提炼重点、更好更快地掌握知识的目的。坚持一段时间,教学效果会非常明显。

总之,让学生走上讲台,讲授自己一些独特的见解,使学生获得终生难忘的学习体验,激发他们热爱化学、学习化学的兴趣,同时锻炼并提高了学生的胆量、语言表达能力、临场应变能力、思维能力和创造能力,真正体现了学生是学习的主体作用和教师的主导作用。需要注意的是,教师要处理好台上和台下的关系,不能出现台上学生得到锻炼、台下学生受冷遇的局面,这更需要教师的智慧。

参考文献

[1] 刁传金.让学生走上讲台[J].中学化学教学参考,1998(6):40-41.
[2] 中华人民共和国教育部.2017年普通高等学校招生全国统一考试大纲[S].北京:人民教育出版社,2017.

基于核心素养下中学化学课程变革的实践探索

吴龙龙

一、问题提出

自 20 世纪 90 年代以来,核心素养逐渐成为全球范围内教育决策、教育实践、教育研究等领域的重要议题。我国教育部于 2014 年印发《关于全面深化课程改革落实立德树人根本任务的意见》,首次提出"核心素养体系"的概念,同时启动各学段学生发展核心素养的研究和课程方案、课程标准的修订。党的十九大又明确提出:"要全面贯彻党的教育方针,落实立德树人根本任务,发展素质教育,推进教育公平,培养德智体美全面发展的社会主义建设者和接班人。"为落实"立德树人"的教育根本任务、充分发挥课程在人才培养中的核心作用,高中化学课程标准修订组根据"中国学生发展核心素养"和高中化学课程特点,提出包含"宏观辨识与微观探析""变化观念与平衡思想""证据推理与模型认识""科学探究与创新意识""科学态度和社会责任"五个要素的化学核心素养。化学核心素养是学生在化学认知活动中发展起来并在解决与化学相关问题中表现出来的关键素养,反映了学生从化学视角认识客观事物的方式与结果的水平。因此,化学核心素养同时具有指向认知结果的"结果属性"和指向认知过程的"过程属性"。

普通高中化学课程是与义务教育化学或科学课程相衔接的基础教育课程,是落实立德树人根本任务、发展素质教育、弘扬科学精神、提升学生核心素养的重要载体。化学学科核心素养是学生必备的科学素养,是学生终身学习和发展的重要基础。化学课程对于科学文化的传承和高素质人才的培养具有不可替代的作用。基于化学核心素养,化学课程标准做了哪些相应的变革?依据变革的需要如何改进化学课堂教学方法,如何提高化学教师的专业水平,如何激发学生学习化学的积极性,完善学生学习化学的方法,如何开发配套课程资源?这些问题成为制约西部地区一线学校化学教育水平提高的关键。

二、调查研究及解决办法

国内外相关研究主要集中在"核心素养框架、体系、内容的建构与界定""核心素养的本质辨析"等方面,逐步转入核心素养的培育策略、学科核心素养建构、核心素养的课程转化、核心素养的教学改革、核心素养的培育评价等研究。作为中学的一线化学教师,我发现教师和学生这两个教育过程中的主体都有待提升和改进的地方。

1. 基于化学核心素养,化学课程标准做了哪些相应的变革?

课程标准变革后普通高中化学课程由必修、选择性必修和选修三类课程构成。必修课程是全体学生必须修习的课程,是普通高中学生发展的共同基础。必修课程分为五个主题:主题1,化学科学与实验探究;主题2,常见的无机物及其应用;主题3,物质结构基础与化学反应规律;主题4,简单的有机化合物及其应用;主题5,化学与社会发展。选择性必修课程是学生根据个人需求与升学考试要求选择修习的课程,培养学生探索化学的志向,提升学生化学学科核心素养的水平。选择性必修课程分为3个模块:模块1,化学反应原理;模块2,物质结构与性质;模块3,有机化学基础。选修课程是学生自主选择学习的课程,主要为了提高学习化学的兴趣,拓展化学视野,深化化学学科的价值。选修课程分3个系列:系列1,实验化学(保留);系列2,化学与社会(合并);系列3,发展中的化学学科(新增)。

课程结构的调整具有4个特点:

(1)体现了基础性、多样性、选择性;

(2)保持了原有课程结构的整体框架;

(3)适应了新的高考改革方案;

(4)便于学校实施和兼容。

2. 如何改进化学课堂教学方法,如何提高化学教师的专业水平?

随着科技的迅速发展,新的教学方法不断更新,从最早的黑板到后来的投影仪再到现在的多媒体、白板。新的教学用具不仅提高了我们的教学效率,而且使教学内容生动形象利于学生接受。例如,人教版必修二第三章讲甲烷的取代反应,本节内容比较抽象,字面上给学生讲述大多数同学都听得不太懂,我们可以利用多媒体给同学们播放甲烷取代反应中断键的位置和取代反应的反应机理,帮助同学们理解。所以作为一线教师应该花更多的时间来研究课堂,研究课堂教学,钻研现代化多媒体教学用具,多、快、好、省地使一节课的内容更加充实、目的更加鲜明、效果更加明显。

课程标准变革后,教学的内容和顺序也有相应的变动,新的模块势必要求一线教师必须要有过硬的理论知识来不断提高自身的专业水平。俗话说得好"学生需要一碗水,教师须有一盆水;学生需要一盆水,教师须有一缸水"。如何提高化学教师的专业水平? 首先,可利用寒暑假时间到一线城市去交流学习,学习其他学校先进的化学教学理念、化学教学经验和化学教学方法,取他们的长处弥补我们的不足。其次,作为一线化学教师需要钻研化学新课程标准,要在最短的时间内弥补以前课程标准里没有提到的考点,将重点归纳总结、将难点归纳总结、将化学常考题的解题方法归纳总结,针对习题找出多种解题方法,以利于学生理解和掌握。例如,人教版必修一第三章金属模块提到了酸性氧化物和碱性氧化物这两个概念。什么是酸性氧化物和碱性氧化物? 方法一:定义法,能够和碱反应只生成盐和水的物质是酸性氧化物;能够和酸反应只生成盐和水的物质是碱性氧化物。方法二:我们可以从化合价是否改变来判断是酸性氧化物还是碱性氧化物,如果和碱反应,反应前后化合价没有改变就是酸性氧化物;反应前后化合价发生改变就是碱性氧化物。最后,可以多开展备课、公开课讲练、说课赛课等活动,提高一线教师的教学功底,增加一线教师的实战经验。

3.如何激发学生学习化学的积极性,完善学生学习化学的方法

余文森指出,核心素养是对素质教育、三维目标、全面发展、综合素质等的聚焦强化版和升级转型版。褚宏启指出,核心素养是"关键素养",不是"全面素养";核心素养要反映"个体需求"和"社会需要"。石鸥指出,核心素养是跨学科素养,任何核心素养都不是一门单独的学科可以完成的。这些研究,梳理了核心素养与"双基"、三维目标、素质教育、全面发展、学科素养之间的关系,界定了核心素养的本质特征,为我们培育中小学生核心素养提供了启示。那么在核心素养体制下如何完善学生学习化学的方法,激发学生学习化学的积极性?首先,从教师方面来说必须要关爱每一个学生,与此同时还要严格要求每一位学生;其次,要和学生家长携起手来共同教育学生,使学生从内心深处意识到学习化学的重要性。化学这门学科有个非常好的帮手——化学实验,实验室里各种各样的实验仪器很容易激发学生学习化学的兴趣,化学实验中任何发光发热现象的产生、颜色的变化都足以调动学生学习化学的积极性。作为一名一线化学教师,应该充分利用这一"法宝",通过做演示实验便于学生理解、掌握比较抽象的化学知识。化学教师可通过分组做实验的方法让学生亲自动手操作,引导并鼓励学生敢于创新,改进课本中原有的实验装置,不仅提高了学生的动手能力和创新思维能力,更培养了小组之间的团结合作精神。例如,人教版必修一第三章金属钠和水反应这一节内容,让学生动手做实验一起探讨归纳观察到的实验现象。学生们能看到钠浮在水面上,熔成小球,四处游动,发出"嘶嘶"的响声、溶液变红。这一系列实验现象充分体现了金属钠的密度比水小,熔点低,有气体产生,反应剧烈、有碱性物质生成。那么产生的气体成分是什么呢? 我们可以改进实验装置来验证。方法一:将金属钠放到装有煤油和水混合物的试管里,试管口用橡胶塞密封好,然后用尖嘴导管导出,最后用试管进行收集,将收集到的气体用拇指堵住试管口,放在酒精灯外沿处。若听到响亮的爆鸣声则充分证明了生成的气体是 H_2。方法二:用尖嘴导管导出气体后通入装有肥皂水的表面皿上,收集一段时间后用燃烧的木条点燃气泡,若听到爆鸣声也充分说明了气体主要成分是 H_2。不同的试验方法、不同的实验操作更能激发学生学习化学的兴趣,这也正是化学核心素养和新课程标准期望达到的效果。

4.如何开发配套的化学课程资源

课程是一种特殊的育人文化。学生化学核心素养的培养离不开基于核心素养的配套化学课程资源。化学课程资源建设离不开"泰勒原理"的四大环节,即"确定目标、选择经验、组织经验、评价效果"。确定化学课程育人目标不仅要深入学习贯彻国家课程要求,也要结合区域教育实际和发展需求。选择与组织化学课程资源要聚焦区域中小学生发展化学核心素养,紧扣化学课程育人目标,归纳、提炼国家课程、校本课程的核心育人价值,挖掘、精选具备化学课程核心育人价值和核心素养发展价值的内容素材,科学建构各级各类课程的核心

内容体系,形成符合区域学校实际,具有区域特色的优质课程资源体系。

参考文献

[1] 黄四林,左璜,莫雷,等.学生发展核心素养研究的国际分析[J].中国教育学刊,2016(6):8-14.

[2] 余文森.从三维目标走向核心素养[J].华东师范大学学报(教育科学版),2016(1):11-13.

[3] 褚宏启.核心素养的概念与本质[J].师资建设,2016(4):12-15.

[4] 石欧.核心素养的课程与教学价值[J].新课程教学(电子版),2017(2):1.

基于核心素养下高中化学教学模式的探究

肖丽丽

一、高中化学学科核心素养与教学模式

(一)高中化学学科核心素养的基本要素

抽象化和具象化、整体和局部、共性和特性是核心素养和学科知识核心素养间的三个互动关系。顾名思义,学科核心素养就是学科特征加核心素养,化学学科核心素养就是在化学学科层面上对核心素养的具体形象化,要求通过对化学知识的学习,逐步培养学生必备的化学道德品格和关键的化学综合能力。高中化学学科核心素养由"宏观辨识与微观探析""变化观念与平衡思想""证据推理与模型认知""科学探究与创新意识""科学态度与社会责任"五个要素组成。这五个要素更有着化学学科的独具特色,亦应是学生的科学素养在"知识与技能""过程与方法"以及"情感态度与价值观"诸多方面得到全面蓬勃发展的具体细化,源于三维目标又高于三维目标,是化学学科价值和育人功能的具体表现。

(二)高中化学教学模式的基本概念

教学模式即课堂教学策略和课堂教学方法,是在课堂教学过程中依据教育思想和教学基本规律而逐步形成的一个比较固定的体系,也是集教学方法、教学思想和教学组织形式等为一体的综合行为体系。它由基本的五要素组成,包括课堂教学思想、课堂教学目标、课堂教学程序、课堂教学策略和课后教学评价。当前依照不同的标准其分类亦较多,譬如:按教学内部结构形式来分,可归为以教师为中心、以学生为中心和教师为主导、学生为主体等教学模式;按组织模块形式来分,可归为班级课堂教学、小组化教学和个别化教学等教学模式;按教学目标效果来分,可归为基于"动手做"的教学、基于"思维活化"的教学和基于"事实依据"的教学。

二、传统教学模式存在的问题

(一)应试教育现象,教学理念滞后

当前,高中新课程改革虽然已经逐步在各地铺开,但应试教育现象在很多学校里仍然存在。当我们深入课堂,发现教师们仍然没有践行教育改革方针,体现出教学方式循规蹈矩,毫无创新点,甚至"满堂灌""题海战术"盛行,仅仅停留在教师教知识、学生学知识的层面,较多地是在应对考试,而很少关注学生综合素质的培养,缺乏生动灵性的化学课堂,难以充

分调动学生的热情,难以较长时间赢得学生关注,从而教师麻木地进行课堂教学,学生被动地学习化学知识。过多注重提高考试分数,而忽略了培养学生分析、解决问题的能力,造成学生只会用知识去考试获得高分,而不能举一反三地运用到实际生活中,缺乏灵活性、创新性,不符合核心素养的要求,学生的综合能力也没得到提高。

(二)教学内容脱离现实,太过理论化

化学是离生活最近的一门学科,与衣食住行用密不可分,源于生活而又用于生活,很多知识都是离不开实际生活的,很多实际问题都可用化学知识来解决。由于现如今高中化学课堂上仍多以理论教学为主,缺少实用性,对高中生的日常生活与实际关键问题的解决没有任何帮助。这种脱离实际生活的教学只能让学生成为考试机器,不能激发学生对学习化学的热情,并且也不利于学生未来的健康成长和稳步发展。基于现阶段核心素养教学的要求,教师应当根据学生的需求,尽量地为学生提供更加贴近生活的课程内容,从而引起学生的充分关注,调动上课的高涨情绪,使其能够更加主动地参与到课堂中来。

(三)教学方法传统,设施落后

随着21世纪电子时代的到来,电脑、手机已经普及,意味着教学方式也应与时俱进。首先,目前很多高中化学教师在课堂上仍然在使用着传统的黑板和粉笔,多媒体成为摆设,传统的教学方法不仅效率低下,而且导致学生兴趣索然,很久才能进入学习状态,最终影响教学效果。而多媒体技术当中的声音、图画、视频等增加了课堂教学的活力,一方面可以激发起学生学习的兴趣,另一方面也可扩宽学生眼界。这就需要教师们提高自身的素质和能力,顺应时代的发展,提高多媒体技术的使用能力。其次,实验室设施较为落后,很多时候教师们只能用"说实验"代替"做实验",这样学生不能直观地感受到物质的变化,体会不到化学真正的魅力,并且学生的实际操作能力也得不到锻炼和提升,致使学生的探究能力素养得不到提高,这与高中化学核心素养中的科学探究与创新意识要素相悖,使得核心素养教学成为空谈。

三、高中化学核心素养教学模式的实施策略探究

(一)更新教学理念,顺应时代发展

大多数教师秉持传统式的思想意识,以为考试便是法宝,可借助分数来评判学生学习成绩的优劣,甚至评判学生的优劣。而随着时代的飞速进步和发展,学生的成绩无法完全展示学生的能力,有时学生高中毕业之后发展得最好的反倒并非成绩最优秀的那部分学生,而是分数不太高,但平时较为活跃,愿意展现自己,综合素质较高的学生。因此作为一线化学教师,应关注最新的教学理念,及时提升自我,调整教学模式,把课堂真正地还给学生,以学生为中心,发挥学生的学习积极性和主观能动性,教师退居二线,观察学生的表达、动手及思维能力,从而可以更加全面地评价学生。同时在教学评价方面,教师也要从以前单一的试卷考查过渡到多元的评价上,比如可以让学生对实验进行改进,想办法用身边常见的生活用品设

计装置、构思实验步骤来完成实验要求，不仅达到了资源的最大化利用，而且可以更好地培养学生的探究能力、创新能力及实践能力，顺应高中化学新课程改革。

（二）创设教学情景，感受化学的多样趣味

深入一线课堂往往会发现很多教师由于怕耽误教学进度都是直奔主题，直接就进入知识内容，省去了导入这一环节。众所周知，兴趣是最好的老师，精彩的导入不仅让课堂变得鲜活，还赋予了其灵魂。精彩的导入不仅可以很好地激发学生的学习兴趣，而且能快速将学生引导进来。导入的时候就可以将化学与生活、生产联系起来，或者引入化学史实、最新的科技成果等，这样不仅拓宽了学生的视野，还可以让其感受到化学的无限乐趣，从而促进高中化学核心素养的真正落实。

（三）提高问题解决能力，培养自主学习意识

化学是一门富有生活性和实用性的学科。基于新课程中核心素养的要求，教师应在课堂中增添更多的生活元素，让课堂更加接地气，在进行教学时也应注重理论结合实际，将理论知识联系到相应的生活问题中，培养学生运用化学知识解决生活实际问题的能力。这就需要教师们吃透化学理论知识，创设合理的问题，把"问题解决"引入教学程序中来，通过问题的提出和解决推动教学进程，最终学生通过自主和协作共同探索并挖掘出解决问题的方案。培养高中学生自主学习意识、全面提高解决问题的能力，从而实现核心素养的稳步提升。

（四）实验探究式课堂教学，领悟化学的魅力

化学是一门立足于实验真理的学科，充分挖掘化学实验本身的巨大价值，能较大程度上激发学生的创造性和积极性。教师要在日常的教学过程中注意精心安排课堂内容，尽量做到每个实验都要演示，让学生通过观察实验得出相关的结论。特别是在实验教学条件允许的前提下，让学生借助自主操作以及小组讨论顺利完成有关内容的学习，这样一来可以切实有效地培养学生的实践能力和独立思考问题的能力。在实验课中要注重对学生思维灵活度的培养，不断提高学生从思考到动手过程当中的逻辑性和严谨性。

四、结论

随着时代的飞速发展与进步，社会对人才的综合能力要求逐渐变高，高中化学学科核心素养显得至关重要，而要提高学生的核心素养，教学模式的变革势在必行。首先教师应多关注最新教学理念，努力提升自我，注重学生综合素养的培养。其次教师应丰富课堂内容，激发学生的学习兴趣，让学生更多地参与到课堂中来，通过问题的解决，提高创新、实践等能力，最终实现德、智、体、美、劳等核心素养的全面发展。由于笔者水平和时间所限，本文最终提出的教学模式还有待进一步验证，某些结论还需要进一步完善。在未来的研究中，笔者将进一步深入研究上述问题和不足，对提出的教学模式进行实证研究，以观后效。

参考文献

[1] 林崇德.中国学生核心素养研究[J].心理与行为研究,2017(2):145-154.

[2] 张栓岐.高中化学实验探究式教学模式的实践探究[J].西部素质教育,2016,2(24):226.

[3] 宋光祯.基于培养学生核心素养的高中化学课堂教学策略[J].发展,2018(4):93-94.

[4] 张宝兰.让化学课堂充满幸福感[J].文理导航,2015(20):52.

[5] 胡先锦,胡天保.基于发展学科核心素养的高中化学教学思考与实践[J].中学化学教学参考,2016(4):4-7.

如何在高一新生心中埋下化学核心素养的种子

张帮顺

2018 年 10 月 24 日科睿唯安与中国科学院联合发布了《2018 研究前沿》报告以及《2018 研究前沿热度指数》报告。报告显示世界主要国家在 10 个领域 100 个热点前沿和 38 个新兴前沿的研究中,中国在化学与材料科学领域和数学、计算机科学和工学领域 2 个领域最活跃;在 100 个热点前沿中重点关注的 20 个课题中就有两个属于化学与材料科学;在 38 个新兴前沿中重点关注的 7 个课题也有一个属于化学与材料科学。这表明化学工作者在这个时代肩负着重大历史使命。作为化学工作者的一分子,每个化学教师都把培养更多、更优秀的化学人才作为自己的初心和使命。特别是高中化学教师,更是担负着将更多、更优秀的学生领入化学世界的重大责任。这就决定了高中化学教师必须在教育教学中抓住一切机会、利用一切资源、用尽一切方法去培养学生的宏观辨识与微观探析、变化观念与平衡思想、证据推理与模型认知、科学探究与创新意识、科学精神与社会责任五个方面的核心素养,为学生将来在化学领域大展宏图奠定坚实的基础。

不用质疑,化学教师在高中三年的化学教学中必须把培养学生化学核心素养作为教学的基本出发点。常言道"万事开头难",如果我们在学生刚进入高中的第一个月内就把培养学生的化学核心素养贯穿于化学教学的每一个环节,就可以起到很好的引导作用,从而达到事半功倍的效果。

一、高一新生的心理特征为培养化学核心素养奠定了良好的心理基础

高一新生在初中九年级已经学习了一年的化学,但由于初三全年都处于中考的高压之下,老师和学生都将全部精力集中于应对中考,学生对化学学科的认识极其肤浅,很多学生的化学知识完全来自死记硬背。高　新学期开学后,新的学校、新的老师、新的同学,一切都是新的,他们渴望着吸收新的知识和新的观念,也处于重新认识各学科的阶段,化学教师如果能在这个阶段让学生对化学有较清晰的认识,让他们感受到化学的学习可以轻松愉快,他们必将投入更多的热情来学习化学。化学教师可充分利用这个特殊时期,在进行教学设计时,依据知识的特点,利用创设情景、设问、组织讨论等方式,充分调动学生的能动性,这样就可以迅速地吸引学生,提高化学教学效果,提升学生化学核心素养。

当学生从初中生升为高中生时,虽然只经历了短暂的两三个月,但由于来自父母、亲属、朋友等的评价的变化,会促使学生的自我意识发生质的飞跃;学生对未来的规划中个人主观意愿逐渐多了起来,并开始关注个人的社会责任。自我意识的形成、社会责任感以及对未来

的规划都会促使学生思考个人的未来发展方向。在这个时期，只要化学教师在化学教学过程中，让学生充分感受到化学的美、化学未来大有可为，引导学生把自己未来的规划与化学联系在一起，就可以吸引大批优秀的学生步入化学世界。

二、"从实验学化学"是培养学生化学核心素养的良好载体

《高中化学》(人教版)必修一作为必修模块，不仅起着为将来学习选修模块和今后继续提高化学知识水平奠定基础的作用，同时也起着为社会大众普及化学知识、提升科学素养的重要作用。同时，《高中化学》必修一的学习效果还决定了学生是否会把化学作为高考科目。"从实验学化学"是该书第一章的内容，因其在教材中的特殊位置，它起着知识、学习方法等方面衔接高初中的作用。在教学过程中，化学教师可以充分利用本章的具体知识点为载体来培养学生的化学核心素养。

1. 花心思，从高中化学第一课开始，引导学生化学核心素养的培养

《高中化学》必修一的"引言"中试图以"化学是一门充满神奇色彩的科学"这样的文字来引导学生"宏观辨识与微观探析"，这比较简单粗暴。如果以"美丽化学"中的部分视频，如"反应""生命的元素""化学结构"等，以放大、加速或慢放的视角去重新认识化学反应或物质，可以将学生引入宏观辨识与微观探析的境界；演示葡萄糖酸钙(市面上此类片剂最便宜的 9.9 元/100 片)燃烧的"法老之蛇"实验，让学生在观察完实验后配平化学方程，并从方程式分析为什么葡萄糖酸钙燃烧之后会形成"法老之蛇"？(反应产生大量气体，使生成的 $CaCO_3$ 膨化，形成蛇形)，如此，不仅可以提升学生学习化学的兴趣，还可以引导学生将化学知识(方程式)应用于解决实际问题，从而培养学生证据推理与模型认知的能力。

2. 蹭热度，及时介绍化学界的动态，激发学生化学核心素养的培养

化学工作者理应关注化学界的动态。化学教师有责任把化学界的相关动态及时介绍给学生，让学生切实感受到真实世界中化学的意义。2019 年暑假，日韩贸易冲突就是一个化学界的热点：日本限制出口"高纯度氟化氢"给韩国，导致韩国半导体产业严重受挫。化学教师以此向学生推荐相关新闻，引导学生作深度学习，说明混合物分离和提纯方法的重要性。毋庸置疑，以此方式引入新课，能够激发出学生强烈的科学精神和责任意识。

3. 精分析，将化学理论知识与生活关联起来，促进学生化学核心素养的培养

在"萃取"教学时，介绍菜籽油的生产方法：浸出法和压榨法。浸出法是以苯为萃取剂将油菜籽中的菜籽油萃取出来。此法生产的菜籽油纯净但有苯残留的问题(市场销售的菜籽油符合食品卫生标准，是安全的)。压榨法是通过物理挤压方法将油菜籽中的菜籽油挤压出来。此法生产的菜籽油香味浓但杂质较多。这样的介绍能让学生明白：学习不是帮你得出结论，而是让你对这些问题有更多更全面的了解，从而作出自己的选择并为此负责，以此促进学生的科学精神和责任意识的培养。

4. 巧设计,在旧知识上巧妙设疑,引起学生思考,提升学生化学核心素养

在进行"粗盐提纯"的实验教学过程中,从初中所学的除去粗盐中难溶物的实验入手,展示《高中化学》必修一物质溶解性表、化学方法除杂的原则(不增、不减、易分、易还原)提示所加试剂应过量以促使杂质完全沉淀,让学生提出除去可溶杂质的实验方案。组织学生重点讨论试剂添加顺序,完善实验方案,以此提升学生的科学探究和创新能力。

在进行物质的量教学时,引导学生从微观(原子分子个数比例关系)、宏观(质量比例关系)两个角度读化学方程式"$C + O_2 \xlongequal{\quad} CO_2$",然后提问:12 g C 含有的原子数与 32 g O_2 含有的分子数之间有什么关系? 这样的教学方式能激起学生思考的欲望,提升学生宏观辨识与微观探析能力。

三、培养高一新生化学核心素养的思想方法

培养高一新生的化学核心素养就是要让学生切实感受到化学无处不在。学生感受不到生活与化学的联系,除因知识欠缺(如初中生不知道手机电池工作时在发生氧化还原反应),较多的是缺少观察和思考。化学教师既要引导学生把化学知识应用到生活中,也要引导学生在生活中发现化学问题。

1. 引导学生将在课堂学习到的化学知识积极主动地应用到生活中去

将化学知识应用到生活中就是理论联系实际,这样才会使化学知识不再抽象,从而让化学变得生动具体。例如在引导学生学习"蒸馏"时,让学生在课余观察街边小酒坊"烤酒"的过程,并提问:通过"烤酒"能否得到纯净的酒精? 为什么"头酒"和"尾酒"都不好喝? 这既能使化学知识具体生动,也能引发部分学生思考:怎样才能得到无水乙醇? 为什么不能直接用蒸馏的方法得到无水乙醇? 前一个问题是高一新生需要掌握的知识,而后一个问题则可为以后"氢键"的学习埋下伏笔。

2. 引导学生逐渐学会从化学的角度去提炼和分析生活中的问题

在平常的教育教学中,我们经常遇到这样的学生:淘过米却不能把它与过滤联系起来、泡过茶却从不想它与萃取的关系、只知道豆浆是胶体,没想过它是溶液、胶体、浊液的混合体……我们在化学课堂中学习的知识都是非常典型的,如过滤(滤纸、漏斗等),但生活中的具体问题往往与它有些区别,如淘米(也许就一个盆,最多加只手)。能够将两者关联起来,并用相关知识去解释或解决它,就是有化学敏感性。这种化学敏感性需要引导和培养,当学生形成习惯后,就拥有了化学核心素养。

例如,在进行"混合物分离提纯方法"前,让学生列举一些生活中常用的分离和提纯方法。有学生一开口就是"过滤"——纯粹就是化学课学到的理论,与生活场景格格不入。当学生讲出一些后,我们展示出下面这个答案,并作简要讲解,学生们就会恍然大悟,相信也会有学生由此得到启示,从而在今后的生活中遇到一些问题时主动去联系化学知识。

> 请列举一些生活中常用的混合物的分离方法。
>
> 过滤:淘米,煮滤米饭,打豆浆,净水器,筛选
>
> 蒸发:晒盐
>
> 蒸馏:制蒸馏水
>
> 萃取:泡茶,制花椒油,浸出法制菜籽油,提取玫瑰精油
>
> 分液:分离油、水
>
> 渗析:血液透析

最后强调一点,培养高中生化学核心素养绝不是一两节课就可以实现的,也不是通过某些知识点的学习就可以获得的,只有化学教师把培养学生化学核心素养作为自己的教育教学理念,贯穿于教育教学的每一个环节,对学生循循善诱、循序渐进,才能不断提升学生的化学核心素养。

参考文献

[1] 中国科学院,科睿唯安.2018 全球科学研究 138 个研究前沿重点关注课题[EB/OL].丁香园论坛,2017-01-02.

[2] 王亚男.高中生化学核心素养培养的教学研究[EB/OL].知网空间,2017-06-20.

[3] 雨毛.日本禁止出口的高纯氟化氢有多难生产[EB/OL].Talk 工控,2019-09-10.

浅谈化学核心素养之"宏观辨识与微观探析"在高中教学中的应用

聂　蕾

"核心素养"这一概念最早在西方提出。联合国教科文组织(UNESCO)研究指出,"核心素养"是使个人过上他想要的生活和适应社会良好运行所需要的素养。

2014年《教育部关于全面深化课程改革 落实立德树人根本任务的意见》颁布,指明教育部将着手研究制订学生发展核心素养体系。文件提出,"核心素养"界定为"学生应具备的适应终身发展和社会发展需要的必备品格和关键能力,强调突出个人修养、社会关爱、家国情怀,更加注重自主发展,合作参与、创新实践"。而后,核心素养框架正式颁布,标志着指向核心素养的培养目标正式确立,成为我国各级教育的共同目标。

化学学科核心素养包括五个板块,分别是"宏观辨识与微观探析""变化观念与平衡思想""证据推理与模型认知""科学探究与创新意识"和"科学精神与社会责任"。

随着新课标的正式颁布,发展化学学科核心素养,开展"素养为本"的教学成为化学课程的基本理念。根据新课标,在中学化学课堂中,应该将教学重心从教授知识向培养学生核心素养转移,注重培养学生化学学科能力。但是,培养学生的化学学科素养并不是独立存在的,化学知识是培养能力的基础,如果没有知识基础,谈培养能力就是无源之水、无本之木。新课标要求,要在教授学生知识的同时教会学生应用化学的能力,而不是跳过知识直接提升能力。

化学学科核心素养从五个不同的方面凸显了化学学科的独特性,本文将从"宏观辨识与微观探析"这个角度浅谈高中化学教学中如何体现和实现这一内容。

一、宏观辨识和微观探析是基于实验和理论互相印证得出的结论

化学中的宏观辨识一开始是实践经验积累的,在实验过程中通过五官感觉的刺激得到宏观辨识。高中化学教学中通过教学实验让学生获取宏观体验,学生可以通过观察静态的颜色、状态及动态颜色、状态转化的过程,同时可以扇闻气味从而形成对应的特定体验,也可以听反应过程中的声音,这些相比于书本知识会形成更加深刻并且一一对应的印象。在实验基础上,教师引导学生构建对应的微观理论和模型,从而将宏观与微观两者通过桥梁联结起来。例如必修一中"自来水中的氯"这个部分,在日常生活中,学生已经有自来水用氯气消毒的生活体验,教师点出生活中自来水的气味实际上是氯气的气味,也就是存在氯气分子,可以让学生构建起实践与理论知识的联系,同时,通过课本中用硝酸与硝酸银溶液检验氯离

子的存在,将氯气分子与氯气离子的存在展现,从而为之后章节"氯气性质"做了铺垫,引出氯气与水的反应。教材实验的验证与探究实验的设计,帮助学生形成了"宏观辨识与微观探析"的观念。

二、宏观辨识和微观探析在高中教学的实际应用

基本知识、原理是学科学习的基础。高中化学教学中,首先要重视基本概念的理解,识记的部分,重点难点,要求学生掌握运用的内容要注重引导学生如何利用已有的知识积累去解决,重心在于培养学生解决问题的能力,能够举一反三,在学习过程中大胆创新,探索新方法。例如"盐类水解"这部分,学生在必修课程和生活经验的基础上,已经知道了碳酸氢钠和碳酸钠的酸碱性质,在教学过程中再通过酸碱指示剂和 pH 试纸等辅助手段进行确认和验证,从已知的例子出发,让学生大胆猜测这两个属于盐类的物质呈现碱性的原因,这些属于宏观上的酸碱性,是可以通过仪器测试并且直接观察的。而后,引导学生大胆猜测,最终归纳点出弱酸弱碱离子结合水中氢离子氢氧根离子,呈现酸碱性的事实,将宏观现象与微观本质联系起来。

三、微观本质决定宏观现象,宏观现象反映微观本质

物质是由微观粒子构成的,微观粒子之间存在作用力,粒子与粒子之间通过化学键等多种作用力相连,化学键会断裂再形成新的化学键,组成物质的微粒之间作用力也会因此变化,也就是粒子之间重新组合,这是化学反应的本质。"本质决定现象、现象反映本质"是化学的重要观念,在化学教学中要逐步向学生渗透这样的理念,形成本质与现象之间联系的观念,这是培养学生化学核心素养的重要内容。

化学反应发生在微观粒子之间,很难观察,宏观想象是我们判断微观变化的重要途径,在教学中要培养学生"通过现象看本质"的能力,并能通过反应前后的现象变化推断微观粒子的重组,在掌握基本知识的基础上锻炼学生运用知识解决问题、创新探究方法的能力。学生在化学学习中能够体会微观与宏观的联系与两者各自的地位,运用"宏观辨识与微观探析"的观念去看待和解决问题,从而实现新课标要求的化学学科核心素养的养成。

参考文献

[1] 张娜.联合国教科文组织的核心素养研究及其启示[J].教育导刊,2015(7):93-96.

[2] 中华人民共和国教育部.教育部关于全面深化课程改革 落实立德树人根本任务的意见[EB/OL].中华人民共和国教育部政府门户网站,2014-03-30.

[3] 褚宏启.核心素养的概念与本质[J].师资建设,2016(4):12-15.

[4] 姜佳荣,蒋小钢.以观念建构为线索培养学生的化学核心素养:以"宏观辨识与微观探析"素养为例[J].当代教育理论与实际,2017(9):24-27.

[5] 颜艳.浅谈化学核心素养中宏观辨识和微观探析在高效教学中的应用[J].考试周刊,2018(47):155-156.

逻辑思维模式在高中化学反应原理中的应用

——以化学反应平衡为例

彭　雪

众所周知高考总分 750 分,难度比例为 5∶3∶2,即 50% 是基础题,30% 是中档题,20% 的难题。这样看来,基础题和中档题的分值有 600 分之多。对一个高考考生来说,如何拿稳这 600 分,并在此基础上冲击难题,考入理想的"985"和"211"高校就显得尤为重要。在满分 300 分的理科试卷中化学占 100 分,如何拿稳其中的 80 分就要对知识板块细致划分,进行系统的学习。

在重庆,高考所用的试卷是全国 II 卷,全国 II 卷大量涉及化学反应原理这个板块,学生们学起来也苦不堪言。化学反应原理有很强的逻辑性,不需死记硬背,而是需要学生掌握内在的逻辑关系,这样可以达到事半功倍的效果。

一、知识必备

以化学反应速率、化学平衡知识为主线,借助文字叙述、图像、图表的形式,对化学原理的知识综合考查,利用逻辑思维模式结合知识点。

(1)反应热 ΔH 的综合考查(包括符号和单位)、热化学方程式书写(燃烧热和中和热)、运用盖斯定律计算 ΔH。

(2)化学反应速率的计算和单位的考查、大小的比较、化学反应速率的影响因素(浓度、压强、温度、催化剂),综合利用图像分析化学反应速率的影响因素,利用图像给的信息判断化学反应速率快慢。

(3)浓度、压强、温度对化学平衡移动方向的判断,可以运用曲线图像分析三大因素对平衡移动方向的影响,并且运用图像解读移动的方向和变化,从图像中获取化学反应的转化率等相关数据。

(4)对化学平衡是否达到平衡状态的判断,利用三段式计算化学反应平衡时各个物质的浓度、平衡时的转化率、体积分数、分压、平衡常数(包括用气体分压表示的平衡常数)的运算。

(5)利用等效平衡特点,分析不同反应之间的联系。利用等效分析方法解决看似复杂但有很强规律的化学反应原理的相关题型。

(6)利用曲线图像表述化学反应速率,运用图像表述浓度、温度、压强与化学平衡之间的关系。

（7）运用沉淀的生成、沉淀的溶解、沉淀的转化相关知识解答现象，学会运用相关的规律计算 Ksp（溶度积常数）。

在化学反应速率、化学平衡的学习中梳理知识板块后再找准解题的方法和技巧，这样可以大大提高在高中复习中的效率，精准地运用逻辑方法可解决化学反应原理的知识题目。

二、思维应用

在整个知识体系中，平衡状态判断的题学生常常混淆，概念抽象，理解不彻底，在做题中不能很好地运用知识点。那么如何判断平衡状态，我总结了以下几个规律。

正确解决化学平衡状态判断的相关题型需要注意以下几个问题：

根据概念分析，只要一个反映各个物质的物质的量、质量、气体体积、三分数（质量分数、体积分数、物质的量分数）以及浓度不再发生改变就是平衡状态。概念的另一个角度告诉我们，对同一个物质来说，正反应消耗的量和逆反应生成的量一样多也是化学平衡状态，从而延伸出来，如果是不同的物质，只要一个表示正反应、一个表示逆反应为方程式的系数之比，也可以表示平衡状态。例如 $mA(g) + nB(g) = pC(g) + qD(g)$ 这样的方程式，消耗 m molA 同时消耗 n molB 就不能判断是否达到平衡状态，因为两个都表示的是正反应方向。而消耗 m molA 同时生成 n molB 就可以表述达到化学平衡了。

另外总压强、总物质的量、总体积只针对气体参加的反应，核对反应前后系数的变化判断是否达到化学平衡。例如 $mA(g) + nB(g) = pC(g) + qD(g)$ 当 $m + n = p + q$ 总气体体积是一直不变的，那么就没有办法判断是否达到化学平衡状态，所以总压强、总物质的量、总体积都不能判读平衡状态。例如 $mA(s) + nB(g) = pC(g) + qD(g)$ 当 $n = p + q$ 也不能判断。重点：只要气体前的系数前后相同都没有办法判断平衡状态。

关于气体平均摩尔质量问题，我们先从公式入手。$M = m_{总}/n_{总}$。

$m_{总}$ 是指气体总质量，例如 $mA(g) + nB(g) = pC(g) + qD(g)$ 属于全气体方程式，那 $m_{总}$ 就是个衡量，不能用来判断平衡状态。所以全气体方程式就要用 $n_{总}$ 来判断，$n_{总}$ 就用上条判断，看气体前面是否相等。例如 $mA(s) + nB(g) = pC(g) + qD(g)$ 是非全气体方程，$m_{总}$ 就始终是个变量，那无论 $n_{总}$ 是什么情况，非全气体方程的气体平均摩尔质量一旦不变，就可以判断达到化学平衡状态。重点：讨论是全气体方程还是非全气体方程尤为重要。

关于气体密度问题，我们也要先从公式入手 $\rho = m/V$。m 是气体的总质量，V 是容器的体积。①恒容体系来说，V 是定量，能判断是否平衡和 $m_{总}$ 有关。那 $m_{总}$ 就和是不是全气体方程有关系。②恒压体系来说，气体前后体积有变化的方程式，只要 V 不变，一定可以判断平衡状态；而当前后体积没有变化的体系来说，就相当于恒容体系，判断方法就和第一条一样了。重点：分析体系是否恒容尤为重要。

三、结论

学生在学习和梳理知识点时，利用逻辑思维贯穿整个知识脉络，从烦琐简单的刷题模式走出来,轻松愉快地掌握知识点,快速有效地让自己的解题能力达到高考要求,稳稳地拿住80分的高考化学分。利用发现问题、分析问题、解决问题的良性思考模式学习理解高考考点,在高考中取得优异的成绩!

参考文献

[1] 和学新,武博. 教师教学智慧的养成[J]. 教师教育学报,2014(1):71-77.

[2] 靖国平. 如何"化知为识,转识成智"[J]. 人民教育,2014(23):19-21.

核心素养视野下用思维导图构建 PBL 的应用

——以"对话榜样，打造青春修炼手册"项目为例

李 媛

一、概述

2014 年教育部颁布《中国学生发展核心素养》，提出中国学生发展核心素养以培养"全面发展的人"为核心，分为文化基础、自主发展、社会参与三个方面，综合表现为人文底蕴、科学精神、社会学习、健康生活、责任担当、实践创新六大素养，这六大素养之间是相互联系、互相补充、相互促进，需要在不同情境中整体发挥作用的。

PBL（Project-Based Learning）项目式学习，是基于真实的有挑战的问题，让学生们通过自主的参与、探究，达到解决问题的目的。在进行项目式学习的过程中学生需要主动思考、自主探究、知识发散、系统思考以及跨学科的思维才能更好地解决问题。思维导图是由世界"大脑先生"东尼·博赞发明的思维工具，被称为"大脑军工刀"，发明的初衷就是为了让学生能够在学习中更好地发挥脑力，激发全脑。思维导图在当前国内各学科的教学活动中也有比较广泛的应用，通过图像、关键词、发散思维和收敛思维，不仅可以主动去进行知识的连接，构建起知识框架体系，还可以帮助记忆和对问题的创意解决，为提高学生学习的综合素养和思维能力、有效实施核心素养下的教学提供了可能。近年来，国内外逐渐将 PBL 项目式学习的理念和思维导图作为思维工具进行结合，不仅提高了教学效果，更能将教学聚焦于学生核心素养的培养。本文以在《道德与法治》学科基础上借助思维导图打造的深度的 PBL"对话榜样，打造青春修炼手册"为例，来阐述如何用思维导图融入项目式学习，更好地提高学科核心素养。

二、思维导图构建 PBL 的实践意义

PBL 可以帮助学习者在真实的情景中将各种经验融合在一起，迁移应用，全身心地投入其中，发生有意义的学习和深度学习。一个优秀的 PBL 项目不仅可以让教学满足学科需求，更有助于培养学生掌握学科核心素养，跨学科地掌握学科关键能力。欧洲基础教育核心素养政策联盟（KeyCoNet）作为欧洲一个实施和践行核心素养的重要组织，他们认为"进行项目化学习是全校所有教师的责任，因为学生要在项目化学习中形成核心素养，掌握思维工具，以适应复杂的情景，成为终身学习者"。而进行项目式学习设计和引导将是教师"面向未来而教"的必备能力，教师需要通过构建 PBL，为学生打造一座通向未来的桥梁。

把思维导图融入 PBL 中时，就相当于给学生了一个利用跨学科等多种信息处理真实问题、辅助知识实现迁移运用必备的"黏合剂"，让学生把来源于学科的"罐装"知识运用到真实世界的同时为学生在提出问题、分析问题、解决问题中提供思维工具和思维支架，更好地让学生进行主动学习的同时锻炼学生的思维，用多学科的知识体系和思维方式，去实现对教材知识的批判性思维与问题解决、对真实问题的创造性与主动学习、团队内和团队间的交流与合作，甚至获得跨文化理解与全球视野。

授人以鱼不如授人以渔。把思维导图融入项目式学习过程中时，学生不仅学到了用 PBL 的方式解决问题，更学会如何去使用 PBL，因为在这个过程中自然习得不同学科解决问题的思维方式，更明白如何借助思维工具来进行分析、整合、解决和团队合作，甚至还能同时实现可复制、可拓展相关问题解决方案，以及辅助项目成果展示等，这样在项目式学习中同时锻炼思维能力，提高项目的思维质量，从解释、诠释、运用、视角、同理心、自我认识等角度更好地培养学生的核心素养，实现学生的全面发展。

把思维导图融入 PBL，不仅可以让学生更好地发展核心素养，还可以让教师更好地实现教学相长。比如项目设计时需要教师进行教学创新，思维导图作为思维可视化工具，融入项目式学习过程中也是借助可视化思维进行的教学创新。教师在项目设计和执行中可以借助可视化思维引导学生进行观察、思考、提问，推动思维探索、思维共享。

三、思维导图构建 PBL 的应用

（一）项目设计

在项目设计过程中，教师需要按照项目式学习的基本要素（重要内容、21 世纪技能、深度研究、驱动型问题、必备知识、学生的声音和选择、修改和反思、面向公众）进行系统设计。我一般用思维导图搭建起上述内容框架，然后根据需求，对设想不断进行调整，这次"对话榜样，打造青春修炼手册"PBL 最后结合学科核心素养和具体单元主题，拟定的项目设计如图 1 所示。

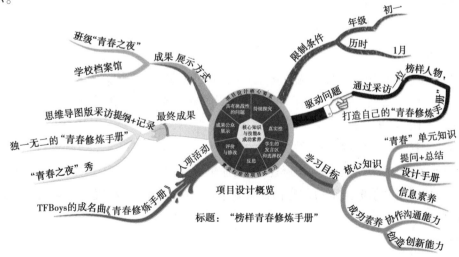

图 1 "榜样青春修炼手册"项目设计

（二）项目管理

在系统设计项目概览后，教师需要有效地进行项目管理，才能最大化发挥项目价值。首先需要设计一个引人入胜的项目启动方案，帮助学生产生意愿，调整状态，更好地做好准备开启项目任务。这个项目中选择了神秘来信的方式，介绍了本土的明星榜样人物的青春成长史。

由于一个项目式学习都会有不同阶段的任务和具体要求，这个时候，就可以发挥思维导图的可视化作用，借助思维导图向学生展述项目的不同阶段的任务，让学生一目了然地了解项目流程和具体时间，以及团队分别如何合作等问题，可聚焦于如何解决项目核心问题，如图2所示。

图2 "榜样青春修炼手册"项目管理

在这个项目执行的过程中，教师是整个项目的管理者、问题解决的引导者，具体执行由每个小组的小组长管理自己小组项目的进度、内容设计、团队配合。课代表来组织、管理所有小组和及时进行项目反馈。这个过程就动态地培养了学生核心素养的"学会学习""批判质疑""责任担当""问题解决"等具体素养要求。

（三）项目展示

PBL的精髓在于学生的学习成效不仅是通过传统的考试来体现，更重要的是项目成果需要面向公众进行展示，这也是培养学生核心素养的一个重要目的所在，让学生在真实的"社会参与"中发展思维，培养关键能力，解决问题。

"对话榜样，打造青春修炼手册"PBL的展示在除了每周都有3个团队进行3分钟思维导图知识通关环节投屏展示和知识展述，由其他组进行"找茬"外，整个项目在每个班完成项目"青春修炼手册"的最后制作后，将由课代表进行组织自选形式在晚自习完成"青春之夜"秀，进行项目成果展示。

（四）项目回顾

当项目成果进行展示后，需要对整个项目进行回顾，通常会简单庆祝，最后师生一起进行项目反思。

在"青春之夜"秀的时间安排里,展示结束后还有 15 分钟左右的时间,这个时间,我们除了及时地颁奖,还会进行回顾。首先就是庆祝成功,由各个班的课代表自行设计简单的小仪式来庆祝。比如有些班是一起唱歌,有些班是前一排同学转身向后一排"GIVE ME FIVE",有些班是小组拥抱。

其次项目反思需要教师引导学生一起做。这个时候借助之前的"榜样青春修炼手册"项目的思维导图就可以帮助学生快速回顾四个阶段项目的流程,系统地思考整个项目中自己的成长,还可以借助思维导图从内容、过程、收获 3 个维度去分析和记录。比如从内容角度思考现在对驱动问题的回答,有没有学到其他科目的技巧,这样引导吸收思考自己参与的项目是如何一步步做的;从过程角度思考团队的合作有没有成效,自己为团队做过什么,做的过程中使用了什么技巧,比如有效研究、问题解决等。最后让学生从总体收获角度谈谈自己认为这个项目的最大挑战是什么,自己现在对于主题的新认识,以及自己的改进想法。这些都是借助 PBL 的思维让学生去进行反思。

通过学生的反思,教师可以了解到学生的声音。在此基础上教师作为项目设计者也需要进行反思,以帮助学生改进和完善。同样也可以借助思维导图综合思考做这个项目过程中遇到的挑战、驱动型问题的实现以及如何进行改进以便实现更好的项目效果等。

四、总结

较传统学习,项目式学习可以更好地激发学生学习的主动性,能主动进行知识的建构和重构,关注社会,真正用于现实问题的解决。用思维导图构建深度 PBL 不仅可以发挥思维导图可视化、系统化、高效输出、辅助沟通等功能,还可以让学生在项目式学习中更容易实现学会学习、解决问题、团队合作、自我管理等能力,这正是当前学生核心素养的发展要求,也是教师需要的综合能力。

参考文献

[1] 林崇德. 21 世纪学生发展核心素养研究[M].北京:北京师范大学出版社,2016.

[2] 汤姆·马卡姆.PBL 项目式学习项目设计及辅导指南[M].董艳,译.北京.光明日报出版社,2015.

[3] 约翰·拉尔默.PBL 项目学习:初学者入门[M].董艳,译.北京:光明日报出版社,2018.

"五步法"巧解控制系统方框图排序问题

谷瑞廷

一、"控制与设计"模块的重要性

依据重庆市 2019 年发布的通用技术学业水平考试样题,控制与设计模块有分析题 1 道(分值15 分),选择题 2 道(分值6 分),判断题 1 道(分值2 分),总计分值23 分,占总分值的23%。其中控制方框图又是整个章节的重点与难点。

二、学生学情现状

相较于选择题与判断题而言,分析题对学生的知识与能力提出了更高的要求,笔者在教学中发现,学生控制与设计模块的得分率不高,学生缺乏实际生活的体验,对机械、电子类设施设备的控制原理也缺乏了解,仅凭几个名词与术语,让学生无从下手,错误率也较高。

三、控制方框图的考核要点

考核内容为控制系统的方框图表示,以闭环控制过程为例:

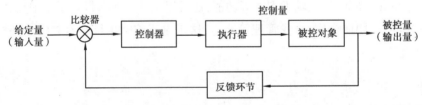

一个闭环的控制方框图,涉及 3 量(给定量、控制量、被控量)、3 器(控制器、执行器、比较器)、1 对象(被控对象)、1 环节(反馈环节)。

在重庆的通用技术学业水平考试中,选择了难度较低的排序模式,即将控制器、执行器、被控对象与反馈环节的内容给出,让学生用排序的方式补全方框图。

四、"五步法"解控制方框图排序题

1. 判断整个过程是开环还是闭环

由于判断控制方框图部分采用的是填空的方式,实际上在方框图部分已经清晰地表明了是开环还是闭环。如果方框图是两行,则为闭环方框图,若为一排,则为开环方框图。这个判断也能回答控制系统分析题中该控制过程是开环还是闭环的问题。

2. 找传感器(反馈环节)

找传感器即寻找控制过程中具有信息采集功能的器件,在电子控制过程中,常常是一些传感器,如温度传感器、湿度传感器、速度传感器……需要特别说明的是,在与液体相关的控制过程中,反馈环节常常是一些能够采集液体速度、流量、水位信号的器件,如采样仪、流量计、浮球等。

闭环控制过程,有传感器或反馈装置的,直接将传感器写到第二排反馈环节处;开环控制过程,传感器不单独列出,不在控制方框图内。

3. 找控制器

第一个方框内容为控制器,如选项里有"控制中心""控制仪""控制电路"等,直接将此装置作为控制器;在由电路控制的系统中,若未写出控制器,一般写控制电路即可。控制器是具有类似于人大脑的判断与决策功能。在闭环系统中,可以根据传感器反馈回来的数据作出一个响应。

4. 根据先后顺序确定执行器与被控对象

控制方框图第 2 项为执行器,第 3 项为被控对象。选择序号时,重点看装置执行的先后顺序,在前并且主动执行动作的为执行器,在后且被动执行动作的为被控对象。

5. 核对检查

①被控对象与被控量搭配是否正确;

②控制器、执行器、被控对象的先后顺序是否正确。

五、"五步法"应用举例

自动浇花控制系统,其原理是用一湿度传感器感知土壤的湿度,当土壤的湿度小于设定值时,控制模块控制水泵自动给花盆浇水。

请根据给出的信息,回答下列问题:

(1)请问该系统属于开环控制系统还是闭环控制系统? (3分)

(2)请问该控制系统中控制量与被控量是什么? (6分)

(3)请将①土壤,②湿度传感器,③控制模块,④水泵填入该控制系统方框图的方框内(6分)。

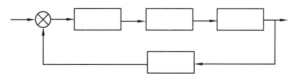

按上述"五步法"进行解题:

1. 判断整个过程是开环还是闭环

由于方框图是两行,则为闭环方框图,这也是问题(1)的答案。

2. 找传感器(反馈环节)

题目中有②湿度传感器,则可知应将②填到第二排反馈装置处。

3. 找控制器

题目中有③控制模块,根据选项里有"控制中心""控制仪""控制电路"等,直接将此装置③作为控制器,填入第一排第一个方框内。特别注意:如果选项中两个选项都含有控制二字,则要根据题意进行判断,看哪个具有"大脑"的判断与决策功能,那个才是真正的控制器。

4. 根据先后顺序确定执行器与被控对象

余下还有①土壤④水泵,根据常识,是水泵给土壤浇水,即水泵主动,土壤被动,故将④填在第一排第二个方框处,作为执行器,将①填在第一排第三个方框处,作为被控对象。

5. 核对检查

①被控对象与被控量搭配是否正确:被控对象为土壤,被控量为湿度,能够搭配。

②对照题意,核对控制器、执行器、被控对象的先后顺序正确。

参考文献

[1] 刘云亮. 浅谈控制系统方框图之解题方法[J]. 中学课程辅导(教学研究),2015(23):255.

[2] 李文淳. 五步法解决控制系统方框图问题[J]. 教育研究与评论:技术教育,2012(2):42-45.

学校技术创新课程实施策略

谭　勇　秦光勇

学校作为课程实施的重要平台,开设技术创新校本必修课程,在培养学生技术素养和创新精神上发挥着巨大的作用。

一、学校保障是课程有效实施的必要条件

1. 制度保障

学校要按照教育部和地方教育主管部门颁布的行课标准保质保量地完成课程实施,地方教育主管部门要加强该课程的实施检查和督促,这是课程实施的前提。学校在办学章程和办学计划中要体现该课程教育的地位,制订课程实施计划、课程发展规划,保障课程实施过程有理有据。

2. 场地保障

技术创新是一门以实践动手为基础的学科,学校在课程实施中要为学生实践动手创造场地条件。首先是建立必修课程设计实验室,其次逐步增加选修课程设计实验室,最后是设立技术社团活动室。创造条件为学生提供优质的学习、实践、活动场所。

3. 经济保障

技术创新在实施过程中,涉及设备、器材、材料等物资,学校要根据国家规定、教学专业人员建议,给予学科必要的经费支持,保证课程得以顺利实施。除此以外,学校还可以通过项目申请、校企联合、社会捐助等方式获得设备支持和经费支持。

4. 评价保障

一方面,学校要加强对课程实施过程的监管,做好学生理论课、实践课、创造力的评价,促使学生严谨地完成课程的学习。另一方面,要建立教师教学评价机制,奖惩兼备,给予教师平等的评职、评优机会,引导学科教师专业发展。

二、师资培养是课程有效实施的根本保证

1. 培养教师的自强意识

培养教师较强的学习能力要勇于打破面子与害怕的壁垒,从大胆的创新尝试中产生征服感;由质疑变得独立,勇敢而又严谨地实践验证,形成独立的观点和风格;由模仿能力变成

创造能力,还要学会对作品进行测试和优化,要具有技术创新活动指导能力、技术创新制作指导能力、技术发明指导能力、技术课题指导能力。

2.培养教师的创造意识

我们在指导学生完成科学研究方法、创造发明方法上要因生制宜,根据学生的认识规律、知识水平、创造能力有效地进行指导,发现新方法,运用新方法,让学生自由地思考、想象和提问,形成其独立的质疑、批判精神。

3.培养教师的热爱情怀

当我们把兴趣当成我们的职业、把职业变成我们的追求时,我们的人生是何等的幸福;当我们因为追求而获得成就感时,我们是何等的荣耀!热爱是灵感的源泉,热爱是进步的源泉,热爱是成功的源泉!

三、课程建设是课程有效实施的稳固基础

1.课程建设内涵原则:知识性、兴趣性、探索性、创新性

课程探究性就是技术课程在学生知识领域以外应设置主题内容,既能让学生的发散思维得到培养,也能让学生的线性思维得到深入。课程具有创新性是课程存在的终极目标,技术的本质就是实现与创造。在技术课程建设中,首先是课程本身在建设上要有创新理念,在课程的设计上、规划上要具有独特的视角,让学生知道创造就在我们身边,并不遥远。其次就是课程建设上要给学生提供创新的场所,要为学生开辟实施创新的绿色通道。比如创新的设备、设计的工具、实验的场所、制作和测试的条件,让每一颗创新的种子都能得到及时浇灌。

2.课程建设外延原则:因地制宜、因时制宜、因生制宜、因校制宜

学校技术教育课程的建设,应该发挥学校的地区区位优势,因地制宜,拓展学校地区条件,大力加强各种合作,除校内资源外,还可以发挥校外自然环境、科研企业、高校科研机构等优势,拓展课程建设的广度和深度,形成一个课程建设网络,给学生提供各种学习实践探索的机会。学校技术教育课程建设一方面要与时代的需要相结合,另一方面要有前瞻意识,与国家甚至世界科技前沿看齐,引发学生去学习和探索。学校技术教育课程建设,要根据学生学习的需要和兴趣来建设,尊重学生的认识需要、尊重学生的实践需要、尊重学生的体验需要,让学生在学习和课余时间都有兴趣去学习技术教育课程,充分把学生的注意力吸引到课程学习、创造、探究上来。

四、资源开发是课程有效实施的拓展延伸

1.科研企业模式

科研企业是把科学技术转化为成果,然后为社会服务的园地。在企业里,一个创新的想法从灵感到方案,到设计,到模型制作,到样品试验、测试,到产品的推向市场等都有一套完

备的体系。学生通过到科研企业参观和学习,不但可以让获得创新的方法,还可从设计、工艺、流程、控制、管理、营销等方面学到很多知识。

2. 高校研究所模式

在与高校、科研院所合作方面,主要是通过两种方式来完成:一种方式是由下而上的,学生提出问题,请求专家们给予指导;另一种方式是由上而下的,专家们带领学生走进高校实验室,与大学的学长学姐们一起参与实验,专家把自己的研究成果、专业领域发展趋势向学生深入浅出地介绍,以让学生了解世界科技前沿的发展趋势。

3. 生活社区模式

每一个地区都有其独特的风土人情和深厚的历史底蕴,在科技教育过程中,人文科技教育也是一个不可缺少的方面。先人的、历史的文化科技遗产在很多方面也值得我们去学习和探究。根据学校实际情况,可以依托名胜古迹、传统工艺等建立人文科技教育基地,让学生在领略先人文化艺术的同时去探究当时的科学技术状况,学习古人的创新方法和技术修养。

4. 家庭自主模式

家庭不但是学生温暖的港湾,也会是实施科技教育最为方便直接的场所。家庭自主模式,主要是指两个方面:一方面是学生根据需要在家自建兴趣实验室,学生在家利用业余时间就能完成一些比较简单方便的实验和实践操作,节约时间和成本;另一方面,家庭的各种生活过程也能给学生提供发现和探究问题的机会,生活中也会有科研,家庭中的各种生活用品也可以让学生完成很多创造,比如改进、模仿、变废为宝等。

参考文献

[1] 中华人民共和国教育部. 普通高中课程方案(实验)[S]. 北京:人民教育出版社,2003.

[2] 吴国盛. 技术与人文[J]. 北京社会科学,2001(2):90-91.

[3] 黄怡. 浅谈在高中通用技术课堂中培养学生的创新能力[J]. 新课程(下),2012(7):14-15.

关于构建"一校一品"德育特色的思考

——基于重庆市全善学校"尚善教育"实施的调查

查　慧

在教育逐渐走向内涵式发展的今天,社会除了关注中考、高考成绩外,对优质特色教育的需求越来越强烈。笔者充分认识到,学校只有立足于校情和自身特点,走特色发展之路,创办特色教育,创建特色德育品牌,才能为学校的发展注入思想之魂,凝聚智慧之魄,才能让每一位学生适应时代发展,成就学生生命之美。关于"一校一品"德育特色的构建,笔者结合重庆市全善学校"尚善教育"德育特色做了如下思考。

一、找准定位,以德立校

初中教育处于我国学校教育的基础地位。对学生而言,初中学段是其成长的重要时期,是学生从未成年走向成年的过渡阶段,更是学生德性形成的最佳时期。对学校教育而言,初中学段是学校对学生进行德性培养的最佳时期,这一时期的学校教育直接影响个体知、情、意、行的综合发展。为此,初中学段的德育实施,既要体现这一学段学校教育的特殊性,也要适应该阶段学生在认知、情感、行为等方面的发展水平和规律。因此,明确初中学段德育的重要地位,以德立校,重视"一校一品"的德育内涵,找准特色,做精特色文化,才能以特色树形象,以品牌促发展,从而实现育人目标。

二、找准特色,创建品牌

(一)学校德育特色的创建应遵循因地制宜的原则

学校德育特色的创建应充分挖掘学校历史底蕴,分析学校校情,不能脱离学校实际,一味追求"高、大、上"。

全善学校位于长江之滨,巍巍云篆山下,其前身是 20 世纪巴县开明乡绅集资兴建的全善学堂,捐资办学乃流芳善举,故取名为"全善学堂",后更名为全善学校。在新的时期,基于全善学校发展的历史沿革,从善的本质出发,我们构建了"尚善教育"德育特色。"尚",崇尚、推崇、注重之意;"善",一是美好、善良、友好之意,二是做好、擅长之意。"尚善"即崇尚好的思想、言行、品质,追求美好的事物,追求更完美的境界。这一德育特色的构建正与校名、校史以及全善学校一直秉承的教育理念相契合。"尚善教育"德育特色,能很好地统合全善学校一直以来坚持的"用优秀传统文化作学生生命的底色"的德育理念和"让每一个学生适应时代发展"的教育哲学,更能彰显全善师生在学习生活、为人处世等方面的价值取向和品格追求。

（二）学校德育特色的创建应遵循传统美德与时代精神相结合的原则

中华民族传统美德,是我们民族的优秀品质、民族精神、民族情感的集中体现,是民族文化的集中体现。时代精神是适应新时期经济、政治、文化建设的思想观念和现代意识,是实现习近平总书记提出的伟大中国梦的重要因素。

二者在学校德育特色构建中的有机结合,是构建社会主义思想道德体系的基础环节。全善学校"尚善教育"德育特色的构建,正是充分考虑到这一点。

1. "善"是中华传统文化中最重要的特质和核心价值,涉及领域较为广泛

儒家的孔子说"择其善者而从之,其不善者而改之";荀子也说"积善成德,而神明自得,圣心备焉";道家的老子说"上善若水";佛家修行,首先要求"心存善念"。因此,把"尚善教育"作为校园文化建设的核心,使学校其他各方面的工作都围绕它而展开,是对中华民族优秀传统文化的继承和发扬,与我校长期坚持的"用优秀传统文化作学生生命的底色"德育理念相吻合。

2. "善"文化符合我国国情对当代公民的教育要求

党的十八大明确了社会主义核心价值观,其个人层面的内容是爱国、敬业、诚信、友善。友善是个人层面价值观中基础的部分。友善,顾名思义指友好和善良,是希望人与人之间保持一种"视人皆为友,我必善待之"的良好品格,要求我们善待他人、社会和自然。友善之"善"具有普遍适用性,是基础的价值观,是一切和谐的基础。据此,全善学校结合社会主义核心价值观之"友善"这一对公民的价值要求,取其"善"这一核心内容,大力倡导和弘扬"善"文化,通过"尚善教育",培养学生的"善心、善言、善行",就是要在学生的心中种下善良的种子,让它生根发芽,滋润心灵,惠及他人和社会。这有着重大的现实意义和深远的历史意义。

"善"的另一层意思则是善于、擅长之意,有做好或处理好(完好圆满于)某事的才能或技巧。全善学校一直以来秉承"让每一个学生适应时代发展"的教育哲学,在"尚善教育"实践中,注意培养学生善思、善学、善于自我管理、善于适应社会等基本能力和素质。这与《国家中长期教育改革和发展规划纲要(2010—2020年)》中关于"把促进人的全面发展、适应社会需要作为衡量教育质量的根本标准"的精神高度一致。

（三）学校德育特色的创建应遵循阶段性的原则

阶段性是指针对不同年级学生身心发展水平,对各年级德育目标作出不同层次的规定和要求。阶段性目标体现了初中学段德育目标层次的递进性和有序性,对学生的德性培养更具针对性。在学校德育特色创建中遵循该原则,更加丰富了"一校一品"的德育内涵,使德育特色体系更加完善。

全善学校"尚善教育"的核心内容是"育善心、讲善言、践善行",在此统领下,依据学生年龄及认知能力的差异,我校"尚善教育"对不同年级的学生提出了不同的德性培养目标:

初一年级:走进初中,站到了新的起跑线上,学生倍感惊喜,又顿生迷茫。为了让学生迅速适应初中生活,养成良好的行为习惯,初步感知善的快乐,我们引导学生寻善源,育善心,塑造美好心灵,善待生命,珍爱生命,树立安全防护意识,善待环境,热爱劳动,养成良好卫生习惯,善于合作,善于沟通,培养团结协作精神等。

初二年级:这是初中生活关键的一年。学生告别了童年,站在青春的起点,是思想、品行极不稳定,容易出现两极分化的关键时期。我们引导学生弃恶习,为善行,善于明辨是非,善待自我,善于调控,培养健康生活情趣,谨言慎行,择善而从,尚善力行,好善恶(wù)恶(è)等。

初三年级:走进初三,学生满怀理想与追求,孕育着新的希望与憧憬。同时,实现目标的路途充满曲折、坎坷,我们引导学生善思、善问、善学,实现升学目标善德、善才、善形,成就生命之美;从善如流,止于至善等。

总之,学校通过实施"尚善教育",使学生充分体验习善、行善、扬善的快乐,逐步实现由"尚善"德育教育到"时时行善",积善成德,形成健全的人格,最终实现"善行一生"。

(四)学校德育特色的创建应遵循生活性与实践性相结合的原则

道德源于生活又促进和引导着生活。在德育特色的创建中,德育内容必须要回归生活、贴近生活、反映生活。学校应利用生活中的德育内容,对学生进行道德认识和情感陶冶,引导学生认识生活,认识道德,进而学会生活、善于生活、创造生活。而实践性是德育过程的本质特点。通过生活中的体验、实践,学校要引导学生进行道德实践,培养其道德主体性,在实践中深化认识,体验情感,以促进良好道德行为习惯的形成。

全善学校在"尚善教育"课程体系中开设的活动课程和拓展课程,将校内体验与校外实践有机结合,重视将德育教育生活化、实践化,让学生的德性在情景实践中得到培养、升华。如活动课程中的"我当一天家"体验活动,拓展课程中的"入校课程(走进尚善门、拜师礼)、体验课程(校外研学旅行)、励志课程(初三走进毕业门系列活动)"等,让学生在生活与实践中素质能力得到培养,意志品质得到锻炼。

三、找准途径,课程育德

美国教育家杜威曾说过:"没有离开智育的德育,也没有离开德育的智育。"各学科新课程标准中也明确提出了"知识与能力""过程与方法""情感态度与价值观"三维目标的有机结合,强调"以人为本"的观点,目的是培养学生的能力,提高学生的综合素质,为学生的终身发展奠基。重视开发学科德育资源,充分发挥学科课程德育优势,是创建"一校一品"特色的有效途径。

围绕"尚善教育"内容,学校整体规划了初中阶段德育内容,构建了相互衔接、层次分明、自成体系、特色鲜明的"尚善教育"德育课程体系。整个课程体系包括基础课程、特色课程、活动课程和拓展课程,分别侧重从知识技能、兴趣动力、素质能力、意志品质四个方面对学生进行培养。如开发了"尚善教育文明礼仪"校本教材,通过形体礼仪课,向学生传授文明礼仪常识,培养学生文明礼仪习惯;开发精品特色课程,如古琴演奏课、合唱艺术课、快乐篮球课、书法修炼课、语言艺术课等,满足不同兴趣爱好的学生发挥特长的需要;开发由入学课程、体验课程和励志课程组成的拓展课程,树立学生的生涯规划意识。总而言之,学校通过这些课程的开设,旨在培养学生善才、善形、善德的"尚善"品格,培养学生善学、善思、善问的学习品质,为学生成就生命之美而奠基。

人之初,性本善,堪比学生天性;上善若水,源远流长,滋养远大梦想。教育最本真的追求就是对生命的成全,全善学校希望每一个孩子走进来,在长江之滨,云篆山下,在尚善实践中,完善自我,善待他人,适应社会,起步追逐高远的人生理想。我们坚信,随着"尚善教育"在学校的进一步开展,尚善之花必将开遍全善的每一个角落,"尚善"的种子也必将深埋学生的心中,让学生在一生习善、行善、扬善的快乐中成就生命之美!

参考文献

[1] 詹万生,齐炘.整体构建学校德育体系:初中实践导引[M].北京:光明日报出版社,2005.

[2] 国家中长期教育改革和发展规划纲要领导小组办公室.国家中长期教育改革和发展规划纲要(2010—2020年)[M].北京:人民出版社,2010.

[3] 石国亮,莫忧.社会主义核心价值体系青少年学习读本[M].北京:人民日报出版社,2014.

关于科普基地建设的几点思考

谭　勇

学校的内涵式发展离不开教育特色,特色使学校具有鲜明的个性,在素质教育的道路上走得更好。重庆市实验中学将科技教育作为学校特色发展方向,在近二十年的实践探索中,走出了一条自己的特色发展之路。

一、建设价值

科技教育的价值追求就是培养孩子的科学精神和创新习惯,基地的建设紧紧围绕这一价值追求来规划和实施。

1. 文化育人是灵魂

文化是基地建设的灵魂。学校秉承苦学力行,求是求新的百年校训,在这个文化里,体现着团结协作,大胆的尝试,勇敢的质疑,锲而不舍的科学探索精神;体现着求实求真,坚持科学原则,精益求精的科学实践精神;体现着与时俱进,开放民主,追求领先的科学创新精神,这是学校特色发展的精神指引。

2. 环境育人是氛围

重庆市实验中学在基地环境的建设上,主要从语言环境、文字图片环境、实物环境三方面来打造。在语言环境上,我们通过校园广播电视台、科技课堂、科技讲座等有声环境和《济航科教报》、学校科教网站等无声语言环境来传播科学知识,弘扬科学精神。在文字图片环境上,我们设计了著名科学家介绍、科普知识长廊、科技发展走廊、科技壁画、学生创新作品文字图片展橱窗等区域来树立科学思想,营造创新氛围。在实物环境上,我们推出了中国古代科技成就作品模型介绍和学生、教师科技创新作品展等,让学生感受民族的伟大和自身的责任。

3. 体验育人是方式

在科技体验方面,我们主要开辟了科技互动展厅、淘吧、植物与蔬菜种植区、动物养殖区、作品实作区等体验区域。通过各种科技活动体验,学生可以获得科技实践的兴趣,形成动手的习惯,还可以体验到科技创新的魅力,也可以获得科技成果获取的艰辛的感悟。学生在这样的氛围中,体验到的是新奇的探索、动手的乐趣。

二、建设原则

学校科普基地在建设上实施预先规划,系统建设,一方面在硬件上要做到系统的设计,把基地的优势简洁明朗地凸显出来,突出各个区域的主题优势。另一方面在配套软件上要做到系统化开发,要能够通过基地开发出更多寓教于乐的课程、活动等。

1.硬件建设是基础

学校科普硬件建设主要是从参观、体验、探究三个方面立题,进行了预先预设和规划。在参观方面,主要是从中外科技成就、企业科技文化着手来开发、设计科技展品;在体验方面,主要是从学科科技前沿、生活科技等方面着手来开辟科技体验设备和体验区;在探究方面,主要从科技实验室、科技制作室、科技观测室、自然基地和高校及研究所等入手来建设实验区、论证区、考察区。

2.软件建设是关键

我校科普基地软件建设主要是从课程、课堂、活动、师资等方面建设。在课程方面,我们主要以基地为依托,开发学校科技校本课程;在课堂方面,我们常常把基地作为实施学科课程教学的场所,让学生充分利用基地的趣味性、互动性、直观性来完成学科的学习和探索;在活动方面,我们设计了很多探索性的科技活动来发挥基地的功能;在师资方面,我们围绕基地培养了一大批专业讲解教师和专业指导教师,如科技馆解说教师、陶艺制作指导教师等。

三、建设方式

1.校企合作力量大

社会资源是学校科技教育的沃土,科教基地的建设,就是要积极开辟可供学生参观、考察、见习、调查、实践研究的相对固化的校外科普基地。我校从1999年起就与社区工厂、大学、科研院所等建立友好合作关系,使科技教育实验基地得以进一步拓展。学生深入社区,深入原野,深入工厂,亲身体验与实践,开阔了视野,丰富了科技教育的内容和形式。

2.科协合作范围广

我校与重庆市天文科普协会联系,建设了各类天文场馆,现有天文壁画、天文知识展板、航天展厅、天文知识展厅、仿古天文仪器、天象厅、天文望远镜等设施。同时,我校成立了天文爱好者协会,积极开展各类天文观测活动。

3.自身优势潜能深

建成各学科科普长廊,介绍重大的世界科技成果和科普知识。建成理、化、生、地的数字化实验室,配备数字化传感器、数字化显微镜等设备,方便学生进行实验探究。在区技装中心的指导下,建成了3间通用技术室,分别作为设计室、制作室与准备室,方便学生开设通用技术实验课和学生社团活动。建成学校生态园,学生可以非常便利地观察植物的生长状况,了解常见动物的生活习性;在认识植物、动物的基础上,亲自栽种植物或喂养动物。

四、基地的效用

重庆市实验中学科技馆作为重庆市巴南区的科普基地,自建成以来,在传播科学知识、弘扬科学精神方面发挥了重要作用。

1. 成为校本课程的开发源

以科普基地为开发平台,立足于学校开展的多种科技实践活动,教师的校本课程开发开设能力得到进一步提升。每一位教师都具备校本课程开发能力,在此基础上,学校开发的科普教材、科普精品课程成为学校特色发展的风景。

2. 成为学生学习的活动场

把教学活动、学生课外活动、研究性学习与场馆的运用有效地结合起来,更为广泛深入地吸引学生参与到科技活动中来。科技楼顶的生态园,众多植物栽培、动物饲养的学生科技活动吸引学生参与。创造发明协会开辟了奇思妙想、七嘴八舌、想到做到、深度撞击、真我风采、专家讲坛、参观考察、成果招标等栏目。每年 11 月,学校举办的科技活动月,各种金点子创意比赛精彩纷呈。

3. 成为科技创新的孵化器

我校"鹅卵石坝、河沙坝成因研究""炮制超级泡泡"等获得重庆市首届研究性学习成果一等奖,并作为示范案例选入国家级教材在全国推广。近年来,我校学生获得全国科技奖项 200 余项、市级科技奖项 1 000 余项,师生在公开期刊上发表科技论文 150 余篇。

4. 成为公众科普的主阵地

作为全市乃至全国的科普教育基地,向广大公众进行社会性、群众性和经常性科普教育是职责所在。按我校科技馆每年接待 2 万人次左右计算,10 年来接待人数累计近 20 万人次,多次接待了来自英、美、德、加、日、韩、希腊、新加坡等国参观团的参观,先后组织了中英联合天文观测、中英联合长江水质考察等活动。

5. 成为学校内涵式发展的生长点

学校科普基地的建设,为学校的特色教育寻得了一个支点,叩开了一扇窗户。学校沿着"特色项目——办学特色——特色学校"的路径一路走来,先后获得多项荣誉。重庆市实验中学以育人为本,内外结合建设基地,大手拉小手开展科教活动,不断扩大科技教育辐射及影响力,形成科技教育强大的"场"。

参考文献

[1] 李云庆,王慧兰.发挥科普教育基地作用开展特色科普活动[J].天津科技,2007(6):37-39.

[2] 覃朝玲,徐小利.科普基地的功能与作用综述[J].科教导刊,2011(28):241-242.

[3] 严申虎.加强科技教育创办学校特色[J].教学与管理,2009(8):10-11.

[4] 曾庆江.青少年科普基地的建设研究:以济南市为例[D].济南:山东师范大学,2011.

关于构建"尚善社团"课程的思考

——基于重庆市全善学校"美育建设"实施的情况

何季红

在教育逐渐走向内涵式发展的今天,社会除了关注中考、高考成绩外,对学生的综合素质能力及审美情趣的需求越来越强烈。学生社团建设正是实施素质教育的重要途径,是培养学生综合素质的重要载体,也是展示校园文化特色的重要窗口。在实施素质教育的探索过程中,笔者结合学校"美育建设"的需要,把构建学生社团活动课程作为"美育建设"的重要途径做了如下思考。

一、找准构建社团课程的突破口

中学生综合素质评价指以下几个方面:公民道德素养、学习态度与能力、实践与创新、运动与健康、审美与表现。而核心素养中关于审美情趣的表述是:具有艺术知识、技能与方法的积累;能理解和尊重文化艺术的多样性,具有发现、感知、欣赏、评价美的意识和基本能力;具有健康的审美价值取向;具有艺术表达和创意表现的兴趣和意识,能在生活中拓展和升华美等。

笔者认为培养学生的素质能力及审美情趣的途径除了在课堂上,那就是开辟拓展课余时间——建立社团,研发社团课程,延伸对学生素质能力的教育。社团课程的建设可以以艺体教育为突破口,以开展美育课程改革为依托,以各项艺术教育展演活动为载体,积极开展各种社团活动,提高学生审美情趣,提升学生艺术修养,激发学生对美的想象力和创造力,以培养适应终身发展和社会发展的新型人才。

二、确立构建社团课程的目标

整合校内外美育课程资源,努力实现学生社团活动校本课程化,使社团活动成为学校美育课程设置的重要组成部分。社团活动的开展能繁荣学校的文化生活,提升学校的办学品位,丰富学校的文化内涵,展示学校"美育建设"的办学特色。坚持学生自主选择、自我完善与教师有效指导相结合的原则,进一步培养学生的实践能力,激发学生的创新精神,提升学生的综合素质,为每一位学生的终身发展奠定基础。同时,催生一支敬业奉献,有创新意识,熟悉学生社团工作的指导教师队伍。

三、理清思路，构建社团课程实施原则

(一)学校"尚善社团"课程的创建应遵循学校育人目标的原则

一个核心:尚善教育

全善学校始终秉承"用优秀传统文化作学生生命的底色"的育人理念,以"尚善"作为教育特色,明晰"培养什么人"的方向。

两个目标:成就生命之美——美丽学生和魅力教师

全善学校依托历史积淀,做精特色文化,把美育教育纳入学校的发展规划之中,结合学校教育特色"尚善教育",充分利用现有资源,打造"美善校园",培养"合格+特长"的中学生,实现"让每一个学生适应时代发展"的办学理念,最终成就生命之美——美丽学生、魅力教师。

(二)学校"尚善社团"课程的创建应基于学校"美育课程建设"的原则

全善学校将美育课程划分为四大领域:基础课程、特色课程、活动课程、拓展课程。

一是基础课程:侧重知识和技能培养,培养善于欣赏美的人。基础课程含国家课程和地方课程,以夯实文化基础为主要目的,培养学生人文底蕴和审美意识。保证每个年级每周不少于4课时的艺术课程,包含音乐、美术、形体礼仪、书法课。在其他文化课程中,明确审美情趣的渗透,注重课程育德、课程育美,打造"美善"课堂。

二是特色课程:侧重兴趣培养,培养善于创造美的人。以第二课堂和课外活动的形式开设特色课程,如篮球课、歌唱表演、形体礼仪、汉字听写、语言艺术、书韵墨香、诗词吟诵、工艺美术、创新实践、生物之美、指尖地理等文化艺术课程。

三是活动课程:侧重学生素质能力的提升,培养善于展示美的人。如升旗仪式、德育品格月主题活动(12个品格月)、传统节日活动、校园体育节、校园文化艺术节、社团成果展、送文化进社区等活动,使学生在活动中提升素质、培养品格,在活动中自主发展、健康生活、健全人格。

四是拓展课程:侧重实践能力的培养,培养善于传播美的人。更多面向社会,包括入校课程(即走进尚善门新生系列教育);体验课程,如研学旅行、社会实践;离校课程(即走进毕业门,初三学生系列教育),让学生更多地参与社会实践,培养责任意识。

社团活动是美育课程的活动载体和延伸,根据全善学校美育课程的四大体系,社团活动以拓展型课程的身份呈现,真正实现了活动与课程的有效融合,形成了国家课程与拓展课程"双轨"并进的格局,为学生们的快乐成长提供了有力的保障。

四、找准途径，构建社团

有人说:教育是培养"人"的一种社会活动,也是为培养全面发展的人而尽可能探索适合或接近"人"的发展环境。如果教育不观照人自身的发展,教育就失去了其存在的意义,教育

本身也就不能称为教育了。因此,在学校教育价值体系中最基础的就是教育对象中的个人价值。学生个体的身心发展是通过各种教育载体实现的,学生社团作为重要载体之一,在促进学生个体全面发展中发挥着越来越大的作用。

围绕"美育建设",构建相互衔接的社团:开发"尚善教育文明礼仪"校本教材,通过形体礼仪课和形体礼仪社团,向学生传授文明礼仪常识,培养学生文明礼仪习惯;开发精品特色课程,创办特色社团,如古琴社团、合唱社团、快乐篮球社团、书法修炼社团、语言艺术社团、工艺美术社团等,满足不同兴趣爱好的学生发挥特长的需要。这些社团的开设,旨在培养学生以艺审美、以艺辅德、以艺启智、以艺健体,为学生成就生命之美而奠基。

五、建立社团课程评价体系

构建合理的、多样化的评价体系,让过程评价和结果评价相结合。在社团活动过程中,注重激励学生积极主动地参与,使他们的个性和潜能得到持续发展。

初中教育是我国学校教育的基础,是学校对学生进行素质教育培养的最佳时期。学校只有立足于自身特点,找准途径,构建并实施完善的素质教育课程体系,研发社团课程,才能为学校的发展注入思想之魂,凝聚智慧之魄,才能成就学生的生命之美。全善学校希望每一个学生走进来,在"尚善教育"的指引下,在"美育建设"实践中,完善自我,善待他人,适应社会,起步追逐高远的人生理想。

浅谈班干部的选拔和培养

李 琪

班主任工作内容繁多、任务繁重，要想在最短时间内取得较大的工作效益，就离不开高超的技巧和恰当的方法。班集体组织是班主任工作的一个基本环节。班集体是学校教育、教学的基本单位，是学生学习、生活、发展的直接环境。优秀的班集体不是自发形成的，它是班级所有的任课老师根据社会、学校的要求精心培养的结果。班主任作为班级的组织者、领导者和管理者，在培养班干部过程中担负着特别重要的责任。下面，根据这几年班主任工作经验，笔者就如何培养学生骨干，形成班集体核心，谈谈自己的看法。

一、选拔班干部的标准

从某种意义上说，班干部得力与否，是否能形成坚强的核心，是一个班级以至于一所学校工作好坏的最主要因素之一。所以，班主任选好班干部至关重要。选拔班干部的标准：

（1）具有良好的道德品质和健康的心理素质，能以他们良好的个人修养，稳定、乐观向上态度，顽强的意志，赢得同学们的普遍拥戴和尊重。

（2）智慧聪颖、有某方面的爱好和特长。热心参加班集体活动，热心为大家服务。

（3）有很强的组织、交际、适应能力，工作有独立性、独创性、灵活性。

二、如何培养班干部

（一）培养目标和教育内容的确定

把班干部培养成什么样的人，就是培养目标。明确了培养目标就要规划相应的教育内容。在这个问题上，我们可以把长期的目标具体化、阶段化。因此，我们可以把班干部的培养工作分为以下几个阶段。

第一阶段是班干部队伍的组建阶段。在此阶段班主任应为初任班干部提供展示的机会，以得到同学们的认可。这样既可以树立他们的信心，也可以为他们打下了良好的群众基础。

第二阶段是班干部的调整阶段。在此阶段班主任应尽力抓好班干部工作作风的培训，如民主、公正、理智冷静、以身作则。除此之外，还要培养班干部独立主持日常工作的能力，做到有条不紊，并通过及时总结交流，培养班干部的分析、调整、表达、组织等能力。

第三阶段是班干部能力的提高阶段。班主任的主要工作内容是培养训练班干部的设计计划和决策能力，以初步形成班级工作的设计、决策、执行、调整等多方面的综合管理能力。另外，班主任也要培养班干部独立组织大型的、有特色的活动的能力，培养社会交往联络的能力。

(二)培养过程中必须处理好的关系

(1)具体指导和放手工作的关系。一方面,班干部上任后积极性都很高,但他们的各种能力都处于初级阶段,在工作中班主任要适时加以具体指导,和他们共同分析班上的实际情况。另一方面,为了促使班干部们能力的提高,我们又必须把他们放到复杂的人际关系中,体验集体的力量。因此班主任要把具体指导与放手工作结合起来。这样,既能有效建立起班集体核心力量,又对培养学生干部的独立工作能力具有积极意义。

(2)使用与提高的关系。班主任对班干部既要大胆使用,又要注意提高。提高是为了更好的使用,在使用中得到提高,把使用和提高结合起来。因此,班主任应随时观察班干部的表现,有针对地组织学习,特别要帮助他们树立全心全意为全体同学服务的思想。

(3)因人制宜与统一要求的关系。因人制宜,是班主任要根据班干部各不相同的情况,采用恰当的方式方法,有针对地进行培养教育;统一要求,是指班干部都应具备一定的基本条件,每个班干部都应达到一定的标准。班主任要根据班干部个人、不同学段、不同班级的特点区别对待。

(三)班干部培养过程中常见的问题和解决方法

(1)学生不愿当干部的思想问题。这种思想存在的原因可能是错误地看待学习与工作的关系或者认为班干部工作会过多地挤占他们的业余活动时间。解决这类问题应从提高认识入手,班主任可通过谈心等方式进行正面启发,纠正其错误思想,也可以通过调整班主任的工作方法来激发班干部工作的积极性。另外,班主任也要注意做好学生家长的工作,因为家庭的干涉也往往是产生此类问题的重要因素。

(2)不愿向班主任汇报班级情况。其主要原因是怕同学说自己打小报告从而受到冷落,产生害羞的心理,致师生感情不融洽。班主任应分别对待,可通过谈心活动帮助班干部分析汇报工作与打小报告的区别,提高认识,对害羞的班干部通过训练或心理矫正克服,对师生感情上的隔阂可以通过真诚耐心的工作,消除误解,增进理解。

(3)班干部工作中的不公正、不民主现象。产生这种现象的主要原因:某些班干部在工作中夹杂个人情感因素,对待同学有厚有薄;有些班干部把自己看成特殊学生,形成优越感,产生了角色错位。班主任要从加强班干部队伍的自身建设这个角度出发,在班干部的培训工作中,将公正、民主意识作为重要内容。对已出现的问题应及时教育和帮助,同时发挥制度的作用,使班干部工作经常处于全体同学的监督评价之下。

班干部是一个班集体的核心,也是班主任的助手。选拔和培养班干部都是班主任工作中一项至关重要的环节。只有选拔好班干部,充分调动起班干部的积极性、主动性和创造性,才能使班干部真正地成为班主任的得力助手,才能使班级管理获得成功。

参考文献

[1] 王永耀.中学班主任工作手册[M].杭州:浙江大学出版社,2011.

[2] 季诚钧.班主任工作基本技能训练[M].杭州:浙江大学出版社,1995.

浅谈提升班主任语言表达能力的三条途径

喻　翼

学生核心素养的养成,绝非朝夕之功,班主任要在班级活动中提升学生素养,无时无刻不需要语言表达,拙劣的语言表达能力不足以激发学生斗志,引领学生成长,唯有良好的语言表达能力才能提升学生核心素养,将内在的精神之树扶正、培育、壮大,让它健康成长,不卑不亢、挺立人世,立德树人,立其坚韧不拔之志,育其光明磊落之行,养其一身浩然之气,真正遇见更好的自己。

我们可以通过以下三条途径,提升班主任良好的语言表达能力。

一、班主任应立场坚定,让语言有温度

习近平总书记在 2019 年 3 月 18 日学校思想政治理论课教师座谈会上强调,办好思想政治理论课,最根本的是要全面贯彻党的教育方针,解决好培养什么人、怎样培养人、为谁培养人这个根本问题。务必坚持社会主义办学方向,落实立德树人的根本任务,办好人民满意的教育。班主任作为班级的第一负责人,立场需坚定,要严守纪律,热爱班级,关爱学生,内心明亮,不说消极颓废的话,永远充满正能量,才能让自己的语言有温度,这样的语言温度体现在一个个班级活动中。

可以体现在晨跑中。"肖鸿博,我们可以卑微如尘土,下一句?""但不可以扭曲如蛆虫!""夏雪,给自己说句话!""加油,我能行!""张灿,给辛勤的黄萍老师说句话!""黄老师,我数学及格了,下次我会更加努力的!""伍立扬,给家长说句话!""妈妈,我爱您!""三班将士们,我们的追求是?""一扫颓势,扬我班威,感恩父母,报效祖国!"

师生问答,将跑步与名句教育、励志教育、感恩教育、团队建设等融为一体,简洁高效,新颖别致,直抵人心。它激发师生斗志,战胜懒、拖、散;它增进彼此情谊,弘扬真、善、美。

可以体现在周评价中。每周发动学生为同学写嘉奖词,再由班主任在班上大声朗读出来,以此挖掘学生亮点,培养健全人格,营造良好班级氛围。在此列举学生写的两条嘉奖词:

蒋宇澳同学写姚晓宇陪伴同学去医院一事:"正值高三学业忙,尚公明理又图强。病痛压垮明远身,挺身而出晓宇郎。求医途中挡风雨,寒冬面馆暖人心。身效雷锋不求报,贤人自称红领巾!"

韩小波同学写徐皓同学:"水管堵塞,不畏严寒,以手疏通!"皓儿说:"水管堵塞不用怕,皓爷单手定天下!"

二、 班主任应辩证评论，让语言有分寸

班级发展过程中，会出现很多这样那样的问题，班主任除了要有爱心、责任心以外，更要有处理难题的能力，在评论学生行为时，注意辩证思考，不以偏概全，才能让语言有分寸、有尺度，让学生真正感受到关怀，反思自我，提升素养。

比如在学生讲完林清玄名言"当我们寻找外在的精神之树时，也要种植内在的精神之树"后，我请全班同学在共用的纸上写下自己的看法，集中几十个人的智慧，诠释一句名言，以期让理解更有广度。

然而有学生在"共用单"上写"我种萝卜""铲掉别人种的精神之树，就是最爽的事情""种六棵神之树就是最好的事"或假托别人名字写上"种七棵精神之树就是最完美的事"。

他们心中的精神之树已歪歪斜斜，树身快要被无聊、懒惰与无知啃噬空了。

班主任应如何对此表达观点，表明态度？我们可以这样说："人云亦云，拾人牙慧，就算是乱写，也没乱出什么创意！砍掉别人种的精神之树，纯属恶作剧，没什么了不起。假托其他同学名字，在人家的评论区写你的无聊语言，挤压了别人言说的空间，阻断他人成长的路径，你有什么权力这样做？演讲的同学认真准备讲稿，克服了登台的恐惧，将这句名言分享给大家，我们就是以这样的方式来尊重他人的劳动成果吗？"

"不过，我也欣喜地读到红祥同学引用了木心的语言，'凡为物质世界的豪华威严所震慑者，也必是精神世界的陌路人'；雨沙同学写下'精神之树，逐渐成长，内心会更加强大，我将含泪奔跑，愿我的眼中充满故事，脸上不见风霜'这样的动人语言；杰同学深情写下'种树于内心，寻找精神之源，唯有内心的充盈，才有人生的美满'这样的美句，我为这些同学感到自豪。他们认真思考，踏实学习，不为乱象所动，不被乱语所扰，不辜负自己，不愧对家人！"

在教育个别学生时，班主任更要注意辩证思考，不可以全盘否定学生。

"站好！抬头！我们要求统一喊向我看齐，你为什么要说不向我看齐？哗众取辱，辱没自己，你是以这样的方式回报教师、回报对你有所期待的同学的吗？"

"我成绩不好，没什么值得让大家看齐的……"他低头嗫嚅道。

"向我看齐，看齐的不只是学习成绩，看齐的还有优良品德、健康作息，还有积极的生活态度，还有 股青年朝气，等等。你爱劳动，从来没有迟到过，你自己说说有没有可以让人看齐的优点？"

班主任只要发自内心尊重学生，辩证看待问题，语言表达有分寸，往往会顺利化解难题，促使学生正确认识自我，以积极心态健康生活。

三、班主任要善于阅读，让语言有内涵

经典文章蕴含做人的道理、立身处世的方法，班主任应仔细研读，抓住有效信息，提升表达能力，指导工作，让语言富有内涵，避免空洞无力。

比如《廉颇蔺相如列传》，一个舍人凭借什么可以扶摇直上直冲霄汉，为什么是蔺相如而不是其他人？蔺相如犀利的分析，合理的推断帮助缪贤规避了一个大大的错误，使缪贤有深刻印象并且在合理的时候推荐了他。当赵王问蔺相如的看法时，蔺相如认为不该讨论去不去的问题，而是应该考虑怎么样才能完成任务，这就比那些臣子的见识高了许多，并且主动要求去完成这次看起来不可能完成的任务。这就告诉我们，人才成长的过程也是自我历练的过程，没有平时的准备，就不会有后来的精彩。

在讲述《报任安书》的时候，引导学生关注他用了"网罗""上计轩辕，下至于兹""究天人之际，通古今之变，成一家之言"等闪亮的词语、句子，这是他的宣言书，向一切诽谤他、排斥他、迫害他的人宣战！向躲在暗地里偷笑的看客们宣战：即使我到了令人绝望的人生低谷，我也会有超人的意志，非凡的才学，这些你们永远消除不掉！

用《装在套子里的人》这篇文章，引导学生认识到要破旧立新，敢于走出全新的人生道路。

用《杜十娘怒沉百宝箱》这篇文章，引导学生认识到爱的真谛是付出、坚守、承担，而不是自私、放纵、玩乐等等。

这样的讲述，让我们的班主任工作不流于表面，也没有强硬的说教，用独特的视角、绝不雷同的讲述将这些鲜活的人生哲理传达给学生，在这个过程中，师生都获得了全新感受。

这样的语言表达能力是建设优秀班级、提升学生核心素养的法宝。

春风化雨，润物无声

——加强班级私德教育　促进学生公德养成

周鉴清

2018年10月重庆万州公交车坠江事件仿佛就在昨天，一段惊心动魄的视频，一出让人无法回避的悲剧，痛定思痛，别止于唏嘘，更别停留于愤怒。无彻底反思就无真正救赎，类似悲剧便难断绝。一时间，国家到省市要求加强对学生的公德教育。我作为一个教育者，内心五味杂陈，也开始了对班级德育工作以及效果的反思。

国无法不治，民无法不立。要建设和谐社会、法治国家，要建设富强民主的社会主义国家，习近平总书记一再强调要实现中华民族伟大复兴，要实现伟大中国梦，就必须在全社会形成"以遵纪守法为荣、以违法乱纪为耻"的社会主义道德观念，班级德育是社会道德教育的基石，也是提升青少年遵纪守法意识不可缺少的途径。班级德育从来就不是高喊口号，而需要浸润心灵的感化。我认为从私德教育作为切入点和突破口，能对增强孩子遵纪守法意识的形成起到一两拨千斤的作用。

梁启超更是在《新民说》的第十八节指出："公德是私德的进一步推广，如果私德不立，则用以推广的基础也无以成立。"遵纪守法并非空洞，它就在方圆之间，就在一家一国里，就在你我的心中。营造寸土的美好，保证方圆的秩序，促进国家的安康，从你我的心灵做起，从你我的灵魂撑起。

首先，未成年人涉世未深，缺乏理性成熟，宜以个人品德、修养、作风、习惯以及道德规范作为切入点。教育学生首先严私德，正操守，严格约束自己的行为，培养健康的生活习惯。在我自己的班主任工作中，在班会课上，我会先用小故事给学生以启示。这些故事真实而生动。

故事一：上书法课，我见到一名学生不小心把墨水瓶子打翻了，很多墨水流了出来，我就偷偷地留意他的举动，他安安静静地从书包里拿出卫生纸，在那里认认真真地擦，他把所有弄脏了的纸张放进书包里，继续练字。这一幕让我很感动。他把卫生纸放进书包里，而不是随手扔在地上，手脏了，没有一直在那里弄手，而是坚持写字，这孩子为什么要这么做？也许没有深沉原因，是他自己的一种意识、一种行为习惯。无心之举，却舒服别人。这是一种健康的生活习惯。谦谦君子，低调内敛，不叨扰他人，这是一种自我意识或者自我习惯，同时也让集体里的他人舒服了。

故事二：关于诚信的问题。很多时候我们讲为什么不能迟到？只跟学生讲硬道理似乎不行,他们不懂。有一个男演员叫翟天林,他就不诚信。关于翟天临博士学位虚假的问题,抄袭他人的论文,最后他的导师被取消博导资格,他自己的职业生涯也基本结束。有的时候,我们似乎不明白,为什么不能抄作业?为什么不能作弊?这些人心里想的就是不劳而获,欺骗他人,上升到社会就会涉及违反法律。

故事三:有一个广告《筷子》,里面有一个细节镜头,小孩坐上席位,看到自己喜欢的饭菜非常兴奋,第一时间就去夹,但是这时候他的父亲阻止了他,为什么?因为这里有长辈优先、尊敬老人的传统美德的提示。饭桌上的礼仪还有很多,比如晚辈只能夹最靠近自己的菜,而且菜盘里的菜不能挑来挑去,这其实就是儒家所提倡的"己所不欲,勿施于人",要有推己及人、为他人着想的操守和品德。

其次,私德与公德随时转换,教育学生做自己力所能及的事,克己自省自律,拥有私德同时也彰显了公德。私德教育之后要以小见大,要升华要延伸,私德高尚,向外延伸,延伸到国家和社会,就会成为公德。修身齐家治国,这充分体现了道德延伸的顺序。那么私德不严,必然影响工作作风、动摇理想信念,让"私德瑕疵"发展成"公德硬伤"。

同样是讲故事,我想起刘墉先生谈到的一件事,他在大型城市的一个车站大厅,看见一个相似的画面。一位穿着华丽的贵妇,蹲在大厅中央的地上,当着众人,用卫生纸擦她刚刚打翻的咖啡。纸不够,又到旁边的洗手间取,回来继续擦。我对同行的朋友说:"真丢人!"朋友却笑笑说:"真令人尊重。"我在想贵妇蹲在地上擦咖啡,更多是她觉得让更多的人看见这洒了一地的咖啡非常不愉悦,有损机场形象和公众服务。我问学生,这咖啡该不该擦?学生异口同声:该!你会不会擦?学生说:会。

严重一点,开车上路,前面是一个新手司机,你一直按喇叭,新手司机着急了,操作不好,随时有可能造成交通事故!而你不急不慢,让他明白该如何操作,他还会说声:"谢谢!"你赢得了别人的尊重,交通秩序也维护了。

紧接着引入升华事件:2018年10月,重庆万州发生了骇人听闻的公交车坠江事故。首先我播放视频再现场景,同学们一片哀叹与愤怒。然后我引导学生思考:悲剧的发生和女乘客的个人品德和素养有没有关系?学生七嘴八舌讨论,但都一致认为有关系。紧接着我追问,有什么关系?一个学生说:"如果她不那么生气,就什么事就没有啦",这位学生谈到了控制情绪,要包容。另一个学生说:"别人犯错影响自己,控制情绪不容易,但她是自己有错在先,看来人要学会认识到自己的错误。"这似乎让我们想起了《论语》中的"吾日三省吾身",人要时常反思自己。还有学生谈道:"如果她敬畏生命也不会导致悲剧的发生。"正是如此,当我们对生命怀有敬畏之心,我们就会珍视它。

最后我总结升华,"己所不欲,勿施于人""勿以善小而不为",自律、个人良好的生活习惯等这些个人品德对公德培养起到了奠基作用。人要先对自己负责才能对他人负责,然后对社会负责。学生在生活中遇到类似的事,就会多一丝遵守社会规则的意识和遵纪守法的公德心。

"私德不讲究的人,每每会成为妨碍公德的人,所以一个人私德更是要紧,私德更是公德的根本。"

　　私德养成既不可能一蹴而就,也不可能一劳永逸。教育学生严守私德是学校教育不可推卸的责任。我们众多德育工作者更不能蜻蜓点水和高喊口号式地教育,十年树木,百年树人,唯有脚踏实地,春风化雨,唯有在严私德中坚持并贯彻高标准,牢记"堤溃蚁孔,气泄针芒"的古训,多积尺寸之功,常抓不懈、久久为功,坚持从小事小节上加强修养,在一点一滴中完善自己,才能以过硬的私德,延伸出去,促进社会公德的养成,构建和谐社会。

参考文献

[1] 陈发展,王中武. 私德不严,政德难存[N]. 解放军报,2018-11-22(06).

[2] 方含喜. 生动·心动·行动[J]. 中学政治教学参考(中旬),2017(7):31-33.

[3] 王瑞敏. 依托道德两难问题,涵育学科核心素养[J]. 文教资料,2018(16):208-209.

[4] 黄胜平,赵前杰. 涵养私德 弘扬公德:研究中华德文化的一点思考[J]. 江南论坛,2015(10):18-20.

学会识明智审　世事洞明

——浅谈高中生情商的培养

江　焱

今天我跟大家分享的主题是"学生应学会识明智审、世事洞明"。都说有什么样的班主任就有什么样的学生，我很迷茫，不知道我这个教政治的班主任会带出怎样风格的文科班。

高一文理科分班后，我用了很长时间规范他们的迟到、课堂纪律、清洁卫生要求等。可毕竟是"阳衰阴盛"的文科班，总会有各种意料之外的事情。这些事暴露出我班学生的一个问题：严重缺乏情商。

事例一：一天，我刚结束另一个班的课，走过自己班的教室门口，学生们很紧张地告诉我，数学老师和班上的一个男同学在上课时吵得好凶。后来我了解到数学老师要这个同学好好做练习题，而这个同学非但不听还出言顶撞，并摔门而出。我让那个同学冷静后自己向我说明情况，等学生冷静后，连他本人都觉得自己的行为好笑，当时怎么就那么冲动。在我的劝说下，这位同学才明白了师生关系中尊重的重要性，并向老师和全班同学检讨和道歉。

事例二：一次月考后，班长很委屈地私下跟我要求换位置，却不向我说原因。我从其他同学那里了解到，班长的同桌从第一名后退了很多名次，他不从自身找成绩下滑的原因，一个上午不停地反复强调要找个英语好的同桌。他不但没有找到他满意的同桌，连前后左右的邻居都对他有了看法。经过我旁敲侧击的耐心教导，他终于明白同学既是伙伴也是荆棘路上的共进者。

事例三：高一要结束了，住读的同学要给生活老师打考评分。他们看到评分表不用写班级和姓名，就给某两个老师分别打了零分，给其他的生活老师打很低的分。后来我问他们打零分的原因，这两个学生竟然是因为生活老师扣过他们的寝室清洁分而心怀不满，一看评分表是匿名的就给了零分。这样的泄愤行为，只能导致住读生与生活老师的相互伤害，并不能解决问题。期末时，教务处收集学生对各科教师和班主任的评价，我班一男生对我的评价是"班主任你能不能不摸我！"我当时只能庆幸还好我只是拍拍他的肩膀，庆幸我不是男老师，他不是女同学。我又引导他们要学会设身处地体谅别人，学会找自身的问题，做学习和生活的指挥家和掌舵人。

我们班的学生不管是师生关系、同学关系，还是生活中与他人的关系都欠缺情商！情商（Emotional Quotient）通常是指情绪商数，简称 EQ，主要是指人在情绪、意志、耐受挫折等方面的品质。情商并无明显的先天差别，更多的是后天的培养。提高情商是把不能控制的部分情绪变为可以控制的情绪,从而增强与他人相处的能力。十六七岁的高中学生继续做这些可笑又幼稚的事情,无疑不能适应这个时代的要求。我想通过平时的班会,还有家长会引导和传递一个观念,情商 EQ 真的太重要了。"00"后学生好多都是在家长爱的呵护下成长,有些适应不了社会的发展,甚至去人才市场还需父母的陪伴,情商教育是要从小开始教育的。

高一学生情商培养还为时不晚,可以从巧妙处理同学关系开始:从班干部根据同学性格采取不同的工作方法开始;从看见老师时微笑着说声"老师好"开始;从科代表课前到办公室帮老师拿书、问问题开始;从教师节给初中、小学老师打个感谢电话或发个短信开始;从母亲节、父亲节、重阳节给长辈泡一杯茶、捶捶背、洗一次脚开始;从父母为你准备好了饭菜、洗好衣服、整理好房间,你道一声"辛苦了"开始……情商的培养不在于物质投入的多少,而在于在学习、生活情景中观察问题、发现美好、表达赞美之情的实际行动。

当然,要求学生提高情商的同时,班主任也不能忘记练好内功。要多学学武侠小说里的精神:练习教学本领,要像郭靖那样持之以恒;学习文化知识,要像黄药师那样兼收并蓄;对待突发事件,要像黄蓉那样随机应变;追求教学艺术,要像杨过那样痴心不改;面对权术与名利,要像令狐冲那样淡然处之,千万别像岳不群那样处心积虑。

高中生课堂问题行为表现、成因及对策探究

车怀刚

一、高中生课堂问题行为表现

学生 H，课堂上绝大多数时间是睡觉，有时是趴在桌上睡，有时是坐直身子垂着头睡，睡觉成了 H 在课堂上的必修课。上午睡，下午睡，甚至晚上自习也要睡。睡醒了之后，不是偷偷地在下面玩手机，就是东张望、西说说，根本不听课。实在是觉得课堂上老师的讲课触发了他的某种兴趣，偶尔飙两句登不得大雅之堂的庸俗之语。

学生 X，课堂上最喜欢的是上这堂课做另一堂课的作业，课桌上堆满了各种书籍、资料，基本上没有摆放课堂教学书籍或试卷的地方。课堂上总是埋头做自己的，即使在听课，也总是目光呆滞，思绪不在课堂上。

学生 Y，课堂上总是喜欢埋着头，老师只能看见课桌上面的书籍，看不到他的头，老师感觉他在打瞌睡，走到他面前提醒他说，不要打瞌睡了，他总是回怼一句，我没有打瞌睡，并且还很不满老师的样子，感觉是老师错怪了他，甚至摆出要和老师对着干的架势。

学生 Z，课堂上老师组织教学，师生问好时都感觉是极不情愿的，上课时，总是埋头睡觉，老师提醒他时，他说，老师，你放过我吧。于是继续埋头睡，不做作业、不交作业。

学生 W，课堂上最喜欢插科打诨，凡是搞笑有趣的都乐于参与，但一旦涉及学科知识讲解，便觉索然无味了，除非有新的笑点出现。做作业时字迹潦草，有时甚至抄袭了事。

学生 L，课堂上回答老师的问题时，总是觉得自己的是非常正确的，最常见的口头禅是"我的最正确""那是必须的"。但是，让他真正分析问题的原因时，总是思路不清，语言没有条理性，甚至答非所问。

高中生课堂问题行为表现，虽然不同学生身上的表现不同，但总体来说，分为两大类：外向性问题行为，是直接干扰课堂正常教学秩序的行为；内向性问题行为，是对课堂教学活动的正常进行不构成威胁的退缩性行为。在上述学生行为中，学生 H、Y 的身上表现出明显的外向性问题行为，学生 X、Z 身上表现出明显的内向性问题行为。当然，进入高中阶段的学生，更多的是内向性问题行为，有的甚至是两者的融合，既有外向性的，也有内向性的。上述学生行为中，学生 W、L 的表现应该属于两者综合性的。

二、高中生课堂问题行为成因

高中学生课堂问题行为的产生，都是有其根源的。英国心理学家科恩研究认为，课堂问

题行为的原因主要有不安的家庭环境、同伴压力、缺乏科学兴趣等。结合我国基础教育现状及社会实际分析,我认为,目前我国高中生问题行为的形成原因主要有三个方面。

(一) 家庭教育的缺失或无力、社会对未成年人的过度保护

高中生的年龄都在 15 岁及以上,按照人的生理和心理发育规律来看,高中生的理智增强,感性叛逆已经减弱,在向成年人过渡。但从现实中高中生课堂问题行为的高发来看,除开部分学生叛逆期继续延续带来的问题之外,更多的应是家庭教育的缺失和社会对未成年人的过度保护所致。

无视老师的课堂教学秩序,恣意睡觉行为,相互之间说小话,更有甚者讲脏话,顶撞老师……这些外向性问题行为,其实质是学生无视课堂基本常规要求,我行我素,极度自我。这些行为的背后,一方面是家庭教育的缺失或者是无力。尊重老师的劳动,遵守课堂纪律与秩序,充分利用好课堂时间抓好学习,这些基本常识教育是孩子从幼儿园到大学阶段,都应该知道并落实的。但现实情况是,家庭教育在孩子小时候的缺失或者要求不严格,或者宠溺,导致孩子逐渐走向以自我为中心。随着年龄的增长,叛逆期的出现,就加剧了孩子的我行我素。在孩子大了的时候,家长的教育引导已经难具任何效用,以至于不少家长觉得无法再对高中阶段的孩子进行思想教育。面对这样的情况,这样的家庭教育出来的孩子怎么可能成为课堂良好秩序的维护者?

另一方面的原因是社会对未成年人的过度保护。近年来,受一些不良社会风气的影响,孩子在学校里出了任何问题,学校和老师往往成为社会舆论攻击的对象,成为主管部门惩罚的主角。孩子在课堂上出了问题,如果不分青红皂白地把责任推给老师、让老师背锅,就会降低老师管理课堂纪律的积极性,还可能让已然我行我素漠视课堂纪律的孩子更加肆无忌惮。这样对培养孩子遵守课堂纪律的意识是有害的。

(二) 孩子梦想的缺失,佛系的心态,学习的困难,自控力弱

生活在新世纪的孩子,吃穿用度不愁,衣食住行无忧,不少孩子早就没有了 20 世纪七八十年代孩子要通过学习跳出"农门"改变命运的梦想。若说梦想,他们也有,渴望过上有钱人的生活,想轻松赚大钱,等等。但是,他们不是想怎样通过自己的努力去实现目标,而更多的是在空想、幻想。我曾经问过一些孩子,我们这代人不要成为吃低保的人啊。有的孩子竟然回答,吃低保也不错呀!这不得不让人深思,三观不正,缺少追求是多么可怕。没有了远大梦想的指引,孩子在学习中遇到了困难,不是想方设法地克服,而是佛系的心态,拖沓的学习习惯,作业完不成无所谓,成绩好坏无所谓,甚至考试得零分也无所谓。反正我就这个水平,这种状态下的孩子,你能让他在课堂上争分夺秒地学习?告诉你,不打瞌睡,不扰乱课堂秩序,就已经是好学生了,你还能要求他悬梁刺股,孜孜以求?

学习上的困难让曾经心怀远大梦想的高中生与梦想渐行渐远。进入高中以后,随着学习任务的繁重,一些学习基础和学习习惯本就不好的孩子,越来越不喜欢学习,当智能手机的吸引力远远超过课本学习时,他们便一头扎进游戏、网络小说、短视频等娱乐中,以至于深夜仍乐此不疲,进课堂学习也就成了这类学生的副业,成了他们日渐厌恶的包袱,自然的,课堂上昏昏欲睡成了家常便饭;更有胆子大的,课堂上偷偷摸摸地玩起了手机,打起了游戏。有这么一句话:要想把一个孩子废掉,就给他一部智能手机。这不是危言耸听,这是客观现实中反复被验证了的真知。对自控力弱的孩子而言,又有什么学习兴趣能超过智能手机的诱惑呢?

三、高中生课堂问题行为对策

面对目前越来越突出的课堂问题行为,面对越来越高的教育教学质量要求,我们要采取什么样的策略来应对呢? 对此,我认为应该多管齐下,综合施治,才能逐步解决。

(一)社会、学校、家庭形成合力,营造尊师重教的良好氛围

古代教育著作《学记》里说:亲其师,信其道;尊其师,奉其教;敬其师,效其行。一个社会,不尊师重教,不可能办好教育,不可能真正提高教育教学质量。孩子的教育出了问题,原因是多方面的,不能把责任都归因于学校和老师,更不能因为个别不负责任的老师的不当言行而否定整个教师群体。

当务之急的是社会、学校、家庭形成合力,营造尊师重教的良好氛围。社会媒体,尤其是官方媒体,要大力弘扬尊师重教传统,树立正面标兵典范,不要大肆报道个别不良老师的不良表现,尤其要审慎思考任何一篇负面新闻带来的恶果;政府部门应采取具体措施,全面落实《中华人民共和国教师法》规定的老师待遇,包括社会地位、经济地位等,让老师职业成为社会羡慕、人人敬重的职业;教育主管部门,为老师正常教育管理行为担责,勇于为老师的正常教育管理行为站台,成为老师正常教育管理行为的支持者;公检法等职能部门,加大对校闹事件的严肃处理,让相关闹事学生家长、学生受到相关法律的严惩;学校要加大力度树立老师正面标兵,开展具体活动,形成校园尊师氛围,并根据有关制度,加大对违纪违规学生的教育惩治力度;家长身体力行,从言行上尊重老师,热爱老师,做孩子的榜样,并教育自己的孩子尊重老师的劳动,热爱老师的职业。

只有社会、学校、家庭形成合力,营造尊师重教的氛围,才能够除去老师心里的魔障,改变老师怕管学生的现状,从而让教育走上良性发展轨道。

(二)老师要积极进取、敢管善管,不让课堂问题行为蔓延

第一,身为老师,认真教书育人是本职工作。因此,作为一名老师,首先要有积极进取的态度。你应该做的是积极面对学生课堂问题行为,你要思考学生在你的课堂上出现问题的原因,你要去寻找解决课堂问题行为的方法,而不是怨天尤人,整日说三道四,更不是不闻不

问,冷血以对。常言道,方法总比问题多。只要肯动脑筋,只要常去关心沟通,我想,冰块也总会被焐热的。此前,曾读过一篇文,讲的是当今一些老师对课堂问题行为学生的处理采取的是冷暴力,即对问题行为学生不闻不问,冷眼相待,任其在课堂上肆意睡觉,自由生长,还美其名曰"你把老师抛弃了""不和你老师一样",这种冷暴力比打骂体罚学生有过之而无不及。造成这种现状,有老师明哲保身的心态作怪,也有老师泯灭职业责任的因素存在。因此,身为老师,既然决定站在三尺讲台,那就要保持一种积极进取的态度。

第二,老师要敢管善管。课堂是师生的课堂,是教学的主阵地,是提高教育教学质量的根本场所。从操作层面讲,如何敢管善管,则是杜绝课堂问题行为的重中之重。首先要敢管。老师不能因为学生调皮难缠、不好对付就不管,也不能因为家长性格蛮横、不讲理就放任学生。在高中阶段的孩子,懂事明理的占绝大多数,有问题行为的占极少数。我们要敢管,除开责任外,还是因为这些孩子需要成长。他们或缺少关爱,或习惯不好,或自尊心太强,或成绩基础太差……总之是某些问题的聚集,使他们成为问题行为学生。但我们应相信,他们本质上并不想成为问题行为学生。其次,老师要善管。课堂问题行为的成因是复杂的,针对不同问题行为,采取不同对策,总有解决之道。前述外向性问题行为学生,他们的性格常显得较张扬,颇为自负,我行我素,自尊心极强,自律性极弱。针对这部分学生,老师要注意在课堂上维护学生尊严,他们在课堂上出现的问题,尽量在课下多做沟通引导,少在课堂上当面指责,避免出现情绪的对立,影响课堂教学。在课下多花点时间在这部分孩子身上,和他们交朋友,关心他们的学习生活,关注他们的心理需求,指出他们身上的问题所在,相信通过一段时间的引导,这些外向性问题学生的不良行为,将会逐步解决。而对于内向性问题行为学生,问题行为主要是学习习惯差、学习基础薄弱、学习信心不足所致。针对这部分学生,更多的是从培养他们的良好习惯入手,鼓励他们,提升他们的信心。总之,针对不同对象,采取不同方法,因材施教,这才是善管的精髓。

课堂上师生的关系是微妙而复杂的。既是对等的,又是不对等的。老师对待课堂问题行为的态度和处理方式,带来的结果会迥然不同。积极主动去处理,课堂问题行为将会被遏制,课堂问题行为就不会蔓延。

(三)学生要敢于追梦,积极参与课堂学习

学生作为高中课堂不良行为的主体,要主观上有所认识和改变。身为学生,定位好自己的身份角色,课堂上,要有纪律意识,不要目无师尊,要尊重老师的劳动;要有尊严意识,破坏老师的劳动成果就是在伤害自己;要有责任意识,课堂上认真学习就是对自己负责,对父母负责;要有自律意识,违纪违规的事情坚决不做。

学生阶段,要树立起自己人生的远大梦想,要有自己的职业规划。虽然衣食无忧,但不能鼠目寸光。在要敢于奋斗的年纪,就不要贪图安逸享乐。正如习近平总书记所说,青春是用来奋斗的。高中,作为青年的起始阶段,就应该努力奋斗。因此,敢于追梦,积极参与课堂学习,就是破解课堂不良行为的利器,就是解决学习问题的良方。而梦想的激发,需要外部的因素如老师的引导,内部的因素如自身的觉醒。

总而言之,高中生课堂问题行为产生的原因是复杂的,但不是毫无办法可言的。只要找准病因,多管齐下,因材施教,一定能破解目前课堂问题行为激增的难题,也一定能抓好高中教育教学质量。

犯错，学生成长的拐点

李　荣

总忘不了那个在错误中长大的学生。

记得去年，在开成绩分析会前，张老师突然说了句："李老师，你班祥麟力气好大，一拳头就将黑板砸坏了。""不可能，我怎么不知道呢？什么时候的事？"在煎熬中开完了成绩分析会，我急躁的心也平静了很多。这个孩子老毛病怎么又犯了？以往教育这孩子的一幕幕浮现在我眼前。

一、家校联手驱走心中的阴霾

高二文理分科后，我接手了全年级"最糟糕"的一个班，而祥麟就是班上领头的比较"跳"的那个。刚接触这个孩子时，我觉得他虽然成绩不好，但还是有优点的，比如讲义气，有担当，重情义，爱打篮球，很会处事，平时和同学关系不错，性格很开朗。但他有个最大的缺点，脾气很急，特别容易暴躁，而且有时看不起老师，当着我的面说他以前老师如何糟糕。就此事我和他谈了一次。我打电话向他的父亲了解情况，知道了他的成长经历，对他格外关注。

通过这次谈心，我知道这个孩子本质并不坏。在以后的日子里，我继续关注他，并不断鼓励他好好学习，又增设他为班委，让他管理别人的同时管理好自己。在这人生的拐点，我想带领他走出成长的阴霾。

二、短信、日记——家长、师生交心的桥梁

自古好事多磨难，之后不久的一件事使我意识到这个孩子让他管住自己真不是件容易的事。祥麟特别爱好篮球，为了打篮球，他不惜逃课，我曾找过他多次，告诫他不要因为打篮球耽误上课。他却经常管不住自己，瞅着机会就跑了出去。我想这次我不能只进行教育，因为这种不学习、随便翘课的风气刹不住，就会在班内造成很坏的影响。于是我采取了"小事化大"的战术，我将他的旷课情况做好记载，并告知了他的家长。我想和他父亲一起教育他，但这种方法似乎并不奏效，他表面上承认了错误，但是我从他的眼神中感到，我并没有达到成功教育他的目的，反而是让他对我有了成见，这让我心里蒙上了一层阴影。

果然在他的周记中，我读到"老师，我再也不相信你了，我把你当朋友，你却'出卖'了我"。我心中一惊，很想找机会给他解释一下。然而奇怪的是，自此以后，他收敛了很多坏毛病，不再让我抓住他的小辫子，但每次看我的眼神中都有一种埋怨和不信任，让我和他的师生关系越走越远。这并不是我所希望的。

三、家访——走进孩子心灵的捷径

著名教育家苏霍姆林斯基说过:"有时候宽容引起的道德震动比惩罚更强烈。"为了真正走进祥麟的心里,我想到了家访。于是我利用周末,避开孩子,找到家长了解情况。直到那天我才知道,祥麟是单亲家庭,父亲管教相当严格,管教方式简单粗暴,孩子不得反抗。回校后我决定找孩子深谈,化解孩子心中的误解。"祥麟,近段时间你表现不错,老师想给你重任,帮助老师管理班级,让你当我的小助手,不知你想不想给老师分忧?"他满眼迷惑,在得到了我肯定的眼神后,他点了点头。"老师知道你是一个孝顺善良的孩子,父亲生病你全程照料,在校犯错了,你不想家长知道,你有一颗体贴的心,不想父亲操心;但是你想过没有,你旷课打篮球,老师不管,其他学生就可能效仿,万一发生意外,家长会难过,你又将老师置于何地?"给他时间沉思后,我开始转变谈话角度,谈到了我自己,也谈到了他身上的毛病,谈到了他的未来、他的人生……我对他说:"现在能够直言你缺点的人,才是真心为你好、真正关心你的人,我只是想在我的能力范围内帮助你们每一个人实现自己的理想……"祥麟边听边点头,虽然这次他没怎么说话,但是我感觉他真的听进去了。从那以后,祥麟好像变了一个人似的,上课认真了,很多好的习惯也都逐渐养成了。

在这关键的高三,学习压力这么大,祥麟怎么会把黑板砸坏呢?犯错是学生成长的拐点,我想利用好这次机会,让他成长。是啊,每个人成长与成熟的过程,同时也是犯错与改错的过程。

成绩分析会一结束,祥麟就向我的办公室走来,我不露声色,看他怎么给我说"老师,我昨天心情不好,把黑板弄坏了,不要告诉我爸爸,我用自己的生活费赔。""赔偿黑板的费用不是一个小数目,你的生活费用来赔了,你怎么办呢?""我以前存有一些,现在我每周节约50元,一个月后我想应该够了吧?"我说:"你主动认错,说明你是一个有担当的人。我曾听说你上大学以后就要去参军,那就更要学会控制自己的情绪哟。"祥麟同学很惊讶我还记得他以前说过的理想,高兴地点点头说:"老师,不会再有这样的事情发生了,我一定会努力的。"

这次他在周记中将事情的经过详细地写出来了,他说:老师,我是真心地感受到了,您是站在我的角度为我的未来、我的人生去思考,是真心帮助我,是值得我信任的人,老师,谢谢您! 对于事情的缘由我不想过多地揣测真伪,孩子知错能改就是我最大的欣慰。于是我在他的周记上写道:如果你去参军,你一定是出色的军人。

我私下和孩子的家长交流了意见,以高三学习紧张为由,适当增加一点生活费,装着不知,善意的谎言让孩子学会节约,有担当也不是坏事。

高考后,祥麟如愿考上了一所本科院校,距离他的军人梦想又进了一步。犯错犹如人生的拐点,正确的引导能让学生在人生中找到最短的距离。抓住学生犯错这个契机,处理得当,老师也有很多意外的收获。

唯有家校共育,唯有用爱的教育,才能在学生成长的拐点架设起一座通向心灵的桥梁,成就学生的美好人生。

庖丁解牛与班主任德育工作启示

——落实核心素养，提高工作效能

刘　静

核心素养以培养"全面发展的人"为核心，分为文化基础、自主发展、社会参与三个方面，综合表现为人文底蕴、科学精神、学会学习、健康生活、责任担当、实践创新六大素养。德育工作无疑是培养学生核心素养的重要途径，班主任将发挥重要作用。

一、班主任德育小故事

新的高一又开始了，班上的新同学浑身洋溢着青春活力，有几个男生因为上课乱接话被英语老师告了"黑状"，作为班主任的我立刻惩罚了这三个调皮的男生，每人写1 500字的检讨书。意外的是，三个男生很坦然地接受了这一惩罚，用了一个晚上的时间写了洋洋洒洒的三页纸，第二天一早便放在了我的办公桌上。读着这三封"长信"不知不觉被他们真挚的态度感染了——虽然我惩罚了他们，但他们不但没有记恨我，反倒满怀真诚地忏悔，这在现在的学生中间确实不多见了。于是，我决定给他们回信。

（一）给周耀同学的回信

小耀耀：

见信好！

昨天送你奶茶的时候，你问我喝不喝，听闻我从来不喝奶茶你才肯接受，说明你是一个顾及他人感受的"小暖男"，这样的你很可爱！但是你可不能仗着老师说你可爱就在课堂上面乱讲话哦！

这次受惩罚希望你心里不要怄气，相信在不久的将来你可以邂逅更棒的自己！

相信你的刘老师

（二）给段佩宏同学的回信

小段：

见信好！

第一眼见你就觉得你是个很聪明的男孩子。你的爽朗和敢说敢做的性格很有男子汉气魄。希望这样的你不会因为老师小小的惩罚就觉得老师不喜欢你，恰恰相反，我很欣赏你灵活的头脑和活泼的性格。希望你以后能多一分诗人式的沉思，这样会更有利于对知识的消化和吸收。

我相信小段在不久的将来一定可以遇见更棒的自己,加油!

看好你的刘老师

（三）给喻良程同学的回信

小喻:

　　你好!

　　第一眼见到你便觉得很投缘哦!报到那天你等在路边一直到我工作结束,我让你去吃饭可你偏不,于是我让你去保管室领取了清洁工具,下午我们再次集中的时候,教室的清洁工作已经做好了,初次遴选班干部的时候你也毫不推辞地接受了生活委员的担子。谢谢你为大家做的这一切!

　　人无完人,老师心里会原谅你过往的小小错误,真诚地希望你每天都有新的进步,并且与老师成为好朋友!

祝福你的刘老师

　　当天晚自习的课间,几个男孩子跑过来对我鞠了一躬,我知道他们心里并没有怀恨,是充满阳光的。一封小小的信笺不但化解了师生之间小小的嫌隙,而且增进了我们之间的感情,让我体会到作为班主任老师春风化雨、润物无声的教育魅力。这几个孩子透过一封小小的书信看到了"班妈妈"对他们的爱与信任,从此他们对班集体也更加有爱、有归属感,也许这要归功于正面引导的力量,爱的力量,这也是班主任工作本身的幸福感和归属感。

二、抓住学生心理需求的"痛点"

　　我执教满五年,三年的班主任经历,相较于参加工作初期的那个阶段,无论从心理状态还是工作方式,目前这个阶段的我已经更加成熟稳健,没有了意气用事、血气方刚,更多的是设法不动声色,以智取胜。以上三封短信写于我第二次班主任经历,那个阶段的我时常被同学们冠以"班妈""静妈"的称号,我想这与我温和的语态以及春风化雨的工作方式有关,一定程度上是对我这个班主任的一种肯定,所以我还是很欣然地默许并接受了这样一种称呼。想想自己刚刚参加工作那会儿和学生闹得水火不相容的状态,此时此刻的我已经很满足了。接下来的问题是如何在情感和理智之间取得平衡,利用女老师特有的温柔,让学生既怕又爱,让班级建设井井有条。

　　如何抓住学生心理需求的"痛点"成为我思考的一个重要方向。"痛点"就是核心需求,针对每个学生成长过程的差异性,"痛点"的表现也不尽相同。有的学生希望被爱被关注,有的学生希望老师少关注他而创设有利于自己学习的良好环境,但大多数学生都会对"有爱"的老师大加赞赏,所以老师的严也是为了爱。

　　基于这种理念,我一开始还是严字当头,积极打造健康有序、严肃活泼的班风班貌,但是偶尔我会让学生们发现我隐藏在乌云下面的阳光,就像刚才提及的这几封短信,可想而知,这些同学看到信的时候一定是幸福又紧张着,因为平时严厉的"班妈"竟然会用知心大姐姐式的口吻和他们调侃对话,当他们被感动着、信任着,直到完全被"驯服"之后,很多问题都将迎刃而解,例如纪律和学习。

三、班主任制度和核心素养建设的关系思考

目前,高中学校德育工作的重担还是落在班主任的头上,班主任对学生发展的责任被过分强调,因此班主任老师工作压力大、负担重,这直接导致学校的老师被委以班主任重任的时候,会表现出强烈的不想干、不愿干、不敢干的情绪。鉴于此,东部地区一些学校进行过一些改革,例如让学生自主管理,或者实行年级辅导员制等。

新高考形势下,结合我校实际,目前行政班仍被保留,班主任制仍是主流,短时间内期望实现学校班主任制度的巨大变革是不现实的,因为学校德育资源的整合很大程度上依赖班主任这个队伍。但是,很多青年班主任确实有一些苦不堪言的经历,工作效能感低,压力大,是他们普遍的困惑,而这些困惑大多来自工作中的不得法,古人庖丁解牛,"三年之后,未尝见全牛也""依乎天理,批大郤,导大窾",久而久之,庖丁可以游刃有余,解全牛而不费吹灰之力,"以神遇而不以目视"。庖丁解牛的故事让我联想到身边的许多资深老师,他们大多已经具备了游刃有余的功力,在实际的育人经历中事半而功倍。例如,曾经有一位班主任老师让她班上的几个男同学打扫老师办公室的清洁,原因是他们在寝室清洁卫生评比中得分较低,很多同学在生活的责任担当这方面确实表现较差,尤以男同学为甚,班主任对他们生活纪律、卫生纪律的要求何尝不是训练他们用自己的双手打造自己的健康生活,履行自己的责任?

作为一名语文老师,用语言文字浇灌课堂是增强学生的人文底蕴;学校开展丰富多彩的"六个一"校本课程旨在培养学生的科学精神和实践创新能力;授人以鱼不如授人以渔,教会学生求知的方法最重要。每一位老师都是学校德育工作的重要资源,发挥好自己的能力,利用手中的教鞭,用充满温度的爱心和广博的经验为学生的核心素养落实绘上美丽的彩虹,作为学生成长路上美丽且温暖的背景!

参考文献

[1] 王祖亮. 德育导师制:中小学德育工作的新模式[J]. 基础教育研究,2014(2):12-14.

[2] 姜玲. 核心素养背景下的高中德育工作实践与探究[J]. 学周刊,2018(4):32-33.

[3] 付辉. 中小学班主任制度变革的新进展与前瞻[J]. 教育学术月刊,2016(11):20-26.

展诗词魅力　探哲理奥妙

喻春花

　　郭沫若有言:"诗人与哲学家的共通点是在同以宇宙全体为对象,以透视万事万物的核心为天职,只是诗人的利器是纯粹的直观,哲学家的利器更多一些精密的推理。"可见,诗是感性的哲学,哲学是理性的诗。中国诗词博大精深、灿若星河,蕴含丰富哲理。因此,把诗词融入哲学课堂,既能展现中华诗词文化的永久魅力和时代风采,又可以营造诗意情境,将抽象的哲理具象化,使枯燥的课堂诗意化,让学生在诗情画意中问辨宇宙、感悟人生、滋养心灵。

一、以诗词为引,激趣课堂

　　美国著名教育家和心理学家布卢姆认为:"学习的最大动力,是对学习材料的兴趣。"可见,想要有效激发学习动力,充分调动学习兴趣,选择学生感兴趣的学习材料是关键。诗词是我们民族的文化精髓,是植根于我们中华儿女心中最深沉的文化基因。因此,以诗词为引导,创设诗意情境,能充分激发学生强烈的求知欲望,进而提高课堂教学的有效性。

　　古代文人聚会宁静风雅,三五好友或闲谈风月、饮酒吟诗,或赏花赋词、怡然自得。一边游玩一边品诗,好不快哉! 因此,以诗词为游戏内容,寓教于乐,兼具知识性、思想性、艺术性、挑战性,趣味无穷,能快速地调动学生的积极性,吸引学生的注意力。例如,在教学"意识具有能动性"这一较为抽象的课题时,笔者设计了"唐诗宋词汇群英,十二宫格展身手"游戏导入新课,要求学生在 15 秒钟内识别出七言古诗一句。

鱼	尺	千	花
上	犹	桃	潭
流	鳜	有	水

　　"时间限制"加"巧妙神坑",让学生欲罢不能。游戏伊始,学生的兴趣就被点燃,求知欲被激发。学生们有的静气凝神,掩卷沉思;有的三五成群,探讨沟通;有的信心满满,举手欲答……通过这个小游戏,学生们的学习热情高涨,在游戏中深刻体会到了意识活动的三大特征:意识活动具有目的性、自觉选择性和主动创造性。将抽象的哲学知识融入诗词游戏中引入新课,能激趣课堂,提高课堂教学的趣味性和实效性。

二、以诗词为媒,激活哲理

　　诗中蕴理,理中有诗。哲理诗的"理"在情景中而感发,内容幽远奥妙,把诗的形象性和抒情性有机结合。我国的许多古典诗词富含丰富哲理,诗人将生活诗化,蕴人生智慧于诗词之中,传达理趣。例如李白的《日出行》、杜甫的《春夜喜雨》、苏轼的《琴诗》……高中哲学概念比较抽象,内容较为晦涩,对缺乏相应知识背景和生活体验的高中生来说理解起来有一定难度。因此,高中政治教师应采用学生喜闻乐见的方式来展现、阐释抽象的哲学概念,将抽象的哲理具象化、晦涩的知识浅显化。诗词语言虽简但意蕴深远,以诗词为媒介,将复杂抽象的哲理融入诗词的讲解中,由易入难、化繁为简,这也是尊重学生思维认知规律的具体体现。

例如,在教学"运动与静止的辩证关系""矛盾就是对立统一"时,笔者选用了诗人王籍的名篇《入若耶溪》中"阴霞生远岫,阳景逐回流。蝉噪林逾静,鸟鸣山更幽。"两句作为题材背景设计议题展开教学。诗人泛舟若耶溪,抬头仰望,晚霞从远处缓缓升起;俯身低察,阳光照耀着蜿蜒的河水。一阴一阳、一远一近、纵横交错,却写出了若耶溪的清幽空寂、和谐美好。由色及声,接下来诗人侧耳倾听,蝉声高唱,鸟鸣声声,树林却显得格外宁静、清幽。诗人摒弃传统的以静写静的写作方式,反其道而行之,以动写静,动静结合,却越发衬托出山谷的空灵幽静。钱锺书先生指出"寂静之幽深者,每以得声音衬托而愈觉其深"。有了知了的鸣唱,山鸟的啼叫,山林才愈加幽静。晚霞、远山、阳光、溪流、蝉叫、鸟鸣、树林、青山,诗人把身边的一物一景融入诗中,以景入情,抒发远离尘嚣、回归山林之感。这阴阳远近之间,蝉鸣鸟叫之时,动静结合之际,一幅和谐美好、宁静悠远的画卷映入眼帘。解读到这里,学生很容易就能理解运动与静止的辩证关系:运动与静止是辩证统一的,任何事物都是绝对运动与相对静止的统一。同时,通过阴阳明暗、远近纵横、噪静鸣幽之间的对比,学生能清楚地感悟到:矛盾就是对立统一。矛盾双方相互依赖、相互贯通,统一离不开对立,对立也离不开统一。在探究活动中,诗词与哲学完美渗透,学生既体验了诗词的文字美、意境美、韵律美,也感悟到哲学的思想美、人文美、厚重美。

三、以诗词为阶,激发思维

体现思维品质是学科核心素养的应有之义。布卢姆将认知领域的教育目标从低到高划分为六个层次"识记、领会、运用、分析、综合、评价"。前三个层次属于低层次思考,后三个层次处于高层次思考。这就要求学生在掌握基础知识的前提下学会知识的迁移,对知识进行分解和构建,从而做出正确的价值判断和行为选择。高级认知问题更能激发思维,培养学生的思维能力与品质。因此,教师在问题设计上,应层层深入、环环相扣,问在学生的难点、疑点、盲点、痛点,引导学生深度挖掘,在辨析、质疑、探究、论证中发展高阶思维。

例如,在讲解"运动是有规律的"相关内容时,笔者截取了李白的《日出行》"草不谢荣于春风,木不怨落于秋天。谁挥鞭策驱四运?万物兴歇皆自然"。笔者将此诗作为议题,并据此设计了如下问题。问题一:草木荣落不谢春风、不怨秋天,为什么?问题二:太阳东升西落,天道四季循环,是谁在挥鞭驱策?是否有超自然的神在主宰?问题三:此诗说明怎样的哲学道理?问题四:李白认为万物兴歇皆自然,是否意味着我们在自然规律面前无能为力?

问题五:请列举能体现"运动是有规律的"这一哲理的诗词。

以上问题层层深入,设问环环相扣,问题具有开放性、思辨性,通过剖析事物的本质属性,引领学生在探究、思考、辨析后,实现知识的有效迁移。

四、以诗词为底,激扬人生

子曰:"诗可以兴,可以观,可以群,可以怨。""兴观群怨"是孔子对诗词的审美、认识和教育三大社会作用的高度凝练。诗歌可以引发情感、明理言志,可以认识风俗民情、人世盛衰,可以沟通情感、促进和谐,可以针砭时弊、抨击苛政。可见,诗词是激发学生情感共鸣、提高学生审美水平、滋养学生人文情怀、熏陶学生美好人格的宝贵资源。教师可以在哲学课堂上巧妙引入诗词,激励学生明理言志,激扬青春,让优秀传统文化作学生生命的底色!

例如,在教学"实现人生价值"的相关内容时,我们可以导入《次北固山下》"潮平两岸阔,风正一帆悬",青年前途远大、前景广阔,当树高度自信,立鲲鹏之志;可以引用《放歌行》"青春虚度无所成,白首衔悲亦何及",人生短短数十秋,时间流逝无影踪,因此,青年当抓紧时间苦练本领、增长才干,以此来引导学生树立珍惜时间、奋斗当下的情感;可以吟唱《行路难》"长风破浪会有时,直挂云帆济沧海",理想是黎明前的启明星,在黑暗中指引前行的方向,因此,青少年当志存高远、乘风破浪;可以赏析《塞上曲·汉家旌帜满阴山》"愿得此身长报国,何须生入玉门关",爱国主义是中华民族精神的核心,是中华儿女精神空间的最大公约数。通过赏析爱国诗词,引导学生把个人的成长成才与祖国的兴衰荣辱紧紧地连在一起,用高昂奋进的爱国情感鼓舞中华儿女为祖国的繁荣昌盛不懈努力、艰苦奋斗!

习近平总书记强调:学诗可以情飞扬、志高昂、人灵秀。诗词是诗人美丽生命、美好环境与美妙情感的有机结合,是滋养泽润学生人文素养、道德情操的文化沃土。让我们引领学生在诗意之美、哲韵之丰中感受唐诗宋韵的永恒魅力,探索哲理的无穷奥妙!

参考文献

[1] 吴小如,等.汉魏六朝诗鉴赏辞典[M].上海:上海辞书出版社,1992:1137-1138.

[2] 钱锺书.管锥编[M].北京:中华书局,1979.

[3] 黄伟.指向深度学习的法治意识培养[J].思想政治课教学,2019(3):13-16.

抬起头来，孩子

胡明霞

一、认识不一样的学生

那是一个忙碌的九月，我迎来了新一届高一学生，当我走进教室时，全班同学响起了热烈的掌声，孩子们露出了喜悦的表情，用期待的眼光看着我，只有一个同学耷拉着脑袋，趴在桌子上。我走过去敲了敲他的桌子，他抬起头来望着我，只见他脸上没有什么血色，头发有些蓬乱，衣服也不太干净，特别是眼神是那样暗淡，我轻声地问道："怎么了？"孩子没说话，稍稍挺直了身子。简单地做了一个自我介绍，接着我就用握手的方式认识了同学们，大家都兴高采烈，伸出了稚嫩的、热情的小手，当我走到他旁边时，他很不情愿地伸出了手，刚握住然后又迅速地抽了回去，我明显感受到那手比同龄孩子的手粗糙些。

这是一个怎样的孩子？我迅速地回到办公室，拿起报名册找到了他的名字，孙杨，家住巴南区，只见母亲的那一栏空着，父亲的那一栏写着"务农"二字，"孙杨，怎么连母亲的名字都不写"我一个人自言自语道，恰好被一个到办公室里来抱本子的高年级同学听见了，他走了过来，对我说："老师，孙杨在你们班？我们是一个地方的，他的妈妈早在几年前就生病死了，他爸也常常在外面打工。"我有些诧异地望着他，他说完就立即转身走了。原来是一个没有妈妈的不幸农家孩子，我的鼻尖有些酸楚，内心沉重了起来。那稚嫩的双手该承担怎样的压力，那灰色的阴霾该怎样去驱散！

二、给予不一样的对待

有的人的起点或是云层之巅，良好的环境注定孩子一生顺利，可有的人起点或是池塘之底，一出生就面临着人生的磨难，但如果你给他筑造一个美好的梦，用心呵护那些植入土壤的根须，孩子也会变成天使，长成参天大树！很快我发现他的成绩不怎么好，作业书写乱七八糟，可是我每每批改这本作业的时候，我都不忍心去要求孩子重写，我都会画一个大大的红钩，打上优良的等级，我希望这红色的勾和优良的等级能给孩子带来一些色彩，针对孩子的学习情况，我把孩子编在了第一排，上课时，时刻用微笑的眼神提醒他一定要专注，下课时，我总是在他的座位前驻足一会儿，问问他的生活情况，我会像魔术师那样变出一个苹果、一盒牛奶或是一个鸡蛋送给他，这些对其他孩子来说算不了什么，可是在孩子每周只有80多元的生活费中就有些奢侈了，他常常会微笑着说"谢谢"。我常常送些教师的饭票给孩子，但孩子不是每次都接收，他常常说够了够了。

三、利用"知行统一"的活动进行思想教育

为了营造一种良好的学习氛围和培养学生的主动学习行为能力,我常常利用"知行统一,重在导行"的集体活动对学生进行思想灵魂教育,同时在活动中,我都有意识地让他成为活动或者舞台的主角。记得在一次以"坚持下去"为主题的班队活动中,我要求每一个小组展现一个表达坚持的节目。轮到孙杨组的时候,他们小组六人合唱演绎了一首《倔强》的励志歌曲,全班同学响起了雷鸣般掌声。同时他们小组成员也分享了各自的故事。他们特别分享了孙杨同学坚持早到,坚持主动为小组劳动的励志事件,大家积极为平时喜欢默默付出的孙杨点赞。也许正是因为这些温暖的集体鼓励,孙杨同学的眼睛更有光彩了。于是他也将坚持的事情做到了极致。慢慢地,我发现他还在坚持大声朗读,坚持独立思考,坚持每天背单词等,给小组起了很好的示范作用。每当我闲着无事时,总要走在他旁边和他调侃一下,他也似乎变得活泼而又有些幽默了。

四、收到不一样的礼物

一学期下来,他的成绩进步很快,由最初的倒数几名升到了班上的前几名,而且在理科方面感觉特有天赋,有时理科老师就让他当小老师,为大家讲题,慢慢地,他开朗了起来。放寒假时,同学们都早早地离开了学校,他硬要坚持在学校多留宿一晚,第二天他离校时悄悄地在我的书桌上放了一个小盒子,等我发现时孩子已经回家了,我小心地打开盒子,原来是一双用红色毛线织成的手套,里面有一张用不太整齐的字写成的小纸条:老师,天气寒冷,我也为你编了一双手套,因为我记得以前妈妈的手在冬天常常会长冻疮。看着有些歪斜的小字,有些粗糙的并不太美观的手套,我早已泪流满面,因为这是我收到的最温暖的礼物。

五、班主任工作的启示:拥有最真诚的爱心

突然间我想到了乡下农村的那棵已经有一米多高的小橡树,几年前小橡树原本生长在小路旁边的一块陈旧的瓦砾上,来来往往的行人踩过了它细嫩的幼枝,几条短小的根须暴露在外面。如果不管它,不是被路人踩死就是根须吸收不到养分而干枯死掉,不可能成为参天大树。于是我小心翼翼地连根带土挖出了小橡树,把它移栽在一个安静而又宽敞的角落里。如今它已经长得郁郁葱葱,因为我知道这棵小橡树就像我的学生一样,是世界上独一无二的,小心呵护,定能长成参天大树!是啊,李镇西老师在《爱心与教育》中谈道:"爱学生,就必须善于走进学生的情感世界。而要走进学生的情感世界,首先就必须把自己当作学生的朋友,去感受他们的喜怒哀乐。"李老师对学生的爱是无微不至、不由自主地表达出来的,课堂上的互致问候、课余的活动和辩论、生活中的关心和提醒、生日的祝福,他对学生无私的爱,必然赢得了学生爱的回报,他时常为自己的学生所感动着。同时爱心还表现为对学生的赞美与宽容,尊重孩子的成功,哪怕是微小的成绩也要放大真诚地赞美;犯了错,要细心教导,让这种无声的严厉的爱深植学生内心,以免再犯类似错误。有人说慈悲是禅师的本性,

那么爱心就是教师的本性。苏联教育家苏霍姆林斯基说过,要想看到最美的生命花朵,就不能忽视那些深植在土壤中的细小的根须,没有这些根须,生命和美丽就会凋谢。对学生来说,那些深植在土壤中的细小的根须就是向上向善的人生梦想,而我们教育者就是要千方百计地给这些根须提供滋养,用心呵护,让每一条根须深扎大地,茁壮成长,使每一棵幼苗变成参天大树!

参考文献

李镇西.爱心与教育[M].桂林:漓江出版社,2008.

如何帮助学生分析考试成绩

周兴建

众所周知,考试一直都是现代中学生评价和选拔人才的重要方式之一。上至教育部门下至我们每一位老师以及即将参加中考和高考的学生都非常重视考试的数据。因为,考试数据作为教育的一种有力的分析依据,以至于现代科技的进步,使我们对大数据有了更深层次的认识和处理方式,各种数据充斥在老师和同学们的眼中。然而,尽管数据巨大,可到了学生那里或许就仅仅看到的是自己的几门科目的分数,很难真正认识到自己学习的问题在哪里。这无异于老师们看到的是大"数据",是大厦,而同学们看到的或许就仅仅是自己所学科目的那五六个"数字",犹如几片瓦片而已。所以,作为老师的我们不应该高高在上,而应该俯下身来,站在学生自身发展的角度,去帮助学生寻找大数据下自己的问题,从而在今后的学习中做到有的放矢。

一、传统的成绩分析方式的思考

平时,每当考试完毕同学们总是很期待看到自己的成绩,老师们也希望看到自己所教的班级或者是所教的学科成绩如何。一般,在老师的成绩分析会上,我们会看到很庞大的数据,在学校领导和老师的辛勤付出下,我们甚至可以知道在我们同一层次的学校中各个科目的排名,也可知道班级之间大致的区分度。到了每一位任课老师那里,所获得的信息已经减掉一大半了,再将这已被减掉大半的信息传递给学生的时候,已经所剩无几了。或许,学生听到的更多是整个班级的情况,我们与其他班级的差距和具有的优势等。有的班主任会比较细心地将班级的前几名的名字贴在光荣榜上,进步较大的同学也会上榜,成绩差一些的同学有时候会被找来谈话……

可是,学生是鲜活的,每一位学生在每一次考试中所体现出的问题是不一样的。几十个学生,不应该只有成绩好的人得到鼓励,况且上光荣榜的学生就没有值得思考的问题吗?或许,激励他们是一种很好的方式,但更多的是我们应该实事求是地帮助学生找到自己的有效的值得继续提倡的方法,发现自己不足甚至是错误的方法。找到问题的所在,让每一位同学都能找到一种理性的方式来看待自己的成绩,用发展的眼光来评价自己,用公正的心态来面对自己。只有这样,分数才不会仅仅是对成绩的一种攀比,学生才能把眼光放在自己的身上,找到问题的所在和努力的方向。

二、如何分析成绩数据

（一）如何有效分析各科平均分

可以说很多老师拿到班级的成绩时首先重视的是平均分。其实,这很正常,因为班上有几十个学生我们把他们简化成了一个分数,看起来就省力多了。平均分,能够体现我们班级对该学科的总体掌握的平均水平,能够体现我们班级对该门学科的学习兴趣。我们很有必要将学校的平均分、班级之间的平均分和本班的平均分展现给同学们,这样能够让同学们准确地意识到,我们所学的六个科目中究竟是哪一科整体实力比较强或者弱,能够集中班级的整体力量来克服某一学科出现严重失误的情况。同时,让同学们意识到自己的分数跟平均分的差距,找到集体荣誉感,从而知道自己哪一科没有达到班级的平均水平。

（二）如何系统分析进步与退后

分析学生进步与否,不应该只看学生的总名次的多少,更不能凭我们平时对这个孩子的印象来判断这个孩子是进步还是退步。曾经有一位成绩不是很好的同学说道"本来我和某某同学成绩都是差不多的,可是怎么她80分就是发挥失常,而我考80分就是进步呢? 感觉老师就是不喜欢我……"从这个对话我们可以看到,老师本来是想鼓励这位同学的,但是由于缺乏真实的依据,我们对学生的鼓励有时也不严谨,使得我们的鼓励成了对学生的打击。这是我们很不愿意看到的。有的学生又会觉得自己成绩差一些,或者进步很小,老师很难关注到自己,从而觉得自己无足轻重,学习起来也就是按部就班。有的老师非常害怕打击学生的自信心,即使学生后退了,甚至退步很多也避开不提。其实,这样会让学生处在一种无所谓的学习状态当中,没有意识到学习的问题,待最后成绩下滑得很厉害的时候再意识到这个问题就晚了,就很难将差一些的科目及时地提高了。因此,分析学生进步与否应遵循以下原则:

1. 整体性

分析进步与否应具备整体性。这样可以让同学们意识到公正的感觉,并能够更加坦诚和大胆地来分析成绩。并且,每一位同学每一次考试每一科成绩都是有进退的。

2. 依据性

由于每一次考试的试题难度不一样,所以我们很难直接通过分数体现学生成绩的进退。所以可以以最近的一次考试的单科成绩的年级名次为基础,对比自己成绩的名次,可以看到自己在该科目上成绩的起伏,从而,正确调配各个科目的学习精力。

3. 合理性

成绩的适度波动是很正常的现象,对于在某科目有较大起伏的情况,我们应提醒学生,有较大进步时,帮助他们学会分析这段时间学习科目的方法,或许就是非常有效的;若有较大退步时,提醒他们及时改变学习方法。因为,只有最适合自己的方法才是最好的。只有通过及时的反馈,才能让学生逐步认识,什么是最适合自己的方法。

(三)如何才能准确地给学生定期望

成绩的准确定位对学生来说非常重要,定得过高没有实现会打击学生信心,定得过低会让学生没有追求。所以,我们可以用数据给学生分成绩段落。以高中物理成绩为例:我班有50位同学,能够上100分的有多少人,90~100有多少人,80~90有多少人,等等。我们可以和其他班的成绩分段进行对比,让同学们知道,自己处于哪一个层次、哪一个段落,你的前面还有多少人,其他班级比我们优秀时,是哪一部分同学比我们优秀,精准地知道老师的发力点和学生自己的发力点,从而给自己一个准确的定位,并准确地找到自己的下一个目标,并且这样定的目标更加合理、真实、可行。

(四)如何有效运用"集中度"的信息

很多学校都很重视集中度的信息。所谓集中度,就是将班级里的目标人数作为分母,将该学科在达到目标的这部分人中达到有效分的人数作为分子。可以说这部分同学是属于班级的佼佼者,我们也应该以实事求是的态度让学生知道这个数据的意义、对他产生的影响。比如,该同学已经在目标分数中,但该科目的成绩没有达到有效分,造成集中度不高,这就说明该同学在该科目上应该引起重视,注意调整学习方法和均衡发展。

三、总结

让每一位学生正确认识自己的成绩,并从中发现问题,及时总结归纳方法,从而在不断地尝试中发现自己真正有效的学习方式和不足的学习方式! 这值得我们每一位教育者不断摸索,共同进步!

参考文献

[1] 蔡澄.高师公共教育学课程实践教学体系探索[J].大学·研究与评价,2009(3):85-91.

[2] 瞿葆奎.教育与教学[M].北京:人民教育出版社,1993.

桃李不言，下自成蹊

——记我和我的文科班孩子们

杨 洁

班主任难当，文科班班主任更难当。文科生大部分都是由于学不好理科而学文科的，只有极少数学生选择文科是源于对文科的热爱。学文科的学生往往有种错误的认识，就是文科都是"记记背背"的东西，自己看看也看得懂。因此文科生们时间精力的投入没有理科学生那么多，知识的掌握也比较肤浅。文科班又是艺体生扎堆的地方，这部分学生管理起来异常头疼。第一次当班主任，身为政治老师的我面对的必然是文科班。高一文理分科后，果不其然，我班59位同学，其中艺术生16人，体育生4人，还有6位同学目标里根本没有高考仅仅是奔着出国、单招、参军等目的而来。这样一个班级，我如何"征服"学生，营造良好的班级氛围？学生从他们的途径得知我是第一次当班主任，小心试探着我，我也一直在暗中观察和思考对策。

一个女孩渐渐地进入了我的视线。这个女孩中等个头，长得既漂亮又机灵。分班不久，学校开运动会，其他同学告诉我那个女孩短跑很厉害，我找她来办公室听她的意见，她双眼斜视、双腿抖动，说什么也不参加。但运动会4×100 m接力，她还是站在了最后一棒。她跑得很努力，还差一点摔了一跤。跑到终点，小组第二。站在跑道边的我迎上去，准备表扬她扶一下她。意想不到的是，她头一扭，背对着我，嘴里咕哝着脏话走开了。晚上检查寝室，生活老师一见我就跟我说这个女孩好厉害，脾气大得不得了，出口成"脏"，不敢招惹。我敲门进她们寝室和孩子们谈心，其他同学都愉快地跟我聊天，只有她头也不抬，自己干自己的，对我视而不见。

我和她的正面冲突终于爆发了。冬天来了，学校明令禁止学生使用充电式热水袋。晚自习前，我一走进教室就发现了门口课桌上的电热水袋，这个座位的同学和女孩一个寝室，晚上艺术培训去了。同学们在读书，我没有打断她们径直拿走了电热水袋。第二天班会课上，我正在讲台上给同学们播放电热水袋爆炸的视频，那个女孩在下面突然高声说出"妈×
×"的脏话。教室这样的场所竟然说出这样粗俗的话，我一下子爆发了："你说什么？有没有个学生的样子？"她毫不示弱，跟我对吼："咋子嘛，有本事你打我呀！"我就这样和她争执起来，其他学生和老师来把我俩劝开。气愤的我回到办公室拨通了她家长的电话，通知家长到学校来，准备把她分班后的所作所为全盘托出，到时候和家长一起对她轮番轰炸，把她拿下。家长当天因事来不了学校。真的很庆幸家长当天没有来，让我能够静下心来思考。这个女孩的不雅举动不是一天两天,估计家长以前也到校交流过,声色俱厉地教育对这样的孩子效果不好,很有可能导致她对班主任更有敌意,以后更不好开展工作。第二天家长来学校,我简单地把孩子的行为告诉家长,并和家长约定,我们这一次不再骂孩子,而是尝试表扬孩子,看看她有什么变化。我叫同学找来那个女孩。女孩走进办公室,发现班主任和家长都和颜悦色,她疑惑地看着我们。当着孩子和家长的面,我表扬她运动会为班级做的贡献,表扬她学习成绩的进步,表扬她平常对班级和寝室同学的关心和帮助。家长也表扬她在家里的种种良好表现。女孩母亲说孩子身体不好,洗了头没有地方吹干(为了安全起见,寝室没有安装插头),我也欣然同意她每周可以外出洗头一次。我和家长一起为她提出了一些有益的学习和生活的建议,女孩乐呵呵地走出办公室回教室上课。

变化发生了! 女孩见到我微笑着和我打招呼,她再没有当着我的面在公众场合说粗话,班级的各种文体活动她都积极参加。三年下来,我在我能力范围内给学生空间,学生努力地在自己擅长的方面展示自己:艺术节歌舞《同桌的你》收获全校第一、课本剧自编自演《赵氏孤儿》轰动校园、班级红歌比赛一首《天路》征服全场、科技特长生斩获全国奖项、参加高考顺利完成并超过学校的各项目标。我们班的学生成绩不是最优秀的,但他们的能力是最强的。

高考结束那天聚餐时,女孩走到我身旁,含泪对我说:"杨老师,不好意思,我以前不懂事,惹你生气了!"我和女孩来了个大大的拥抱。最后,班上所有的学生围着老师们,不停地鞠躬感谢每一位老师:"谢谢老师,老师您辛苦了!"这几年练就了强大心脏的我噙着眼泪享受着这无上的光荣与感动。突然,旁边年轻又感性的语文老师放声大哭起来,平静后他对我说:"我发誓,这辈子我一定要当文科班班主任!"

文科班班主任必须是个有心人。班主任应做到细心、真心、耐心,应密切关注每一个学生的思想状态、学习情况,帮助学生健康顺利地度过整个高中三年的学习生涯。非常幸运的是和我搭班的科任老师、家长都很配合班主任的工作。各任课教师也好、家长也好,大家对学生的教育必须意见一致,做到心往一处想,劲往一处使,众人形成合力才能收到思想教育的效果。

当文科班班主任固然辛苦,很多学生学习习惯不好,学习成绩惨不忍睹,但这帮学生重情重义。我用我的宽严相济、我的包容、我的真诚"征服"了他们,也收获了他们的真诚相待!桃李不言,下自成蹊,做有心的文科班班主任!

爱国请从唱国歌开始

李 云

"起来，不愿做奴隶的人们……"这雄壮的歌词、激昂的旋律、整齐洪亮的声音；整齐的方队，饱满的精神，统一的着装，给人一种昂扬向上的力量，这就是我们班的队伍。"本周升旗仪式表现最好的班级有高一（2）班……"团委书记又在为我班点赞了。同学们听着这样的表扬，脸上洋溢着自豪的笑容，看到这样的场景，我不禁想起我班两个月前截然不同的升旗表现。

"升旗仪式现在开始，请全体肃立。奏乐、出旗、敬礼。"星期一早上，主持人清脆的声音在操场上空响起，我班那迟到的周利鹏还在跑动，他想跑到班级队伍里去！操场边做清洁的江钟霞依然在挥动着扫帚，无视激昂的《义勇军进行曲》的召唤，五楼教室外走廊上还有身影呢……看看我班的队伍，有的悠闲地斜站着，偶有小声讲话的、喝牛奶的、吃东西的……齐唱国歌时，情绪低落，没有气势，铿锵有力的国歌成了随性而唱的大众音乐。难道是升入高中忘了规矩……

"今天升旗仪式表现最好的班级……表现最差的就是高一（2）班，在此提出严厉的批评。希望下周升旗不要出现这种情况。"团委书记又在总结性地讲话了，听到这样的点名批评，我非常气愤，脸上挂不住了。心想：这群学生太不像话了，马上把他们留下来，做好了再回教室去，但是我又想到冲动生气下的教育，有用吗？又耽误他们的学习，得不偿失呀。

我强压下心头的怒火，思考着我该怎么办。

我想到了学校班主任工作室，他们专门是为班级排忧解难的。我马上找到班主任工作室的刘老师，让她给我支支招，她建议我先找那几个学生谈谈话，加强教育，让他们认识到升国旗的重要性；我又向学校学生处问询该怎么改变这种现状。他们要求我用班规制度加强约束，从而知道升国旗是神圣的。我决定双管齐下。

星期一下午的班会课，由于早上受批评的不爽还郁结于心，脸上布满乌云的我快步走进教室，学生看到这样的我，知道是升旗仪式惹的祸，全都安静地坐在教室里，有的默默地低下了头，有的耷拉着脑袋趴在桌上，个别孩子一副无所谓的神态，还用余光望向窗外，全都等待着我的宣判。看着这样的学生，我想上午求教来的方法根本无法触及他们的心灵，达不到教育的目的。只有让学生从心里认可了你的教育，才能够让他们外化于行，内化于心。于是我从自身出发来解决问题，"同学们，今天早上的情况，李老师很抱歉，由于我没有把你们教育好，让你们挨批评受委屈了，很对不起大家。所有的犯错我都既往不咎，但是怎样杜绝这种现象的发生，我们必须找到解决的办法。你们说说该怎么办呢？"听到我不追究责任，听到我的道歉,同学们都不相信自己的耳朵似的。一向赏罚分明的我竟然不惩罚他们,还道歉?孩子们互相望望瞅瞅,都怀疑地看着我,然后是雷鸣般的掌声在教室里响起。

"老师虽然不追责,但是我想了解你们当时这样做的心理状况,如实地告诉我,我们才能找到解决问题的办法"我一一询问起他们来。

为了拉近师生之间的距离,避免对立情绪,我用平时的语气问道:"李浩,今天起床晚了吗?升旗仪式你还在吃东西?"

"老师,的确是起来晚了,本来是不想吃的,看到其他班上有人在吃,又觉得升旗不重要,和成绩又没有关系,平时你强调成绩多一些,我想你不会那么认真计较的,所说……下次一定不会了。"

"何颖,今天升旗迟到了,主持人不是叫你们原地肃立,你怎么还要跑回到班上来?"我又问道。

"一个人站在那里,好没面子!全校师生都看到了,不想出名都难呀,况且要扣班级考核分。"

"王林,今天升旗时你们还没把清洁做完?"我又向值日生询问道。

"升旗和我们做清洁有什么关系呢?互不相关嘛!"也许意识到了问题,说得越来越小声。

"同学们,听了他们的犯错动机,你们认为在升旗仪式上该怎么做?怎样来规避今天这样的扣分情况?"

班长首先从座位上腾地一下站起来,说道:"我认为升国旗必须肃立致敬,行注目礼,无特殊情况不得请假,在升国旗时严禁自由活动。因为国旗是国家的标志和象征,尊重国旗就是维护国家的尊严,它是一个国家独立和主权的体现。我们要认真严肃地对待。"

"班长给我们讲了升国旗的意义以及注意事项,但没有从根本解决问题呀!"

教室一下子炸开了锅,有的说不要迟到,迟到的就罚他做清洁,有的说不准吃早餐,有的说做清洁必须在升旗之前完成……我一一加以肯定。

文娱委员何颖腼腆地说道:"老师,我觉得解决今天的这些现象,还是从唱国歌开始……"她话还没有说完,只见刘思祥马上反驳道:"唱国歌,你以为还是小学生哟,幼稚。""国歌又不是不会唱!有什么意思?"张星宇也说出了自己的不满。舒思莹急忙起来声援何颖:"老师,我觉得从唱国歌开始,这个办法可行。唱国歌既可以整顿我们的士气,又能让我们认识到升国旗的重要性,从而让我们从心里改变现在这种不良现象。"这时许多同学也赞同道:"从唱国歌开始。"

我觉得教育的目的已经到达,办法也找到了。于是我问道:"同学们,你们觉得怎样来实施唱国歌呢?"

"找张老师在音乐课上教唱。"有人提议到,我及时给予了肯定。

"老师我们还可以让张老师教我们唱一些爱国励志的歌曲。国歌大多数的人都会唱,只有个别人不会。"皮露说道。我点点头表示赞同。

"老师，我们每天在你的语文课上每日一歌，整顿我们的士气，让音乐来洗涤我们的灵魂。"本以为占用我语文课的时间，我不会答应的，李泓沛特意这样说道。

"这个方法很好，我一定大力支持并推广。你简直和李老师心有灵犀，想到一块儿去了。"我给予这个孩子高度的赞扬。喜滋滋的她不好意思地看了看周围的同学，满意地坐下了。

"叮叮叮"，下课了。以前由我包办的班会课，一改过去的沉闷，在愉快的气氛中结束了，同时还达到了意想不到的教育效果。

于是音乐课上，我班教室是国歌嘹亮，爱国励志歌曲不绝于耳。

"同学们，大家起来，担负起天下的兴亡！听吧，满耳是大众的嗟伤！……"

我还没有走到教室，已经听见我班同学气势恢宏地在高唱着刚学会的田汉聂耳作词作曲的《毕业歌》了。此后，我又在我的课堂上给学生2分钟的时间，进行爱国励志的名曲赏析，不仅让学生会唱这些歌曲，而且让他们学会去感悟体验，从而领会到唱国歌、唱爱国歌曲的真正内涵。

看到他们精神饱满，积极乐观的样子，我很庆幸没有用我的"铁血政策"来解决这次的危机。

从此以后，在升旗仪式上，我班终于与疲沓说再见了，不庄严、不重视现象销声匿迹了。我由衷地为学生们的成长而高兴。

我班"每天一歌"的方案已在全校推广，唱爱国励志歌曲，已在我校蔚然成风。

反思：

爱国主义教育是学校德育教育的基础，是社会主义核心价值观的重要组成部分。我班由于在升旗仪式上表现不好，被全校点名批评。原本准备对他们进行直接的说服教育、强制管理。看到他们不屑的表情，这样的教育起不到作用，即使在我的强压下完成好了，他们也是心不甘情不愿的。于是我及时改变了教育的方式，让学生参与管理、参与教育，何颖、舒思莹的提议让我眼前一亮，终于找到了解决问题的办法。而李泓沛的小聪明，我加以充分利用，让我决定在语文课堂中渗透爱国教育，并且由国歌延伸到爱国励志歌曲，这样爱国的意识在潜移默化中渗透进学生的心灵。教育只有得到他们的认同，唤醒他们心灵的觉醒，才能让他们在做和体验中内化于心，外化于行，才能解决根本问题。

空洞的说教，只是讲大道理，既枯燥乏味，又收效甚微。让学生成为自我管理的主人，育德的价值才能真正体现。

培养学生自主发展能力——学会学习

唐君奇

一、现实背景

现在很多老师都有一个共同的心声,上课自己讲得激情飞扬,可是依然有很大一部分学生自己干自己的,根本不会学习,甚至还影响老师的正常教学。这种现象在普通中学尤为突出,这类学校的学生本来基础就差,学习习惯也不好,长此以往老师会丧失教学的激情,学生也会慢慢地变得懒惰从而产生厌学情绪,直接导致学生成绩越来越差。

二、学生课堂不良学习习惯的表现

显性表现:主要表现为学生上课讲话、看课外书、玩手机、睡觉等。

隐性表现:主要表现为课堂上注意力不集中(左顾右盼、反应迟钝、眼睛发直、人在神不在)、不做笔记、不做练习题、只满足于被动地听、不主动参与课堂教学、课堂思维不跟老师走、对学习没有兴趣、缺乏学习主动性等。

三、学生课堂不良学习习惯养成的原因分析

1. 内因

大部分学生由于文化基础差,课堂控制力差,喜欢讲话,对学习没有兴趣,对课外书籍、手机兴趣浓厚,甚至有"瘾"。还有一部分学生晚上没有按时睡觉,中午也没有睡午觉的习惯,导致白天上课精神不振。他们已经产生了厌学情绪,长此以往就形成了现在的课堂不良学习习惯。

2. 外因

学生课堂学习习惯的养成与老师的课堂教学模式、老师的上课风格、老师的要求、老师的性格、老师责任心有很大的关系,我们时常会看到这样的现象,同一个班,不同的老师上课有不一样的效果。这些现象我们分析有以下几个原因:

(1)有的老师上课一讲到底,语速一样,语调一样,情绪一样,学生听课像听评书一样,可能就会有学生思维跟不上,有的甚至越听越听不懂,中间没有交流消化的时间,长期下来学生就会失去学习的动力,自然就会养成不良的课堂学习习惯。

（2）课堂中没有给时间让学生自己动手动脑，这是问题的关键，课堂的主体是学生，如果老师是主体了，就没有体现学生学习的过程性。学习的关键在于体会感受过程，而绝不是复制粘贴，也不能全部复制粘贴。

（3）老师课前没有对教学进行充分的设计，一节课的容量、一节课的难度、一节课的节奏没有很好地把握，同样会使学生产生厌学情绪。高中学生的接受是有极限的，满堂课都在接受那是要出问题的。何况学生在一天之中要不断地接受知识。

（4）老师的责任心不够，遇到学习习惯不好的学生，没有想办法去主动提醒，而是我讲我的，你听不听我不管。一旦学生上一节课老师没有主动制止，他们也会形成惯性思维。

（5）班级整体的氛围，整个班级的学习风气不好会影响很大一部分学生的学习情绪，近朱者赤近墨者黑。

（6）家庭的影响具有早期性和长期性的特点，其特殊作用是其他影响所不能代替的，不论在学校接受教师、同学的影响，还是走向社会接受领导、同事的教育，都是暂时的、可离的，而家庭影响则是长期的、终生的。

四、良好课堂学习习惯的培养

本文着重强调如何改变课堂教学模式，让学生在课堂上动起来，让他们没有时间和空间干课堂以外的事，从而达到改变学生课堂学习习惯的目的。

1.接收式的满堂灌转变为以学生为主体的主动学习

长期以来，受传统式教学的影响，学生的学习的过程都是老师讲学生被动式地接受，课堂中只有老师的滔滔不绝，没有学生的体验学习，应该让学生在课堂中的"听"转化为学生的"做"。老师的课堂设计不能全是老师讲解、分析，老师只是起到关键知识点讲解清楚，具体解决问题要让学生解决，让他们有时间去探究，去发现解决问题的时间、空间。

2.课堂问题串师生互动式学习

部分老师上课有自问自答的习惯，抛出一个问题，不是问学生，也没有要求学生回答，自己就解决了，学生没有思维的过程就不会有深刻的记忆。我们提倡问题式教学模式，这种模式要求老师备课要精细，一节课就是一个问题串的形式，提出问题、解决问题。解决问题有的需要学生独立解决，有的需要学生讨论解决，这就要根据实际的问题进行分类。老师要准备充分，问题的难度、连贯性、目标性、可执行性都要恰到好处，要让大部分的学生能够完成。这样的要求才可以让学生独立思考，讨论解决才可能进行下去，久而久之让学生养成大胆思考问题的习惯，会对学生思维的发展和能力的培养起到好的作用，引发了学生学习习惯、学习方法发生质的转变。

3.课堂小组讨论互动式学习

教学中应重新分配上课的时间，把大部分时间留给学生去思考、去讨论、去质疑、去总结，充分实现师生间、学生间的互动作用。培养学生有序的小组合作学习习惯。小组自主合作探究学习时，从小组讨论时的坐姿、讨论时的音量高低、听老师点拨时坐姿等进行指导，设置学科小组评比单(从课前、课上、课后三个方面进行小组评比)，提高小组的合作意识、竞争意识。目的是让学生猜想、假设、分析、实验、归纳、概括、交流、结论、评估。改变过去"一言堂""填鸭式"的被动局面，真正体现团结、协作的集体精神，相互学习敢于批评、争论不休的良好学习氛围。但是这样的小组式讨论学习对老师要求很高，开始时肯定会出现课堂混乱、学生不是讨论学习问题、时间把握不准等失控局面，要求我们老师要有把握全局的能力，整个课堂必须要在你的掌握之中，要有一个好的监督体系，建立好奖惩机制，讨论目标要设立明确。长期坚持下去，同组的学生会有监督、促进、提醒等好的做法，有时候同学之间的学习鼓励甚至大于老师的强行要求，同学之间是朋友关系，他们之间会形成一种比赛，你追我赶的约定，这种力量是巨大的。

总之，课堂是学生的，学生课堂行为习惯的改变本质应是老师课堂教学模式改变，我们应该把大量时间还给学生，让学生主动参与课堂，我们应以学生参与度为前提，探索出一种行之有效的课堂教学模式，彻底改变学生课堂不良学习习惯，培养他们自主学习的核心素养。

参考文献

[1] 余文森. 核心素养导向的课堂教学[M]. 上海：上海教育出版社，2017.

[2] 钟启泉，崔允漷. 核心素养与教学改革[M]. 上海：华东师范大学出版社，2018.

用心呵护　为爱坚守

王万莉

教师,是一个职业,更是可以在某个瞬间拯救一个灵魂的事业。我的职业人生也从此起步。

一、如此偏执的他

当得知自己担任初一新生班的班主任时,我是兴奋的、紧张的、忐忑的。终于在8月27日,做好功课的我信心满满地迎接新同学、新希望、新未来。但是,当我遇到他时,我心里一紧,因为他来报到的第一天,跟着他爸爸交报到资料的时候,他急躁地说:"让你提前准备好,让你提前准备好,让你提前准备好,快点,真丢人!"然后头也不回地找到一个空位,直接趴下睡觉,直到我们发新书,才抬一下头。放学,我把他留下来,问他:"对新班级、新学期有什么期待?"他说:"不熟,没期待!"背起书包,扭头就走,我知道他与众不同,更知道这是一个挑战。

开学第二天,同学来打报告:"某同学,直接在讲台上说,他看不起我们班所有人,最讨厌女生,觉得恶心。"然后,我把他找来,问他有没有说那些话,他说:"有,怎么了?"我问:"为什么?"他说:"没什么,想说就说了。""谁惹你了吗?"他说:"没有,他们看我,我不舒服。""看,有很多种意思。有的是欣赏,那时候观看者眼神中会有亮光,如星星;有的是探询,那时候眼神中充满着疑问;有的是淡淡的观察,仅仅是无意地停留;也有的是蔑视,眼睛充满不屑,这种一般在熟知彼此,交往时间长了以后才有。你觉得会是哪种?""我也不知道""那下次观察好,再表达自己意思,好吗?"他说:"好的!"然后轻飘飘地走出了办公室。

二、家庭教育缺失的他

向他父母致电,了解了情况,一是离异家庭,对他打击比较大,妈妈出于补偿心理,娇惯他,父亲基本上与孩子见不到面,二是,读书比较多,思维比同龄人成熟,想法不一样,有轻微的抑郁。当听到"抑郁",我的心里敲起了警钟,查阅书籍,了解症状。后来观察他,他一下课就跑厕所,不跟同学接触,到打预备铃才回来。然后如果有同学说他家庭或者他,他直接动手,有一次在体育课直接跟同学对骂,差点打起来。

三、家校共育拯救他

综上所有行为,他应该在自我情绪调节和与人沟通方面是有心理障碍的,而且极度缺乏前进的动力,而这个症状不是一两天是可以改变的,所以需要家校合作和同学们的包容,慢慢感化他。

第一步,让孩子回归家庭。约其父母来学校沟通,家长是孩子的第一任老师。在之前有所失职,在之后必须要全力做好父母这一角色,不要因为婚姻状态影响孩子的发展。这是孩子一辈子的问题,家庭温暖的缺失,是任何方法或者方式都不能弥补的。妈妈要改变自己的教育方式,不能一味地溺爱,那样只会让孩子没有担当,没有感恩之心。爸爸要加入教育之中,一周必须拿出至少两天,陪孩子谈心,体育运动,让孩子更有阳刚之气,可以顶天立地。鉴于孩子现在有厌世的情绪,我们更应该表扬孩子,让孩子看到希望,看到未来,重新建立自己的自信心。随后,家长同意全力配合,而且直到现在,家长都坚持每周在微信上沟通一次,孩子在家或者在学校的表现,而且找了专业的心理老师进行辅导,为如此负责的家长点赞。

第二步,充分利用资源,对其引导。他有个习惯,喜欢逛办公室。来也没有什么事情,就是来问:"老师,几点了?"或者"今天上啥?"又或"下节课是语文吗?"如此没有营养的问题,又体现了他的可爱与单纯之处,同时也体现了他的孤独以及缺爱。所以我动员了所有的任课老师,不拒绝他的问题,更好的是同他聊上一两句。他也会觉得自己是被关注的,慢慢地感受到爱。同时给他一个艰巨的任务,每当英语老师上课时,他负责加满英语老师水杯的水,并端去教室。这个任务,他乐此不疲,并且每次做得很好。只是有时候要换老师,今天英语老师,可能下周是给数学老师端水,再过几天就是给语文老师端水。他总凭自己的爱好来,我们也没有责备,还给他封了个高官"供水总舵主"。慢慢地他脸上的笑容多了,不再问那些没有营养的问题。有时还会在办公室自嘲两句"如果哪天供水总舵主请假了,咋办呢?为此,我要好好保护自己的龙体"。我们知道他在慢慢地走向阳光。

第三步,发挥班级的温暖力量。对他,其实我们全班都是宽容的,大家好像约定好一样,对他发生过的事都只字不提。而且当他在课堂上回答对问题时,大家总是不约而同地鼓掌,正能量瞬间爆棚。每次我都会利用好周一下午的班队课。为此我做了一个系列,从"我是谁"(通过背靠背站立,一指杆、背摔、姓名接龙等游戏,破除大家的隔阂,开始慢慢认识彼此),再到"我生气了"(通过视频和故事讲解,让大家认识到生气也是情绪表达,只是人与人之间表达情绪的方式有差异而已,如果遇到这种情况,怎样处理才能让大家更加和谐自在呢?有同学提出,生气爆粗口前,先呼三口气或者捏紧拳头等三秒,放松自己),最后"我犯错了怎么办"(通过大家讲述自己的错事,来找方法,大家都发现,记住错事的是自己,其他人都忘了,纷纷说有这件事吗?以此,让大家学会体谅自己,放下自己,更好地认识明天)。在这三堂班队课后,我有观察他的行为,他有时候还是很生气。但是这次没有爆粗口,而是捏紧了拳头,呼了六口气,然后满脸通红地跑了。后来等他回来,我又给他竖起了大拇指,他顿时满脸通红,可爱极了。

通过一个多学期的努力,他的飞扬跋扈没了,他的笑容渐渐多了,与同学的关系渐渐融洽,成绩也在慢慢上升。这让我深有感触:不管什么类型的学生,只要我们不放弃、不抛弃,只要给他们多一点关注、多一点表扬,发现他们的"闪光点",如金子一样发光,让他感受到老师们不离不弃的坚守,就会增加他们的自信心和自觉性,从而获得更大的进步。正所谓,天才是鼓励出来的。

参考文献

[1] 张璟.天才是鼓励出来的[M].北京:企业管理出版社,2009:75-78.

[2] 简·尼尔森.正面管教[M].王冰,译.北京:北京联合出版公司,2014:176-179.

好孩子是夸出来的

——中学生自信心培养案例一则

刘秀君

有位哲人说过，一个人，从充满自信的那刻起，上帝就在伸出无形的手帮助他。自信是什么？它是你嘴角上扬的弧度，它是你挺拔的背影，它是你成功的基石，它是你美妙生活的态度！没有肯定，人往往会走乱前进的步伐，没有自信，人往往会找不到成功的机会！自信很重要，对每一个人！近段时间，我一直在思考孩子的教育问题，对国家来说，一个身心健康的、品性纯良的学生是最重要的，就算他学业无成，也绝不是社会的负担；可是，一个缺乏信心的学生，他学业再优秀，长大了又有什么本事去面对工作、家庭、社会和自己的责任呢？所以培养学生的自信心非常重要。为此，我主张有效的奖励教育！口头的表扬赞美，同伴和老师的掌声，一点小小有意义的奖品，给孩子一次机会、给孩子一个舞台、给孩子一次信心的尊重和激发，这些对孩子的成长尤其重要，特别是小学和初中生，效果明显！今天，我就以一则案例谈谈在我们的教育中"自信"的重要性，可以这样说，对一个孩子而言，他的自信往往来自周围的肯定！我们当老师的，就应该把这种肯定巧妙地给予学生！所以可以这样说，好孩子是夸出来的！因为"夸"出了孩子的自信！

在我现任班主任的7班，有两个孩子值得一说，一个是男孩，外号"小强"，14岁，成绩中下，曾经在我班成绩倒数几名；还有一女孩，小静，15岁，本学期转入的，成绩优秀，我班第7名，年级名次都是50名左右，沉默内向。从我的叙述中，你可能会说，女孩这么优秀，那肯定是个乖孩子，老师家长都不用操心；那男孩，一听他的外号"小强"，捣蛋鬼一个！你说得恰恰相反，让人操心的是那个女孩，现在还在家中待着，不来学校，急坏了家长和老师；那个男孩，高高兴兴地坐在7班的教室中，学习、表现大大进步，这是什么原因呢？

我先来说说小强。从初一进入我们班，这个男孩确实如他的名字一般让我头疼，先来看他的"罪证"：上课讲话影响纪律，下课东游西荡惹是生非；在寝室打扫卫生不合格，晚上寝室公然违纪，用硬物撞墙影响别人；不尊敬老师，对外语老师骂脏话……可以这样说，整个初一，我为了惩罚这个不听话的孩子，对他各种方法手段都用尽，甚至在家长会上点名批评，只差没有拿棍棒体罚了，每次一见到我，他就像老鼠见了猫似的，我也拿眼睛狠狠地盯着他，我们的师生关系很紧张！可是不管我怎样教育惩戒，收效甚微！我们班是一个优秀的班级，学生学习整体不错，这样一个小强，放弃了吧？我多次对自己说，后来我真的不怎么管小强了！初一下学期半期考试后，按学校规定开家长会，会上我照样批评了小强，那个晚上，我收到了一条让我既羞愧又改变了我教育观念的短信："敬爱的刘老师:您好! 我是小强的父亲,冒昧地给您发短信很抱歉! 今天家长会给了我很大的触动! 我没有管教好孩子,给您的管理带来这么大的麻烦,我要向您诚挚地说一声'对不起',孩子不争气,我们做家长的有很大的责任! 我因为忙于工作,一直很少管他,他妈妈又软弱没文化,孩子从小没有养成良好的习惯,所以给您的班级拖了后腿,让您生气为难,我很过意不去! 但是,刘老师,我请求您,给我的孩子一点点表扬,也许他会找到一点自信,可能会改变一些! 前段时间,我们同学聚会去看了我的小学班主任,记得他说当时我们都很调皮,但他坚信好孩子是夸出来的,所以依然不放弃我们,对我们宽容、表扬,我们真的有了出息! 刘老师,真切地恳求您,找到小强一点点闪光的地方,然后夸夸他! 我们共同努力,他会有进步的! 谢谢您!"读着这条言辞恳切的短信,我被深深触动了! 我开始反思自己的教育方式,是啊,一个人总是受到批评、呵斥、惩罚,没有一点表扬赞美,他哪有一点自信来做好每一件事呢? 我决定改变自己的教育方式,就从改变小强做起!

首先我从改变师生关系入手,在收到短信的第二天,我找小强谈了一次话,告诉他两件事:第一是他爸爸的短信,当他看完后很沉默,我告诉他从今天起我的批评减少一半,本来应该批评 2 次,只批评一次,但没有批评的那一次要主动来承认错误;第二,给他认错,告诉他老师处理事情太过苛刻,同时让他明白,前提是他做得不够好才被老师批评,所以要想不挨批评或受到表扬,一定要减少犯错的概率,本来今天要违犯 4 次纪律,但只违反了一次,可以接受进步奖的表扬! 他说可以做得到! 然后我们师生开始践行我们的约定,让全班同学监督。一段时间后,小强有了一点进步,上课很少讲话,变成了发呆! 在寝室里进步最大,清洁可以得 8 分,有时候 9 分,寝室违纪锐减,到期末考试结束,半学期只违了一次,而且认错态度特别好! 我这样表扬他"小强,上课纪律有进步""今天表现不错,给英语老师提包拿水杯!""加油哦,小强!"初中生毕竟幼小,他很容易受班主任的暗示,在我的"特别关照"下,他的小小的优点和一点点进步被"放大",他就会觉得自己真的进步很大,于是有了自尊自信,当他违反纪律的时候,他有了羞耻感,觉得自己表现这么好不应该犯这种错,所以一段时间后,他最大的进步不是不犯错,而是只要一犯错违纪,比如上课讲话了,一下课意识到自己错了,马上主动来认错,态度好得很,我又表扬他知错就改,班上的大多学生都觉得小强有进步了! 为此,班上学生开玩笑说我偏心,太"爱"小强。我发现,自从和小强的关系变得亲近,我的心情好多了,不会一点事情就大吼大叫,小强见着我也不躲得远远地,经常来我这儿"告状",俨然是我在 7 班的"卧底"呢! 期末考试他进步了三名!

让小强改变最多的是初二上期的班级篮球赛,他的篮球打得好,平时没有这么多同学去观看,在篮球赛中,他漂亮的三分球赢得阵阵喝彩! 我班的啦啦队高吼"小强,小强",我知道,他的内心充满了自豪与自信! 我们班不负众望取得好成绩,我隆重地表扬了队员们,特别表扬了"三分球小强",在初中生心中,班主任的话很有分量,小强在我们班名声大振! 我们班的每一个人都惊奇地发现了他的变化,有一个细心的女生告诉我,说我大约有半学期没有骂小强了! 那次家长会,我一改以往的方法,以表扬为主,小强的名字在我的嘴里说出来了三次,成绩进步奖,报纸建房屋比赛一等奖,篮球赛三分球之王,他爸爸会后给我说,这是他这么多年家长会最开心的一次,因为孩子被表扬了!最让人激动的是我们的家长会孩子们也可以参加,所以小强在教室后面也得意极了!

在这学期,小强已经不是让我头疼的孩子了。在寝室,生活老师说他不淘气了,每晚早早地上床睡觉;在学校,他主动帮老师改试卷,收发作业,半期又进步了三名!我对他的奖励很特别,只要每科测验80分以上,一个棒棒糖!在今天,虽然他还是有一些坏习惯,但主要是学习上的,比如上课走神,学习不主动,但在品行上,绝对是一个好孩子!我一直在想,如果我一直批评斥骂小强,他会变成什么样子?一个没有一点自信的学生,他首先会放弃品行的修养,给孩子一些表扬,多一点重视,他会觉得自己还是有价值的,他不会放弃自己做人的准则,否则那些在表现上或学习上差的孩子,只会越来越糟糕!对大多孩子来说,重视、表扬、奖励会让他们更出色!

小强只是一个例子,而我们7班搞的棒棒糖奖励制度很受学生欢迎,平时测验进步5分或者高分优胜者(前5名)都有一个甜甜的棒棒糖,学生的学习积极性很高!他们把频繁的测验都变成了棒棒糖的甜蜜蜜的期待!半期发奖,我们的奖品只是2个棒棒糖,学生一排排上台领奖,在学生主持人的隆重表扬中,接受家长、老师和同学们的雷鸣般掌声祝贺,再加上同学的相机闪光,这对学生来说多么荣耀!虽然奖励少,学生却欢天喜地,可以再次说明,有效的奖励可以让人自信而快乐!

而在我们班,本学期有一个从湖北转来的女生小静,父母从小没有管理她,在重庆做生意,她所在的学校又只重视分数,14岁前,她都安静地接受远离父母的孤独无助和学校高压似的管理,学习优秀!初二时,因为渐渐长大,这个沉默的孩子渐渐关注自己的容貌,猛然发现,自己有不讨人喜欢的长相,她自卑起来,据她父母说,她在家天天照镜子,想买漂亮衣服,不停地看时尚杂志,她渐渐浮躁的一颗心已无法平息,因为她知道,她所做的一切,无法改变自己!于是,她封闭内心,远离朋友,害怕与人交往,父母只好把她带到重庆转学降级!

于是她来到我们班。一开始我就忽略了这个敏感的女生,她学习好,我忘了表扬;她遵守纪律,我没有奖励,时间久了,这个敏感的孩子觉得自己是个多余的人,于是又空出心思关注她的长相,恰巧邻班有一个女生因为长相被人嘲笑,她们关系不错,所以这无疑对她伤害很大!半期过后,她直接就不来学校了,说同学们不喜欢他。我知道,这一切只是她敏感、不自信的表现,同学们谁都没有说什么,只是没有多少人重视她,与她交朋友,毕竟她才来,彼此不熟悉,但她竟不敢迈出自信的脚步,伸出友谊的双手,去主动融入班级!我和她的家长很着急,我们分析原因,最主要的一点是她从小缺少安全感,在心理上有了阴影,对自己对别人都不够信任,更别说自信了!我很自责,我们往往忽略了学习优秀的孩子,他们也需要关注鼓励表扬,需要自信心的培养!如果她一来到我们7班,我多关注她、重视她、表扬她,让她重拾信心,让她有被人尊敬的感觉,也许她会忘掉曾经的不快乐,内心不这么冷漠,觉得自己是重要的,"别人需要我,我离不开别人"!小静的父亲对此更加愧疚,觉得是自己忙于生意没有关爱女儿,让她有了心理的偏差!

　　同样的两个孩子,一个本来是让人操心的调皮鬼,却在老师的表扬声中一点点进步;一个文静听话成绩优秀的孩子,却在家长老师同学的忽略中一点点丧失信心,把心思放在外表上,自卑自怜,多么令人痛心! 孩子的信心就是学校的信心、社会的信心,他们开始怀疑周围的一切,我们的教育就是失败的! 所以,夸夸孩子,也许他是一个让你头疼的捣蛋鬼,也许他是一名默默无闻的中等生,也许他是一个表现出色的尖子生! 我相信,只要你锲而不舍地坚持"夸"下去,孩子们会在自信的基石上成人成才的!

　　好孩子是夸出来的,谁说没有道理? 但是,夸孩子绝不是没有原则的,对孩子严格的要求绝不能少,只有建立在合理而宽严有度上的"夸奖",才是有利有效的! 否则,只能纵容出孩子更多的坏毛病,培养出自以为是、专横跋扈的"败儿"!

共聚智慧　创新命题　师生双赢

——在初中思品课上开展共同命题的教学尝试

何宏波

[摘要]现代心理学认为,一切思维和能力都是从发现和解决问题开始的,问题意识是学生探索、思考的开始,直至找到答案或形成持续发展的兴趣。笔者在多年的初中思想品德教学中,为更好地引导学生思考问题、解决问题,大胆尝试让学生共同参与命题,创新教学方式,激发学生兴趣。通过材料搜集、问题创设、整理答案,展示交流等环节,促进学生能力提升,取得了较好的效果。现与各位同行及专家分享和探讨。

[关键词]创新　共同命题　初中思想品德　教学尝试

一、找准节点，关注热点，加强引领

学生必须在对某部分知识有一定的积累和系统的认识后,才有参与共同命题的基础。在单元教学复习或总复习完成时,就是一个较好的时机。老师可以结合本单元的重点和难点知识或中考考点,进行命题教学示范引领,抛出围绕本次命题主题的热点问题或学生感兴趣的话题,再让学生联系所学知识,提出问题,和学生一起分析后形成答案,完成共同命题。

例如,在完成《诚信做人到永远》单元复习后,笔者结合某报报道的某学生为看世界杯足球赛在网上购买"病假条"欺骗老师的事件,引用漫画《网购"病假条"》,先让学生结合诚信相关知识分组讨论对诚信的看法,然后再提出"你怎么看待网购病假条的现象"。最后,引导学生从评价行为、分析危害、正确做法等角度进行系统解答。

在老师对命题流程进行充分示范之后,则安排学生均以学习小组为单位,让学生自选命题任务,自行选知识点。在课后,学习小组自行搜集感兴趣的材料,自行确定题型和设置问题(问题设计由易到难),小组成员科学分工,精心完成命题任务。老师则强调,尽量通过多种渠道搜集整理材料,遴选正能量材料,集体编写、引用材料(漫画),编写参考答案。

二、重视过程，细节指导，积极评价

在命题过程中,由于学生视野不够开阔、分析问题和解决问题的能力等不足,难免会出现各种问题。比如:材料的搜集整理,可能出现材料过多过杂、不简练、体现主题不充分等问题;问题设置单一、深度不够等问题;答案编制不全面等,需老师进行细节指导,不断鼓励和评价,才能出精品。

例如某组学生在完成法律知识复习后,结合当时受到广泛关注的《中华人民共和国反家庭暴力法》和某大学生因掏鸟窝卖鸟十余只被判十年半的事件,完成了这样一个分析说明题:

本班张婷同学在"法治中国　今日播报"中给我们带来了两则新闻和评论:

新闻一:你造吗(知道吗)？2016 年 3 月 1 日,全国人大此前通过的《中华人民共和国反家庭暴力法》正式实施了。宪法为老人、儿童、妇女的合法权益又增加了一层保护。父母教育我们也不能任性哦,"棍棒教育"可以休矣,美美哒!

新闻二:日前,河南某大学生闫某因掏鸟窝并网上售卖幼鸟(国家二级保护动物)被法院依法判处有期徒刑十年半。大学生也做出这样的事情,妥妥的"杯具"啊! 不懂法的孩子真是伤不起。

(1)请问全国人大通过反家庭暴力法说明了什么？

(2)在法治社会,如何让"不懂法"的孩子,不再伤不起？

学生的材料搜集和编写很到位,也较新颖,也是当前社会的热点,语言亲切符合学生特点,接地气。因此,对该组学生编制的材料(新闻),老师应该积极鼓励和正面评价。但在问题设置上,该小组同学还没有充分结合知识点利用好材料。比如新闻一还隐含有宪法是根本大法,是制定反家暴法的根本依据;宪法是公民基本权利的保障;父母(公民)要在法律允许范围内正确行使权利等。让"不懂法"的孩子,不再伤不起,小组同学在设置答案时,只考虑青少年自身如何学法守法遵法,未拓展到国家、社会、家庭、学校等方面,思维受到局限。这些知识需要在班上交流或老师指出才能发现,一旦交流后学生又能编制更高水平的设问,学生思维的全面性也得到提升。

三、展示提升,共同成长,师生双赢

在小组命题完成后,展示提升是一个重要的环节,这是促动学生竞争和发现问题与不足的关键。在完成命题任务后,要集中展示命题成果,积极参与小组命题竞争。哪个小组出的题更有水平,材料更新颖和接地气,问题设置更合理,答案编制更全面,这都是学生智慧和才华的比拼。学生在共同命题中学会了团结协作;在交流互动中学会了拓展思维;在展示提升中促进了知识迁移、举一反三。

例如在利用固定知识点开展"同题异构"活动,是我常采取的做法。对"了解保护环境、合理利用资源的政策,形成可持续发展意识"这一考点,同学们能引用习近平总书记在气候大会的相关承诺、金山银山就是绿水青山、雾霾启示录等提出各种问题,全班分组展示时能把这一知识点的各种问法呈现完,甚至给你带来很多颠覆成人视角的创新设问和答案。在"感受科技创新、教育创新的必要性,努力提高自身素质"知识点上,他们能结合最新的阿尔法狗(人工智能)大胜李世石、创客与极客等最新潮名词,带给你耳目一新的问题和答案,如中国如何才能取得类似阿尔法狗的人工智能成就？你对极客与创客这些新兴事物有何感触等。

我们在教学环节中只要给予学生共同命题这个舞台,有时候惊喜不止一点点。在命题中,有老师想不到的学生想到了,学生想不到的老师想到了;有时候老师抛出一个问题,学生能给你带来更多的问题,而不仅是解决你这一个问题;有时候老师给出一个答案,学生会给你拓展更多的答案……总之,这是一个相互启迪和师生双赢的过程,师生共同成长的过程。让学生参与命题,最大的好处则是,可以让这些考题不仅符合学生的口味,而且还能是感兴趣的、最喜欢的。这对学生学以致用、举一反三来说,都有着积极的意义。2015年福州等地积极尝试"学生参与中考命题",我认为这是有益的尝试,这样能缓解考卷都是"成人视角"的死板和教条,实为创新之举。

当然,鉴于学生能力有限,命题质量还不够高,把握材料和设计问题存在瑕疵,设计答案不一定全面,这些环节都需要老师循序渐进地加强指导和培养。另外,在命题的过程中教师也要不断进行形式和手段的创新,比如开展同一素材命题竞赛命题,小组间互问互答,开展学生视角命的题让老师作答,加强师生互动等,都可以很好地调动学生的积极性和兴趣。

简单的问题解决策略,培养学生的科学思维

李春梅

问题解决属于一种思维活动。问题解决过程是被问题情境命题激活,在解题策略指导下,运用推理规则对与问题有关的原有知识进行改组和重建的过程。物理问题解决是物理概念以及物理规律的延伸与拓展。问题解决的过程实际也是习得知识与技能的过程。物理问题解决策略比较重视解决问题的思路与方法,引导学生正确地分析与判断问题,自主探究问题。

科学思维是物理核心素养的构成要素之一。科学思维是从物理学视角对客观事物的本质属性、内在规律及相互关系的认识方式,是基于经验事实建构理想模型的抽象概括过程,是分析综合、推理论证等方法的内化,是基于事实证据和科学推理对不同观点和结论提出质疑、批判、检验和修正,进而提出创造性见解的能力与品质。

教师作为学生学习的促进者和建设者,在实际的教学实践中要善于引导学生培养科学的思维方法,在指导学生解答物理习题的过程中,要善于运用简单的问题解决策略,让学生习得问题解决的高级规则,建立和储存问题图式,避免大搞题海战术,从而达到事半功倍的效果。

一、用简单的问题解决策略求电源电压

我们先来看一个公式的推导:

将定值电阻设为 R_1,由欧姆定律得:

$$U_1 = I_1 R_1 \qquad ①$$
$$U_2 = I_2 R_1 \qquad ②$$

由②−①得:

$$U_2 - U_1 = I_2 R_1 - I_1 R_1 = (I_2 - I_1) R_1$$

所以 $R_1 = \dfrac{U_2 - U_1}{I_2 - I_1} = \dfrac{\Delta U}{\Delta I}$,即定值电阻的阻值等于电压变化值与电流变化值之比。

【例1】如图1所示的电路中,R_1 为定值电阻,R_2 为滑动变阻器,电源电压不变。闭合开关 S 后,滑片 P 从 a 端移动到 b 端,电流表示数 I 与电压表示数 U 的变化关系如图2所示,则电源电压为_____ V,滑动变阻器 R_2 的最大阻值为_____ Ω,电阻 R_1 的阻值为_____ Ω。

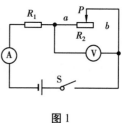

图1

常规策略:由图 1 可知,两电阻串联,当滑动变阻器接入电路中的电阻最大时,电路中的电流最小,电压表的示数表示 R_2 两端的电压。由图 2 可知,$I_2 = 0.2$ A,$U_2 = 2$ V,$U = I_1 R_1 = 0.6$ A $\times R_1$,$R_2 = \dfrac{U_2}{I_2} = \dfrac{2 \text{ V}}{0.2 \text{ A}} = 10$ Ω。

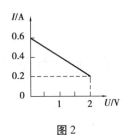

图 2

当滑动变阻器接入电路中的电阻为 0 时,电路中的电流最大,由图 2 可知,$I_1 = 0.6$ A,根据欧姆定律可得,电源电压:串联电路中总电压等于各分电压之和,所以电源电压 $U = I_2 R_1 + U_2 = 0.2$ A $\times R_1 + 2$ V,电源电压不变。由①、②解得:$R_1 = 5$ Ω,

故电源电压 $U = 0.6$ A $\times R_1 = 0.6$ A $\times 5$ $\Omega = 3$ V。

简单解题策略:

此题中,因为电源电压不变,在串联电路中,滑动变阻器变化的电压和定值电阻变化的电压相等。如果我们利用上面的推导式,就可以不用列方程组,由 $R_1 = \dfrac{\Delta U}{\Delta I} = \dfrac{2 \text{ V}}{0.4 \text{ A}} = 5$ Ω

就可直接得到电源电压:$U = 0.6$ A $\times R_1 = 0.6$ A $\times 5$ $\Omega = 3$ V。

可以看出,简单的问题解决策略只需两步即可得出答案,不需列烦琐的方程组。

物理模型:只要由图像或文字中能得到电压的变化值与电流的变化值,都可先由 $R_1 = \dfrac{\Delta U}{\Delta I}$ 计算出定值电阻的阻值,再计算电源电压。而不需列方程组,也不一定要按题目中问的顺序去解答。

练习:如图甲所示,电源电压恒定,R_0 为定值电阻。将滑动变阻器的滑片从 a 端滑到 b 端的过程中,电压表示数 U 与电流表示数 I 间的关系图像如图 3 乙所示。求:

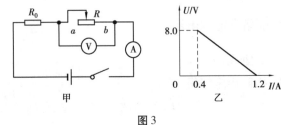

图 3

(1)滑动变阻器 R 的最大阻值。

(2)R_0 的阻值及电源电压。

解:(1)当滑片位于 a 端时,R_0 与 R 串联,电流表测电路中的电流,电压表测 R 两端的电压,此时电路中的电流最小,滑动变阻器的最大阻值 $R = \dfrac{U_{最大}}{I_{最小}} = \dfrac{8 \text{ V}}{0.4 \text{ A}} = 20$ Ω。

(2)$R_0 = \dfrac{\Delta U}{\Delta I} = \dfrac{8 \text{ V}}{0.8 \text{ A}} = 10$ Ω

电源电压 $U = I_{最大} R_0 = 1.2$ A $\times 10$ $\Omega = 12$ V。

二、用简单的问题解决策略求功率的变化量

【例2】如果通过某定值电阻的电流从 1 A 升高到 2 A,加在该电阻两端的电压变化了 5 V,则该电阻消耗的电功率变化了_____W。

常规策略:

解:由题意可知,该电阻两端的电压增大了 5 V;

设定值电阻的阻值为 R,原来电压 U,后来电压为 $U' = U + 5$ V,

由欧姆定律可得,原来通过电阻的电流: $I = \dfrac{U}{R}$,即

$$1 \text{ A} = \dfrac{U}{R} \qquad\qquad ①$$

电压升高后的电流: $I' = \dfrac{U'}{R'}$,即

$$2 \text{ A} = \dfrac{U'}{R} = \dfrac{U + 5 \text{ V}}{R} \qquad\qquad ②$$

由①、②解得: $R = 5 \ \Omega$, $U = 5$ V, $U' = U + 5$ V $= 5$ V $+ 5$ V $= 10$ V,

所以该电阻消耗的电功率变化量:

$\Delta P = P' - P = U'I' - UI = 10 \text{ V} \times 2 \text{ A} - 5 \text{ V} \times 1 \text{ A} = 15 \text{ W}$。

简单解题策略:

解: 定值电阻 $R = \dfrac{\Delta U}{\Delta I} = \dfrac{5 \text{ V}}{1 \text{ A}} = 5 \ \Omega$

电功率变化量: $\Delta P = I'^2 R - I^2 R = (2 \text{ A})^2 \times 5 \ \Omega - (1 \text{ A})^2 \times 5 \ \Omega = 15 \text{ W}$

由此看出,用简单的解题策略,两步即可得出答案,不需要再列方程组。

在这里特别提醒大家,变化的功率 $\Delta P \neq \Delta U \Delta I$,因为,如果 $\Delta P = \Delta U \Delta I$,

则 $\Delta P = (U_2 - U_1)(I_2 - I_1) = U_2 I_2 - U_2 I_1 - U_2 I_2 - U_1 I_1$。

实际上 $\Delta P = P_2 - P_1 = U_2 I_2 - U_1 I_1$,所以上面两式不相等。计算变化的功率时,只能用

$\Delta P = P_2 - P_1 = U_2 I_2 - U_1 I_1$

或 $\Delta P = P_2 - P_1 = I_2^2 R - I_1^2 R$

或 $\Delta P = P_2 - P_1 = \dfrac{U_2^2}{R} - \dfrac{U_1^2}{R}$

练习: 如图 4 所示,将滑动变阻器滑片 P 从某一位置移动到另一位置,则电压表的示数由 8 V 变为 6 V,电流表示数相应由 0.4 A 变为 0.6 A,那么定值电阻 R_0 的电功率变化量为多少?(不计温度对电阻的影响,电源电压保持不变)

解: $R_0 = \dfrac{\Delta U}{\Delta I} = \dfrac{8 \text{ V} - 6 \text{ V}}{0.6 \text{ A} - 0.4 \text{ A}} = 10 \ \Omega$

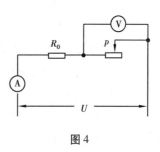

图 4

$$\Delta P = I_2^2 R_0 - I_1^2 R_0 = (0.6 \text{ A})^2 \times 10\ \Omega - (0.4 \text{ A})^2 \times 10\ \Omega = 2 \text{ W}$$

由此看出,只要掌握了这种简单的问题解决策略,计算功率变化量时两步即可解决问题,而不需再去列方程组。

三、用简单的问题解决策略求压强的变化量

在浮力压强的综合题中计算液体对容器底部增加的压强时用 $\Delta P = \dfrac{\Delta F}{\Delta S} = \dfrac{\Delta F_{浮}}{\Delta S}$ 解决问题比用 $\Delta P = \rho_水 g \Delta h$ 简单得多。

因为物体间力的作用是相互的,所以当物体在液体中时,物体受到液体对它向上的浮力,反过来物体对液体就有向下的压力。因此变化的压力就等于变化的浮力即 $\Delta F = \Delta F_{浮}$。

【例3】如图5所示,水平地面上有底面积为 300 cm^2、不计质量的薄壁柱形盛水容器 A,内有质量为 400 g、边长为 10 cm、质量分布均匀的正方体物块 B,通过一根长 10 cm 的细线与容器底部相连,此时水面距容器底 30 cm。(1)物体浸没在水中时受到的浮力为多少?(2)若剪断绳子,待物块静止后水对容器底的压强变化了多少?

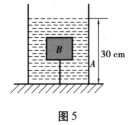

图5

解:(1)物体浸没时受到的浮力为:$F_{1浮} = \rho_水 g V_{1排} = 1.0 \times 10^3 \text{ kg/m}^3 \times 10 \text{ N/kg} \times 1 \times 10^{-3} \text{ m}^3 = 10 \text{ N}$,

(2)**常规解法:**绳子剪断后,木块漂浮,$F_{2浮} = G = mg = 0.4 \text{ kg} \times 10 \text{ N/kg} = 4 \text{ N}$;

$$V_{2排} = \frac{F_{2浮}}{\rho_水 g} = \frac{4 \text{ N}}{1.0 \times 10^3 \text{ kg/m}^3 \times 10 \text{ N/kg}} = 4 \times 10^{-4} \text{ m}^3$$

所以,液面下降的高度

$$\Delta h = \frac{\Delta V_{排}}{S} = \frac{V_{1排} - V_{2排}}{S} = \frac{10 \times 10^{-4} \text{ m}^3 - 4 \times 10^{-4} \text{ m}^3}{300 \times 10^{-4} \text{ m}^2} = 0.02 \text{ m}$$

则 $\Delta P = \rho_水 g \Delta h = 1.0 \times 10^3 \text{ kg/m}^3 \times 10 \text{ N/kg} \times 0.02 \text{ m} = 200 \text{ Pa}$

简单解题策略:

$$\Delta P = \frac{\Delta F}{S} = \frac{\Delta F_{浮}}{S} = \frac{F_{1浮} - F_{2浮}}{S} = \frac{10 \text{ N} - 4 \text{ N}}{300 \times 10^{-4} \text{ m}^2} = 200 \text{ Pa}$$

一步即可解决问题。

练习:如图6甲所示,水平旋转的平底柱形容器 A 的底面积为 200 cm^2,不吸水的正方体木块 B 重为 5 N,边长为 10 cm,静止在容器底部,质量体积忽略的细线一端固定在容器底部,另一端固定在木块底面中央,且细线的长度为 $L = 5 \text{ cm}$,已知水的密度为 $1.0 \times 10^3 \text{ kg/m}^3$。求:

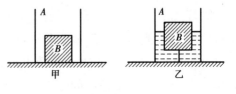

图6

(1)容器 A 中缓慢加水,当细线受到拉力为 1 N 时,停止加水,如图 6 乙所示,此时木块 B 受到的浮力是多大?

(2)将图乙中与 B 相连的细线剪断,当木块静止时,容器底部受到水的压强是多大?

答案:(1)6 N;(2)1 050 Pa。

好的"问题解决"策略是以学生为中心的教学模式,能激发学生的学习兴趣和主观能动性,是人们长期问题解决经验的总结。它对解决特定问题很有效,能帮助学生熟练掌握并灵活运用物理知识,构建与知识相关的物理模型,习得更简单的解题技能和解题方法。教师要经常教给学生一些简单的问题解决策略,并引导学生自行总结出简单的问题解决策略,培养科学思维。

参考文献

[1] 皮连生.教育心理学[M].3 版.上海:上海教育出版社,2004:188.

[2] 袁洪林.刍议高中物理问题解决教学策略[J].中学物理教学参考,2015(8):11-12.

[3] 陶亚奇,徐江艳."问题解决"策略在高等农业院校物理化学教学中的实践[J].大学化学,2017,32(2):38-41.

让德育渗透到高中物理教学中

白荣华

一、积极运用物理学史和物理学知识，激发学生的爱国主义情怀

思想政治教育和爱国主义教育，是高中班主任的重要教育任务之一。而作为一名担任班主任多年的物理课教师，可适当地将思想政治教学和爱国主义教育，渗透到物理学史的教学之中，从而在潜移默化中培养学生的爱国主义情操。中国是世界四大文明古国之一，拥有历史悠久的物理学成就。在物理课堂教学中，教师在介绍相应的物理学原理时，可适当穿插一些我国历代学者在物理理论和实践上所取得的成就，这样不仅能激发学生对物理课程学习的兴趣，也有利于培养学生的爱国主义情感。

例如，在高一物理第一课"物理学与人类文明"中，可以列举中国对世界物理科学所做出的贡献：《墨经》最早对"力"进行定义："力，刑（形）之所以奋也"，是说力是使物体运动状态改变的原因；再如东汉王充是世界上最早指出潮汐对月球的依赖关系；北宋沈括早于哥伦布四百多年论述了磁偏角的相关内容；以及中国的四大发明等。这些内容不仅是我国最早的物理学萌芽，也对促进东西方文化交流和世界的进步具有积极意义。在证明了中华民族祖先智慧的同时也不断鼓舞着现在的每一位中华儿女。

此外，在学习特定的物理知识时，如"反冲运动""能量守恒定律"时，教师还可以联系神舟系列飞船、嫦娥月球探测卫星等尖端科技来进行简单说明，通过运用长征运载火箭"力"的作用，使得飞船和探测卫星才能飞向太空。而在"电阻定律"时，还可以介绍上海的磁悬浮列车的相关原理。这样的教学和介绍，不仅能让学生更加直观地了解相关的物理学知识，也能在强调我国科技进步的同时培养其爱国主义精神。

二、利用物理的实验教学工作，培养学生的严谨而科学的学习态度

高中物理学是一门应用性极强的学科，其实验教学是整个物理教学中最为重要的内容之一。整个物理学教学注重科学而严谨的观察和实验，但自然科学实验又往往存在很大的不确定性，这就要求学生在物理实验的学习中，培养坚持真理、实事求是和敢于创新的科学探索精神。整个物理学科的发展，都是物理学家们保持着这样的探索精神而推动的。物理学家通过"发现现象—提出问题—进行假设—科学实验—实验总结—归纳升华—获得理论—实验检验"等一系列举措，使物理学得到了进一步发展。这一过程，不仅代表了物理学家严谨的科学态度，更证明了他们在反复错误实验中的不屈不挠精神，这些都是值得学生学

习的优秀品质。因此,物理教师在高中的实验教学中,要积极引导学生培养如上的科学态度和不屈不挠的精神,并将之扩展到每一科的学习中,从而促进整个班级各个学科教学效率的提升。

例如,在物理实验教学中,本着科学严谨的治学态度,教师要积极从细节方面贯彻科学严谨的教学方略:首先,让学生在实验前做好相应准备,遵守相应的实验室借还制度,并爱护实验室设备,遵守实验室记录等,让学生形成一个良好的纪律规范;其次,在实验中还要引导学生通过严谨的实验操作和细致入微的观察,得到科学严谨的实验数据,培养学生的科学实验态度;在实验后,还要督促学生及时整理实验现场,做好现场的清洁工作,培养学生有始有终的良好习惯。

三、利用物理教学的相关内容,培养班级的团结协作精神

除了爱国主义和学习态度的培养外,班主任的班级管理工作还包括了"培养班级协作精神"这一重要任务。因此,在物理教学的过程中,可以有针对性地进行一些团结协作方面的训练,从而在授课之中潜移默化地完成班级团结协作精神的培养。例如,教师可以在物理理论课程的教学中,运用分组协作教学策略,将学生分成多个小组,并通过小组的协作完成教师布置的各种任务,最后通过小组与小组之间的竞争与合作,充分协调好各小组之间的竞争与合作关系,并在这一环境下促进整个班级团结合作精神的培养。

在实验教学工作中,教师还可以根据教材特点和学生的实际状况,进行实验教学安排。学生在教师的引导下,完成相应的实验教学任务。教师通过积极引导,使学生充分发挥其主观能动性,引导学生与学生之间的合作,共同完成教师所提出的实验教学任务。此外,有些课后的小实验,还可以鼓励学生在课后形成兴趣小组,用分组分任务的形式完成实验,这样不仅便于学生对实验的观察和记录,也能利用闲暇时间培养整个班级的团结协作精神。

结束语:

在重视素质教育和崇尚创新精神的新时期,各任课班主任要积极挖掘自身教学任务与班级管理工作中的契合点,并在日常的教学工作中渗透班级管理教育教学工作,从而将班级管理融入学生学习的方方面面,为促进班级的高效管理打下良好的教学基础。

参考文献

[1] 朱叶政. 物理学知识在学生管理中的应用[J]. 科学大众(科学教育),2017(4):21.

[2] 陈召杰. 倾注爱心 真诚相待 耐心教育:班主任工作的几点体会[J]. 现代农业,2017(5):111-112.

函数搭台 导数唱戏

——一道高考题引出的函数模型

刘茂林

[摘要]高考试题中需要通过构造新函数解决单调性、极值、最值、函数零点个数等问题，难度较大，不易入手。经过研究分析，近几年全国卷中的导数题中的函数，形式较为相似，笔者将它们定义为"范式函数"。本文试图通过高考试题具体研究高考导数题中的函数，为高中数学教学及教研提供参考。

[关键词]高考试题 导数 函数 数学核心素养

2018年全国高考Ⅱ卷理科试题中第21题如下：

已知函数 $f(x) = e^x - ax^2$

（1）若 $a = 1$，证明：当 $x \geq 0$ 时，$f(x) \geq 1$；

（2）若 $f(x)$ 在 $(0, +\infty)$ 只有一个零点，求 a。

这道高考试题重庆全市得分率为 0.27，属于难题。学生在解决问题时，容易出现解题目标不明确，变形策略选择不当等问题。实际上这道题具有丰富的数学内涵，无论从解法、背景，以及其中所蕴含的数学范式，都值得仔细品味。以前对该题的研究注意集中在它解法的多样性和该题体现的高等数学背景，本文则从该题的解法入手，去探寻一系列"函数范式"，已突破构造函数的难度，为高中数学教学和教研提供参考。

一、解法展示

这道高考试题中的（1）较简单，主要为（2）题做铺垫。对于（2）题的解法主要有以下几种思考：

解法一 构造函数 $h(x) = 1 - ax^2 e^{-x}$，则（2）题转化为 $h(x)$ 在 $(0, +\infty)$ 只有一个零点。

（Ⅰ）当 $a \leq 0$ 时，$h(x) > 0$，$h(x)$ 没有零点

（Ⅱ）当 $a > 0$ 时，$h'(x) = ax(x - 2)e^{-x}$

当 $x \in (0, 2)$ 时，$h'(x) < 0$；当 $x \in (2, +\infty)$ 时 $h'(x) > 0$

所以 $h(x)$ 在 $(0, 2)$ 单调递减，在 $(2, +\infty)$ 单调递增，

故 $h(2) = 1 - \dfrac{4a}{e^2}$ 是 $h(x)$ 在 $(0, +\infty)$ 的最小值。

①若 $h(2)>0$，即 $a<\dfrac{e^2}{4}$，$h(x)$ 在 $(0,+\infty)$ 没有零点；

②若 $h(2)=0$，即 $a=\dfrac{e^2}{4}$，$h(x)$ 在 $(0,+\infty)$ 有一个零点；

③若 $h(2)<0$，即 $a>\dfrac{e^2}{4}$，$h(0)=1$，所以 $h(x)$ 在 $(0,2)$ 上有且只有一个零点。

由(1)知，当 $x>0$ 时，$e^x>x^2$，

所以 $h(4a)=1-\dfrac{16a^3}{e^{4a}}=1-\dfrac{16a^3}{(e^{2a})^2}>1-\dfrac{16a^3}{(2a)^4}=1-\dfrac{1}{a}>0$

故 $h(x)$ 在 $(2,4a)$ 内有且只有一个零点，因此 $h(x)$ 在 $(0,+\infty)$ 有两个零点。

综上，$f(x)$ 在 $(0,+\infty)$ 有两个零点。

解法二　$f(x)=e^x-ax^2$ 的零点等价于 $e^x=ax^2$ 在 $(0,+\infty)$ 只有一个解。

（Ⅰ）当 $a\leq0$ 时，不合题意

（Ⅱ）当 $a>0$ 时，

$e^x=ax^2\Leftrightarrow\ln e^x=\ln ax^2\Leftrightarrow x=2\ln x+\ln a\Leftrightarrow x=2\ln x+\ln a$ 有一个解

令 $g(x)=x-2\ln x-\ln a$，$g'(x)=1-\dfrac{2}{x}=\dfrac{x-2}{x}$

所以当 $x\in(0,2)$ 时，$g'(x)<0$；当 $x\in(2,+\infty)$ 时 $g'(x)>0$

所以 $g(x)$ 在 $(0,2)$ 单调递减，在 $(2,+\infty)$ 单调递增，

故 $g(2)=2-2\ln 2-\ln a$ 是 $g(x)$ 在 $(0,+\infty)$ 的最小值。

①若 $g(2)>0$，即 $a<\dfrac{e^2}{4}$，$h(x)$ 在 $(0,+\infty)$ 没有零点；

②若 $g(2)=0$，即 $a=\dfrac{e^2}{4}$，$h(x)$ 在 $(0,+\infty)$ 有一个零点；

③若 $g(2)<0$，即 $a>\dfrac{e^2}{4}$，当 $x\to0^+$，$g(x)\to+\infty$；当 $x\to+\infty$，$g(x)\to+\infty$。

故 $g(x)$ 在 $(0,2)$ 内有且只有一个零点，在 $(2,+\infty)$ 有且只有一个零点，

因此 $h(x)$ 在 $(0,+\infty)$ 有两个零点，

综上，$f(x)$ 在 $(0,+\infty)$ 有两个零点。

不难看出，解法一和解法二在处理上有两点明显差异。第一，解法一和解法二构造的函数不同；第二，解法一用寻找特殊点法，利用零点存在性定理求证存在零点；解法二则使用函数极限理论说明端点处的极限。

二、解法及背景分析

在实际教学中探究发现，无论哪一种构造函数的方法学生一般很难想到。教学中如何突破这一难点，给学生提供构造函数的一般策略，是教学的重点和难点。通过本题，我们探究其背后蕴涵了哪些更值得研究的"函数范式"。

范式函数 1　$f(x) = (kx + b) + a \ln x$

范式函数 2　$f(x) = \dfrac{c}{kx + b} + a \ln x$

范式函数 3　$f(x) = (ax^2 + bx + c) + k \ln x$

经分析不难发现,以上三种类型的函数,它们的主导函数(导函数决定正负的关键)都是学生所熟悉的基本初等函数,主要是常数函数、一次函数、二次函数,这种类型的函数学生能够处理。如果能够将函数转化为这些范式函数,函数的其他问题就会变得较为简单。

例如 2018 年课标全国Ⅲ,21 题,函数 $f(x) = (2 + x + ax^2) \cdot \ln(x + 1) - 2x$

第(2)题:若 $x = 0$ 是 $f(x)$ 的极大值点,求 a。

这道高考题中如果构造函数 $h(x) = \dfrac{f(x)}{2 + x + ax^2}$,

那么 $h(x) = -\dfrac{2x}{2 + x + ax^2} + \ln(1 + x)$,这样构造的函数就是范式函数 2 的类型,这样的

函数求导后的形式为 $h'(x) = \dfrac{1}{x + 1} - \dfrac{2(2 + x + ax^2) - 2x(1 + 2ax)}{2 + x + ax^2} = \dfrac{x^2(a^2x^2 + 4ax + 6a + 1)}{(x + 1)(ax^2 + x + 2)^2}$,

这样这道题的难点也就突破了。

范式函数 4　$f(x) = (kx + b) \cdot e^x$

范式函数 5　$f(x) = \dfrac{c \cdot e^x}{kx + b}$

范式函数 6　$f(x) = (ax^2 + bx + c) \cdot e^x$

同理,以上三种类型的函数,它们的主导函数(导函数决定正负的关键)都是学生所熟悉的基本初等函数,主要是常数函数、一次函数、二次函数,对数函数不再影响导函数的正负。这种类型的函数学生能够处理。如果能够将函数转化为这些范式函数,函数的其他问题也会变得较为简单。

例如 2015 课标全国卷Ⅰ,12 题,设函数 $f(x) = e^x(2x - 1) - ax + a$,其中 $a < 1$,若存在唯一的整数 x_0 使得 $f(x_0) < 0$,则 a 的取值范围是(　　　)

A. $\left[-\dfrac{3}{2e}, 1 \right)$ 　　　　B. $\left[-\dfrac{3}{2e}, \dfrac{3}{4} \right)$ 　　　　C. $\left[\dfrac{3}{2e}, \dfrac{3}{4} \right)$ 　　　　D. $\left[\dfrac{3}{2e}, 1 \right)$

这一高考题,如果构造函数 $h(x) = \dfrac{e^x(2x - 1)}{x - 1}$,则 $h'(x) = \dfrac{2xe^x\left(x - \dfrac{3}{2}\right)}{(x - 1)^2}$,那么 $h(x)$ 的单调性就容易弄清楚了。

通过以上范式函数的分析,本题(2018 年考题)第一种解法,构造函数 $h(x) = 1 - ax^2e^{-x}$ 就是构造范式函数 6;第二种解法构造函数 $g(x) = x - 2\ln x - \ln a$,实际上就是构造范式函数 1。恰好函数应用的核心就是"从定性描述变化到定量地描述变化的过程",所以要求学生从中体会数学抽象、逻辑推理的数学核心素养。

三、教学建议及反思

透过本题,可以引发一些对教学和教研的思考。

本题为 2018 年全国高考 II 卷理科试题中第 21 题,与前几年的全国考题对比发现,这种类型的题型并不是孤立存在的,而是有大量的范式函数的影子,或者高考试题的原函数就是范式函数本身。例如 2016 年全国 II 卷,21 题;2017 年全国 II 卷,21 题;2018 年全国 I 卷 21 题等。

从近年高考试题中导数题目的设置来看,表面上背景不同、函数不同、问题的呈现形式不同,但是题目函数或需要学生构造的函数,都具有相同的“范式”,笔者把它们定义为“范式函数”。

通过对高考导数命题的研究,在范式函数的引导下,我们该如何进行教学、如何进行有效的教研,笔者认为,应该从以下几个方面进行思考。

(1)备考教学中应该利用“范式函数”开展教学。教学中应该重视从基础知识和基本技能,从教学活动中,引导学生去思考:我们总结的范式函数有哪些特点,为什么它们会成为“高考明星”,还有哪些类型的范式函数值得我们去研究。

(2)引导探索。“范式”不是公式,它是函数的灵魂。范式函数不等同于公式,教学中引导学生去抽象数学模型;引导学生去探究“范式函数”产生过程的“火热的思考”;引导学生用研究“范式函数”方法思考其他数学模块中的“范式”。通过探究,让学生明白“范式函数”像基本初等函数一样,它们是函数的灵魂。

(3)“范式函数”的演变与创新。范式也会在变化中发展,通过对 2019 年全国高考试卷分析,高考命题中三角函数 + 对数函数的新题型出现了。这也透露出,在新的数学课程标准指导下的高考命题又从不同角度思考新的函数类型,这样会增加学生的备考难度。但是,也为我们研究“范式函数”提供了更加广阔的视野。

(4)提高数学核心素养的教学研究。提高数学的核心素养是数学教学的目标,《普通高中数学课程标准》中,将数学抽象、逻辑推理、数学建模、直观想象、数学运算和数据分析作为数学学科核心素养的六个层次,而我们对范式函数的研究和教学中,更要注重培养学生的数学抽象能力和逻辑推理能力。同时,将培养学生的核心素养落实到每一次教学活动中。

参考文献

[1] 史宁中,王尚志.普通高中数学课程标准(2017 年版)解读[M].北京:高等教育出版社,2018.

[2] 任子朝.从能力立意到素养导向[J].中学数学教学参考(上旬),2018(5):1.

[3] 董万平,余小芬.2018 年全国 II 卷理科 21 题的多角度分析[J].福建中学数学,2018(12):1-5.

语文课堂如何培养学生的核心素养初探

贺 币

"核心素养"指学生应具备的适应终身发展和社会发展需要的必备品格和关键能力,突出强调个人修养、社会关爱、家国情怀,更加注重自主发展、合作参与、创新实践。

语文教学对学生核心素养的培养有其特别的优势,是其他学科无法企及的,因此具有无法取代的极其重要的地位。而如何在语文课堂中培养学生的核心素养,这是个值得思考的问题。要做到这一点非常不容易,因为语文课堂需要将许多知识融会贯通,并加以综合运用,所以我会将自己所学到的教育学、心理学、文字学、民俗学、电影、广告等多方面的知识运用在语文教学活动之中,以增添课堂中的亮点,从而彰显语文课堂的魅力,达到对学生核心素养的培养。

一、借用"百家讲坛"栏目增加语文教学的深度

"百家讲坛"是一个很好的栏目,它汇聚了学者们深邃的思想,如果在语文教学上能借用好"百家讲坛"中相关的知识,就会在无形中增加语文课堂的深度。

如我在设计公开课《鸿门宴》时,借鉴了王立群老师的《汉代风云人物之项羽》。王立群老师深入浅出的精彩分析让我收获很多,随后,我也将这些知识融入《鸿门宴》中,最终取得了成功。

另外,我有一堂面向全校文科老师的公开课,讲的是《念奴娇·赤壁怀古》,在设计时也充分地融入了"百家讲坛"中的一些观点和知识,在这里我就不详细阐述了,具体可以参见我的文章《让人文精神充满语文课堂——〈念奴娇·赤壁怀古〉创新教学设计》(《中学语文教学参考》2010 年 10 期)。

二、借用民俗学知识增加语文教学的广度

大学实习时遇到一位很有学识的指导老师,他在民俗学方面颇有造诣,在讲课的时候,他经常会穿插进一些民俗学的知识,这不仅增加了语文教学的广度,而且还"勾起"了学生们强烈的求知欲,这点对我的影响很大。后来,我在大四选修了余云华老师的"民俗学",在余老师的指导下我看了许多关于民俗学方面的书籍。工作后,我也不时在教学中穿插进民俗学知识,在很多时候都取得了意想不到的收获。

在课文《荷花淀》的开头有这么几段,"月亮升起来,院子里凉爽得很,干净得很,白天破好的苇眉子潮润润的,正好编席。女人坐在小院当中,手指上缠绞着柔滑修长的苇眉子。苇

眉子又薄又细,在她怀里跳跃着。"

……

"这女人编着席。不久,在她的身子下面就编成了一大片。她像坐在一片洁白的雪地上,也像坐在一片洁白的云彩上。她有时望望淀里,淀里也是一片银白世界。水面笼起一层薄薄透明的雾,风吹过来,带着新鲜的荷叶荷花香。"

讲这一段时,涉及分析环境与人物的关系,本来这里是借周围的环境描写反映出水生嫂的勤劳善良、美丽温柔,但为什么非要借月亮来反映这些呢?我就用民俗学方面的知识来给学生讲解了这点。原来,在中国传统文化中,以太阳代表阳性,以月亮代表阴性,而月亮自然就和女人联系在了一起,从而形成了一个观点,叫作"马上看壮士,月下看美人",在这里我又延伸地给学生讲了古往今来英雄和马的关系,如赤兔马和吕布、关羽的关系,近现代史上十大元帅画像的中都有一匹矫健的骏马站在元帅身边,从而衬托出元帅们的英勇。然后又分析了"月下看美人"这句话,因为据日本学者调查发现女孩子在月亮下面尤为漂亮,原因就在于月亮下的女孩子瞳孔显得特别大,所以眼睛就自然而然地显得很大、很漂亮。然后又提到本文中水生嫂为什么一身洁白显得很漂亮,因为一直有一个观点叫作"男要俏一身皂,女要俏一身孝",讲的就是在中国传统审美观念中,男人帅的标志就是毛多,如关羽,正是因为关羽身长九尺而胡须竟有二尺之长而被称为"美髯公"。而女孩子漂亮的标志就是素面朝天,其美表现在不施浓妆和穿着素雅这两个方面。

三、借用讲座让学生认识拓展型语文教学

因为平时工作比较忙碌,所以我把看书充电的时间放在了假期,每一年的暑假我都会看很多书,书中的知识涉及多个方面,并且我会做一些读书笔记,尽量将书中的知识运用到我的教学工作中来。这里我就简单地举几个例子。

《我若为王》,文章比较简单,我个人觉得这篇文章本身没有什么可讲的,但我会通过讲座的形式来给学生们上这一课,从而拓展学生的课外知识。讲座的题目叫《古代皇帝的生活》,这个讲座主要讲了古代皇帝的饮食、起居、出行、苦衷等方面的知识,其中的知识借鉴的是张宏杰的著作《中国皇帝的五种命运》,让学生体会到皇帝也有皇帝的苦衷,让学生了解到一些教材中原本没有的知识,拓展其视野。另外,我在讲一些名家名篇之前会开一些讲座给学生讲讲关于作者的生平事迹,如讲鲁迅时,我会给学生讲讲周氏兄弟的恩怨情仇,借鉴的是刘东黎的文章《鲁迅:雨天里,那些沉郁的琐屑》;讲《故都的秋》时,我会给学生介绍郁达夫的生平事迹和死亡之谜,借鉴的是王海龙的文章《浮生所欠只一死、尘世无由识九还》。通过这些知识的讲解,学生了解到更多的课外知识,从而拓宽了学生的知识面。

四、借用文字学知识增添课堂的趣味性

中国的汉字博大精深,并且有些汉字包含了许多文字学方面有趣的知识,每当我接手新一届学生时,我的第一堂课必讲中国的汉字,如"孟""昏""妻""安""家"字等,我发现通过

对这些知识的讲解,学生对我产生一种钦佩感、认同感,让我能在短时间内将他们"征服"。

而在平时,我也经常将文字学方面的知识贯穿在教学中。如在古诗《行行重行行》中有一句"行行重行行,与君生别离。相去万余里,各在天一涯。"当学生看到此句时,有人就提出了疑问:"老师,天涯就天涯吧,为什么这里要把天涯说成天一涯呢?中间为什么要加个'一'字?"听完学生的提问,我又给他们讲了关于牛郎和织女的神话故事,"……就在这时,王母驾着祥云赶来,她拔下她上的金簪,往他们中间一划,霎时间,一条波涛滚滚的天河横在了织女和牛郎之间,无法横越了。而在诗歌中,天涯指的是在天的边缘处,比喻距离很远。本来两个恋人就已相隔万里了,但中间还加上了一道障碍,我们可以把'天一涯'中的'一'字倒过来写成'丨',这里就变成了'天丨涯',就不难理解诗中的恋人不光在空间上距离很远、天各一方,而且还有其他因素阻碍着他们的相聚。"这样,学生就立刻理解了"天一涯"中"一"字的妙处。

五、借用电影、广告、歌唱等教学形式增添语文课堂的精彩度

课文《项脊轩志》中最后有一段是这么说的:"庭有枇杷树,吾妻死之年所手植也,今已亭亭如盖矣。"在备课时我思考了许久,如果直接给学生翻译这句话,可能给他们留下的印象不会太深。后来,我想到了电影,因为影片能给观众直观的视觉冲击感,留给学生的印象一定会很深刻,我就从韩国影片《我的野蛮女友》中剪辑了一段视频,视频讲的是关于男女主人公在树下找个罐子把一些宝贵的东西放在里面,埋起来,约定若干年后再来打开的场景。看完影片,学生恍然大悟:原来作者归有光是借树的意象来表达夫妻双方的坚守精神。这样,学生不光掌握了此句的字面意思,并且也在看电影的同时理解到了作者对妻子深切的思念之情。

在西师(西南师范大学,2005年和西南农业大学合并组建为西南大学)读大学的时候,我有幸选修了李达武老师的"古典诗歌"课程,李老师的教学方式很独特,她大胆地将说唱艺术融入古典诗词中并谱上曲,讲课时且吟且唱,神采飞扬,深受学生们的追捧和同行的赞誉。

工作后,我提出了"将古代诗歌唱起来"这一观点,并将其融入于诗歌教学中,获得了很大的成功,充分地让学生感受到了诗歌的"三美"——音乐美、绘画美、建筑美。另外,在学校组织的诗歌朗诵比赛、文艺汇演中,我多次尝试让学生表演歌唱古代诗歌的节目,获得了不少好评。

总之,我平时注意积累各方面的知识,并将其融入于语文教学之中,努力地提升学生的核心素养。

基于核心素养的德育课程体系构建与实施初探

——以重庆市全善学校为例

古春艳

教育的根本任务是立德树人,教育部《关于全面深化课程改革落实立德树人根本任务的意见》提出,要"明确学生应该具备的适应终身发展和社会发展需要的必备品质和关键能力,突出强调个人修养、社会关爱、家国情怀,更加注重自主发展、合作参与、创新实践"。由此看来,基础教育正从"知识本位"时代走向"核心素养"时代,核心素养被置于深化课程改革、落实立德树人目标的基础地位。核心素养是知识、能力、态度、价值观等方面的融合,在《中国学生发展核心素养》框架中,核心素养综合表述为:人文底蕴、科学精神、学会学习、健康生活、责任担当、实践创新六大素养,它能深刻影响一个人的格局与发展。那么,如何将核心素养落地,实现全面育人的愿景呢?那就是"课程改革"。所以,围绕"核心素养"的课程改革迫在眉睫。然而课程改革涉及教育改革的方方面面,学校德育工作作为立德树人的重要部分,也面临核心素养下的课程改革。

一、课程背景

学生发展核心素养主要指学生应具备的,能够适应终身发展和社会发展需要的必备品格和关键能力。研究学生发展素养是落实立德树人根本任务的一项重要举措,也是适应教育改革发展趋势,是提升我国教育国际竞争力的迫切需要。《中国学生发展核心素养》框架出炉后,学校的主要任务在于对核心素养进行校本化的理解、转化,形成校本化的表达。根据本校实际和学生需求完成课程方案设计,是促使学生核心素养落地的最直接、有效的途径。

《国家教育中长期教育改革和发展规划纲要(2010—2020年)》明确规定:"坚持德育为先,立德树人,把社会主义核心价值体系融入国民教育全过程。"因此,培养学生良好的道德品行成为学校教育的重中之重。将德育教育纳入课程,使德育活动课程化,则更加注重规划、实施和评价,改善和提升德育教育的有序性与实效性。

初中阶段是学生思想品德和心理品质形成的关键期,学生思维活跃、思想品德和心理品质的可塑性强,是教育发挥影响的最佳作用点。为了深入贯彻落实《公民道德建设实施纲要》和《中共中央国务院关于进一步加强和改进未成年人思想道德建设的若干意见》等文件精神,进一步体现学校的办学思想,彰显全校师生在学习生活、为人处世等方面的价值取向和品格追求,丰富学校德育活动内容,创新学校德育工作方法,不断提高学生的思想道德素质,逐步培养学生的良好行为习惯,重庆市全善学校紧扣中学生核心发展三个方面、六大素养、十八个基本要点,以培养适应终身发展和社会发展的新型人才为目标,将"尚善教育"作为抓好德育工作的出发点和落脚点,以创建德育特色品牌学校为出发点,聚集核心素养,制定德育活动课程化实施方案。同时,学校以课程为引领,推进德育活动课程化,以现实环境和条件为背景,以学生实际需要为出发点,利用国家课程和校本课程实施德育工作。

二、课程目标与内容

(一)找准定位,以德立校

核心素养框架的制定使学校的育人目标有了更清晰的指向性和更具体的落脚点,要求学校要坚持育人为本,明晰"培养什么人"的方向,明确"德育首位"的思想。一是要以德立校、立德树人作为教育的根本任务,让学校的德育工作走出"说起来重要,做起来次要,忙起来不要"的怪圈。二是重视"一校一品"的德育内涵,依托学校的历史积淀,做精特色文化,以特色树形象,以教育提内涵,以品牌促发展。三是建立持续发展规划,推进特色项目的发展。把"一校一品"德育特色纳入学校的发展规划之中,要求全体师生都积极参与到学校的特色教育活动之中,实现"让每一个学生适应时代的发展"的办学理念。

(二)找准特色,明确目标

学校要充分利用已有资源,挖掘特色项目,打造特色文化,创建特色品牌。全善学校坐落在滔滔长江之滨,巍巍云篆山下,取校名"全善"。"善"是中华传统文化中最重要的特质和核心价值。老子曰:"上善若水。水善利万物而不争,处众人之所恶,故几于道。居善地,心善渊,与善仁,言善信,正善治,事善能,动善时。"这实际说的是做人的方法,即做人应如水。我校校名为"全善学校",德育理念是用优秀传统文化作学生生命底色,因此以"尚善"作为德育教育目标,既与全善学校名称契合,又很好地体现了我校的办学思想,彰显了全校师生在学习生活、为人处世等方面的价值取向和品格追求。"尚善教育"为全善学校德育品牌。学校的培养愿景是:培养合格+特长的中学生,最终成就生命之美。

(三)丰富内容,辅以内涵

"尚善教育"的核心内容是"善心、善言、善行"。"善心"即育善良之心、塑美好之魂,就是培养和教育学生向善、从善、行善的心理品质,拥有爱心、富有同情心、怀有感恩之心等;"善言"即听善意之音、讲文明之言,就是培养和教育学生语言文明,会恰当使用礼貌用语,会理解别人、安慰别人、鼓励别人;"善行"即行善义之举、做文明之事,就是培养和教育学生养成良好的行为习惯,主动为需要帮助的人提供方便,自觉为他人和社会做一些力所能及的好事,以及与人和睦相处等。凡是一切真、善、美的意识和行为,凡是一切有利于学校发展、有利于学生个人健康成长的意识和行为,都属于尚善教育教育实践活动的内容。

通过实施"尚善教育",学生充分体验习善、行善、扬善的快乐,逐步实现由"尚善"德育教育到"时时行善",最终实现"善行一生"。通过活动引导学生从小树立善念、拥有善心、实践善言、善行来实现人格的优化与完善,让学生"勿以善小而不为",从而积善成德,形成健全的人格。育善心,讲善言,践善行,让善走进全善人。

(四)分层培养,目标细化

根据发展心理学的划分,初中阶段,即十二三岁到十五六岁阶段,是由儿童期到少年期再逐步过渡到青年期的过程,学生的生理心理都会发生巨大的变化,认知能力和认知水平都会有质的飞跃。因此,对不同年级的学生应该有不同的培养要求:

初一年级:走进初中,站到了新的起跑线上,学生倍感惊喜,又顿生迷茫。为了让学生迅速适应初中生活,养成良好的习惯,感知善的快乐,作出以下目标要求:

(1)寻善源,育善心,塑造美好的心灵。熟悉并热爱新学校、新班级、新老师、新同学,增强集体荣誉感和责任感,树立新理想,拥有新信念,确立新目标。

(2)遵规守纪,言行文明,自觉抵制不良诱惑,不做有损集体个人的事。纪律严明,按时出勤,拥有积极向上的精神风貌。

(3)穿戴整洁、服饰规范,不烫发、不染发、不留怪发。

(4)勤奋学习,勤于思考,积极参加小组合作学习,勇于克服困难,养成乐观、豁达的人生态度。

(5)诚实守信,礼貌待人。与人为善,关心他人,团结互助;谨慎交友,择善而从。

(6)善待生命,珍爱生命,注意安全,不攀爬、翻越防护栏,不到江河等水域处玩耍,不携带管制刀具、易燃易爆物品、火种、大功率用电器等进入校园。

(7)善待环境:热爱劳动,讲究卫生,做好教室、公地、寝室和个人的清洁卫生,不乱丢乱扔,不乱涂乱画。

(8)尊重师长,尊重他人劳动成果,养成勤俭节约好习惯。

初二年级:这是初中生活关键的一年。学生告别了童年,站在青春的起点,是学习成绩出现两极分化、思想情绪很不稳定的矛盾期。这一年,学生要把握好自己,学会尚善力行,积极乐观地面对学习生活。具体目标内容:

(1)严格要求自己,增强纪律、法律意识,做遵纪守法的好学生、好公民。

(2)养成健康的生活情趣,积极阅读健康有益的书报,远离网吧、歌舞厅等娱乐场所。

(3)善思、善学,养成良好学习习惯,掌握科学学习方法,逐步形成自主学习的能力。

(4)学科学、用科学,激发科技兴趣,参加科技活动,培养创新能力。

(5)崇尚好的思想、言行、品质,学会自我控制、自我调节、自我评价,保持乐观自信的情绪,正确面对成功与失败,虚心接受批评和教导,从善如流。

(6)自尊自重、谨言慎行、与人为善、好善恶(wù)恶(è),正确处理同学间的关系,营造和谐的人际氛围。

(7)不攀比、不浪费,崇尚并养成节俭好品质;有规律、有计划,养成生活好习惯。

(8)积极参加少年团校,学习团的章程,育善心、讲善言、践善行,争创条件,加入中国共产主义青年团。

初三年级:走进初三,学生满怀着理想与追求,孕育着新的希望与憧憬。同时,初三的路荆棘丛生、崎岖坎坷,因此,要在"善心、善言、善行"指引下,做到"善学、善思、善问",实现梦想。具体要求:

(1)提高自律能力,弃恶习,为善行,以学习为己任,健康快乐地成长。

(2)珍惜时间,善待生命。用高效的时间,提升生命的质量。

(3)善心、尚争。调整自身心态,积极竞争,严阵以待,冲刺中考。

(4)善行无辙迹,善言无瑕谪。诚信交往,坦诚待人。

(5)与人为善,建立和谐纯真的人际关系,把握与异性交往的尺度。

(6)尚体育锻炼,强健体魄;尚拼搏进取,成就自我。

(7)善待环境,不乱丢乱扔;善待自我,不抽烟喝酒。珍惜他人劳动成果,节约社会资源。

(8)感恩是为善之门,孝敬父母,尊敬老师,为母校增光添彩。

(五)课程内容,聚焦核心素养

学校在对德育工作课程化进行梳理的过程中,按照学生的认知水平、行为发展,尽可能满足学生发展的多样性需求,结合学校实际,将育德课程划分为四大领域:

一是基础课程:含国家课程和地方课程,侧重知识和技能培养,以夯实文化基础为主要目的,培养学生人文底蕴和科学精神,同时渗透品格教育。

二是特色课程:以第二课堂和课外活动的形式开设,如快乐篮球、歌唱表演、形体礼仪、汉字听写、语言艺术、书韵墨香、网络写作、诗词吟诵、工艺美术、创新实践、趣味生物、地理世界等课程,侧重兴趣培养,培养具有人文情怀、审美情趣、勇于探究的人。

三是活动课程:指升旗仪式、品格月主题活动(12个品格月)、传统节日活动、社团活动等,侧重素质能力的提升。在活动中提升素质,培养品格,使学生自主发展、健康生活、健全人格。

四是拓展课程:更多面向社会,包括入校课程(即走进尚善门新生系列教育)、体验课程(如研学旅行、社会实践)、励志课程(即走进毕业门系列励志教育),侧重意志品质的培养。让学生更多地参与社会实践,培养责任意识。

附:成就生命之美,"尚善"课程结构图

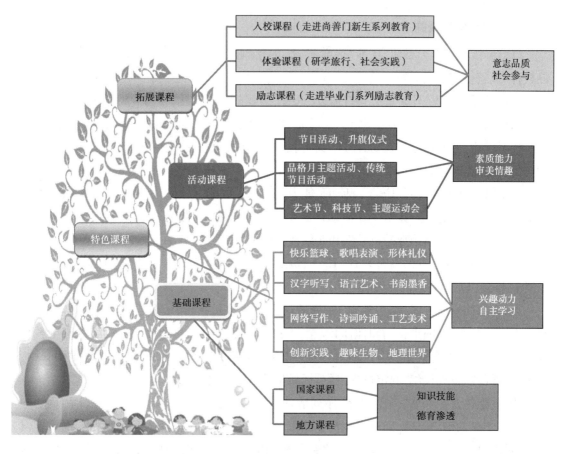

三、课程实施与评价

(一)课程实施原则

1. 从实际出发,尊重学生个体

从实际出发,注重课程实施与学生生活相结合,尊重学生个体,在了解其生活环境、生活内容、兴趣爱好等基础上,使课程实施生活化、趣味性、多样性、可选择性,贴近学生、吸引学生,使学生在温馨的环境中活动、感悟、成长。

2. 从需要出发,发挥主体作用

课程实施与学生需求相结合,在各项活动中,学生是主体,课程虽有既定或生成的内容,但仍要及时了解学生的需求、想法,并做适当调整。同时,根据各年级学生年龄特点,在课堂、活动设计过程中遵循生活性、兴趣性、探究性原则。

3. 与阵地结合,利用有效资源

课程实施应充分利用校内外各类阵地,以生动活泼的形式把学生在活动中的内心体验和收获充分展现出来,让不同个性、不同特长和不同思维方式的学生均得到充分发展,以达到课内外、校内外的融合。

（二）课程实施措施

以培养核心素养为目标，找准"尚善教育"的落脚点，将丰富载体作为有力抓手，让"尚善教育"成就生命之美。

一是以环境为媒，耳濡目染。打造以"尚善"为题的校园文化，将德育特色融入硬件设施中，让电子显示屏、教学走廊、宣传栏、黑板报、校园文化墙等处处散发文化气息、特色气息。通过校园广播、评选正能量人物、评选"尚善教育"品格月人物、搭建师生特长展示舞台，反映学校生活的点点滴滴，展示学校的最新风采。

二是以活动为媒，强化培养。活动是能力和品德生成的有效途径，通过活动来激发学生的情感体验与认知感悟，让学生在活动体验中感悟，受启迪而明理，从而达到促进学生品德内化的目的，切实提高德育的科学性和实效性。根据"尚善教育"的课程内容和培养目标，将其细化为各项活动，开展"尚善教育"12个品格月主题活动，做到每月有活动，每月一品格。12个品格月（以学年为序）活动是：

九月：自律月。开展"尚善教育"序列活动之一："改过扬善，珍爱生命"。控制情绪，调整心态，专注做自己的事；培养时时间观念，不浪费自己和他人的光阴，如：观法制安全教育片或听法制安全教育讲座；学习"尚善"教育内容和年级"尚善"培养目标；学习中学生守则、日常行为规范、校规校纪，制定班规班纪；抓新生的入学教育。

十月：强体月。开展"尚善教育"序列活动之二："强健体魄，坚定信念。"在体育运动中树立自强不息的信念，认识到健康生活是帮助我们达到良好的社会适应状态和实现最佳发展的保证。如：初一年级队列广播操比赛和梆鼓舞比赛；主题运动会；初二年级班级篮球比赛。

十一月：自信月。开展"尚善"教育序列活动之三："全善大舞台，有你更精彩"。认识自己，欣赏自己，挖掘自身潜能。有自信，有信心，愉快地享受每一天的学习与生活。如：开展学生个人才艺展示；初二成立"尚善"少年团校。

十二月：合作月。开展"尚善"教育序列化活动之四："从善如流，包容他人"。培养团队意识；学会在团队中扮演好自己的角色，尽力做好分内的事情；学会沟通和理解，通过团队的支撑让自己更好地前行；开展迎新年歌咏比赛；开展小组合作学习表彰活动。

一月：感恩月。开展"尚善"教育序列化活动之五："积善累德，知恩感恩"。学会感受来自他人的爱，尊重他人的给予和帮助，学会传递爱，用真诚的行动回馈他人的付出，积极帮助他人。制订感恩计划；开展感恩父母、感恩老师的活动。

二月：读书月。开展"尚善"教育序列化活动之六："尚学乐学，善学善思"；让学生在阅读中享受快乐，培养兴趣。开展读书、征文、演讲活动；开展"好书推荐"活动。

三月：环保月。开展"尚善"教育序列活动之七："善待环境，择善而从"。感谢大自然给我们的阳光雨露、空气和食物；所有的生命都是平等的，都是地球的孩子；保护我们的地球母亲，是每一个人义不容辞的责任。如：环保主题班队会；环保主题黑板报评比；"给课桌椅洗脸"主题活动；环保海报、公益广告设计大赛；学雷锋活动。

四月:艺术月。开展"尚善"教育序列活动之八:"能歌善舞,展示才华";用心体验和感受艺术的美,在参与和分享中收获快乐。开展校园文化艺术节系列活动。

五月:探究月。开展"尚善"教育序列活动之九:"勇于探索,善于发现";学会探索未知的世界,并从中发现精彩,在探索过程中,学会解决问题的能力。开展科技活动系列主题活动。

六月:理想月。开展"尚善"教育序列活动之十:"好善恶(wù)恶(è),修身立志";让理想成为前行的动力,让坚持推动理想的实现。开展学期争先创优活动;开展初二年级退队建团活动;初二年级开展走进初三的教育活动。

七月:理解月。开展"尚善"教育序列化活动之十一:善待他人,回报父母。与父母沟通,走近父母;关心父母,表达对父母的爱;体谅父母,担负起家庭的责任。开展"我当一天家"的活动。

八月:实践月。开展"尚善"教育序列化活动之十二:参与实践,担当责任。参与社区服务和社会公益活动,学以致用,认识真实的社会。开展暑期社会实践活动。

三是以课堂为媒,全面渗透。除在国家课程里重视德育渗透外,学校根据自身实际研发校本课程。校本课程的设置必须基于学生个体发展的需要(健康、品格、技能、知识、审美等方面的成长需求),体现学生发展的多样性需求。全善学校开发了"形体礼仪"校本教材,配置形体礼仪专任教师,通过形体礼仪课,传授文明礼仪常识,了解中西方礼仪和少数民族的礼仪,学会尊重不同的习俗,培养学生的文明礼仪行为;开发了精品特色课程,如合唱艺术课、快乐篮球课、汉字听写课、书法修炼课、语言艺术课等课程,培养学生的良好的"尚善"品格,让优秀的传统文化成为学生的生命底色;立足课堂,培养学生善学、善思、善问的学习品格,在国家课程里渗透品德教育,培养学生的良好道德行为。

四是以家庭教育为媒,巩固培养。家庭教育是教育人的起点和基点,至关学生个体的成长与发展,是学校教育最好的补充。学校通过家校联系平台,向家长宣传学校的德育特色和培养目标,通过给家长的一封信、家长会、家庭教育辅导、"我当一天家"等形式,与家长达成教育的共识,得到家长的支持,让学生的"尚善"品德培养在家庭得以延伸。

(三)课程评价

1. 评价原则

(1)关注个体差异。初中阶段学生的认知水平和能力水平已开始出现较大差异,个性化特征较为明显,德育课程评价要正视这种个体差异,不能所有学生一个标准,要注重发展性评价,鼓励学生有创造性的发现和实践。

(2)遵循激励原则。注重对学生在过程中获得的点滴进步加以肯定,通过评价强化学生的积极情感,激发参与热情,使学生在参与的过程中收获成功的体验与快乐。

(3)全面性原则。核心素养以培养全面发展的人为目标,而学校德育课程是一项系统性课程,德育教育成果是多种因素综合形成的,因此,评价也必须尽可能从系统的整体出发,进行尽可能全面的评价。一是个体与集体之间的全面评价,二是个体多个因素的全面评价。

2.评价方式

(1)过程评价:以成长记录册的方式,对每一位同学所参加的每一项课程或活动进行记录和评价。每一阶段的活动除了重过程,还要重结果,重总结。通过学月的正能量人物的评选、学期中的小组合作学习表彰和学年评先创优的活动,让学生在评选过程中,发生思想的碰撞,在碰撞中思考,在思考中学优、创优。通过表彰大会,表扬先进,形成人人向往优秀,学习优秀、争创优秀的良好氛围。

(2)综合评价:将学生参加德育课程的情况纳入中学生综合素质评价体系,学生参加德育活动和课程的相关情况,由课程指导老师、班主任或班级同学进行记录并加以考核,每学期开展一次综合素质评价活动,由自评、师评、互评三方面组成,同时根据学校育人目标开展"尚善"之星评选,评出学期或学年度善学之星、善思之星、善行少年、美德少年、体育之星、文艺标兵等进行表彰。

学校德育课程的构建与实施是一项复杂的工程,它关系到学校发展的全局,关系到师生生活的方方面面。因此一定要树立全员参与,全员育德的思想,科学合理的规划与扎实有效地推进学校德育课程化进程,必将使学校德育工作更有实效性,使学校发展更具可持续性,并能助推学校品牌建设。

参考文献

[1] 辛涛,姜宇,刘霞.我国义务教育阶段学生核心素养模型的构建[J].北京师范大学学报(社会科学版),2013(1):5-11.

[2] 辛涛,姜宇,王烨辉.基于学生核心素养的课程体系建构[J].北京师范大学学报(社会科学版),2014(1):5-11.

[3] 柳夕浪.从"素质"到"核心素养":关于"培养什么样的人"的进一步追问[J].教育科学研究,2014(3):5-11.

[4] 王立宽.彰显学校特色,滋润学生成长:关于开发实施校本课程的实践与思考[J].课改视窗,2014(3):40-41.

[5] 施久铭.核心素养:为了培养"全面发展的人"[J].人民教育,2014(10):13-15.

例谈 PPT 课件在初中历史课堂的应用

——以八年级上册《第17课　中国工农红军长征》为例

刘志昂

PPT(PowerPoint,演示文稿软件)课件将抽象的概念、静止的场面、零散的知识,通过图示、动画、声音和视频等形式呈现出来,既适应了初中学生的认知特点,也改变了历史课堂的教学方式。现结合人教版八年级上册《第17课　中国工农红军长征》(以下简称《长征》)的教学,谈谈在初中历史课堂教学中如何应用 PPT 课件。

当前,如何应用 PPT 课件已成为教师备课和学科教研的重要内容。那么,PPT 课件在初中历史课堂教学中为什么备受重视呢?

首先,实施新课程改革需要现代化的教学手段。

PPT 课件以其制作简单,操作方便,功能全面等诸多特点,成为新课程改革条件下,实施历史课堂教学新模式的重要载体。

在《长征》一课教学过程中,我借助 PPT 课件来实施问题探究式教学模式,设置了"情景引入""自主学习""合作探究""感知历史""能力提升""情感升华"等几个环节。通过 PPT 幻灯片的呈现,既使教学流程清晰明了,又保证实际操作简捷方便。每个环节,用两三张幻灯片整合历史资源,使学生获得多重感官刺激,激发起其参与课堂的积极性,极大地提高了教学的效率。

其次,培养核心素养需要大信息量的教学手段。

历史学科的核心素养是学生应当形成正确的价值观念、必备品格和关键能力,包括唯物史观、时空观念、史料实证、历史解释、家国情怀五个方面。

《普通高中历史课程标准(2017 年版)》指出:"历史课程要将培养和提高学生的历史学科核心素养作为目标。"初中历史课标张弓待发,其课程目标方面也必将与高中历史课标保持一致。在《长征》一课的教学中,我借助 PPT 课件方便快捷地调用和展示资料,有效地落实了历史核心素养的各方面要求。

首先,讲解红军长征的过程时,通过 PPT 的动画功能逐步地展示红军的行军路线,明确了事件发生的时间顺序和地理位置,帮助学生形成了清晰的时空概念。

其次,用 PPT 幻灯片分别展示《长征日记》(长征亲历者肖锋所著)中的文段,并以此创设历史情境。在新课讲授中,通过逐步地展示《长征日记》的文段,模拟出翻阅日记的不同篇章,完整地讲述历史的情景,让学生知道历史研究必须借助史料。尤其是摘录《长征日记》的片段,讲述红军爬雪山、过草地的故事,让学生体会长征的艰难困苦和红军的乐观精神。这样,既补充了历史细节,让历史有血有肉,又"润物细无声"地渗透了情感态度价值观的目标。

另外,认识遵义会议的意义、长征胜利的原因时,也用 PPT 幻灯片展示出相关的文字材料,并有针对性地提出问题,引导学生思考后得出结论,让学生初步形成"论从史出"的实证意识。

最后,播放习近平论述"长征精神"的讲话录音,并用幻灯片展示相应的文字内容。引导学生认识"长征精神"的内涵,将其与自身实际联系起来思考,从而形成不怕困难、乐观向上的心态,以及为新时代社会主义建设作贡献的家国情怀。

最后,历史的过去性需要直观性强的教学手段。

历史具有过去性的特点,今天的学生理解过去的"事",单纯依靠教材的语言是很难办到的。而 PPT 课件可以运用诗歌、图片、表格、视频、音乐等资源,生动形象地再现过去的"人""地""事",让学生形成了接近真实的印象,形成正确的历史解释。

在《长征》一课的教学中,要描绘出遵义会议召开的历史情景,依靠教师的语言是很难办到的。于是,我就剪辑了电视连续剧《长征》中的相关片段,插入 PPT 幻灯片中。在现场授课时,轻轻点击 PPT 课件播放视频,再配以简单的语言提示,瞬间就把革命危急关头,毛泽东的睿智、周恩来的担当,还有张闻天等老一辈无产阶级革命家的审时度势呈现出来,使学生如见其人,如闻其声,如临其境,取得了很好的教学效果。

当然,PPT 课件只有与科学教育理念相结合,才能有效地落实学科核心素养。我认为,在历史教学中使用 PPT 课件,必须处理好以下三方面的关系:

第一,教学目标与课件内容的关系。

教学目标是课堂教学的指挥棒,是教师选择教学方式的基本依据。PPT 课件的使用必须以教学目标的实现为归宿,不是为了追赶时髦而使用。我认为,要多认识 PPT 课件的优缺点,什么地方用,怎么用效果最好,必须实际需要来确定,不是每个知识点都要用 PPT 课件来展示。

我在设计《长征》教学方案时,处理"飞夺泸定桥"这一内容,原本打算用 PPT 课件播放视频。但是,考虑到这样做对实现教学目标意义并不大,而且会挤占后面学生活动的时间。因而这一方案弃之不用,改由学生通过自主阅读教材"相关史事"部分去了解这些内容。

第二,师生活动与课件播放的关系。

PPT 课件只是一种课程辅助手段,教师要发挥主导作用,不能变成"电影放映员",要时刻对课堂进行组织调控。同时,学生是学习的主体,其参与程度直接决定学习的效果,不能成为游离于课堂之外的"观赏者""电影观众"。

在实施"长征过程"的教学时,不少学生陶醉于丰富的图片、悦耳的声音、精彩的视频之中,而不动脑筋思考,不做课堂笔记。讲授"爬雪山和过草地"这一内容时,看到这种情况,我果断地放弃了原定的用 PPT 课件播放视频的方案,而起用了"第二套方案"。继续用 PPT 课件展示《长征日记》的文字,让学生结合材料谈谈红军爬雪山、过草地遇到了哪些艰难险阻,问学生还知道哪些关于这个过程的故事。这样,让学生积极思考问题、发表自己的见解,重新参与到教学活动中来了,并在教材上落实好了知识要点。

第三,现代手段与传统手段的关系。

较之于传统手段,PPT 课件确实有许多优势,但必要时还是要借助传统教学手段的长处。例如《长征》一课的教学内容较多,PPT 课件显示的内容替换速度太快,学生来不及记笔记。我就一边讲述一边在黑板上写下本课知识框架,帮助学生形成清晰的知识线索;再如本课展示文字材料较多,前后翻页不便于展示。我就用事先书写好文字的小黑板和屏幕一起展示。这样,PPT 课件与传统手段有机配合,就有效地解决了 PPT 课件在课堂教学中的弊端。

总之,检验 PPT 课件运用成功与否,不是看课件制作得多么花哨,使用了多少"高科技",而在于其设计是否有利于实现教学目标,体现"以教师为主导,学生为主体"的思想。因此,教师必须更新自己的教学观念,充分认识 PPT 课件的优缺点,处理好各方面的关系,才能充分地发挥其优势,提高历史课堂的教学效果。

参考文献

[1] 汪瀛."自主感悟,互动创新"历史课堂教学模式概说[J].教学创新,2007(3):6-8.

[2] 朱汉国.历史学科核心素养释义[J].历史教学,2018(3):3-9.

[3] 中华人民共和国教育部.普通高中历史课程标准(2017 年版)[S].北京:人民教育出版社,2018.

浅谈主题活动式语文教学方式的实践应用

——以部编教材七年级下册二单元教学设计为例

凌 利

活动式教学方式源于我国古代教育的"知行观"。荀子认为"行高于知",陶行知指出"行是知之始"。我国传统教育一向注重活动是认知的前提,将实践看作能力发展的契机。活动越丰富,能力发展就越快越强。活动式教学方式就是要以活动为引发学习兴趣的契机,以活动为撬动能力发展的杠杆。

我所在学校是重庆市初中语文活动式创新课程基地学校,活动式教学是学校"四四互动问题探究式"卓越课堂教学改革的一个重要内容和支撑,因此,在初中语文活动式教学方面有着丰富的实践经验和诸多研究成果。

活动式教学方式在激发兴趣、培养能力上的作用是显而易见的,但也有不足,如知识点难以聚焦、思想主题难以突破等,而主题式教学方式却很好地解决了这些问题。主题式教学法是指以某个主题作为教学线索,以这个线索来展开一系列教学活动的教学方式,将其应用在初中语文教学中,可以突出初中语文课程的教学目的,增强语文知识对初中生的影响程度,能够有效改善初中生被动学习的局面,使其在目的性较强的学习活动中获得巩固与发展。可以说,主题式教学法是培养学生发展素养的重要途径,是促使初中语文教学走向高效的捷径之一。因此,我大胆将两种方式进行整合,发挥各自的长处,希望能使语文课既有趣又高效,我暂且称之为主题活动式教学。那么,开展主题活动式教学的具体程序有哪些呢?

一、全面分析,整合文本,确定主题

确定主题是组织主题式教学活动的基本前提,每一轮主题式教学活动都有一个鲜明的主题,这个主题是教学目标的具体体现,是整个教学活动的"导航"与前进方向。为了确定科学而全面的教学主题,教师应全面分析文本内容,把握每一个教学对象可能对学习者所产生的具体影响,以及初中生真正需要的语文教育应包括哪些内容,尽量仔细斟酌,全面考察,从而保证主题的适用性、科学性。

以部编教材七年级下册二单元为例,在单元提示中有这样一段话:家国情怀,是人类共有的一种朴素情感,它意味着热爱祖国的大好河山,热爱祖国的语言文化,热爱家乡的土地人民……它是国家和民族的精神凝聚力。这个单元所选的都是表现家国情怀的作品,能够激发我们的爱国主义情感。根据单元提示可以明确本单元的活动主题就是"家国情怀",因此,我给整个教学设计起名"家国天下"。

二、选取资源，设计活动，拓展教学

当教师确定好教学主题之后，那么便要以主题为中心，从生活、社区、学校、网络等环境中提取丰富的教学资源，保证主题教学的辐射面与影响度，从而让初中生的语文学习变得多元化与开放性。当然，主题活动式教学法是以促进学生的全面发展为最终目的的，所以教师也可以让初中生掌握一定的选择权利，让初中生自己去开发学习资料，从而不断提高他们的信息素养水平。

以部编教材七年级下册二单元为例，共有四篇文章，分别是《黄河颂》《老山界》《土地的誓言》和《木兰诗》，其中有两首诗歌，一篇抒情散文，都是非常好的诵读材料，因此首先在教学活动中我特意安排了诵读比赛，以提高学生的朗诵水平，以读促情。其次，我结合本单元综合性学习的要求，设计爱国人物故事、爱国诗词诵读、爱国名言展示等活动以培养学生的爱国精神。最后结合当下热播电影素材《战狼》《红海行动》《流浪地球》等进行小结，引导学生思考在和平时期，作为学生，我们应该如何爱国。在活动的设计中，一定兼顾学生自主选择学习资料的权利，如爱国故事、名言、诗词和影视视频资料都是学生自己准备，课堂展示，有助于全面提高学生综合素养。

在设计语文教学中的活动时一定要注意：必须以活动的理念，融通课情与学情建构教学，通过适时、适量、适度、有序有效的学生主体性活动，化解教学的重难点，带动学生的全面发展，优化语文的教育教学。活动不是盲动，不是虚动，不是滥动。

三、教师主导，学生主动，提升效能

当教师做好确定主题、设计活动内容等准备工作之后，便需在教学实践中进行具体落实，这一过程关系着主题活动式教学方式的实施质量，需要教师充分发挥初中生的主观能动性，让初中生成为主题式教学活动的探究者、参与者和评价者。近些年来，有大量实践研究证明，只有让学习者成为学习对象的探索者与主动求知者，才能够获得最优的效益。因此，以学生解决问题作为主题式教学活动的基本形式，也是巩固与优化教学效果的重要保障。

以下是我根据主题活动式教学法的具体程序设计的单元教学简案，供大家讨论、批评和指正。

案例：

"家国天下"主题活动式教学设计

目标：1.完成第二单元基本的必要的学习任务。

2.训练朗读诗歌、散文等经典文段。

3.激发学生的民族自豪感和爱国热情。

方式：开展多种形式的学习活动

课时：八课时

教学安排：

一课时：综合学习活动"家国天下"（教材 p46-4、课件）。

主要活动：爱国人物故事、爱国诗词诵读、爱国名言展示

其中"爱国诗词诵读"活动可以贯穿整个课程，每节课课前三分钟教读、诵读一首，让学生每节课都能在传统文化的熏陶中、培养爱国精神。

二至三课时：《木兰诗》讲授课（古代的爱国女英雄，可以适当补充更多的爱国英雄的材料，不限于女英雄）

四至五课时：5、6、7 课进行小群文阅读

主要教学过程：

1. 背景简介：（1934—1945 年）祖国灾难深重，革命英雄为了国家、民族抛头颅洒热血，爱国志士对故土的思念、热爱（近现代中国的仁人志士是如何奋斗和表达爱国之情的）。

2. 字词和主要内容，自学的方式，可以结合《同步检测》完成基本内容的讲解。

3. 抓重点语句体会作者的情感，同时进行朗读的指导。

六课时：组织一次班级内的朗诵比赛（小组为单位）

七课时：结合电影视频《战狼》《红海行动》《流浪地球》等进行小结，引导学生思考在和平时期，作为学生，我们应该如何爱国。

八课时：结合二单元作文训练《学习抒情》，以《乡情》为题写一篇作文，表达对故乡的热爱之情，培养学生的家国情怀。

总之，初中语文教学关系着学生人文素养、文化素养、审美素养、道德情操等多方面的发展，所以教师必须要全面探讨各类有利于提升初中生综合素养的教学方式，以科学有效的教法来促进学法的完善，从学生发展角度来全面促进初中语文教学的发展。

参考文献

[1] 金庆峰. 开放式初中语文课堂教学的探讨[J]. 教育教学论坛,2011(31):90-91.

[2] 周恩福. 浅谈主题式教学法在初中语文教学中的应用[J]. 知识文库,2018(9):136.

[3] 周承军. 浅析初中语文主题式教学设计与实践[J]. 医疗信息化研究,2015(6):183.

高中新生家国情怀的现状、培养策略和价值

曾　丽

《大学》有云："古之欲明明德于天下者,先治其国。"这是家国情怀在古人身上的典型体现,是古代读书人安身立命的根本准则之一。今天,《普通高中历史课程标准(2017版)》将家国情怀作为中学生历史学习的必备核心素养,是高中历史教学的核心任务之一。

家国情怀有广泛的内涵和外延。家国情怀是中华优秀文化的基本内涵之一,是主体对共同体的一种认同,并促使其发展的思想和理念,基本上包括家国同构,共同体意识和仁爱之情,如修齐治平思想。其实现路径强调个人修养,重视亲情,心怀天下,既与行孝尽忠,民族精神,爱国主义,乡土观念,天下为公等传统优秀文化有重要联系,又是对这些传统的超越。

那么高中新生对家国情怀素养了解吗? 有兴趣培养自己这方面的能力吗? 有基础吗?初中掌握的情况具体如何呢? 学生有什么需求呢? 高中历史老师能做什么呢? 这么多疑问,只有经过详细调研,才能针对孩子们的需求想对策。基于此,我请教了西南大学教育学部王牧华教授,制作了一张针对初三到高一阶段学生的问卷,名称是《家国情怀素养调查问卷》,设计问题包括单选题、多选题和简答题三种,并按层层深入的逻辑顺序设计了基本信息、家国情怀的内涵、家国情怀的价值、你对家国情怀的掌握情况及你的困惑和需要六个维度,还在每个维度下面设计了一至三个问题。

参与问卷调查的是来自巴南区四所学校的共约1 000名学生,大部分处于初三和高一年级,由于学生数量和调查范围有限,且不具有典型性,所以我接下来的思考更多的是针对巴南区高中学生的实际,提出的一些教学建议。发放调查问卷1 000份,回收866份,回收率86.6%。调查样本中,初三学生占43%,高一学生占57%。有了对现有教学状况的基本把握,在王教授指导下我就问卷调查的结果进行了汇总与分析,有针对性地对高中新生家国情怀的现实状况、高中生家国情怀的培养策略和培养价值三个方面进行探讨。

一、高中新生家国情怀的现实状况

第一,关于家国情怀的理解程度。从调查结果来看,对于家国情怀的内涵,54%的学生只选择了爱国主义、民族精神和天下为公;33%的学生此外还选择了乡土观念;只有13%的学生认为除了前面三项,家国情怀还应包括重视亲情。另外,77.8%的学生认为身边的同学们富有家国情怀。88.1%的学生认为当前中国综合国力强盛,国际地位较高,但仍有必要强调家国情怀的教育。这说明绝大部分学生都认识到了家国情怀关系自身的社会责任感、国

家认同感和民族使命感,都认为在当今中国,自身仍应为国家富强、民族复兴而拼搏努力。但是,学生对家国情怀的内涵理解比较单一,层次较浅显。学生们大多认为家国情怀的内容就是爱国爱家有责任心,但是却缺乏对整个人类群体的认同感和其他维度的责任感,说到底就是他们的家国情怀还比较狭隘。至于层次方面,更是停留于思想感情,而不去思考实现家国情怀的具体步骤和途径。

第二,关于家国情怀的培养方式。对于家国情怀的了解主要来源,有23%的学生只选择了历史课堂;另有12%的学生选择了课外读物。合计35%的学生没有选择大众传媒和其他选项。对于你的历史老师一般通过什么方法培养你的家国情怀素养,89%的学生选择了宣讲;84.3%的学生选择了记忆;55.8%的学生选择了播放视频;87%的学生选择了讲故事;但是只有23.7%的学生选择了其他选项。根据调查结果,学生们大多在比较单一的环境特别是在历史课堂上有机会培养家国情怀,并且培养途径比较被动、感性,往往通过视听材料进行学习,缺少理性思考。播放视频或者慷慨激昂的音频教学材料确实能激发初中学生爱国爱家的激情,但是冷静下来后这种激情能持续多久? 学生不会思考为什么要有家国情怀,或者思考了却由于没有科学引导而无法得到答案。时间一长,情怀就淡了,缺乏持久认同的动力。

第三,关于家国情怀的接受程度。对于家国国情怀的社会价值和功能,34%的学生选择了思想感情;28.6%的学生选择了能力方法;83.3%的学生选择了教育工具,其中,33%的学生只选择了此项;25%的学生选择了应试能力。结合上段分析,初中历史课堂教学部分存在被灌输的现象,过多灌输,引起部分学生反感。问卷结果显示少数老师感觉家国情怀浅显易懂,加之为了加强学生的应试能力,会有让学生死记硬背家国情怀的现象。这样学生不仅不能理解家国情怀的深刻内涵,还会因为痛苦记忆这些他们感觉假大空的话而产生抵触情绪,大大影响教育效果。

这些问题都指向初中阶段历史教学的弊端:过于注重情感灌输和意志磨炼,缺少理性思考。在人的认识活动和实践活动中,坚定的信念、坚强的意志、饱满的感情和积极的情感固然是人们一切的活动的内在驱动力,但人在形成概念、进行判断、分析、综合、比较、进行推理、计算等方面的能力,更是我们选择方案处理事件、达到预期效果的有力保障。所以,理性地培养高中学生的家国情怀成了我们高中历史教学的明智选择。

二、理性培养高中生家国情怀的具体策略

关于最后一个开放性试题:"你希望历史老师怎样帮助你加强家国情怀素养呢?"21.5%的学生希望老师多播放视频,少一点说教;31.1%的学生希望老师带领学生走出课堂,亲近历史,多去遗迹和博物馆感受家国情怀;17.3%的学生希望老师论从史出、有理有据地说服学生认同咱们生活的群体;其他学生没有回答。根据调查结果,高中历史老师在课堂能做什么呢? 我认为,要想理性地培养高中生的家国情怀,必须调动学生其他核心素养,如时空观念、史料实证、唯物史观、历史解释等几种能力,同时还能提高学生的整体历史学习能力。

（一）利用时空观念培养家国情怀

要对自己所处的国家、民族、地区和家庭产生认同感，难免会去比较别的地区的文明。高中讲古代希腊民主政治时有这样的结论：古代雅典和古代中国分别实行民主和专制制度，但二者都是人类优秀的政治文明成果，无优劣之分。在调查问卷中，关于中国封建时代的专制主义中央集权制度和古代雅典的直接民主制度的优劣问题，11.1%的学生认为中国专制制度优于雅典的民主制度；15.5%的学生选择不清楚；73.4%的学生选择中国专制制度不如雅典民主制度先进。结果说明绝大部分学生一直误认为中国封建时代的专制主义中央集权制度是落后的政治制度，无法与古代雅典的直接民主制度媲美。初中历史老师因为教学任务不要求，加之初中学生理解能力有限，只要求记住"两者都是人类优秀的政治文明成果"这句结论，学生们要么不理解，要么不认同。

所以高中生应该从中国雅典不同的时空状况思考这句结论的由来。雅典由于土地少而贫瘠，海港多而优良，很大程度上影响着雅典工商业和航海运输业的发达，这样的经济形式下社会氛围比较宽松，人们的思想活跃、地位比较平等，容易走向民主制度。而古代中国土地辽阔肥沃，大陆比较封闭，这非常有利于农业经济的发展，小农经济的封闭性又导致社会氛围比较死板，人们的群体性格比较呆板、含蓄、内敛，非常易于也需要专制统治。可见，中国雅典不同的地理环境影响经济形势，经济形势决定社会氛围和人格特征，这些又深刻影响中国和雅典政治制度的选择。

这样学生才能深刻理解中国和雅典的政治制度，都是当时社会政治、经济、文化状况的产物，所以都是合理的存在，对于社会进步都起着推动作用，是优秀的人类政治文明成果。

（二）利用唯物史观培养家国情怀

台湾柏杨《丑陋的中国人》一书批判中国人"脏、乱、吵""窝里斗""不能团结"，这本书影响甚至误导了一些中学生的价值观，让他们的民族自信心有所降低。这在问卷结果中也得到了验证。关于中国人集体性格中自私、狭隘的缺点主要是由什么原因导致的这个问题，20.8%的学生认为中华民族的天性如此；27.5%的学生认为是大河文明和海洋文明经济形式的不同导致的；19.8%的学生选择是由于中西方不同的政治制度导致的；31.7%的学生认为是东西方思想文化不同导致的道德水平差异。学生们选各种选项的比例比较持平，连第一个选项"天性如此"都有两成学生选择。这还是没能理性看待我们中华民族群体性格产生的原因所致。

面对这个问题，高中历史教师首先要一分为二地看待中华民族的集体性格，看到中国人民勤劳朴实、善良温和等优点，也不避讳中国人的缺点，但优点远远多于缺点。同时，带着学生分析中国自春秋产生小农经济以来，农业技术的落后导致农业劳动特别繁重，在整个社会生产生活水平很低、温饱问题都没有解决的时代下，农民们没有余力和条件去讲究个人卫生和保持家庭的整洁；小农经济的狭隘、封闭性，导致人与人协作机会极少，农民阶级自私、狭隘，难以团结；农业生产经验的重要性，也使农民容易迷信权威和长辈，封建家长制长盛不衰……根据唯物史观,这些都是小农经济的产物。当然,中国人勤劳勇敢、艰苦朴素、诚信善良等优点也与小农经济的发展有关。由此,学生能全面、辩证地看问题,增强民族自信心。

但新中国工业化建设,尤其是改革开放以来,工业生产取代了传统农业经济的主导地位。随着社会经济的快速转型,工业社会需要干净、整洁、少说多做的员工,需要在社会化大生产的各个环节中团结协作,需要承认科学技术日新月异、江山代有才人出、不断反思和完善自己……以前的缺点在新的经济形势下都逐步转化为了优点,这些我们都做得特别好,否则不会有如此巨大的经济建设成就。如此一来,学生不仅能用唯物史观发展地看待历史事物,更能清醒地认识到中国人以前整体性格的不足和现在的进步,增强民族自信心。

(三)利用史料实证能力培养家国情怀

别有用心的人总是想尽办法离间中国的民族关系,少数民族地区的学生对中华民族的整体性缺少认同感。关于举例反驳分裂中华民族的反动势力这个问题,只有28.7%的学生选择了是的;59.4%的学生认为自己说不清楚;还有11.9%的学生认为自己不能举例反驳分裂势力的言论。根据问卷结果,近六成同学都选择了"说不清楚"选项,因为他们只记忆了"中华人民共和国各民族平等、团结和共同繁荣",至于为什么,可能知道一些张骞通西域、文成公主进藏等各族友好交流的史实,但是却不成体系。怎么办?用证据说话。高中历史学老师要多引导学生用史料来驳斥各种民族分裂势力的言论。

第一步,让学生讨论可以从哪些地方找证据。教会学生基本的史料分类方法,一般可以按属性分为一手史料和二手史料,或者按表现形式分为口头史料、音像史料、文字史料、实物史料等不同类型。让学生分组从这些方面去寻找证据证明中华民族自古以来就是一个统一的团结的民族。

第二步,老师可以给学生提供最权威的一些史料,如《汉书》《后汉书》《全唐书》中的选文,让学生翻译、解读、理解史料。注意要引导学生论从史出、孤证不立,一定要形成完整的证据链。

第三步,让学生从不同角度、不同时期有理有据地表述自己的结论,说明中华民族平等、团结、共同繁荣是自古以来的优良传统,同学们会由衷赞同我们理所当然应该维护民族团结。

总之,与其让学生背"中华人民共和国各民族平等、团结和共同繁荣",不如让他们读史书和《中华人民共和国民族区域自治法》,让学生归纳民族地区取得的政治、经济、文化上的自治权利,归纳其人民取得的个人教育、信仰、就业、文化、医疗、生育等方面的自由。如此一来,民族分裂的说法不攻自破。

(四)利用历史解释能力培养家国情怀

讲新文化运动前期的主要内容时,要介绍鲁迅"打倒孔家店"的口号,学生会对整个传统文化产生怀疑,甚至认同要救亡图存,就必须革除一切旧的文化,连汉语也要一并剔除的主张。问卷中关于中国历史上时而尊孔时而抑儒的原因,23.5%的学生知道;48.6%的学生选择了不太清楚;27.9%的学生选择不知道。结果显示,接近一半的学生都不太清楚中国历史上孔子和儒学命运变化多端的原因。

高中历史老师该怎么讲述这个问题呢? 一般老师会告诉学生,这是对传统文化的全面否定,对西方文化的全面肯定,不利于保留优秀传统文化和剔除西方文化中的糟粕,这种做法失之偏颇。而我选择让学生思考,这些新文化运动的斗士真的全盘否定了传统文化吗? 我会举例说明,他们中大多数对传统文化的热爱与拥护,如蔡元培的"兼容并包",辜鸿铭的为旧文化卫道的行为,等等。那为什么他们要高呼"打倒孔家店"呢? 这时,我会让学生利用时代背景进行历史的解释。当时中国处于北洋军阀统治时期,袁世凯掀起了尊孔复古的逆流,旧文化尘嚣直上。虽然新文化运动的斗士们知道传统文化的优点,大家如果不提出全盘否定传统文化,先让旧势力和人们完全不能接受,在提出否定传统文化中的糟粕,保留传统文化中的精华,这样是否更容易让人接受呢? 如此一来,学生站在时代背景的高度,对新文化运动斗士们给予充分的理解,从而对优秀传统文化也更容易产生认同。

三、理性培养家国情怀有深刻的价值

关于问卷中对家国情怀本质的理解,这是个多项选择题,78.7%的学生选择了思想感情;12.2%的学生同时选择了能力方法;89.4%的学生认为家国情怀是一种教育工具;21.1%的学生认为它还是一种应试能力。结果显示,由于对家国情怀缺少理性思考,问卷第3题有相当比例的学生选择了教育工具和选项,所以高中历史教学应注重培养学生对家国情怀的理性认同感,而不是从能力和素质方面去定性家国情怀。其实,理性的家国情怀一旦培养起来,更能增中华强民族凝聚力,建立幸福家庭,提高公民意识;更有助于培养一个人的道德修养、使命感和责任感;更能帮助学生树立正确的人生观和价值观;有助学生树立为中华民族伟大复兴而努力学习的理想追求;也有助于从中学阶段培养学生的爱国、爱家的高贵品质;更能提高高中学生的历史学习水平和能力。

首先,理性的家国情怀能提升高中生的综合素质。20世纪90年代,世界各地纷纷进入知识经济时代,人才显得至关重要。中国也在尽力由一个人力资源大国向人力资源强国转型。而对核心素养的培养成为人才的培养的关键。核心素养的基本特点是通过教育形成并获得的共同素养和综合表现,具有连续性和阶段性,是个人价值和社会价值的融合,还有整合性和跨学科性。由此可见,历史学科中家国情怀是当今人才必备的素养之一,是和历史学科其他核心素养、其他学科的核心素养密不可分的,培养起强烈的家国情怀是提高人才综合素质的必要组成部分。

其次,理性的家国情怀是增强民族认同感的重要保障。这一点在前面第三个部分有详细探讨,不再赘述。

再次,理性的家国情怀能够提高高中生历史学科的学习水平和应试能力。历史学科的五个核心素养是五位一体的关系,只有综合掌握包括核心素养在内的各种素养,才能比较好地掌握答题方法。例如2017年全国卷一卷的40题考查古代中国和近代英国的济贫制度,

第一小题有"比较中英救济方式的异同"这个设问。这个问题设计目的是让学生认识到中国古代经济、制度、文化的优势,增强对古代中国政府官员乃至整个中华民族的认同感。假使不是运用了唯物史观、时空观、历史解释等素养,学生就只能停留于对材料的阐释,不能看到问题的实质。而理性理解能从社会性质、政治制度、思想文化方面去作答,提高学生的思维水平和应试能力。

综上所述,高中学生通过时空观念、唯物史观、史料实证、历史解释的能力,逐步地、理性地培养起家国情怀,才能全方面地、深刻地把握家国情怀的内涵,全面提高历史学科的核心素养,真正产生对家庭、家族乃至民族国家的认同,并提高应试水平。在一举多得的情况下,定会激发学生努力学习、以古鉴今的热情,努力承担家庭、国家的责任,振兴我中华。

参考文献

[1] 徐蓝、朱汉国.普通高中历史课程标准(2017版)解读[M].北京:高等教育出版社,2018.

[2] 王慧,何成刚,唐成才.传承优秀文化,培养家国情怀:以张仲景、华佗和李时珍教学为例[J].中学历史教学,2018(1):14-17.

[3] 周刘波.家国情怀:历史教育的价值旨归及其实现路径[J].教学与管理,2017(1):70-72.

[4] 李凤舞,牛永辉.论新时代大学生家国情怀的培养路径:基于非理性因素视角[J].重庆科技学院学报(社会科学版),2018(4):113-115.

重庆市普通高中教育教学改革研究课题结题报告

重庆市实验中学校

一、标题: "三三 GX 课堂"研究

二、课题相关信息

  课题批准号:2015cqjwgz3051
  课题分类:一般课题
  课题主持人:王德华
  主要研究人员:刘茂林、贺祠亮、马林冈、张利凤、吴克美、傅剑、熊显东、喻大强

三、摘要

  "三三 GX 课堂"是指以"三学、三动、三量"为中心的高效课堂。"三学"是指引导学生自主学习;激发学生乐意学习;让每一个学生学会学习。"三动"是指学生在课堂上动手体验、动脑思考;师生、生生互动探究。"三量"是指教师加大课堂知识的信息量、能力的训练量、思维的活动量。"三学"是研究课堂学生学习策略,通过"三学"策略的实施,学生的学习能力得到显著提高;"三动"是研究课堂教学策略,通过"三动"策略的实施,数学课堂更加活跃,学生课堂学习效率更高;"三量"是研究课堂训练策略,通过"三量"策略的实施,拓展课堂知识、拓宽学生的视野,提高学生课堂练习的效果,减轻学生课外负担。"三三 GX 课堂"模式的实施,使教师的教学水平和教研能力得到较大提高,教师发表论文 10 篇,论文获重庆市一等奖 3 篇,任教的学生中获得全国数学联赛二等奖及三等奖超 30 次。"三三 GX 课堂"模式应用到教学活动中,取得了较好的教学效果,深受学生的欢迎,得到了家长的好评和社会的认可。

四、正文

(一)问题提出

1. 目前高中数学教学现状分析

  长期以来,由于受传统教育观念和应试教育的影响,目前我国的高中数学教学中,片面追求升学率,大搞"题海战术",学生学习苦、教师教学累仍是普遍现象。由于课程改革,高中

生数学学习的内容多,内容难,课时又少,初、高中学习内容和方法的严重脱节,所以高中数学教学一方面要补初中学习的必备内容,同时要在较少的课时内完成较多的教学内容,不得不让我们思考新的教学模式。

2. 新课程改革对高中数学教学的要求

追求高效课堂是教师的永恒追求,也是当前课程改革的重要目标,更是学校实现内涵发展的必然,提高课堂教学的有效性已经成为课程与教学改革的核心内容之一。提高课堂教学的有效性必然要对传统的教学模式进行改革。

3. 国家教育改革的大势所趋

《基础教育课程改革纲要(试行)》中提出,要"改变课程实施过于强调接受学习、死记硬背、机械训练的现状,倡导学生主动参与、乐于探究、勤于动手,培养学生搜集和处理信息的能力、获取新知识的能力、分析和解决问题的能力,以及交流与合作的能力"。《国家中长期教育改革和发展规划纲要(2010—2020 年)》中也提出,要"把教育资源配置和学校工作重点集中到强化教学环节、提高教育质量上来"。课堂是教学的主阵地,是提高教育质量的关键所在。

4. 高考模式变化的必然

随着教育改革的不断深入,高考改革方案已经进入了试点实践阶段,数学课堂教学改革的研究也势在必行。数学是从小学到高中的主科,历来受到社会、家长、学生的充分重视,但也是提高基础教育质量的"拦路虎"。数学教学中"学生苦、教师累、成绩差"的恶性循环仍在延续,我们很多中学老师是手拿新教材,心想老办法,是在旧瓶装新酒、穿新鞋走老路。所以,改变教师的观念,用新的教学策略指导新课标教材的使用,对探索既提高学生成绩,又减轻师生负担的教学新思路具有积极的理论意义、现实意义和实践价值。

5. 顺应学生的学习需要

在我校组织的针对课堂教学情况的问卷调查中,其结果反映出我校数学课堂教学存在着如下几个共性问题:一是教师课前准备不够充分,课堂教学盲目;二是新课前盲目出示学习目标,淡化了情境创设,整个教学机械呆板,不够生动,对学生没有吸引力;三是教师讲得太多,给学生学习的时间和空间太少,学生无法当堂完成作业;四是教师较多关注自己的教,而较少关注学生的学,学生的学习方式单一,自学流于形式;五是教师对学生的关注面太窄,差生容易被忽视,造成学生两极分化严重;等等。存在这些问题的课堂,其教学效率很难保证。这种"教师中心,机械模仿,系统传授"的课堂教学模式,使课堂缺乏思辨与创新,学生的学习主体性难以体现,学习积极性被压抑,学生的全面发展成为空谈。要提高教学质量,我们必须改变现有的这种缺乏生命活力的、僵化的课堂教学模式。

6. 实现教育现代化的需要

教育现代化就是用现代先进的思想和科学技术手段,使教育思想观念、教育内容、方法和手段以及校舍与设备,逐步提高到现代的世界先进水平,培养能适应参与国际经济竞争和综合国力的新型劳动者和高素质人才。教育现代化要求教育思想、观念、方法的现代化,课堂教学方法的现代化是教育现代化的重要内容之一,也是落实教育现代化的重要阵地。

7. 提高发展学生核心素养的必然要求

"学生发展核心素养"是指学生应具备的,能够适应终身发展和社会发展需要的必备品格和关键能力。综合表现为人文底蕴、科学精神、学会学习、健康生活、责任担当、实践创新六大素养。学生发展核心素养是一个育人目标框架,要通过课程设计、教学实践、教育评价等方面落实。课堂是学生发展核心素养的重要阵地,学生发展核心素养必然要求教学实践有重大变革。

(二)课题界定

1. 对"GX 课堂"的界定

"GX 课堂"实验是"提高课堂效益的初中数学教改实验"的简称("G""X"分别为"高效"一词的汉语拼音"GaoXiao"的首字母),是陈重穆教授、宋乃庆教授于 1992 年提出并实施,旨在通过提高数学课堂教学效益减轻师生负担、提升学生素质的教学改革实验。

"GX 课堂"是针对课堂教学的无效性、低效性而言的。课堂教学高效性是指在常态的课堂教学中,通过教师的引领和学生积极主动的学习思维过程,在单位时间内(一般是一节课)高效率、高质量地完成教学任务,促进学生获得高效发展。

课堂教学的高效性就是通过课堂教学活动,学生在学业上有收获,有提高,有进步。具体表现在:学生在认知上,从不懂到懂,从少知到多知,从不会到会;在情感上,从不喜欢到喜欢,从不热爱到热爱,从不感兴趣到感兴趣。一般来说,高效课堂效益评价主要标准是:学生思维活跃,语言表达正确、流利、有感情,课堂充满激情,分析问题与解决问题的能力强,目标达成率在 95% 以上。"GX 课堂"的前提是看学生是否愿意学、会不会学,乐不乐学,核心是教学三维目标的达成,立足点是"面向全体学生的发展",目的是提高学生的数学核心素养。

教学效益的核心就是"教"与"学"的效益,即什么样的教学是有效的?是高效、低效还是无效?所谓"有效",主要是指通过教师在一段时间的教学后,学生所获得的具体进步或发展。

教学策略介于观念与方法之间,属于教学设计的重要组成部分,它对教学行为具有可操作性的功能。策略就是计策、方法之意。在邵瑞珍主编的《教育心理学》一书中对教学策略的定义是:**"教学策略是教师在教学过程中,为达到一定的教学目标而采取的相对系统的行为。"**

2. 对"三三 GX 课堂"的界定

"三三 GX 课堂"是指以"三学、三动、三量"为中心的高效课堂。

"三学":引导学生**自主学习**;激发学生**乐意学习**;让每一个学生**学会学习**。

"三动":学生在课堂上**动手体验**;**动脑思考**;师生、生生**互动探究**。

"**三量**"：教师加大课堂知识的**信息量**、能力的**训练量**、思维的**活动量**。

"三学"是研究课堂学生学习策略，"三动"是研究课堂教学策略，"三量"是研究课堂训练策略。

（三）研究综述

国外：英国肯特布雷大学爱伦·史博教授研究的"优秀的教与学"和我们研究的"三三GX课堂"从本质上看是一致的，都是在追求教学的最高效率。爱伦·史博教授对高效的理解是从高效享用学习资源，单位时间内高效学习，高效完成个性化学习目标和情感、态度、价值观的高效互动与滋养四个方面来研究的。与我们新课标中所提到的三维目标也是吻合的。爱伦·史博教授的研究对英国小班化的教学起到了积极的推进与优化的作用，而与我们国内的大班集体授课的现状不太适用。

国内：在多年多项基础教育改革实验研究的基础上，针对大面积中差生和"高分低能"现象以及学生负担过重、教学效益低下的严重问题，数学家、数学教育家、国家级有突出贡献的专家、博士生导师、西南师范大学原校长陈重穆教授等打破传统的教育观念，于1991年提出"减负提质"，其途径是提高课堂教学效益，提出了有创新精神的32字诀的教学原则，并先后在国家教委和四川省教委立项，于1992年春，以初中数学教学为突破口，组织开展了GX实验，从教育思想、教学方法和教材进行综合改革，通过八年在十省区数百所学校的多轮大范围实验，验证了GX的思想和32字诀教学原则的正确性、可行性和先进性。GX理论由于实验效果好，达到了减负提质的作用，深受师生欢迎。GX的理论与实践得到了教育行政部门、教育界和数学教育界领导、专家的好评。GX实验在教育界产生较大反响，研究文章已达100余篇。

1991年，陈重穆教授等提出"减负提质"，并以此组织开展GX理论与实践的研究。1994年陈重穆教授等人在《数学教育学报》上发表《减轻负担，提高质量——GX（提高课堂效益）实验简介》文章，这在当时教育领域中，从教育观念、教育思想、教学方法和教材编写来看，都是一个突破、一个创新，陈重穆教授主要针对初中教学提出以下几个原则。

"**淡化形式，注重实质**"——打破数学追求"形式化"的传统做法，冲破"数学教育目的是形式陶冶"教育观，从我校学生可接受性出发，创造性提出了这一崭新的教学思想。

"**开门见山，适当集中**"——改变常规的"小步子"教学原则，改变"引言，铺垫"过多的做法，从教学思想、教学方法和教材进行综合改革，从多渠道实施一种新的教学方法，使知识内容相对集中，学生易于掌握。

"**积极前进，循环上升**"——冲破"层层夯实""毕其功于一役"的观念，提出崭新的教学观，在前进中巩固，前进出效益、循环出质量。

"**先做后说，师生共作**"——改变"老师讲，学生听""满堂灌"单向交流的师生观，提出了"师生共作"新型平等的多向交流的师生观，要求"从做中学"，以培养学生能力。袁振国在《数学教学策略》一书中提出了数学教学的探究策略、创新策、作业自处策略，提高计算正确率的策略等。谌业锋在《新理念下高中数学教学策略探析》中提出了关于问题解决教学的策略,数学问题选择和呈现的策略等。颜其鹏在《数学学习过程与数学教学策略》中提出了设置学习情境,激发学生兴趣,课前评价和弥补的策略,数学新知识呈现的策略。韩挺在《新课标下的数学教学策略》中提出了通过学生熟知的事物创设情境、培养学生兴趣、提高学生自主学习能力的数学教学策略。

通过检索,笔者查到通过改良后的GX从"减负提质""时间效益"角度系统研究高中数学教学的科研项目不多,而能够把高效课堂策略进行大型实验研究的更少。

全国著名课改专家李炳亭先生近年来专注于"高效课堂模式"的推广实践工作,进一步深化教育教学改革,提高广大教育工作者的教育理论素养,深入推进新课程改革,特别是中小学课堂教学改革,提高了课堂教学的实效性,受到全国教育同行的高度评价。目前国内影响较大的、能体现学生的主体地位的课堂教学模式有杜郎口中学的"三三六"模式,洋思中学"先学后教、当堂训练"的高效课堂等。但是这些高效课堂模式不完全适合我校学生。

(四)研究意义

本课题主要是课堂教学实践中的行动研究。本课题研究主要有三方面的目的:

第一,探索出适合我校学生学数学特点的高效课堂教学模式,提高教学效率和质量;

第二,改变学生的学习方式,提高学生的学习能力,促进学生的全面发展;

第三,以研促教,加快教师的专业成长,促进我校的学科建设。

意义:通过在课堂上**动手体验**,**动脑思考**,师生、生生**互动探究**,改变我校现有的课堂教学模式,在课堂上充分展现学生的主体、教师的主导作用,通过互动探究变学生被动接受知识为主动获取知识,注重知识的生成过程,这样获取的知识能记得住、用得活,从而提高课堂效率。引导学生**自主学习**,激发学生**乐意学习**,让每一个学生**学会学习**,充分调动学生学习的积极性和主动性,从"要我学"转为"我要学",通过自主学习到乐意学习,从而达到学会学习,以培养学生终身学习的能力,进而提高学生的数学核心素养。通过加大课堂知识的**信息量**、能力的**训练量**、思维的**活动量**,以克服课时和训练的不足,单靠增加学习时间来提高成绩是不长久的,也是不道德的,只有通过加大课堂"三量"来实现高效课堂,走向高效学习。

通过课题研究可以促进我校教师更新教育观念,树立高效教学观,逐步提高教师的整体素质和业务水平,进而优化教学,达到优化学科建设的目的,只有教师教育、教学思想、观念的现代化,才能实现教育现代化。

(五)理论依据

1. 建构主义学习理论

它认为知识不是通过教师传播获得的,而是学习者在一定的情境中,借助他人(教师和学习伙伴)帮助,利用必要的学习资料,通过主动建构意义的方式获得的。其理论核心是以学生为中心,强调学生对知识的主动探索、主动发现和对所学知识的主动建构。

2. 人本主义学习理论

人本主义倡导的学习原则:①在学与教的关系上,应该置学生于教学的主体地位,以学生的学为中心组织教学;②在教学目标上,要以教会学生学习为主,而不是以传授知识为主。

3. 终身教育理论

它认为未来社会是一个学习化的社会,教育不以获取知识为主要目标,而是把重点放在个人的发展上,强调人的个性发展,要求人们学会生存、学会认知、学会做事、学会共同生活。学校教育工作者要发展学生的思考能力、组织工作能力、分析综合能力。

4. 主体性教育理论

它主张教育以培养、发展、弘扬学生的主体性为根本目的,在教学过程中要充分激发和调动学生的能动性、主动性和创造性,培养学生的探究态度和发展学生的探究能力。

5. 心理学理论

心理学理论认为需要是有机体感到某种缺乏或不平衡状态而力求获得满足的心理趋向,是有机体自身和外部生活条件的要求在头脑中的反映。需要是活动的原动力,是个体活动积极性的源泉。需要推动了动机的产生,而动机又推动了行为,根据需要出现的先后及强弱顺序,马斯洛把需要归为 7 个基本的层次:生理需要、安全需要、归属与爱的需要、尊重的需要、求知的需要、审美的需要、自我实现的需要。在教学中,教师只有努力满足学生的认知需要和学习需要,才能调动学生听课和做作业的积极性,个体只有在自我实现的状态时,其自我内在的学习动机才能被激发。兴趣是指对事物具有持续、稳定的指向,兴趣能积极推动人的活动,提高活动的效能。动机是个体能动性的一个主要方面,它具有发动行为的作用,能推动个体产生某种活动,使个体由静止状态转向活动状态。而且动机能将行为指向一定的对象或目标。动机具有维持功能,它表现为行为的坚持性。基础知识与能力形成相互渗透,相互促进,不可分割,知识是能力的基础,能力只有通过训练才能提高。

(六)研究目标

(1)通过本课题的研究,探索出适合我校学生特点和我校实际的高效课堂教学策略。

(2)通过本课题的研究,提高课堂教学效率和学校教学质量。

(3)通过本课题的研究,探索出有效的课堂教学组织形式,最大限度地发挥学生的主体作用,使学生积极参与,自学、乐学、会学,从而培养和提高学生的学习能力、实践能力和创新能力。

(4)通过本课题研究,增强教师的教研意识,促使教师们加强学习和交流,打造一支爱学习、会研究的教师队伍。

(5)在研究过程中,举办多种形式的学习交流活动,促进学习型校园的创建和积极向上的校园人文氛围的形成。

(七)研究内容

1. "三三 GX 课堂"的研究

(1)通过问卷调查、现场听评课、教师访谈、学生座谈等途径,调查研究目前我校课堂教学中存在的问题。

（2）通过理论学习,研究新课程改革的目标是什么,知识观、学习观、学生观是什么,对课堂教学有哪些要求,新课程理念下教师应采取什么样的教学策略。

（3）通过对当前国内有影响和实效学校的课堂教学的观摩学习,研究他们的课堂特点、基本点、基本模式、课堂评价、要求和管理等。

（4）"**三学**"研究:引导学生**自主学习**策略研究;激发学生**乐意学习**方法研究;**学会学习**必需的能力研究。研究学情,要分析学生现有的水平和对教育教学内容的思维能力、接受能力、动手操作能力,学习兴趣、动机、意志、情感等。同时研究初中生原有的学习习惯、思维模式、知识水平等,以实现由初中向高中学习的平稳过渡,研究学法和学习方式,要把学习的主动权还给学生,充分发挥学生的主体作用。研究自学、帮扶、互学;独立思考、合作探究、存异质疑、交流展示等学习方式的组织和引导要点。

（5）"**三动**"研究:研究教法、立足学情,根据教材不同内容和课型,如何让学生在课堂上**动手体验**;**动脑思考**;师生、生生**互动探究**。运用什么样的课堂组织形式和教学策略,才能使课堂"三动"高效。

（6）"**三量**"研究:教师在课堂上如何增加知识的**信息量**、能力的**训练量**、思维的**活动量**。什么样的"**三量**"是一个恰当的量,如何从学生的学习中反馈"三量"的适度性。研究课堂评价,对学生实施有效的课堂评价是成功教学必不可少的一部分。通过研究,初步制定出各学科能激发学生学习动机和可持续作用的、侧重于学生学习过程的课堂评价体系。为了提高练习的质量,师生收集整理错题集——《数学防错墙》。

2.形成"三三 GX 课堂"教学模式

通过分析存在的问题、理论学习、观摩学习、教材研究、学情研究、学法教法和课堂教学评价研究,探索出适合本学科的课堂教学方式,并在此基础上形成我校数学的"三三 GX 课堂"教学模式。

（八）研究方法

本研究准备用五个阶段六个部分来完成:第一个阶段主要工作是通过各种方式进行前期调研,通过调研,找出课堂效率低下的主要问题,作为确定调查内容和大致方向的主要依据,以防止调查的盲目性。第二个阶段正式展开调查研究工作,这个阶段是本研究的主要研究内容,分两个部分来展开,第一部分是对教师和学生发放问卷,第二部分是对部分教师和学生进行深度访谈。第三个阶段是对所收集的资料和数据进行处理和分析,找出问题并对其进行归因分析和提出具体方案。第四个阶段是进入实验阶段,对提高课堂效益的方法进行实验、调整,为进一步推广提供依据。第五阶段对实验数据进行处理和分析,总结出提高数学课堂效益的"三三 GX 课堂"的具体方案,并进行推广。

第一部分:课堂观察,对教师在教这一部分时进行课堂观察。（对高中数学教师的老教师和新手教师分别听课）了解教师在教学和处理教材时存在的问题。本研究中的课堂观察部分是跨越第一个和第二个阶段的,其中课堂观察一方面为下一步的调查研究中问题的确定做准备,另一方面是为了深入课堂更真实地了解课堂教学现状。

第二部分:对教师和学生发放问卷。

第三部分:对教师进行深度访谈和对学生进行访谈。

第四部分:对收集的资料和数据进行处理和分析。

第五部分:通过分析存在的问题、理论学习、观摩学习、教材研究、学情研究、学法教法和课堂教学评价研究,实验探索出适合我校学生的数学学科的课堂教学方式。

第六部分:在此基础上形成我校数学的"三三 GX 课堂"教学模式。

本研究用到的研究方法主要有:文献分析法和观察法是为了找出问题并确定研究的问题和方向;第一阶段主要是观察法;问卷调查法是本研究的主要研究方法贯穿本研究的第一和第二阶段;访谈法是为了辅助本研究得到更深入的资料和数据;第四阶段与第五阶段通过实验研究和比较研究充分验证"三三 GX 课堂"的时效性。

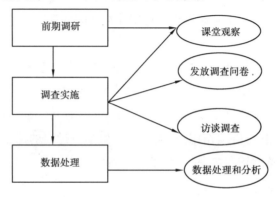

(九)研究过程和措施

本课题的研究时间为 2014 年 9 月——2016 年 9 月,共分为五个研究阶段。

第一阶段:调研、动员、组织学习阶段(2014 年 9 月—2014 年 12 月)

(1)通过问卷调查、教师访谈、学生座谈、课堂观察等途径,了解我校课堂教学中存在的问题。

(2)组织召开多种形式的教学改革讨论会,组织多种形式的学习交流活动。

(3)组织教师学习新课程理论、教改动态,结合自身教学实际,话教改,谈困惑。

第二阶段:初步探索实践阶段(2015 年 1 月—2015 年 7 月)

(1)成立"三三 GX 课堂"课题组并开题,制定课题实施方案。

(2)课题组成员在课堂教学中改革实践,每个教师上一堂研究课。加强理论学习和实践研究,不断实践、反思、学习、探讨、改进、再实践。

(3)学校为课堂教学改革创设条件:增添学习资料、加强教研学习的力度以提供智力支持等。

(4)积极开展"三三 GX 课堂"新模式研究课活动。

第三阶段:深入实践阶段(2015 年 9 月—2015 年 12 月)

(1)课题组全面、深入地开展课改研究。课题组每周要推出一节组内"三三 GX 课堂"模式研究课,并及时评课、总结、改进、调整。

(2)2017级至少设两个教学模式改革实验班,实验班的教学都要按新模式来组织课堂教学。实验班教师加强学习和交流,课题组组织实验班教师每周开一次实验研究会,找问题,想措施,及时调整。

(3)对实验班的学生进行纵向跟踪对比研究,对实验班和非实验班的学生进行横向定期对比研究。

第四阶段:全面实施阶段(2016年1月—2017年3月)

(1)在2017级全面开展新模式的课堂教学。要按课题组总结出的课堂教学模式来组织教学。

(2)课题组及时总结改革中的成功经验,每周开展两次交流研讨会,推广经验,改进不足。

(3)加强学习和交流,积累经验。2017级每周组织一节校级示范课,推广优秀教师的课堂教学经验,使各学科不断改进、完善自己的课堂教学模式。

第五阶段:总结推广阶段(2017年4月—2017年12月)

(1)在取得阶段性成果的基础上,课题组及时总结课堂教学改革中存在的问题,进一步制定措施,深入开展研究,特别是对课堂教学模式中的细节问题加强研究。

(2)课题组及时总结推广课堂教学改革中的成功经验,以专题讲座、研讨会、学习简报等形式予以交流推广,供教师学习借鉴。

(3)课题组对全校课堂教学改革情况进行总结,结合学校实际,总结出具有我校特色的课堂教学模式。

(4)表彰先进,深化完善。学校召开阶段性成果表彰会,对教学改革中表现突出的科组、优秀班级、备课组和教师个人进行表彰奖励。进一步深化完善我校课堂教学模式。

(十)研究结论及分析

本课题经过近三年的研究,基本完成研究目标,达到预期效果:"三三GX课堂"是指以"三学、三动、三量"为中心的高效课堂。"三学":引导学生自主学习;激发学生乐意学习;让每一个学生学会学习。"三动":学生在课堂上动手体验;动脑思考;师生、生生互动探究。"三量":教师加大课堂知识的信息量、能力的训练量、思维的活动量。"三学"是研究课堂学生学习策略,通过"三学"策略的实施,学生的学习能力得到显著提高,学生学习策略有很大的改善。"三动"是研究课堂教学策略,通过"三动"策略的实施,数学课堂更加活跃,建立新型的师生关系,教师的授课方式和学习方式呈现出多样化,课堂效率有了大幅提高。"三量"是研究课堂训练策略,通过"三量"策略的实施,拓展课堂知识、拓宽学生的视野,提高了学生课堂练习的效果,减轻学生课外负担。"三三GX课堂"模式的实施,使教师的教学水平和教研能力得到较大提高,教师发表论文10篇,论文获重庆市一等奖3篇,任教的学生中获得全国数学联赛二等奖及三等奖超30次。"三三GX课堂"模式应用到教学活动中,取得了较好的教学效果,深受学生的欢迎,得到家长的好评和社会的认可。具体成果如下:

（1）完成了学生学情调查问卷：见附录1。

（2）发表文章：《高中生学习策略——谈三环学习法》《通法还是巧解》《怎样探究问题的数学本质》《真的不可说吗？——谈数学概念教学》《初中与高中教学对接》。

（3）收集整理了《数学防错墙》的校本教材。

（4）完善了"三三GX课堂"课堂教学评价指标体系：见附录2。

（5）完成《关于推广"三三GX课堂"教学模式的建议》的咨询报告。

（6）实验班级学生成绩得到了逐步提高。

课题组以2个层次6个班级共324名学生为研究对象，采用实验前后测试的方法，对比分析了运用"三三GX课堂"的教学模式和传统课堂教学模式的教学效果，得出"三三GX课堂"教学效果很明显的结论。对比分析表：见附录3。

（十一）问题讨论

1. 问题

（1）教师教学观念、教学方式的转变有难度，主动参与教学方式转变意识不足，教师习惯了传统的教学方式，满足现状。

（2）学生学习习惯、思维习惯的改变有一个漫长的过程，少数学生有情绪，要进行认真的动员，分步实施。

（3）教师担心实施"三三GX课堂"教学会影响教学质量，特别需要学校的支持和理解，有一个宽松的实验环境。

2. 讨论

本课题由于实验教师的时间、能力、水平的原因，很多方面还很不完善，如，"三三GX课堂"的指标体系，操作流程还需要进一步的细化，针对高中数学教材中不同的内容如何实现恰当的集中，"三动""三量"在不同内容、不同课型中如何进行量化把握等。我们希望有更多的专家、一线教师的参与，继续研究，完善"三三GX课堂"。

（十二）主要参考文献

[1] 国务院.国家中长期教育改革和发展规划纲要（2010—2020年）[M].北京：人民出版社,2010.

[2] 赵连根.从"有效教学"的"瓶颈"问题出发构建新的课堂教学模式[J].上海教育科研,2007(2):34.

[3] 中华人民共和国教育部.义务教育数学课程标准（2011版）[M].北京：北京师范大学出版社,2012:5-6.

[4] 中华人民共和国教育部.普通高中数学课程标准（2017年版 2020年修订）[M].北京：人民教育出版社,2020.

[5] 高慎英,刘良华.有效教学论[M].广州：广东教育出版社,2004.

[6] 李森,张家军,王天平.有效教学新论[M].广州：广东教育出版社,2010.

［7］姚利民. 中外教育家有效教学思想初探［J］. 湖南大学学报（社会科学版），2005（3）：107-110.

［8］布鲁纳. 教学论［M］. 姚梅林，郭安，译. 北京：中国轻工业出版社，2008.

［9］杨九俊. 新课程教学组织策略与技术［M］. 北京：教育科学出版社，2004.

［10］巴班斯基. 中学教学方法的选择［M］. 张定璋，高文，译. 北京：教育科学出版社，2001.

［11］姚利民. 有效教学研究［D］. 上海：华东师范大学，2004.

［12］张刘祥，金其生. 新课程理念指导下的课堂教学策略［M］. 上海：华东师范大学出版社，2004.

［13］詹德泉. 浅谈狭义与广义的自主学习［J］. 学园（教育科研），2013（1）：177.

［14］宋秋前. 有效教学的理念与实施策略［M］. 杭州：浙江大学出版社，2007.

［15］郑金洲. 教师如何做研究［M］. 上海：华东师范大学出版社，2005.

［16］刘加霞. 小学数学课堂的有效教学［M］. 北京：北京师范大学出版社，2008.

五、附录

附录1："三三GX课堂"实施问卷调查分析报告

一、调查目的

2015年9月，为了了解教师在数学课堂教学中"三三GX课堂"的设计和实施，以及规范我们的教学，提高我们的教学质量，使每一位学生得到发展，实现新课程所倡导的理念，转变教学方式，优化学习策略，达到有效教学，进行了一次问卷调查。

二、调查对象、方法及内容

调查对象为高2017级的315名学生；采用问卷调查法，本次共下发315份，实际回收305份。

1. 问卷（见四、问卷调查表）

2. 方法

由课题组老师将"课堂教学情况问卷调查表"发放到学生手里，学生采用不记名的方式填写调查表，并返回课题组老师进行统计。

三、调查结果统计

（一）选择题

题　号	选择A	选择B	选择C
1	72%	6%	12%
2	18%	32%	60%
3	58%	2%	40%
4	32%	53%	15%
5	62%	8%	30%

续表

题　号	选择 A	选择 B	选择 C
6	5%	79%	16%
7	9%	74%	17%
8	20%	11%	69%
9	72%	18%	20%
10	41%	21%	38%
11	85%	6%	9%
12	83%	12%	5%
13	9%	3%	88%
14	33%	51%	16%
15	39%	47%	14%
16	24%	57%	9%
17	78%	21%	1%
18	89%	10%	1%
19	58%	28%	4%

(二)问卷分析与建议

1.继续转变教学观念,创造性地落实"三学"课堂

三学是要教师指引导学生自主学习数学;创设生态环境,激发学生乐学数学;教学常规科学化,保证每个学生会学数学。教学是教师"教"和学生"学"的辩证统一,教学过程中,学生是主体,老师是引导人,在师生交往、共同发展的过程中,我们要明白一个道理:学习的主体是学生。学生综合素质的提高,是一个知识不断积累与吸收的过程,"吸收"是靠学生自己,教师代替不了,一个人的发展与成材,不是靠教师逼出来、教出来的,而主要是自己学出来的。主动学的效果远高于逼着学的效果。从问卷1、2、3、6、11看学生喜欢的课堂、喜欢的老师,到喜欢的数学课提出要想学生乐学数学,必须有乐学的条件:民主的课堂,教师乐意分享的意识,给学生积极的暗示创造好学数学的生态,激发学生乐学、愿学、会学。教学是教师指导下学生自主学习的过程,教师必须转变观念,尊重学生的人格和个性差异,当好学生学习的组织者、引导者和合作者,充分发挥学生学习的主动性。

2.继续改进教学方法,落实"三动",扎实提高课堂效率

"三动"课堂是指放手学生动手高效体验;教师和学生课堂主动交流、质疑;学生与学生对问题互助探究。课堂教学是学生学习的主要渠道,提高课堂教学是全面提高教育教学质量的根本保障。课堂教学是否有效,不是看教师是否讲完了课时教学的内容,而是看学生是否真正地理解本节的知识点,看是否能提高学生的学习兴趣。学生有无进步,是检验课堂教

学是否有效的一种标准。改进教学方法,培养学生主动力,发展学生的学习兴趣,让每一个学生都投入到学习中去——这不仅是素质教育的本质之一,也是课堂有效教学的根本要求。因此创设课堂"三动"环节,让学生学会学习,扎扎实实地提高课堂教学效率。

通过分析,目前以下几个方面尤其要进一步加强:

1)创设学生乐学的生态环境,让学生体验学习的乐趣

高中数学内容抽象、运算复杂、逻辑推理难使得部分学生数学学习困难,所以要求教师亲和、课堂民主、语言鼓励,富有激情感染的课堂能从思想上抓住学生学数学的心。其主要策略是加强"三动"落实。时间、结果和体验是考量课堂有效教学的三个指标。学习时间是前提:在课堂教学中,教师要引导学生把时间用在学习上,千方百计提高单位时间的学习质量,争取在相对的时间内学到更多的知识。学习结果是关键:学习结果是指学生经过学习所发生的变化、获得的进步和取得的成绩,每节课都应该让学生感觉到得有具体的学习收获。学习体验是灵魂:教师通过组织课堂教学,要让学生体验到学习的乐趣,让学生想学、会学、乐学,不断提高学习效率。"兴趣是最好的老师",通过表扬激励,激发兴趣,让学生变"要我学"为"我要学",变被动学习为主动学习,从而提高学习效率。从心理学的角度看,表扬激励能够唤起学生的好心情,好心情容易唤醒学生的上进心,上进心容易激发学生的学习内动力,内动力的发挥能使学生不断进步。

2)把方法教给学生

学生课堂自学前,教师要引导学生带着问题去看书学习,同时指导学习方法,或者引导学生回顾用过的学习方法。例如,怎样看书,怎样抓重点,怎样用好例题,怎样勾画圈点,怎样筛选信息,怎样质疑解难,怎样梳理答案,怎样联系实际,怎样迁移应用等,但是平时听课调研,发现有不少教师还没注意指导学法。例如,16、17、18 题的调查,还有相当多的学生表示教师指导预习的方法、学法存在问题。

四、问卷调查表

亲爱的同学,为了对高中数学课堂教学情况进行一些分析与研究,以便进一步调整和完善课堂教学模式,请务必如实填写。(注意:①不要有任何顾虑。本问卷不用署名,不计成绩,也不做任何评定依据。②实事求是。自己怎么想的就怎么填,要反映自己的真实想法。③看清题目要求,按要求认真填写。)

1.我们每天都要学习许多新知识,在所学的科目中,你是(　　)。

A.喜欢数学,也喜欢其他的学科　　　　B.不喜欢上数学课

C.很喜欢上数学课,但是感觉数学学得比较吃力

2.你最喜欢某一学科的最主要原因是(　　)。

A.这门学科我的基础最好　　　　B.我对这门学科的学习内容感兴趣

C.上课气氛融洽、教学生动有趣,任课老师经常鼓励我、关心我

3.你学习数学的最重要的因素是(　　)。

A.因为高考要考数学　　　　B.因为父母亲的要求

C.因为喜爱数学

4.在数学课上遇到不会的问题,你首先想到的是(　　　　)。

    A.马上向老师提问　　　　　　　　　　B.下课再去问老师或者同学

    C.谁也不问,过去就算了

5.你最欣赏的老师,你认为应该是(　　　　)。

    A.能让学生考分高的　　　　　　　　　　B.工作尽职尽责的

    C.能与学生进行平等对话交流的

6.你觉得老师提问后留时间给大家思考了吗?(　　　　)

    A.问完就自己答　　　　　　　　　　B.看问题的难易决定时间

    C.老是等,耽误时间

7.老师请你回答问题一般在什么状况下?(　　　　)

    A.走神或违反纪律时　　　　　　　　　　B.举手或与老师眼神交流示意时

    C.A、B情况都有

8.你觉得下列哪种学习方式的学习效果最好(　　　　)

    A.听老师和别人讲　　　　　　　　　　B.与同学合作学习,小组讨论交流

    C.先独自学习,再听老师讲解

9.对于学习中不会的题目,你通常(　　　　)。

    A.想方设法自己弄懂,必要时和同学、老师交流

    B.无所谓,随它去

    C.把同学的答案拿来看看或等老师讲解,几乎从不主动和同学、老师交流

10.你觉得最能激发你学习积极性的方式是(　　　　)。

    A.老师的表扬或家长的奖励　　　　　　B.自己的成功感受

    C.同学的肯定

11.你喜欢数学老师上课时提你的问吗?(　　　　)

    A.喜欢　　　　　　B.无所谓　　　　　　　　C.不喜欢

12.你上数学课会记笔记吗?(　　　　)

    A.会记　　　　　　B.有时记　　　　　　　　C.基本不记

13.你希望数学老师上课多讲一点,还是自己多练一点?(　　　　)

    A.尽量多讲　　　　B.无所谓　　　　　　C.少讲一点,多练一点

14.你的数学老师上课会用投影仪、计算机吗?(　　　　)

    A.经常用　　　　　B.偶尔用　　　　　　C.基本不用

15.你认为数学老师上课用投影仪、计算机对你的学习有帮助吗?(　　　　)

    A.很有帮助　　　　B.有点帮助　　　　　C.没有帮助

16.你的数学老师对课堂有没有明确的要求?(　　　　)

    A.明确有　　　　　B.没说,但课堂严谨　　C.比较随便

17. 你的数学老师对作业有明确规范的要求吗?（　　）

　　A.有,且很多　　　　　　B.有时有　　　　　　　　C.基本没有

18. 你的数学老师对做笔记有没有明确规范的要求?（　　）

　　A.有,且很多　　　　　　B.有时有　　　　　　　　C.基本没有

19. 你喜欢的数学课堂?（　　）

　　A.有趣,课堂轻松活泼　B.条理清楚,有序　　　　　C.有挑战,有收获

五、高中数学课堂教学有效性问卷调查(学生卷2)

亲爱的同学,为了了解高中数学课堂教学的有效性情况,以方便对高中数学课堂教学进行一些分析与研究,请务必如实填写。（注意:①不要有任何顾虑。本问卷不用署名,不计成绩,也不做任何评定依据。②实事求是。自己怎么想的就怎么填,要反映自己的真实想法。③看清题目要求,按要求认真填写。）

在课题课堂教学实施完成后,由课题组老师将"课堂教学情况问卷调查表"发放到听课班级学生手里,学生采用不记名的方式填写调查表,并返回课题小组周荣、刘凌枫、熊显东老师处进行统计。

1. 你对这节数学课堂的感觉?（　　）

　　A.学习轻松,收获大　　　B.和平时一样　　　　　　C.有挑战,收获不大

2. 通过这节课的学习,你对数学课堂（　　）。

　　A.有趣味,很喜欢学　　　B.枯燥没有趣味　　　　　C.努力学习,成绩也只是一般

3. 和平时的数学课内容比较,你认为这节课（　　）。

　　A.容量更多　　　　　　　B.差别不大　　　　　　　C.容量更小

4. 课堂结束,你能否回忆起课堂讲的内容（　　）。

　　A.很清晰,感觉很有收获

　　B.收获有,还有一些没弄懂

　　C.好多没搞明白

5. 你觉得本节课老师和学生交流信息时（　　）。

　　A.一说就秒懂老师的意图　B.例题　　　　　　　　　C.练习

6. 老师布置作业,你会独立、及时完成吗?（　　）

　　A.会的　　　　　　　　　B.偶尔不会　　　　　　　C.经常不会

7. 你有先复习后作业的习惯吗?（　　）

　　A.一直有　　　　　　　　B.偶然有　　　　　　　　C.认为没有必要

8. 你对待数学难题的态度如何?（　　）

　　A.经常请教　　　　　　　B.有时请教　　　　　　　C.很少请教

9. 你觉得课外数学方面的书籍对高中所学的知识有用吗?（　　）

　　A.有用　　　　　　　　　B.还好　　　　　　　　　C.基本没有用

10. 考试之前你会怎么样复习数学知识?（　　）

　　A.看书　　　　　　　　　B.做平时易错的难题　　C.不复习

11. 你做数学作业的时间一般是( )。

　　A.一布置就做

　　B.有时间就做,没时间就算了

　　C.最后做

12. 你觉得数学作业多吗?( )

　　A.适当　　　　　　　　B.偏少　　　　　　　　C.偏多

13. 你的数学老师布置作业会去掉一些题或者补充一些题吗?( )

　　A.有时　　　　　　　　B.基本不　　　　　　　C.经常

14. 你的数学老师改作业会用批语或者面改吗?( )

　　A.有时　　　　　　　　B.基本不　　　　　　　C.经常

15. 你最欣赏的数学老师应该是( )

　　A.严肃而严密

　　B.工作尽职尽责,交流平等民主

　　C.能让我数学考高分

16. 你主动学习数学的最重要的因素是( )

　　A.大家都在学　　　　　B.觉得数学重要　　　C.数学很有趣,喜欢数学

附录2:"三三GX课堂"特征探讨

什么样的课堂才符合"三三GX课堂"特征? 课题组认为有如下几点:

特征一:乐学

"兴趣是最好的老师"。心理学研究表明,如果一个人对某项活动有浓厚的兴趣,那么活动效率就比较高,而且不易产生疲劳感。反之,如果一个人对某项活动不感兴趣时,就算通过意志的努力去做,活动的效率也是很低的,也不一定能够做好。所以引导学生自主学习,激发学生乐意学习的兴趣,让学生的学习热情贯穿始终,是"三三GX"课堂的重要特征。要达到这个目的,教师的引导至关重要。首先教师的课堂教学方法应该是灵活多样的,富有启发性,注重创造富有趣味的情境,激发学生求知欲,唤醒学生好奇心。其次,教师应该根据教学内容,采用多样手段,化抽象为形象,变枯燥为生动,运用多样化和现代化的教学手段来激发和维持学生学习数学的兴趣,增强课堂教学的形象性、生动性和趣味性,激发学生求知的兴趣。最后,"三三GX课堂"绝不是教师的"一言堂",调动所有学生参与学习的积极性,让他们主动地获取知识,使每一个学生都成为学习的真正主人。

特征二:互动

"三三GX课堂",学生学习活动应当是一个生动活泼的、主动的和富有个性的过程,动手体验、动脑思考与互动探究是学生学习数学的重要方式。教师充分发挥学生的主体性作用,学生在获取知识的同时,产生自己的学习经验,获得丰富的情感体验。

首先,教师在课堂中是否给学生营造了互动探究的空间。"三三GX课堂"教师注重营造民主和谐的教学气氛,尊重学生的真实想法,关注学生真实的思维世界,师生之间是平等的、民主的,学生敢于发表自己的一些真实想法,真正做到了动手体验、动脑思考、互动探究。

其次,"三三GX课堂"是"以人为本"的课堂,学生个性得到了充分发展。学生是教学活动的主体。由于学生思维水平的个性差异,学生接受知识的能力也参差不齐,面对个性差异,教师要在教学设计、提问、评价等方面要考虑不同学生不同的思维世界,要充分体现对个体差异的关注,要因材施教,使每个学生都能在原有基础上得到发展,并能在实践过程中充分地体验成功的喜悦,树立学好数学的自信心。

最后,"三三GX课堂",教师的语言应该是富有激情的。课堂上师生之间的交流,不仅是知识的探讨,也是情感上的交流与碰撞。而情感更多是由语言来传递的,教师的语言应该富有激情的,应该是催化剂,应该充满了对孩子的关爱、信任、鼓励与肯定,应该能充分调动学生的积极性和唤醒学生的心灵和智慧。平等、民主和友好的师生关系,有利于创造一种自由交流的氛围,学生能把自己真实感受、疑问和大家一起交流,有利于教师走进和剖析他们的思维世界。教师应该通过多种形式,创造与学生平等、民主、友好的交流机会,走进学生内心深处,与他们交朋友,让他们爱上你,从而爱上数学。

特征三:专注

学生注意力的集中程度也是影响课堂教学效果的重要因素之一。"三三GX课堂"是以三学、三动、三量为中心的高效课堂。在每一个环节中,都强调学生的专注。在学习活动中,如果学生精力集中，不仅有助于对所学知识的理解、掌握、记忆，还有助于提高学生的思维能力。首先，"三三 GX 课堂"教师具有凝聚学生注意力的能力。教师通过形体或富有激情的语言使学生的注意力保持相对的稳定性，也就是注意力能够始终指向教师所预设的教学活动，而不会转移到与此不相干的其他活动或事物，不会出现教师学生各自为政，谁也不听谁的现象。其次，"三三 GX 课堂"教师能够依据学生年龄特点、已有知识经验去预设教学活动程序、去创设教学情境，使学生的注意力尽可能地持久。

特征四：思考

学生只有对所学知识加以思考，理解透彻，才能够很好地掌握和运用。"三三 GX 课堂"，教师预设的教学过程、教学情境有利于学生对知识的探究和理解。教师语言简洁、富有启发性，活动的安排组织富有科学性，对教学的重点、难点的处理具有艺术性，学生学得轻松，心情愉悦，对所学的知识理解透彻，理解的能力会得到很大程度的提高。

特征五：容量

好的课堂不仅有质而且要有量。"三三 GX 课堂"，教师要加大课堂知识的信息量、能力的训练量、思维的活动量。在整个课堂教学活动中，不论是引导学生自主学习，激发学生乐意学习，还是学生在课堂上动手体验、动脑思考，都需要大容量的知识作为基础，为能力的训练提供前提，保障思维的活动量。当然，教师在教学活动中，既要重视基本知识的掌握和基本技能的训练，让学生有足够的动手实践、自主探索、合作交流的时间和空间，也要注重情感态度与价值观的培养。

特征六：高效

"三三 GX 课堂"，教师能够充分调动学生的眼、耳、口、脑、手并用，使学生在有限的学习时间内获得最大的收益。如果教师一节课讲了很多，而学生一点都不会，就不会是好的课堂。如果一节课只让学生学习、讨论一个小问题，完不成最基本的教学目标也不能算是好课。首先，活动的组织要体现有效性，活动的目的不在于花哨，要有目的、有计划、要精心组织，使每个学生在规定的时间内取得相对大的收获。其次，教师的输出信息要体现有效性，要求教师的语言要精练，废话少，富有启发性，输出的信息量学生尽可能大地接受。最后，要体现练习的有效性，练习题目的设计贵在精，要有层次，由易到难，要能够照顾全体学生，学生接受信息的面广、效率高。课堂上教师的教学要面向全体学生，而不是着眼于几个"尖子"、几个"优生"，只有这几个尖子、这几个优生接收的信息量大，而大多数学生却因消化不了而接收的信息量很少，或者反过来教师为了照顾几个"差生"而忽略大多数学生，这些做法都是欠妥的，而应该让不同层次的学生都能在自主探究的学习氛围中有所提高。

"三三 GX 课堂"五特征评价量表

班级：_____ 　学科：_____ 　执教：_____

A 级指标	赋值	B 级指标	赋值	标准	得	分		
A1 学生参与特征	20	问题设计有层次，能兼顾学生差异	4		4	3	2	1
		独学有反馈、对学有落实、群学讲效率	4		4	3	2	1
		课堂展示机会均等，譬如，随机抽样、轮流展示等	4		4	3	2	1
		小组合作学习能形成"我们"的"共识"	4		4	3	2	1
		实施课堂"团队"评价，不用"个体"替代"团队"	4		4	3	2	1
A2 流程落实特征	20	**学习目标**兼顾"三维"，并做到恰当、具体、可测	4	B级指标分优良中差四等，依次取 4 3 2 1 计分	4	3	2	1
		自主学习坚持系统学、学系统，一气呵成，不分解学程，不以教代学	4		4	3	2	1
		课堂展示大集中，一展到底。任务分配有序，学习内容全覆盖，脱稿展示有互动，展示形式灵活多样	4		4	3	2	1
		点拨升华充分利用课堂展示资源，进行资源比较、系统、规范、点拨、升华	4		4	3	2	1
		课堂作业设计兼顾差异，限时当堂完成，当堂反馈	4		4	3	2	1
A3 黑板利用特征	20	提倡人人有展位。每小组至少要有一个展位	4		4	3	2	1
		充分利用教室内已有的展位，空置一个展位扣 1 分	4		4	3	2	1
		每个展位版面利用应不少于三分之二，避免出现独行展示	4		4	3	2	1
		板演字迹要工整，字体宜用楷体，注意版面审美	4		4	3	2	1
		提高板演速读，讲究板演效率	4		4	3	2	1
A4 动态生成特征	20	及时捕捉、定位课堂学习资源的生成点，并尝试定向追问	4		4	3	2	1
		横向生成见多元	4		4	3	2	1
		纵向生成出深刻	4		4	3	2	1
		坚持做到一明规律，二知方法，三清结构	4		4	3	2	1
		注重情感态度与价值观的生成	4		4	3	2	1
A5 目标达成特征	20	知识目标有回扣、有落实	4		4	3	2	1
		能力目标有训练、有提升	4		4	3	2	1
		情感目标在掌握知识、培养能力过程中潜移默化自然达成，避免孤立的机械说教	4		4	3	2	1
		达标作业小组反馈到个人，班级反馈到小组	4		4	3	2	1
		注重拓展创新，沟通课内知识与生活、社会、时代的联系	4		4	3	2	1
总分								

说明：①本表为新课堂实施过程中，关键项目特征评价表，可以集中使用，也可以化整为零分解为单项使用，譬如"学生参与特征"评价周(月)；"流程落实特征"评价周(月)；"黑板利用特征"评价周(月)；"动态生成特征"评价周(月)；"目标达成特征"评价周(月)。

②量表所选的五个项目是事关新课堂有效推进和课堂品质提升的关键所在。学校也可按照"要什么""评什么"的原则，自己决定项目进行量化评价。

附录3:"三三GX课堂"对比分析表

"三三GX课堂"模式是针对高中数学知识的特点,针对高中学生学习的特点设计的高效课堂教学模式:通过先学后教,以学定教,引导学生自主学习;通过兴趣引导,科学激趣,让学生乐意学习;通过恰当的学法指导,让学生学会学习,终身受益。从课堂活动来讲,主张学生动手体验,动脑思考,互动探究。注重探索知识发生发展的过程,注重师生互动、生生互动,通过课堂活动形成良好的课堂学习体验。学习数学的过程离不开练习,离不开课堂教学,离不开检测与反馈。"三三GX课堂"模式强调课堂知识的信息量,充分挖掘教材,利用好课堂这个主战场。让学生充分的思考、成长,让思维的活动量加大,用良好的思维锻炼过程去提升学生的能力。注意练习、检测的训练量,一方面避免题海战术,另一方面达到训练的效果,巩固所学,发展所学,布置有价值的作业,分层次要求,多种方式批阅,学习运用传统的有效的教学反馈方式,及时了解学情,制定有针对性的教学策略和方法。

课题组根据学生学习情况进行了,对学生进行前测,分数段对比结果如下图所示。

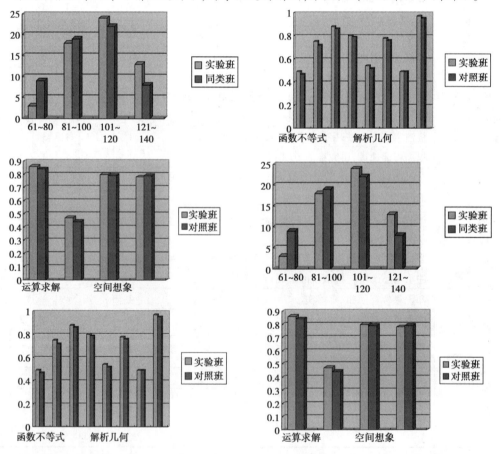

课题组以2个层次6个班级共324名学生为研究对象,采用实验前后测试的方法,对比分析了运用"三三GX课堂"教学模式和传统课堂教学模式的教学效果,得出结论:"三三GX课堂"教学效果明显。

重庆市普通高中教育教学改革研究课题

——以校园刊物为载体促进中学生语文素养提升研究结题报告

一、问题提出

《普通高中语文课程标准(实验)》指出,高中语文课程应帮助学生获得较为全面的语文素养,在继续发挥和不断提高的过程中有效地发挥作用,以适应未来学习、生活和工作的需要。在第一部分"课程设计思路"中特别强调,要让"学生通过课程学习,在语文的应用、审美和探究等方面得到比较协调的发展"。在第二部分"课程目标"中提出,要"注重跨领域学习,拓展语文学习的范围,通过广泛的实践,提高语文综合应用能力"。在第三部分"实施建议"中,明确建议"高中语文课程应在义务教育的基础上进一步提高学生的语文素养,应该继续关注学生的语言积累以及语感和思维的发展,帮助学生在阅读与鉴赏、表达与交流的实践中,掌握学习语文的方法,增强语文应用能力,培养审美能力、探究能力"。

随着时代的进步、科技和信息的飞速发展、数字化时代的到来,我们发现,传统纸质刊物阅读方式在"微时代"的冲击下不知不觉发生了改变,电子阅读作为一种全新的阅读方式,越来越被人们所接受,无论何时何地人们都可以通过微信、微博、QQ等进行阅读或发表作品。校园内,教师和学生的阅读习惯已然随着时代的发展而发生了较大的改变,而传统的校园刊物的内容和形式却依然守旧不变,逐步丧失了自己的育人影响力,令人痛惜。而校园刊物作为校园文化的一部分,在全面提高学生人格素养方面具有不可取代的功用。所以,如何将传统纸质校园刊物与新媒体融合,构建一个立体的校园刊物平台,并以此为载体,促进中学生语文素养的提升,陶冶学生情操,构建学生健康人格,引人深思。

我校十多年来,创办了的多种多样的校园刊物,报纸类有《济航校报》《济航科技报》,德育专刊类有《济航》,文学期刊类有《巴人风》《作文荟萃》《欲晓》,但是形式单一,学生参与面相对较小。特别是文学类刊物,作为我校较有特色的第二课堂活动,如何适应信息技术的发展,丰富活动内容,创新活动形式,扩大活动参与面,是我校语文教师必须面对和思考的问题。

二、研究目标

本课题组通过研究,创新校园刊物形式,丰富校园刊物活动,共享刊物资源,形成立体的、开放的、系统的校园刊物平台。

本着促进语文素养、全面提高中学生语文素养的目的,拓宽语文学习通道、融语文学习于身边生活中，从根本上提升中学生语言认知运用以及内化外用的能力，从而最终达到以校园刊物为载体，提高学生语文素养的总体目标。

本课题组通过研究，改变课题组成员的教育观念，提升语文教学研究能力，提高科研素养，从而改变语文课堂教学的传统现状。

三、研究内容

①研究中学校园刊物的发展现状、遭遇的瓶颈、存在的问题以及产生问题的原因。

②研究校园刊物建设存在的问题，解决的办法和途径。

③构建校园刊物建设的创新模式：数字化、立体化校园刊物。

④研究中学校园刊物促进学生语文素养的提高和健康成长的方法和途径。

⑤探索出校园刊物创办有效性的评价办法。

四、研究方法

1. 文献研究法

根据这一研究课题，通过在线检索，通过浏览网页、报纸杂志等媒体，来调查文献，以获取相关的研究资料，全面而正确地了解掌握当前研究现状及趋势，为课题研究奠定理论基础，并进一步明确本课题研究的方向。

2. 行动研究法

本课题组通过对重庆市实验中学校校园刊物开展活动过程的研究，检验活动中所运用的策略的效果，进一步完善并及时调整校园刊物在提高学生语文素养方面的策略。

3. 经验总结法

本课题组通过对重庆市实验中学校校园刊物在实施策略过程中的具体情况，进行分析、评价、归纳，并使之系统化、理论化，为其他语文活动提高学生语文素养提供方法借鉴与指导。

本研究试图从文学社团活动如何提高学生语文素养的角度出发，通过对"校园刊物""语文素养"等核心概念界定，从分析校园刊物提高学生语文素养的作用入手，运用文献研究法、行动研究法、经验总结法，对此问题展开研究。

五、研究过程和措施

本课题以重庆市实验中学校园刊物为载体，在查找研究、归纳借鉴他人研究理论的基础上，结合重庆市实验中学校园刊物建设情况，运用经验总结法、行动研究法、文献研究法，在分析研究校园刊物与提高学生语文素养的关系的前提下，根据策略设计的主体性原则、适龄性原则、多样性原则，制定出校园刊物提高学生语文素养的具体策略。并通过策略的实施过程与案例分析，对策略的实施效果进行评价，从而得出策略科学合理、有效可行的结论。该课题的研究,旨在为校园刊物提高学生语文素养提供了策略指导,为中学校园刊物提供了方法借鉴,也为当前这一领域的研究做出了自己的努力。

本课题研究时间为 2016 年 3 月——2017 年 11 月,大致经历 4 个阶段:

(一)课题准备阶段(2016 年 3—7 月)

①宣传动员,并进行了校内课题方案的可行性论证。

②完善校内各刊物的组织机构,选配各刊物指导教师,组成指导团队,形成课题组成员。

③聘请相关专家指导理论培训。

(二)课题实施第一阶段 (2016 年 11 月—2017 年 2 月)

①撰写开题报告,组织开题。

②全面启动课题研究,按计划有步骤地实施。

③注重课题研究的动态管理,及时反馈。

(三)中期总结阶段(2017 年 2—7 月)

本阶段主要完成第一阶段性评估总结:

①我们的微信公众号开始推送"语文时分"——朗读时分、荐读时分、演绎时分、问答时分等。

②我们的《巴人风》杂志和《济航》校报按计划出版。

③一系列的相关活动稳步有序地展开。

(四)课题总结阶段(2017 年 7—11 月)

①在取得阶段性成果的基础上,及时总结我校校园刊物改革中存在的问题,进一步制定措施。

②对校园刊物的整体改革情况进行总结,结合学校实际,探索中学校园刊物的建设促进语文学科建设的方法和途径,以及探索如何促进学生语文素养的提高和健康成长的方法和途径。

③表彰先进,深化完善。

④邀请有关专家对课题进行鉴定结题。

六、研究结论及分析

本研究以校园刊物为载体,通过一系列刊物活动创新探索,立体化校园刊物体系已初具规模,为学生的听、说、读、写搭建了有效平台,并形成了校园刊物创办的模式。借助所构建的校园刊物平台,开展各种丰富的语文活动,大大激发了学生自觉参与的兴趣,达到了中学生语言认知运用以及内化外用的目的,提高了中学生语文实践活动能力,拓展了语文素养提升的途径,取得了良好的效果。同时,课题组成员的研究意识、科研能力和科研兴趣大大增强。本课题通过课题组成员一年多的努力,过程扎实,资料翔实,实验数据真实,完成了研究目标,达到了预期效果。

1.通过问卷调查,掌握了客观科学的第一手数据,并通过数据分析,找准了校园刊物发展的方向,并形成了翔实的问卷调查报告

在课题研究之前,我们进行了"以校园刊物为载体促进中学生语文素养提升现状"问卷调查,问卷设置从语文核心素养的四个层面入手,即"语言的构建与运用""思维发展与提升""审美鉴赏与创造""文化传承与理解",并邀请相关专家进行了充分论证。参与本次"重庆市实验中学中学生语文核心素养现状问卷调查表"填写的学生以重庆市实验中学为主体,兼顾了集团内部的区实验中学和龙洲湾中学,共计发放问卷 800 份,收回有效问卷 710 份。其中高一年级 270 名,高二年级 210 名,高三年级 130 名。从问卷调查情况来看,学生在语言建构与运用上,阅读量不够,积累的素材严重不足,对文本没有深入理解,停留在浅表性阅读层面;在思维发展与提升方面,大部分学生缺乏辩证思维,缺乏个性化的阅读和写作,思维缺乏逻辑性,很少有批判性思维;在审美鉴赏与创造方面,几乎没有人写鉴赏性的文章,在《巴人风》杂志和《济航》校报上发表文章的人数不足 10%,作文获得区级及其以上奖励的人数不足 6.3%,几乎没有人尝试过小说、散文、诗歌的创作,而只有不足 5% 的人尝试过戏剧创作,都是为班级的戏剧展演而进行的,几乎不是自觉的创作行为;在文化传承和理解方面,了解传统文化节日、学术流派、四大名著等的占 80%,但了解儒、道、佛等诸子百家的思想核心的不足 30%,了解理学等哲学流派的代表人及其哲学主张的不足 10%。

数据统计如下:

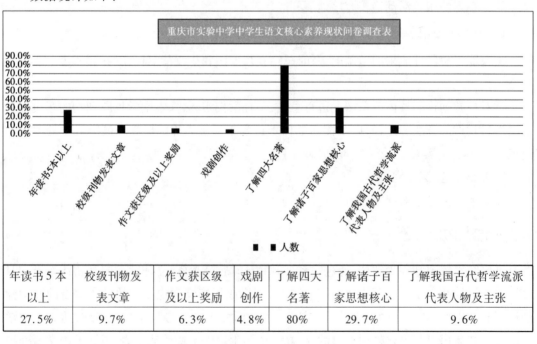

年读书5本以上	校级刊物发表文章	作文获区级及以上奖励	戏剧创作	了解四大名著	了解诸子百家思想核心	了解我国古代哲学流派代表人物及主张
27.5%	9.7%	6.3%	4.8%	80%	29.7%	9.6%

2.通过研究,构建了创新校园刊物的"两层三维四翼"立体模式

两层,指的是传统的纸质刊物一个层面,现代的电子刊物一个层面;三维,指的是"文字"

"声音""图像"三个维度;"四翼"指的是"听""说""读""写"四种语文能力。通过纸质刊物和电子刊物两种载体,以声音、图像、文字的形式搭建一个展示训练"听""说""读""写"的舞台,从而提升语文素养。需要特别说明的是,这是一个开放的模式,随着研究的深入和时代的发展,可以在此模式下,创办新型的校刊。

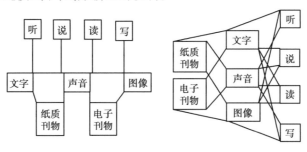

第一:创建和完善了纸质校刊,形成了以《济航》为主导、《巴人风》为主体、班刊为补充的纸质刊物体系。

(1)改版了《济航》校报,充实了以学生为主体的编辑人员;在原有文学社刊物《巴人风》的基础上,增设了展示学生说(交流)、读(阅读心得,好书推荐)、评(鉴赏评价)能力的栏目。研究实施以来,一共有参与实验的学生和老师10人编辑出版《济航》4期,在《巴人风》上发表各类文章68篇,文章质量显著提高,刊物质量随之大大提升。

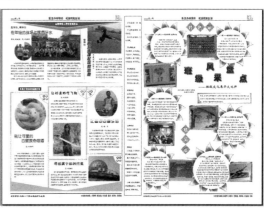

（2）部分班级建起了自己的班刊,班刊由本班语文课代表任责任编辑,部分文学爱好者为编辑,以提升语文素养为核心,以引领班级文化建设为宗旨。

以高 2018 级 8 班的班刊《黄溪口 18 号》为例,一年来,全班 54 人全部参与制作投稿,20 人次参与最后编辑,出刊 4 期专刊,人人动手写作和编辑,全面参与讲解和朗读。试验开展以来,该班学生写作能力增强了,自信心增强了,学习语文的动力和兴趣增强了,全面提升了全班学生语文素养。

（3）为了弥补现有校刊的不足,我们创造性地增设了校园专刊,定期出版,具体做法是:结合我校每年一度的课本剧表演,我们增设了《课本剧剧本集》,每年的课本剧表演结束后一月内出版;结合学生半期和期末考试的优秀作文,并收录平时作文的优秀稿件,每学期出版《考场作文选集》,让学生阅读自己身边的优秀作品,此专刊定为寒假和暑假出版。本研究结合我校的课外阅读活动,让学生推荐优秀书目以及优秀的名家作品,出版《学生荐读作品集》,研究一年多来,我们已经出版了部分集子。

第二:创建了全新的电子刊物平台。

除了以博客和网页空间为主的互联网平台,我们还创建了新媒体平台,如官方微信平台,微信公众号"语文时分"、QQ 群等;鼓励和引导学生创建自己的自媒体平台,如 QQ 空间、微信朋友圈等。随时创作和分享,使我们的听说读写能力在这些平台上交互。一年多来,最最活跃的是官方微信平台和微信公众号"语文时分"。

（1）官方微信平台。

①有声朗读展示。借助官方微信平台，我们通过"实验之声"金话筒主持人大赛、经典诵读、吟唱比赛，选拔出优秀的朗读者，全体研究人员每人选拔出三两个学生，从自我正信、人我礼义、物我和谐三个角度选择一篇经典作品，朗读并录制成音频，推送到官方微信平台，并常年更新。

②书法艺术展示。依托我校书法社，在全校营造氛围。各年级备课组组织书法比赛，并留存优秀作品，装裱成卷，并在官方微信平台上展示报道，定期更新。

③阅读书目推荐。教师定期推荐阅读书目，并写推介词。"悦读吧"定期举行读者沙龙，举办分享会。读书社社团活动长期举行，并广泛搜集优秀的书评、读书笔记等。《巴人风》和《济航》刊登优秀书评、作品推介，并在官方微信平台推出，定期更新。

④课本剧表演。依托我校戏剧社，在每年一度的课本剧表演期间，录制优秀剧目，并同剧本一起，在全校推荐，在官方微信平台上推出，每年更新一次。

⑤质疑与表达。课堂内外的质疑，知识要点、社会热点、时事评论等质疑，通过官方微信平台，采用留言、答疑、回帖、跟帖的方式，进行思想碰撞，积极引导学生发挥正能量，并及时更新。

（2）微信公众号。

①"语文时分"。课题组开辟了微信公众号"语文时分"，并分为"朗读时分""荐读时分""演绎时分""问答时分"四个栏目。开辟至今，我们已经上传精美朗读23篇、荐读36篇、同题作文21篇、问答35个，从听、说、读、写不同方面展示师生才华、师生问答互动，交流沟通。这样，线上线下、课内课外、师生互动、生生互动，学生就能够"自由地表达、有个性地表达、有创意地表达"，形成一种立体的、灵活的、有生命力的校园刊物，更有效地提升了学生的语文素养。

此公众号一经推出，受到了社会好评，产生了广泛的社会影响。

②"文学创作"。依托文学社举行的各种征文比赛。遴选优秀作品，并收集学生优秀的考场作文、平时的优秀作品，附上老师或学生的题解、点评，及时在微信公众号上更新。公众号开辟至今，已上传诗歌、散文、小说、随笔、杂文、小品、游记等120余篇学生的优秀作品。

第三：通过研究，探索出了校园刊物创办对学生语文素养提高是否有效的评价办法。坚持定性与定量相结合、自我评价与社会评价相结合，兼顾激励性评价和过程性评价原则。

①本课题组通过前测、中测、后测，对校园刊物的建设促进语文素养提高的效果进行问卷，并进行数据分析。

②本课题组设计了参与各种刊物活动的过程登记表，对学生参与的各项试验活动进行详细记载，并统计结果，进行对比分析，做出评价。

③对学生历次考试成绩进行统计分析。

④对参与课题试验的学生和老师取得的各项荣誉，包括发表论文、各种获奖进行统计分析。

⑤对校内影响和社会影响进行调查，做定性分析。

第四：丰富了语文活动（音频、荐读杂志等）资源包。

我们的校园微信公众号推送了一些高质量的学生作品，从听、说、读、写四个方面提高学生的语文能力。同时，学生的作品形式多样，有朗读音频，有戏剧剧本和戏剧演出作品，有考场作文，有名著荐读，有师生互动的质疑问答等，从而在一定程度上提升了学生的语文素养。此外，微信公众号还给师生提供了大量的资料：朗读音频、荐读作品、荐读文章、学生考场优秀作文、学生创作的优秀剧本、优秀剧本演出视频、学生学习热点问题的精彩解答等。

第五：出版了课本剧、学生优秀作文、朗读音频等集子。

（1）学生作文集。

课题自启动以来，考场优秀作文辑录工作是其中重要板块。整个考场优秀作文板块由车怀刚总负责，高三由廖雨维协助，高二由江放负责，高一由梅竹负责。考场优秀作文在课题总负责人顾晓华的安排和指导下，各项工作均有序开展，取得了结集成《考场作文选集》的初步成果，并通过校园微信公众号进行优秀作文推送。

考场优秀作文辑录自 2016 年下半年开始，各年级负责人根据学生参加考试后的优秀作文情况，先对考场优秀作文再次遴选，遴选出的优秀作文录成文档，然后安排老师进行作文点评。其中车怀刚负责的高三板块，录入 9 月考场优秀作文 2 篇，10 月区统考优秀作文 6 篇，高三一诊优秀作文 3 篇，二诊优秀作文 10 篇，三诊优秀作文 13 篇，高三板块累计 34 篇，累计 41 600 余字。在高三板块的考场优秀作文中，都按照考题呈现、审题分析、立意指路、优秀作文汇展、教师点评的顺序安排。在教师点评板块，高三邀请了组内资深语文教师诸如程凤平、余长敏、钱俊义等教师点评，还邀请了中青年教师喻翼、廖雨维、车怀刚等教师点评，力求展现风格各异的学生作文、各具特色的教师点评。江放负责的高二板块，录入高二上第 7 周周考优秀作文 2 篇，2016 至 2017 学年度下期期末考优秀作文 4 篇，2017 至 2018 学年度上期 10 月考优秀作文 2 篇，其他类优秀作文 10 篇，教师作文 1 篇，高二板块累计 19 篇，累计 19 100 余字。在高二板块的考场优秀作文中，基本按照考题呈现、审题分析、立意指路、优秀作文汇展、教师点评的顺序安排。点评板块全由江放负责。梅竹负责的高一板块，录入考场优秀作文 19 篇，累计 19 100 余字。

（2）剧本集。

课题自启动以来，课本剧板块的具体工作由李荣教师负责，课题组的其他语文教师负责本班级的课本剧工作。课题组教师团结协作，总结了一套完整的编演课本剧的步骤：导、选、读、编、演、评 6 步，经过教师们的努力，课本剧有以下三个可喜的变化。

①内容上的变化。前两年课本剧的内容中西方的优秀文化皆可以参演，我们在课本剧的内容选材上，要求必须弘扬中国的优秀传统文化，让优秀的传统文化作为学生的生命底色的德育思想落到实处。

②舞台元素的多元化。随着学生综合素质的提升，每年的舞台都融入新的表演元素，如服装的搭配更增添人物形象表演的逼真，舞蹈元素的融入更是增添了舞台剧的曼妙多姿，高二年级的课本剧演出更是融入了"变脸"这一国粹。

③学生的主动参与性增强。班级的自主合作,组成强强联合,学生在课本剧的各个环节都有自己独到的见解和个性的编排,创造性有所增强。如在《孔雀东南飞》里,增加了媒婆这个荒诞和喜剧的角色,为舞台演出增色不少。

取得的阶段性成果有:高2016级和高2017级的课本剧专场演出,共计18个戏剧(舞台剧展示),整理编辑校本剧剧本集(文学剧本集),共10个剧本,共计24 884字,课本剧给了学生展示才华、演绎生活精彩的机会,在一定程度上提升了学生的语文素养。

(3)朗读音频

课题自启动以来,经典诵读音频录制工作是其中的重要板块。整个经典诵读板块由傅徐昕总负责,自2017年10月开展朗读时间活动以来,高中三个年级的师生广泛参与,取得了良好的成效。前期宣传工作上,校园海报配合语文老师班级宣讲,宣传动员效果好,宣传成效明显;利用2016—2017学年度暑假,面向全校征集,给学生留下了充足的准备时间,同时也丰富了学生的假期生活;2017—2018上期,利用校园微信公众号和校园微博平台,面向全校师生推送优秀朗读作品,收到了上至学校领导下至师生员工的广泛好评;2017年11月,进一步通过高2020级"金话筒"主持人大赛的活动,扩大了活动影响力,同时为优秀者录制朗读音频,也丰富了课题材料和内容。

迄今为止,"朗读时间"活动辐射师生3 000多人,直接参与人数超过800人,为语文朗读走进校园起到了积极的助推作用。同时,"朗读时间"活动有效地结合了多样性的校园活动,通过"金话筒"主持人大赛和校本选修课《朗读者》两个活动,与我校"三我德育"和"六个一"校本课程接合,为培养学生语文素养和丰富学生校园生活起到了良好作用。

"朗读时间"活动,让学生广泛参与到学校的各种活动中去,又同时回归到语文核心素养——朗读上来,校园生活处处有语文,让学生"语文地活着"。"朗读时间"活动还整理形成了5 000多字的文字报告和一份优秀朗读作品光盘,更重要的是通过校园微信公众号和校园微博平台不定期推送和即将推送超过20个优秀朗读作品,让学生们自己的声音永远地留在重庆市实验中学的校园,更让语文核心素养——朗读伴随孩子们一生。

(4)出版成果

出版《巴人风》杂志1期,发表师生文章共46篇,共计65 052字;出版《济航》校报2期,发表师生文章共39篇,共计33 751字。

第六:拓宽了语文学习的通道,提高了学生的语文综合实践能力,提升了学生的语文素养。

①纸质的校园刊物与数字化的校园刊物融合后,可以通过观看视频、听朗诵、学习网络课程等方式,从视听等不同角度全方位提升自己倾听、表达、阅读、写作等能力,这样,课内课外有效结合,为学生提供了多条学习语文的途径。

②通过校园刊物立体化平台的推广活动,学生亲自参与校园刊物的内容定位、板块设置、稿件编辑等,提高了学生的语文综合实践能力。

③以学生为主体的校园刊物更可以发挥学生的自主动力,提升思维与表达能力,激发想象与创造能力,滋养合作与学习的高度满足感,形成独立人格,发展综合素质,养成终身学习的理念,更进一步有助于建设校园文化,提升学生语文素养。

学生在各类征文、写作比赛中获奖颇丰,情况如下:

①高 2016 级学生吴承丹荣获巴南区"安全在我心中"征文比赛二等奖,课题组教师傅徐昕也荣获指导教师二等奖。

②高 2019 级学生李恒籽作品《好景不负与君同》在全国青少年五好小公民"阳光校园,我们是好伙伴"征文比赛中荣获巴南区二等奖、重庆市二等奖、全国三等奖。

③高 2019 级学生余田田的作品《谁教白马踏梦船》在全国青少年五好小公民"阳光校园,我们是好伙伴"征文比赛中荣获巴南区一等奖、重庆市一等奖、全国一等奖,课题组老师傅徐昕也荣获了征文指导三等奖、二等奖、全国一等奖。

第七:提升了课题组老师的科研能力。

①课题主持人顾晓华的论文《推进语文教育现代化,提升中学生语文素养 》发表在《重庆与世界》2017 年第 12 期上。余长敏教师的论文《校园刊物立体化提升中学生语文素养》发表在《重庆与世界》2017 年第 7 期上。

②余长敏教师除了担任该课题的主研外,还主持了重庆市精品课程《"济航"文学——读写第二课堂》,主持了市级课题《普通高中学生职业生涯规划指导策略研究》。

③李荣老师的学生获得中学生创新作文一个全国二等奖,一个全国三等奖,重庆市决赛一等奖 1 个,二等奖 2 个,重庆市初赛一等奖 2 个,二等奖 3 个,三等奖 7 人次。

七、课题研究的反响及效益

校园刊物立体化,扩大了社会影响,整合多方面的资源,有效地提升了中学生的综合素养。校园刊物立体化,能让校内师生、已经毕业的学生、学生家长、兄弟学校等参与进来,搭成互动、探讨的平台,我们就能够整合许多资源,形成合力,多方面拓宽学生学习语文的途径,从而达到提升语文素养的目的,同时,还形成了学习语文的良好氛围,扩大了我们校园刊物和重庆实验中学在社会上的良好影响。我们的立体化校园刊物,精美的界面、良好的阅读体验、学生的语文学习成果、有效的实践方式、真实的互动等得到了市教委、区教委教育专家的一致好评,已经成为我们重庆实验中学的一张美丽的名片!

八、问题与讨论

1. 研究中存在的问题

我们设想以"校园立体化刊物"为载体,来提升学生的语文素养,并在"校园刊物立体化"方面做了大量的努力,我们的微信公众号推送了一些高质量的学生作品,从听、说、读、写四个方面提高学生的语文能力。同时,学生的作品形式多样,有朗读音频,有戏剧剧本和戏剧演出作品,有考场作文,有名著荐读,有师生互动的质疑问答等,从而在一定程度上提升了学生的语文素养,但是,我们在研究过程中还是发现了一些问题。

①学生参与面不够广:在参研人员所任课的班级展开得比较好,而其他班级参与的学生不够多,这主要是学生的学业负担较重,没有多少时间参与。

②微信公众号目前关注的人不够多:由于学校部分年级限制学生在校园内使用智能手机,加上学业任务重,学生在校期间几乎没有时间关注微信公众号,学生只有在周末回家关注,所以,关注的学生还不够全面。

③教师如何利用课题参与课堂教学、促进课堂教学,还需要进一步研究。

④资源整合不够:没有整合全校老师的资源以及校外资源。

2. 后续研究建议

①扩大学生参与面:课堂人人参与。课堂上增强师生、生生互动,大步伐提高学生语文素养。加强宣传,全面推开。今后在全校加强"语文时分"公众号的宣传,全面推开,让各个年级的学生甚至已经毕业了的学生都知道我们的微信公众号,并关注我们的微信公众号,积极参与我们的语文活动,让立体化刊物影响更多的人,在校内形成新时代的语文刊物文化活动。

②创新刊物内容呈现形式,满足学生需要。微信公众号多推送一些学生感兴趣的、又能提高学生语文素养的栏目,比如:"我来给它评分",给一篇同学的习作评分,并写出评语;"朗读直播",将音频朗读可以改成音频＋视频结合的朗读,以直播的形式播放等,跟上时代的步伐,随时更新形式和内容,以满足学生语文学习的需要。

③利用刊物建设,更系统地思考新高考背景下学生语文素养的提升、青年语文教师专业技能的提升。

④整合多方资源:让全校学生和教师参与我们"立体化刊物"的系列语文活动,积极投稿,共享资源,和兄弟学校整合资源,互相借鉴,建设交流的网络平台。

参考文献

[1] 陈玉秋.语文课程与教学论[M].桂林:广西师范大学出版社,2004.

[2] 丛立新.课程论问题[M].北京:教育科学出版社,2000.

[3] 庄文中.中学语言教学研究[M].广州:广东教育出版社,1999.

[4] 佐藤正夫.教学原理[M].钟启泉,译.北京:教育科学出版社,2001.

[5] 陈玉琨.课程改革与课程评价[M].北京:教育科学出版社,2001.

[6] 叶澜.教师角色与教师发展新探[M].北京:教育科学出版社,2001.

[7] 黄书光.中国基础教育改革的文化使命[M].北京:教育科学出版社,2001.

[8] 课程教材研究所.20 世纪中国中小学课程标准·教学大纲汇编:语文卷[M].北京:人民教育出版社.

[9] 李艺,钟柏昌.谈"核心素养"[J].教育研究,2015(9):17-23.

[10] 柳夕浪.从"素质"到"核心素养":关于"培养什么样的人"的进一步追问[J].教育科学研究,2014(3):5-11.

[11] 辛涛,姜宇.全球视域下学生核心素养模型的构建[J].人民教育,2015(9):54-58.

[12] 叶澜,杨小微.教育学原理[M].北京:人民教育出版社,2007.

[13] 杨小微.教育研究方法[M].北京:人民教育出版社,2005.

重庆市教育科学"十三五"规划课题

——"基于高中生社会适应性的心理健康教育的实践研究"研究报告

重庆市实验中学校课题组

重庆市教育规划2016年度规划课题负责人曾永江、正高级教师主持完成了课题"基于高中生社会适应性的心理健康教育的实践研究",课题批准号:2016-12-003。课题组主要成员:蒋玉辉、饶琳、周兴华、何宏波、吴龙龙、刘洋

一、简介部分

(一)标题

本课题标题为"基于高中生社会适应性的心理健康教育的实践研究"。

(二)摘要

社会适应性是指个体为适应社会环境而改变自己行为习惯或态度的过程,个人与社会环境关系的一种状态,即人与社会环境之间的和谐协调、相宜相适的状态。当前,我国社会正处于转型期,经济、政治、文化、社会领域都发生了很大变化,作为现代教育的重要内容之一,社会适应性的教育也应尽量前置,高中生社会适应性教育既是高中生身心全面、健康发展的客观需要,也是培养新型社会公民素质的必然要求。所以,当代高中生社会适应性教育意义重大。

本课题对高中生社会适应性教育进行了有益的探索,阐述了选题背景、意义,厘清了国内外的研究现状及社会适应性的概念内涵,从心理适应、社会行为能力适应和思想意识适应对当代高中生社会适应性的基本内容做了介绍,理性审视了当代高中生社会适应性教育的现实。在前文论述的基础上,从问题总结、教育策略及政治学科渗透三个方面提出了加强当代高中生素质教育的对策。

二、主体部分

(一)研究问题

1.研究目的

本课题的研究目的是探索促进中学生社会适应性的素质教育道路,探索中学生社会适

应性的心理健康教育体系。

分级目标：

（1）通过课题研究，提升学生的社会适应能力，塑造学生的人生观和价值观，促进学生多元个性化发展。

（2）通过实践研究，深入落实我校"让每一个学生适应时代发展"的教育理念，推动学校心理健康教育的进一步发展，提升学校办学品质。

（3）探索体系化、专业化的心理健康教育模式，以提高学生社会适应性。

2. 研究意义

（1）理论意义

丰富中学生社会适应性教育理论。社会适应性是一个动态的心理发展过程，同时也是根据时代的不同而有不同的内涵。以我校学生为研究对象，了解当代学生社会适应性的现状，探索有效的教育模式，能更好地推动素质教育。而这一领域从实践探索到理论研究还很欠缺。

丰富学校心理健康教育的理论。我校的"六个一"强调，培养学生的健全人格。而心理健康则是健全人格的基本要求。高中生是从半成熟到成熟的一个过程，这个过程中的心理健康重要的内容就是社会适应性，这两者是相辅相成的。对中学生社会适应性的理论和实践的进一步研究，则可以丰富心理健康教育的理论，同时让心理健康教育更好地落到实处，行之有效。

（2）实践意义

一是对中学生社会适应性的心理辅导是对我校教育理念的践行。

重庆市实验中学校一直以来也秉承"让每一个学生适应时代发展"的教育理念。如何让学生更好地适应社会，适应社会的能力有哪些层面，如何通过心理辅导等教育手段进行训练和提升，是我们深入实践这一教育理念的重要推手。高中阶段不仅是学生身心发展的关键期，更是人生观和价值观形成的重要时期。高中生处在一个幼稚与成熟、冲动与控制、独立性和依赖性错综复杂的青春期，这一时期必然产生许多社会适应问题。能否正确处理和解决这些问题，关系到高中生能否顺利成长。高中生的社会适应问题，迫切需要得到各个方面尤其是学校的指导和有效帮助，而心理辅导是有效的方式之一。对高中生常见的社会适应问题，学校有必要积极运用各种手段等进行心理辅导，利用心理学相关技术进行训练和指导，提高他们的社会适应性。本课题的确立，将依托校本研究，注重实践调查，围绕提高高中生社会适应性这一视角做多角度探索，以期了解当代高中生的社会适应性问题产生的成因，探索以学校心理辅导为核心，拓宽高中生社会适应性的途径，为同类学校开展此类教育提供实践模式。因此，本课题的研究具有较强的理论意义和较广泛的实践意义。

二是对中学生社会适应性的心理辅导是教育发展的现实需要。

当代中学生正面临着经济、社会转型，父母工作频繁变动、离婚率上升、居所的变动、独生子女政策、生活节奏加快、家长对升学考试的过度关注等问题，高中学生自身又由于身体、心理发育到特殊阶段,由于生活习惯、学习内容及方法、人际关系、自我意识等方面的变化,产生了强大的心理压力,会形成不良的社会适应性。因此,开展对中学生的社会适应性及其心理辅导研究是当前社会转型时期教育发展和人才培养的一项重要工作,有迫切的现实需要。《中共中央国务院关于深化教育改革全面推进素质教育的决定》提出了全面推进素质教育的要求,适应社会是中学生应该具备的一种基本能力。要培养高中生社会适应能力,需要教师"以人为本",在认识、情感、意志、个性等特征及其形成规律方面对高中生进行研究,并促使他们能认识、把握这些特征和规律,以帮助他们找到适合自己特点的调适途径。要培养高中生社会适应能力,坚持"防治并行""防重于治"策略,需要预防、减少和解决青少年的心理健康问题,提高他们的心理素质。我们应该掌握青少年心理障碍产生的原因及克服方法,使学生们真正成为学高、体健、心美的一代新人。要培养高中生社会适应能力,需要充分认识学校教育在提高青少年学生心理健康水平方面的地位和作用,积极开展心理健康宣传及社会实践活动,营造学校的文化心理氛围,这对培养能够适应和谐社会的合格人才具有十分重要的意义。

3. 研究假设

假设基于学校的教育理念开展实践研究,对高中生的社会适应性从学校心理辅导、心理健康教育这个层面进行模式和策略的构建,有利于高中生社会适应性发展,也能为同类学校开展此类工作提供借鉴的实践模式。

4. 研究概念

(1)中学生

中学生是指接受中等教育的学生,年龄一般为 12～18 岁。在中国内地中学教育由初级中学(初中)和高级中学(高中)组成。而本研究中指重庆市实验中学 2017 级、2018 级、2019 级的高中学生。本文中学生等同于高中生。

(2)社会适应性

著名心理学家斯宾塞最早使用了"社会适应"这一名词,他认为"生活即是内在关系与外在关系的调适"。目前大多数研究认为社会适应性应叫社会适应行为或社会适应能力,是个体在社会适应过程中逐步形成的人格特征,本研究中的社会适应性是指中学生适应社会的个性心理特征、个性心理倾向等的总和。社会适应性的指标可以从以下几个方面来认识:①生活方面,包括几乎全部使自己能为社会所接受的日常生活技能和习惯,如自理能力、饮食、穿戴等;②人际沟通方面,即表达和理解他人的能力,如人际交往能力、语言等;③社会技能方面,包括和他人共同生活及合作必需的技能,对青少年来说,则是与人合作的能力和顺应社会行为规范的能力以及实践能力等。

(3)心理辅导

本课题研究中专指学校心理辅导,是指教育者运用心理学、教育学、社会学、行为科学等多种学科的理论与技术,通过集体(团体)辅导、个别辅导、教育教学中的心理辅导以及家庭心理辅导等多种形式,帮助学生自我认识、自我接纳、自我调节,从而充分开发自身潜能,促进其心理健康与人格和谐发展的一种教育活动。

（4）心理健康教育

肖汉仕教授认为心理健康教育又称心理素质教育,简称心理教育或心育。它是教育者运用心理科学的方法,对教育对象心理的各层面施加积极的影响,以促进其心理发展与适应、维护其心理健康的教育实践活动。中小学心理健康教育是根据中小学生生理、心理发展特点,运用有关心理教育方法和手段,培养学生良好的心理素质,促进学生身心全面和谐发展和素质全面提高的教育活动,是素质教育的重要组成部分,是落实跨世纪素质教育工程、培养跨世纪高质量人才的重要环节。

（二）研究背景和文献综述

1.理论基础

（1）素质教育理论

素质教育概念的提出是在"应试教育"弊端日益显现的背景下,广大教育工作者为贯彻落实国家教育方针、促进教育健康发展而进行的实践探索和理论思考的重要结晶,是广大教育工作者长期以来教育理想、愿望和改革主张的集中体现。素质教育的含义可概括为:素质教育是以促进学生身心发展为目的,以提高国民的思想道德、科学文化、劳动技术、身体心理素质为宗旨的基础教育。而中学生社会适应性正是素质教育需要研究的重要课题。

（2）"领域—功能"理论模型

邹泓等人提出,首先,该评估体系包括青少年社会性发展的关键任务——人际关系、规范行为、自我认识、学业成就等基本适应领域。其次从功能上看,评估体系应该从积极和消极两种状态对社会适应状况进行评价。积极适应,是个体为了满足生存、发展或社会规范的需要,必须达到的或具备的与其年龄相符合、与个体的幸福、力量和成长相关联的行为。消极适应是个体个人独立与社会责任不相符合,不利于个体生存、发展和成长的行为。

（3）社会适应结构的理论

对中学生来说,社会适应包括四个基本的系统:内容特质、预测控制、心理调节和动力支持。它们是社会适应的四个方面,从不同侧面来影响和调节个体社会适应的内容、方向、资源和特点等。

（4）皮亚杰的适应过程理论

个体对外界环境的适应包括一系列自主的适应过程,表现为顺应、自制、遵从、服从、同化等具体的适应方式。社会适应是个人和群体调整自己的行为使其适应所处社会环境的过程。社会适应也是个体在与社会环境的相互作用中所表现出的一种相对平衡的心理状态,也是一个动态的发展过程。

此外,新一轮课程改革理论、现代课程理论、马斯洛的需要层次理论、建构主义理论、积极心理学理论等相关教育学、心理学理论,都对本课题研究具有指导意义。

2. 相关研究成果

对社会适应性的研究由来已久,国内外学者都非常重视,也取得了许多有效的理论成果。在美国,20世纪50年代即进行高中生的社会适应性理论研究,美国心理学家 Doll 提出了"社会适应能力是人类有机体保持个人独立和承担社会责任的机能"。而对社会适应行为的最先展开研究的美国心理学家利兰(Leland)、科恩(Cone)都认为社会适应性是个体在与社会生存环境中交互作用中的心理适应,即对社会文化、价值观念和生活方式的应对。目前,多数国外研究者认为,社会适应性体现主体与外界境之间的协调和融合,在主体需求与客体属性之间寻求一种平衡,使其在功能、属性上更贴近现实环境,益于自身的发展。

20世纪70年代开始,相关社会适应性的理论、原则和方法逐渐应用于教育领域。相关研究认为,对中学生而言,社会适应的主要任务是建立自我同一性、学会逐步独立和正确处理人际关系等。为系统了解社会适应性的个体状况,心理学家们先后编制了社会适应行为量(AAMD-ABS)、社会适应不良量表(Social Maladjustment,SOC)、社会再适应量表(SRRS)等,对中学生的社会适应性问题进行研究,并编制了相关测试量表,如文兰社会成熟量表等。对中学生出现的社会适应问题,也积极采取各种措施进行干预,对不符合社会规范和教育的期望,不为人们所接受的问题,通过学校、家庭、社会从心理、教育角度的干预来解决,并开展了许多有益的尝试,比如家庭联合干预、行为矫治、团队游戏训练等。

近年来,国内学者对中学生社会适应性也进行了大量的研究。黄希庭将社会适应界定为个体在适应社会环境与变化过程中所具备的或表现出来的心理特点和人格特质。郑日昌认为中学生的社会适应性即心理适应能力,是中学生在与周围环境相互作用、与周围人们相互交往过程中,以一定的行为积极地反作用于周围环境而获得平衡的心理能力。杨彦平将青少年社会适应性定义为:青少年适应社会环境,并具备从环境中获取资源的能力,从而使得自身在社会环境中得以生存和发展。也有学者认识,社会适应性是个体在与社会生存环境中交互作用中的心理适应,即对社会文化、价值观念和生活方式的应对。国内也有很多专家学者根据国外社会适应量表翻译或重新编制后运用于国内中学生进行社会适应性的调查。浦昆华等通过对青少年的社会适应调查研究认为,影响青少年形成良好的社会适应性的影响因素有学校、家庭、社会等多个因素,当前中学生的社会适应能力性总体上处于中等水平,高水平社会适应性的中学生比例较少。在针对社会适应性的心理辅导方面,提出了拓展训练、团体辅导等方式应对,但是还不够系统和全面。

重视青少年的社会适应问题,培养青年少年社会适应能力是一个亟待解决的问题。关于中学生的社会适应性的心理辅导研究在当前社会发展与转型时期具有时代性和迫切性。青少年的社会适应性不仅是社会适应行为和心理的问题,也是一个关乎青少年健康成长以及社会和谐发展的问题。我们应将国外对于中学生的社会适应性的研究与国内的研究结合起来,才能够将其应用创新,为解决中学的社会适应性各种问题提供很好的解决思路。一方面应从心理学、社会学、教育学等多方面在宏观上加强对青少年社会适应性的研究;另一方面,从家庭、学校、社会角度,应该加强对社会适应行为进行心理辅导等干预,使青少年尽快地从各个方面适应社会生活。

探索青少年的社会适应性不仅是教育本身的事情,更是社会的职责,需要我们全社会的共同努力。只有全社会都对青少年的社会适应能力有足够的认识,并努力营造一种适合人才培养和成长的良好氛围,青少年学生的社会适应性才会有一个长足的发展。

(三)研究程序

1. 研究设计

本研究采用整体建构(明确研究方向和总体研究思路)——实践检验(中学生社会适应性的共性研究)——子项探索(明晰并深化各研究项目和模块)——回归提升(以全局的视野反思、调整、优化各子项研究)——运用推广(成果提炼、评价与运用推广)的技术路线。具体研究过程设计如下:

第一阶段:开题准备(2016 年 6 月—2016 年 9 月)

(1)研究目标及内容

课题组组建及成员培训,组建总课题组,设计研究方案,课题申请,总课题及相关子课题开题。

(2)成果形式

总课题及子课题研究方案。

第二阶段:实施阶段(2016 年 9 月—2018 年 8 月)

(1)研究目标

①了解中学生社会适应性的现状及需求。

②了解当前中学生社会适应性教育现状。

③初步构建中学生社会适应性教育理论体系。

④初步探索中学生社会适应性教育的优化模式。

(2)研究内容

①收集中学生社会适应性的素材、归纳现象。

②中学生社会适应性现状调查及分析。

③中学生社会适应性教育现状调查及分析。

④分析校内教育行为,不断检验和修正研究方案。

(3)成果形式:调查报告、系列论文、阶段性总结。

第三阶段:课题总结(2018 年 9 月—2019 年 5 月)

(1)研究目标

①建成中学生社会适应性的教育理论和实践体系,进一步推进"让每一个学生适应时代发展"的办学理念。

②形成本课题研究的报告。

③召开本课题研究成果鉴定会议。

（2）研究内容

①中学生社会适应性的发展模式研究。

②中学生社会适应性的心理健康教育理论体系研究。

③中学生社会适应性的心理健康教育实践体系研究。

（3）成果形式

研究报告、课题论文集、专著等。

2. 研究对象

本研究的研究对象主要指重庆市实验中学 2016 级、2017 级、2018 级的高中学生。

3. 研究方法

本课题将主要运用以下方法进行研究：

（1）文献研究法

这一方法首先用于本课题研究的准备阶段，并运用于课题研究的整个过程。特别对当前教育学、心理学等理论成果以及中学生社会适应性的现状研究中需要运用这种方法。

（2）调查研究法

课题组将运用问卷法、访谈法等方法调查中学生社会适应性现状。课题实施阶段用于调查课题的阶段实施情况；课题结题阶段用于调查课题运作情况。

（3）行动研究法

这是贯穿本课题实施全过程的一种研究方法。这一方法立足于实践，强调在具体情境中进行研究。针对高中生的社会适应性问题，参考他人的经验和做法加以创新，依据一定的程序和方法进行实践研究，进行干预。

（4）分析归纳法

课题组通过对中学生行为和现状的分析，总结常见现象、特殊现象等，透过现象总结规律。

（5）个案分析法

本课题通过班主任、心理教师对辅导对象的心理咨询、沙盘游戏、团体心理辅导、拓展训练等形成个案，总结经验。

（四）研究发现或结论

纵观整个研究，得出如下结论：

首先，从测试结果及学校社会工作的内容看，高中生是存在社会适应性问题比较突出的特殊群体，同时也是学校社会工作重点驻足的工作领域。这些适应性问题最突出的体现在性别、学习适应、与父母关系的适应、人际关系的适应（同辈群体）以及自我意识上和耐挫力适应等方面。

其次，《国家中长期教育改革和发展规划纲要（2010—2020 年）》认为，高中阶段教育是学生思想品质、自我意识、个性、人格、人生观等形成的关键时期，对提高国民素质和培养创新人才具有特殊意义。这一阶段我们要注重培养学生适应社会的能力,克服"应试教育"倾向。这意味着高中教育要超越工具性,转向培养学生的综合公民素质和人格,也就是培养学生的综合素质和能力,特别是适应社会的能力,从而为学生升学或工作打下基础,跟上时代发展的步伐。现代社会对人才要求越来越年轻化,并且是一个终身学习的社会。一方面,当代高中生社会适应性教育是高中生自我发展的需要;另一方面,当代高中生社会适应性教育是社会发展的要求,所以社会适应性教育必然成为高中阶段基础教育的重要内容。

(五)分析和讨论

重庆市实验中学高中生社会适应性研究调查结果及分析

1. 问卷基本信息

本研究的研究对象主要指重庆市实验中学 2016 级、2017 级、2018 级的高中学生。在前测阶段共发放问卷 350 份,回收问卷 311 份,其中有效问卷 311 份。男生 115 人,占总人数 37%;女生 196 人,占总人数 63%。研究对象分布情况如表 1 所示。

表 1 研究对象分布情况

变 量	类别	人数	百分比/%
性 别	男	115	37
	女	196	63
年 龄	14	8	2.6
	15	109	35.0
	16	156	50.2
	17	38	12.2
合 计		311	

2. 研究工具

本研究采用陈建文和黄希庭两位老师编制的《社会适应性量表》(SAS-SSS),是目前国内测量社会适应性运用最为广泛的量表。该量表的适用范围主要是针对中学生,该量表由 70 个题目组成,采用 5 点积分,问卷总分越高,表明社会适应性越好。该量表主要分为 4 个维度:心理优势感、人际适应性、心理能量、心理弹性。

通过对《社会适应性量表》进行信度检验,其 α 系数是 0.803,由此说明该问卷的信度指标较高,适合作为本研究的测量工具。

如表 2 所示,列出了社会适应性的总分及其各个维度之间的相关矩阵,结果发现该问卷的总分及其各个维度之间呈现显著相关,说明该问卷结构效度较好,适合作为本研究的测量工具。

表2 相关矩阵

	社会适应性	心理优势	人际适应	心理能量	心理弹性
社会适应性	1				
心理优势	0.582**	1			
人际适应	0.636**	0.270**	1		
心理能量	0.810**	0.365**	0.313**	1	
心理弹性	0.783**	0.199**	0.318**	0.532**	1

注：* 代表 $P<0.05$ ** 代表 $P<0.01$；*** 代表 $P<0.001$，下同。

3. 研究结果

（1）不同性别高中生的心理弹性有显著差异

不同性别高中生的社会适应性的均值和标准差如表3所示。通过独立样本 T 检验对不同性别的高中生社会适应性进行差异分析，社会适应性结果显示：$t=1.457$，$p=0.145>0.05$，不同性别高中生的社会适应性没有显著差异。

通过独立样本 T 检验对不同性别的高中生社会适应性维度：心理弹性，进行差异分析，心理弹性结果显示：$t=2.181$，$p=0.030<0.05$，不同性别高中生的心理弹性有显著差异。

表3 社会适应性在性别上的 t 检验分析表（M±SD）

	男（$N=115$）	女（$N=196$）	t	p
社会适应性	213.93±12.417	211.59±14.349	1.457	0.146
心理优势	44.20±3.721	43.81±3.748	0.897	0.370
人际适应	55.42±3.864	55.71±4.362	-0.604	0.546
心理能量	51.56±5.379	50.80±5.280	1.218	0.224
心理弹性	62.76±5.608	61.28±5.878	2.181	0.030

（2）实验组干预前后的社会适应性及其各维度差异显著

如表4所示，对实验组的社会适应性及其各维度进行前后测差异检验，结果显示实验组干预前后的社会适应性及其各维度差异显著。

表4 实验组社会适应性前后测差异性检验

	前测（$N=311$）		后测（$N=311$）		t	p
	M	SD	M	SD		
社会适应性	212.460	13.693	240.860	11.241	-28.270	0.000
心理优势	43.950	3.737	49.520	3.826	-18.365	0.000
人际适应	55.600	4.181	60.670	4.064	-15.307	0.000

续表

	前测（$N=311$）		后测（$N=311$）		t	p
	M	SD	M	SD		
心理能量	51.080	5.321	60.670	4.741	−20.934	0.000
心理弹性	61.820	5.815	71.13	5.099	−21.227	0.000

表5 描述统计表

	N	极小值	极大值	均值	标准差
你的性别	311				
你的年龄	311				
社会适应性	311	90	227	212.46	13.693
心理优势	311	21	52	43.95	3.737
人际适应	311	24	67	55.60	4.181
心理能量	311	20	65	51.08	5.321
心理弹性	311	25	76	61.82	5.815
有效的N（列表状态）	311				

	你的性别	N	均值	标准差	均值的标准误
社会适应性	1	115	213.93	12.417	1.158
	2	196	211.59	14.349	1.025
心理优势	1	115	44.20	3.721	0.347
	2	196	43.81	3.748	0.268
人际适应	1	115	55.42	3.864	0.360
	2	196	55.71	4.362	0.312
心理能量	1	115	51.56	5.379	0.502
	2	196	50.80	5.280	0.377
心理弹性	1	115	62.76	5.608	0.523
	2	196	61.28	5.878	0.420

相关性		社会适应性	心理优势	人际适应	心理能量	心理弹性
社会适应性	Pearson 相关性		*	0.636**	0.810**	0.783**
	显著性(双侧)		0.000	0.000	0.000	0.000
心理优势	Pearson 相关性	0.582**	1	0.270**	0.365**	0.199**
	显著性(双侧)	0.000		0.000	0.000	0.000
人际适应	Pearson 相关性	0.636**	0.270**	1	0.313**	0.318**
	显著性(双侧)	0.000	0.000		0.000	0.000
心理能量	Pearson 相关性	0.810**	0.365**	0.313**	1	0.532**
	显著性(双侧)	0.000	0.000	0.000		0.000
心理弹性	Pearson 相关性	0.783**	0.199**	0.318**	0.532**	1
	显著性(双侧)	0.000	0.000	0.000	0.000	

**:在0.01水平(双侧)上显著相关。

(六)建议

"实践育人,知行结合"是现代教育的基本理念。因此,不仅社会适应性教育要提高学生的认识,增强自觉性,而且我们应该通过校内、校外的实践活动来加强对高中生的行为能力训练,使他们的社会适应性通过活动得以加强。学校应积极探索学生社会实践的有效方式和方法,建立起学校、社会、家庭三位一体的社会实践活动机制。组织开展丰富多彩的社会实践活动,力求最大限度地拓展学生学习空间,增强学生的探究和创新意识。带领学生走进农村,通过生产劳动和社会调查,使学生对农业、农村和农民增进了解,从而激发他们献身社会发展的责任感和使命感。带领学生走进工厂或父母所在单位,体验工作在劳动一线的工人的辛苦,体验劳动的光荣、快乐,体验父母工作的辛苦,学会感恩。开展公益活动,带领学生走进社区、老年公寓、孤儿院,进行帮扶或献爱心活动,增强他们的奉献意识,让他们帮助别人的同时也快乐自己,激发他们的爱心、孝心和责任心,让他们更加珍惜今天的幸福生活。建立适合本校特色的社会实践活动基地,让学生对自己的所见所闻进行思考,进行感悟。这些活动会开阔学生的眼界,拓展他们的认识空间。我们还可以开设时事讲座和报告,使学生了解中国、了解世界,引导他们积极思考。通过这些活动,我们能够加强学校、家长和社会之间的联系,把社会适应性教育和社会实践有机结合起来。

三、主要成果

(一)总结出高中生存在的社会适应性问题

当代高中生虽然所生活的社会环境优美,物质条件极其优越,但生活在家庭、学校和社会的"三重压迫"之下,高中教育以高考为最高目标,很难全面发展。在这种高压之下,产生厌倦学习,厌恶生活,抱怨家长、老师,甚至整个社会的不良心理也不足为奇。他们的理想、信念、价值观等与父辈们有着极大的差别。他们得到很多,但同时失去更多:他们得到的是物质的充分享受、家庭的呵护、学校和社会的关爱;失去的是生活自理、团结合作能力和友善关爱精神。虽然他们的智商得到了极大的提高,但情商普遍很低。

1. 孤独与失落的问题

由于高中生对环境的接受程度问题,或者是由于原来对现阶段所处的环境期望值过高,所以就会感到现实不如意。另外,由于高中生在现实生活中缺乏人际交往技巧,不能有效地建立起自己的人际支持系统,或者是家庭的变故以及生活中的挫折,自己又没有能力解决,都会使高中生在心理上产生孤独感和抑郁感。还有,也可能因为高中生在学习及生活中对自己所制定的目标与自己的实际能力落差较大,或者由于前进道路上遭受了意外的变故及打击,容易使得他们的情绪一落千丈,导致缺乏继续努力的信心。再有,当代高中生普遍早恋,这和他们青春期孤独与失落的心理密切相关,从心理学分析,除了生理的原因,很大程度上是他们情感缺失的补偿行为。

2. 紧张与焦虑的问题

由于缺乏独立的生活能力,以住校的高中生为例,当一个学生初到新的环境中时,往往不会合理安排自己的学习、生活,或者由于自己的生活习惯和新环境不能契合,每每处在一种紧张焦虑的状态中,精力不能够有效地集中,严重的会出现失眠及头痛的现象。长期处在这样的状态中,导致内心失衡,情绪紊乱,烦恼不堪,必然成绩下降、感到生活和人际关系一团糟。

3. 恐惧与逃避的问题

现在很多高中生存在严重的害怕竞争失败心理,担心选择所带来的风险,畏惧在探索中选择。所以他们学习、生活中不敢超越常规,做事时犹豫不决,无法给自己制定更合理、更高远的目标,躲避麻烦问题,选择稳定的生活方式和做事方式,妨碍了他们潜能的发挥。

(二)探索出疏导高中生社会适应问题的心理教育策略

1. 培养高中生乐观积极的心理体验

(1)加强心理适应能力的指导

重视高中生的心理健康的教育。只有对高中生进行健康人格的培养,才能使他们对自己所处的社会环境有正确的认知和心理体验,从而达到心理的健康以及对社会的良好适应,建立、健全乐观积极的自我观念。

加大高中生心理健康辅导和教育的投入力度。对高中生的心理疏导,我们要在人力、物力以及财力方面予以大力支持。设立心理咨询室,使心理咨询成为常规性的工作。同时,要在学校开设心理健康方面的课程,不断普及心理卫生知识,帮助学生了解自己的心理特点。同时,教授高中生一些控制情绪的方法,提高他们情绪控制能力和受到挫折之后的应对能力。

（2）促使高中生进行自我教育

高中生也要从自我的角度不断优化关于自我的意识，不断地在社会实践以及学习中提高自己的认知能力。

一是要正确地认识自我。正确地认识自我首先要求高中生具有健全的自我意识。主要的包括以下三个方面的内容：第一，要全面、深入地了解自我。对高中生而言，对自我全面的了解可以通过很多途径，可以通过自己与别人的比较发现自我，或通过别人对自己态度的不断反思来了解自我，或通过自己的学习、社会活动效应来进一步了解自我。第二，要对自我进行客观评价。当一个人对自我已经有了一个相对正确的掌握时，对自我的评价就会相对客观和准确。在对自我进行评价的时候，要以社会为背景。第三，要对自我进行反省。单纯的他人对自己的评价或自我评价，并非真正的自我，两者之间往往存在一定的差距。所以，高中生要学会从主客观相统一的角度自我反省、自我剖析。

二是要积极地接纳自我。接纳自我是个体健全自我意识关键所在，社会的人只有在接纳自我之时才能够被别人所接纳。所谓接纳自我就是要无条件地进行自我接纳，不管是好还是坏，成功或者是失败，凡是自身所具有的一切都要接纳。只有在自我的接纳的基础上才能够培养起自信以及自立和自强的意识，从而不断地发展自我、更新自我。

三是要有效地控制自我。对自我的有效控制是发展自我意识的途径。要使自我控制更加有效，就要进行正确的自我定位，树立自信，培养自己坚定的意志品质。

2. 提高高中生自强自立的社会能力

（1）培养高中生独立的生活技能

独立的生活技能是高中生社会适应能力的重要组成部分。独立的生活技能也是每一个人一生发展的重要部分。高中生要逐渐提高自己的生活技能。首先，学会日常生活的打理。例如，准时起床、运动，自己料理床铺、收拾房间，自己洗衣服、照顾冷暖等。其次，要多参加学校的活动以及社会公益活动，有意识地进行自我训练。

（2）注重对高中生学习方法的训练

注重对学生学习方法的训练是提高学生学习能力的重要途径。现代西方教育理论认为，最有用的学习是对学习方法的学习。学习能力的培养对个体的学习成绩提高有很重要的作用。培养学生的学习能力能够有效地提高学生的学习兴趣，使学生不断地将知识向能力进行转换，并在此基础上不断提高其适应社会的能力。随着素质教育的不断推进，对高中生学习能力的培养已经受到社会各方面的重视。所以，学校必须将高中生学习能力的培养进一步融入学生的日常课程之中。在这个飞速发展的时代，知识的更新速度越来越快，高中生自身也要转变学习观念，从单纯的学习知识转向对知识学习能力的学习，从之前的阶段性学习转变到现在的终身学习。

（3）加强高中生的人际沟通能力

高中生正处在一个身心发展的关键时期，良好的人际关系，是他们心理正常发展、保持个性健康和具有安全感、归属感、幸福感的必然要求，并直接有助于高中生学习能力和身心的健康发展。

确立人际交往的原则。人际交往的原则主要有平等原则、相容原则、互利原则、诚信原则等。人与人之间平等,尊重做人的尊严是人际交往的首要原则,之后才能与其他同学和谐相处,既能容别人的长处,更能容别人的短处,有困难时才能互相帮助,以诚信待人,彼此建立良好的同学关系。

培养人际交往的良好品质。良好的人际交往品质主要有真诚、信任、克制等。只有真诚的人际交往才能使交往者之间产生信任,高中生的交往要凡事以友情为重,即使遭受误会也能善于换位思考、宽容大度、克制忍让,并勇于承担自己的行为责任,从而化解矛盾,最后达成谅解和理解,营造和谐、团结的班级氛围。

掌握人际交往的技巧。尊重他人是人际交往的基础。无论是和老师,还是同学之间,高中生要尽量消除紧张、羞涩心理,微笑示人,礼貌主动,行为举止得体。

3. 提高高中生抗挫折的能力

当代高中生面临着升学和就业的巨大压力,在学习和生活中不可避免要经历各种挫折。一个人的抗挫折能力直接决定了他的心理健康水平。提高当代高中生承受挫折和应对挫折的能力,最有效的办法是使学生经历挫折,这就是挫折教育法。挫折教育法就是有意识地让学生经历挫折,体验这种遭受挫折的感受,从中总结经验,吸取教训,学会应对挫折的方法,树立应对挫折的积极态度,进而提高抗挫折能力。当然,我们应该注意这种挫折是有目的设计的,要根据不同学生的实际情况设计挫折事件。

4. 重视全人格的教育,加强心理卫生观念的引导

针对高中生个别差异,给予适切的关怀与辅导,进行个别或团体辅导活动。在本研究中有部分高中生为学校不适应人格,容易产生偏差或反社会行为,因此急需班主任及心理辅导人员的协同辅导,给予必要的协助,同时给予一些适应良好、情绪稳定的学生人格特质,给予生活、升学与就业辅导。

(三)通过高中思想政治学科渗透高中生社会适应性教育

1. 深入挖掘思想政治课教学中社会适应性培养的教学内容

思想政治课教学与社会适应性培养之间存在着诸多共同内容,反映在作为实施德育主渠道的思想政治课中,根据新修订的《课程标准》,与社会适应性相关的内容已成为高中思想政治课的重要组成部分。

高中思想政治新课程突破了"思想政治课"的概念,它立足于学生的生活经验,将知识的讲解寓于社会生活中,通过分析生活素材加深对知识的理解和运用。

结合高中学生和教学地区实际,思想政治课教师要挖掘和整合乡土资源和时事资料对教材进行适度的改进,使教学的内容更具乡土气息和生活气息。

2. 思想政治课教学过程和方法的社会化

（1）合理设置情境，导入社会化

以生活题材设置情境，可促使学生在情境中主动地实践、体验和探究，达到"入境、入情、入思、入心"的效果。

老师可以通过实物演示、图画、视频等还原现实生活，把人们关心的、社会生活中的人物、事件呈现给学生，让学生体验情境活动，获得视觉上的冲击与鲜活感知。同时，老师也可以结合教材内容，运用游戏、小品、情景模拟等形式，组织学生参与情境，融入课堂。

（2）适当开设特色课程

对高中生而言，需要开设一些有特色性的课程来丰富思想政治课教学的内容，使他们各个方面的素质和能力都得到提高。比如开设人际交往体验课程、心理交流和疏导课程、社会生活体验课程等，让他们通过学习这些生活气息浓厚的内容，扩大自己的知识面，提高相关方面的社会能力。这些特色性课程中蕴含的内容正是学生在社会中所需要掌握的知识和能力。

（3）运用翻转课堂教学模式

翻转课堂，就是老师提前录制好教学视频，学生在课外自行下载并安排时间观看教学视频中老师对知识的讲解，再回到课堂上通过师与生、生与生之间的交流合作完成作业的一种教学形式。

"翻转"让学生自己掌控学习。学生可以根据自身需要控制自己的学习时间和学习进度，从注重"教"向注重"学"转变，注重了学生学习能力的培养。翻转课堂通过开展学习互动活动，成立协作学习小组，使老师由知识的传授者转变为学习活动的组织者和参与者，学生由被动接受者转变为主动学习者。学生通过小组交流合作，有利于其合作精神和人际交往能力的培养。

参考文献

[1] 陈建文，黄希庭.中学生社会适应性的理论构建及量表编制[J].心理科学，2004（1）：182-184.

[2] 丁贵风，赵国强.中学生的适应特征及其影响因素[J].心理与行为研究，2008（6）：89-93.

[3] 贾晓波.心理适应的本质与机制[J].天津师范大学学报（社会科学版），2001（1）：19-23.

[4] 杨彦平，金瑜.中学生社会适应量表的编制[J].心理发展与教育，2017（4）：108-114.

[5] 余益兵.中学生社会适应状况的评估及其家庭危险性因素与保护性因素[D].北京：北京师范大学，2009.

[6] 杨颖，程玉洁，邹泓，等.日常生活事件对中学生社会适应的影响：社会问题解决能力的中介作用[J].心理科学，2012（6）：1376-1382.

[7] 张文静，张增智，马希鹏，等.中学生社会适应和心理健康状况调查分析[J].中国卫生事业管理，2009（4）：270-271，286.

[8] 邹泓，余益兵，周晖，等.中学生社会适应状况评估的理论模型建构与验证[J].北京师范大学学报（社会科学版），2012（1）：65-72.

[9] 聂衍刚,林崇德,彭以松,等.青少年社会适应行为的发展特点[J].心理学报,2008(9):1013-1020.

[10] 陶德清.适应行为的基本理论及其测验[J].中国特殊教育,1999(2):9-12.

[11] 周晖,张豹,谭锐,等.中学生社会适应状况问卷的编制及其信效度的初步检验[J].中国健康心理学杂志,2008(9):1005-1007.

[12] 刘艳,邹泓.中学生的情绪智力及其与社会适应的关系[J].北京师范大学学报(社会科学版),2010(1):65-71.

[13] 张姝玥.中学生父母、同伴依恋特点及其与社会适应的关系[J].现代中小学教育,2014(6):58-61.

[14] 曾荣,张冲,邹泓.中学生的学校人际关系特点及其与社会适应的关系[J].中国特殊教育,2010(12):72-77.

[15] 周晖,张豹,郑珊珊.中学生自恋的年龄特征及其与社会适应的关系:自尊的中介作用[J].心理发展与教育,2019(1):41-45.